人文精神视阈下
高校体育教学模式的理论构建

张丽蓉　董柔　童舟　著

中国纺织出版社

图书在版编目（CIP）数据

人文精神视阈下高校体育教学模式的理论构建/张丽蓉，董柔，童舟著．--北京：中国纺织出版社，2019．1

ISBN 978-7-5180-4383-5

Ⅰ．①人… Ⅱ．①张… ②董…③董… Ⅲ．①体育教学—教学模式—研究—高等学校 Ⅳ．①G807．4

中国版本图书馆 CIP 数据核字（2017）第 291065 号

责任编辑：汤　浩　　责任印制：储志伟

中国纺织出版社出版发行

地址：北京市朝阳区百子湾东里 A407 号楼　邮政编码：100124

销售电话：010—67004422　传真：010—87155801

http：//www．c-textilep．com

E-mail：faxing@e-textilep．com

中国纺织出版社天猫旗舰店

官方微博 http：//www．weibo．com/2119887771

北京虎彩文化传播有限公司印制　各地新华书店经销

2019 年 1 月第 1 版第 1 次印刷

开本：787×1092　1/16　印张：16．875

字数：240 千字　定价：89．00 元

前　言

21世纪是知识经济的时代，是国际竞争日趋激烈的时代，更是人类生存与发展面临巨大挑战的时代。面临这样一个时期，“和谐”无疑成为当今时代的一个重大主题。特别是随着科学技术的迅猛发展、科技成果的广泛运用，它们在促进社会发展进步的同时，也引发了一系列诸如核威胁、环境污染、恐怖事件等负面问题，这便使得人们开始重新认识人文精神对人类自身发展和种族延续的重要意义。可以说，今后社会的发展必定是以人、环境与社会的和谐统一为特征的发展。

2006年10月，中国共产党第十六届中央委员会第六次全体会议通过了《中共中央关于构建社会主义和谐社会若干重大问题的决定》，提出要广泛开展和谐共建活动，形成“人人促和谐”的良好局面。为了形成和谐的社会氛围，加强对个人的人文关怀与心理疏导，引导人们正确地对待自己、他人和社会，正确地认识困难、挫折或荣誉，以及帮助人们塑造积极向上、自尊自信、理性平和的社会心态很是关键。而教育特别是高等教育，更是对此发挥着不可替代的重要作用。因为，高等教育担负着为人类社会培养高级人才的重任，同时不可否认的是，高级人才是创建和谐社会的“设计师”，是社会和谐发展的中坚力量，因此在高等教育中加强人文精神的渗透刻不容缓。

早在1998年，教育部便在《关于加强大学生文化素质教育的若干意见》中指出了加强文化素质教育的重要意义，明确了文化素质教育的定位和内涵，提出当前加强文化素质教育工作“重点在人文素质教育”和“提高全体大学生的文化品位、审美情趣、人文素养和科学素质”，即强调了人文精神是加强大学生文化素质教育的重要内容之一。

2011新版《体育与健康课程标准》以及《中共中央国务院关于深化教育改革全面推进素质教育的决定》的颁布，说明我国对人性教育的关注，它以促进“每一个学生的全面发展”为核心价值，具有浓厚的人文色彩。在这个以人为本的新时期，学校教育需要人文精神的回归，而且，我们的体育教学要更加融入人文精神，我们的体育课程改革要更加体现人文精神。高校体育教学不是单纯的肢体教授，其中也包含着文化精神的传承，它不仅承担着培养学生掌握体育锻炼技能的责任，也承担着培养学生提升认知能力和具有良好道德情操的责任，所以在教学内容、方法、途径等方面要符合学生身心发展需要，体育教学活动要体现出对学生的人文关怀，秉承以人为本的教育思想，尊重学生兴趣，完善学生人格，提升学生自身价值，使其树立正确的人生观、价值观、世界观，培养终身学习的能力和习惯。

纵观人类漫长的教育发展史，无论是在东方还是在西方，体育总是作为人类文化传承的重要组成部分被人们所关注着、实践着。现代奥林匹克运动的创始人皮埃尔·德·顾拜旦曾经说过：“古希腊人组织竞赛活动，不只是为了锻炼体格，而是为了教育人。”还有人曾把奥林匹克主义的基本内容归纳为以下几个方面：第一，奥林匹克的中心思想是人的和谐发展；第二，体育运动是实现人的和谐发展的重要途径；第三，体育运动必须与教育文化相结合。可见，体育运动与人文精神长期以来都是有机结合、密切相关的。特别是在北京申办2008年国际奥运会的时候，我国提出了“绿色奥运”“科技奥运”和“人文奥运”三大理念，而作为中国申办奥林匹克运动会三大理念之一的“人文奥运”，从某种意义上讲，恰恰体现了体育运动的灵魂与精髓，让人们更加深刻地体会到了人文精神之意蕴，也对体育教学中融入人文精神产生了深远的影响。

与此同时，目前我国高校体育教学中依然存在着这样那样的问题，社会上普遍存在的“科学”与“人文”的分裂又使得体育运动中的人文精神长期缺位。虽然国家教育部于21世纪初便已正式颁布并实施了《全国普通高等学校体育课程教学指导纲要》，从课程的性质、目标、结构、内容与方法等诸多方面对高校体育课程的各项构成要素提出了全新的理念，体现出对学生无尽的人文关怀，“着眼于学生潜能的唤醒、开拓与提升；着眼于学生认知、情感、态度与技能等方面的和谐发展；关注学生终身体育的愿望和能力的形成”等，总之，“以追求人的和谐发展为目标，希望人的本性、人的尊严、人的潜能在教育过程中得到发展”，但多年来的实践效果并不十分理想。因此，在教育中渗透人文思想、在体育教学中融入人文精神，是社会和谐发展、人类全面提升的必然趋势，具有相当的社会适切性与时代迫切性。

面对当前高校体育教学存在的问题，为更好地开展人文教学，促进学生的全面发展，我们特此撰写了本书。本书针对体育教学的现状，从人文精神的视角出发，对体育教学模式中各项具体内容的改革进行探究，包括高校体育教学思想、教学目标、教学原则、教学内容、教学方法、教学环境、教学主体和教学评价这些方面进行了具体的分析研究，通过分析当前各方面存在的问题，最终摸索出高校体育教学中融入人文精神的有效途径，以改善目前人文精神普遍缺失的现状，进而为我国高校体育教学的发展提供理论和实践性指导。

本书由张丽蓉、董柔、童舟共同撰写完成，写作分工如下：

张丽蓉（厦门理工学院）第一章、第四章、第五章、第九章、第十章；

董柔（西南林业大学）第二章第一二三节、第三章第一节、第七章、第八章；

童舟（三亚航空旅游职业学院）第二章第四节、第三章第二三四节、第六章；

最后由张丽蓉、董柔、童舟进行统稿与定稿。

本书在撰写过程中得到了众多专家学者的热心指导和大力支持，同时书中还引用了一些专家学者的优秀研究成果，在此一并对这些专家学者表示诚挚的谢意。由于时间仓促，书中难免存在错漏或欠缺之处，望广大读者能够给予批评指正。

编　者

2018年7月

目　录

第一章　人文精神与高校体育教学的内涵阐释

第一节　大学中人文精神的基本理论透析

一、人文精神的基本理论

（一）人文精神的基本内涵

人文精神，作为人类文化的一种基因，是自古以来源远流长的一种文明意识和朴素习惯，它的内涵非常丰富。

1. 中国传统人文精神的内涵

“人文”一词最早出现在我国的《易经》中：“观乎天文，以察时变，观乎人文，以化成天下”。在这里，天文是指自然界的运行法则；人文则指的是人类社会运行的法则。具体来说，所谓的“人文化成”就是推崇社会的伦理道德教化。因此，“人文化成”实质上是规范家庭、社会、国家各种等级观念的伦理概念，以及由此建立起来的一个人伦有序的文明社会。古代中国作为“礼仪文明之邦”，提倡“仁者爱人”“己欲立而立人，己欲达而达人”“己所不欲，勿施于人”的理念。表现了对人的关爱，表现了对他人的关心、理解与尊重。儒家主要经典之一的《大学》，开宗明义地阐述了《大学》的主旨为“大学之道，在明明德，在亲民，在止于至善”，之后又论述了达到“明明德”“亲民”“止于至善”这三个纲领和境界所必须经过的八个步骤：格物、致知、诚意、正心、修身、齐家、治国、平天下。以儒家学说为代表的注重人的文化教育的人文精神，具有浓厚的道德主义色彩。这不仅体现了中华民族优秀的人文品质和人文精神，同时也是个体道德和社会伦理达到的最高境界。除此之外，中国传统的人文精神有着很多值得肯定的宝贵成分，如以人为本、厚德载物、自强不息、修己安身、舍生取义、诚实守信、追求人与自然和谐、追求理想人格等思想，这些都是中国传统思想文化的精华，对确立人类新的价值观有着基础性的作用。

2. 马克思主义人文精神的内涵

人文关怀是马克思主义的基本维度之一。马克思主义创始人从早期到晚期的一系列的著作中都闪烁着人文精神的光辉：《德法年鉴》里对自由、平等的吁求，对贫民的关注和同情；《1844 年经济学哲学手稿》中对资本主义社会劳动人民非人待遇的控诉；《资本论》关于人的人性、人的本质、人的价值、义务与权力的思想，关于人的自由、人的全面发展的思想；《德意志意识形态》中“人”的学说的提出；《哥达纲领批判》中对未来理想社会状态进行了全面性的设计等都体现了丰富的人文精神。马克思主义经济学的人文精神强调人的自由、全面的发展，把人的全面发展看成是社会发展的最高目标。马克思主义的人文关怀强调要关心和重视作为社会历史活动主体力量的广大人民群众的生存和发展需要和满足，马克思主义的全部学说，就是其社会功能和最高目标来说，就是关于实现人的全面发展与人类解放的学说。实现人自由的发展，使人获得彻底的解放，是马克思对人未来发展的美好展望，从马克思关于共产主义社会应当是“以每个人的全面而自由的发展为基本原则的社会形式”的思想，到列宁关于保障“社会全体成员的福利和自由而全面发展”的思考，人文关怀始终都是马克思主义社会治理理念的基本原则之一。马克思主义的人文精神，是关心人的生存境遇，谋划人类的生存与发展，构建人类的精神家园，重构现代社会人的精神信仰和终极关怀，让人真正地成为自己命运的主人。

3. 现代人文精神的内涵

“人文精神是整个人类文化所体现的最根本的精神，它以追求真善美等价值理想为核心，以人自身的全面发展为终极目的；是人类对探求活动及其成果在精神上的升华和积淀。它是人类对人世探求和处理人世活动的理想价值追求和行为规范的集中表现；其核心是主张以人为本，强调人的尊严和价值，重视对人类的无限关怀。”现代人文精神应该具备以下三个基本的特征：首先，人文精神的核心是人，它以关注人的存在为最基本的前提，承认作为个体的人的尊严、人的价值、人的权利、人的自我实现以及自我自由发展等。从感性的层面上来讲，是对人的理解，对人的容忍，对人的尊重和接纳，以及对人的关怀和爱护；从理性的层面上来讲，是对人的终极价值的追寻，对人类命运的忧患。其次，人性是人文精神的基本概念，它认可人性的真、善、美以及人性的丰富多彩，人文精神就是人类对真、善、美追求的内在展现。最后，人文精神本身包含了丰富的文化内涵，简而言之，可概括为人之为人的文化精神，它超越心理学的意趣，从人的精神世界的角度去感悟人性和人生，进而净化人的心灵。人的世界既是人化的世界，同时也是文化的世界。从这个观念上说来，“人文”的意义最终是以人的价值祈求和人类关怀为终极目标的。人文精神在强调对个人关注的同时，也关注着人与人之间的关系，人与自然和谐统一的关系。追求真理并坚持在实践中检验和发展真理的求是精神和以人的全面发展为目的的自强创新的精神。

综上所述，我们可以将人文精神的含义概括为以下几个方面；

第一，人文精神的核心是人，它以关注人的存在为最基本的前提，承认作为个体的人的价值、人的权利、人的尊严、人的自我实现、人的自我发展以及人的自由等。

第二，人性是人文精神的基本概念，它认可人性的善、人性的美以及人性的丰富多彩，人文精神就是人性——人类对真善美永恒的追求的展现。

第三，人文精神在强调对自身关注的同时，也关注人与人的关系，人与社会和谐统一的关系。

第四，人文精神本身蕴含着丰富的文化内涵，简而言之，可以概括为人之为人的文化精神。它既属于形而上的、对人的终极关怀，但在具有超验性的同时，又具有实践性。人文精神的核心是价值观、人生观、世界观，具体体现在处理人与人、人与社会、人与自然、人与自身的矛盾问题。

（二）人文精神的基本特征

人文精神是一种远古的文化精神，也是一个反映现代人精神世界的崭新的话题；它既是整个人类的终极关怀，又体现了一定民族、一定区域的社会意识形态；它有时属于文人或者知识分子阶层的形而上的文人精神和学理，但更多的是面向普通人特别是青少年的具有实践性的操作规范。如此等等，反映了人文精神的历史性和时代性、普遍性和个别性、实践性和多样性等特点。

1. 人文精神的历史性和时代性特征

人类的精神发展、思想情感，总是一定物质生活条件下的产物，是历史的产物。瑰丽多姿、意蕴深广的人文精神，同样是它们自身形成是所处的那个社会的产物。每个社会时代都有其相对应的人文精神。同一时代的人文精神也会因为具体的历史时期和条件的不同，显示出其差异性和具体的特点。人文精神是历史的产物，即是历史形成和发展的。这种历史性也就是时代性。承认它的历史性，就要求我们引导青少年学生对传统的人文精神进行批判反思的同时，必须持有实事求是的态度，不应一味地加以摒弃。承认它的时代性，便是要求我们必须结合时代的特征，不断弘扬价值观念，提高文化意识。

2. 人文精神的民族性和开放性特征

民族性是说像整个文化具有民族的特点一样，人文精神也是具有民族的特点的。人类历史是一个基于社会基本矛盾的辩证发展的过程。生产力和生产关系的对立统一，经济基础和上层建筑的对立统一是历史的，具体的。它在不同国家和民族会有不同的具体情形。这是人文精神之所以具有民族性的根源。民族性和开放性是一个问题的两个不同的面。任何民族的精神发展都有其特点，即有其独立存在的价值和根据。这同时又是相互间建立互相吸收、互相发展的开发关系的客观基础。每个民族的优秀文化必然是这样那样地具有开放性的，否则就不可能继续发展，只会走向衰落。

3. 人文精神现实表现的多样性特征

第一，人文精神体现了对现实世界中人的关怀，而人作为一种历史存在，在不同的历史时期里，人性所代表的意义和内涵是不同的，因此，人文精神也将以不同的方式得到呈现。第二，现实生活中具体的人是具有各自不同需要、不同价值追求的主体，所以人文精神关注的对象——主体自身特征的多样化特征，必然要求人文精神具有极其丰富的内涵和多姿多彩的外在表现形式。

二、人文精神与现代大学的渊源

在人们的理解中，大学是一个独特蕴涵着极其丰富精神文化内涵的神圣殿堂，人们将它置于精神的宝塔之上并对之顶礼膜拜。清华大学校长梅贻琦说："吾认为教授责任不尽在指导学生如何读书，如何研究学问，凡能领学生做学问的教授，必能指导学生如何做人。"在大学丰富的精神内涵中，人文精神作为一种重要的精神传统，更是始终伴随着大学的发展历程。追溯大学的发展历程，有助于获得一种历史视野，以使人们更深刻地理解领悟历史赋予大学的超出经济、政治之上的终极关怀的使命。

（一）文艺复兴运动所倡导的"人性"理念对大学教育产生了深刻影响

起始于14、15世纪的欧洲文艺复兴，对人文主义、理性和科学的热情颂扬和竭力提倡，掀开了西方社会大变革的序幕。伴随着社会的现代化进程，大学实现了从中世纪大学向近现代大学的转变，大学的人文精神和科学精神最终顶破宗教神学的冻土而成长和确立起来。人文主义者重新认识古希腊、罗马教育家的著作，发扬古希腊、罗马时期的教育思想，倡导要培养身体健康、知识丰富、多才多艺的新人。人文主义者主张以人为中心，尊重学生个性。

（二）以柏林大学为标志的现代大学人文精神的形成和发展

德国新人文主义教育家洪堡认为，“每一个人的最高和最终目的就是对其力量的个性特点进行最高和最均匀的培养”，教育是人的自身目的，也是人的最高价值的体现，作为个体的人是教育的中心，教育应该使人性得到完美的发展。大学教育的目标在于培养完人，使人的个性得到和谐、全面的发展。在人才培养上，洪堡特别重视个人的自我修养，主张给学生提供自由的学习环境，认为自由是培养完人的首要和不可或缺的条件。柏林大学的建立，将科学纳入大学教育的体系之内，大学从单纯的教学机构发展成为教学与科研统一的机构。从此，德国的大学成为世界各国高等教育的典范，深受新人文主义思想影响的柏林大学校长洪堡将科学纳入大学教育的体系之中，将科学研究与人才培养密切联系在一起，科学研究成了培养完人的重要手段。在柏林大学的组织纲领中，洪堡更明确地指出，大学要“尊重科学和它的自由的生命力，以不受限制的科学手段，培养学生成为具有真正科学修养、有独立思想、有理智和道德的青年”。以柏林大学科学教育为先导，世界各国开始了大学的改革运动。在当时的情况下，尽管各国大学改革的内容与方向有所不同，但他们改革的基本宗旨都是一致的，即以人为出发点，不以具体的任务或技术方面的训练为教育目的，而是唤醒对人类生活的可能前景的认识，引发或者说培养青年男女的人性意识，激发其无限的理智力和创造潜力，通过打下全面教育基础来全面发展人的个性和充分发展个人才能，这充分体现了人文教育的基本精神。

（三）狭隘的科学主义功利观弱化了大学的人文精神

伴随着大工业的出现和科学技术的发展，一种以人力开发、传授科技知识为主的科学教育理念开始生成，并很快在高等教育中居主流地位。工农业的发展需要大量的实用型人才，科学技术在人类社会中发挥着越来越重要的作用。国家加强了对教育的控制，大学教育在国家力量的主导下走向了科技教育阶段。以美国联邦政府的赠地学院为开端的“威斯康星精神”致力于为社区服务，为工农业生产服务。这种实用主义、功利主义的教育思潮迅速影响到其他国家的大学，各国大学也都在国家的干预下纷纷开展重视实用教育的大学改造运动，大学的人文精神教育也出现了严重的退化。

（四）20世纪大学人文精神的复兴

第二次世界大战以后，面对科学技术在失去人文精神支配下而出现的“野蛮”，以及各种社会问题与矛盾的日益加剧和人类精神领域里种种危机的凸显，人们开始对科学教育进行反思。人们意识到科学技术是一柄双刃剑，单靠科学教育并不能保证科技和人力就一定能造福人类。在这种背景下，以倡导对人类进行终极关怀为旨归的人文教育的呼声开始高涨。人文精神在各个哲学流派中不断被倡导，永恒主义、要素主义、西方马克思主义以及目前的后现代主义等流派从他们各自的立场出发，对传统大学的科学主义教育进行批判与抨击，对背离了以人自身为目的的专业教育给予了指责，关注大学教育中“人”的核心地位。各国大学教育改革中强调的学科综合、交叉与渗透也反映了人们对过度专业化与“单向度人”生成机制的反省，而这再次体现了大学对“人”的关注，大学的人文精神仍是人们始终坚持的信仰之一。

（五）面向21世纪的科学的人道主义

进入20世纪80、90年代，科学教育与人文教育逐渐结束了分野抗争的局面，而转向融合统

一、协调并进。人类教育发展的历史表明，科学教育与人文教育都是构成完整教育所不可缺少的部分。它们各有价值，但又各有局限性，抬高或贬低任何一部分教育，都会造成人与社会发展的失衡。从世界发展的潮流看，在21世纪科学主义仍将保持其稳固的地位并将继续蓬勃发展。与此同时，人本主义也将进一步复兴。联合国教科文组织国际教育发展委员会的报告《学会生存》一文中，明确提出了“走向科学的人道主义”的教育目的观，所谓科学的人道主义是指：“它是人道主义的，因为它的目的主要是关心人和他的福利；它又是科学的，因为它的人道主义的内容还要通过科学对人与世界的知识领域继续不断做出新贡献而加以规定和充实。”由以上各国的教育策略及国际教育权威组织提出的“科学的人道主义”教育口号，我们不难体察到，科学教育与人文教育在当代正走向融合。

我们认为，人文教育与科学教育在当代相互兼容，一方面从教育发展的历史规律上印证了科学教育与人文教育都是促进人全面发展的不可或缺的基本力量，另一方面也表明世界各国已普遍意识到了只有二者整合并重，现代教育才能实现其促进人全面发展的目的。

第二节　高校体育教学模式的基本理论

一、体育教学模式的基本理论概述

（一）体育教学模式概念的界定

体育教学模式是教学模式的一个分支，它既有教学模式的基本特征，又有其学科独有的特殊性。体育教学内容项目的多样性、教学组织形式的活动性、教师教学方式和学生学习方式的实践性以及对教学场地和体育器材的要求等决定了体育教学过程中要考虑诸多复杂的因素。因此，在体育教学过程中不仅要考虑学生的身体发展规律、体育技能的形成规律，还要观察学生身体素质存在的差异性。根据教学模式的定义，结合体育教学的特点，可将体育教学模式定义为：体育教学模式是在一定的体育教学理论和体育教学思想指导下，根据一定的体育教学规律，为完成教学目标而建立起的与体育教学内容、体育教学方法、体育教学组织形式和体育教学评价相联系的具有一定代表性和相对固定的教学方法体系。

（二）当前体育教学模式的特征

我国的体育教学模式有以下几个特征。

1. 价值观特征

由于中国教育受到政治形势的影响非常深刻，长期以来教育的目标不断的跟随政治形式的变化而不断变化，而几乎忽略教育本身固有的特点和规律。从20世纪50年代全盘照搬苏联凯洛夫教育思想主导的“四段教学模式”，强调教学的系统性和学校课堂教育的功能，到文革把凯洛夫的教学法批判为资本主义的教学法而全盘否定，代之以生产劳动和军事训练取代体育课程的地位，文革后以国家建设需要提出“增强体质”的口号。学校体育教育的价值观完全以切合政治需要为标准。这必然导致教育界对体育教育发展指导思想理解的混乱，忽略了体育教育本身的功能和规律的探索，时至今日，体育是什么，体育的任务是什么，还是教育界争论不休的话题。政治思想上的束缚也使教育界在学习西方教学模式和进行新的教学模式的探索方面停滞不前。

2. 功能特征

在我国，传授体育基本知识和动作技能的教学模式几乎占据了所有的体育课堂，成为唯一实用的固有模式。这是以“三基”为主的实然的教学目标所决定的。这种实然的教学目标决定了体育教学忽视体育学科能力、终身体育能力的培养，不仅使模式的使用以掌握动作技能为原则，而且限制了模式向多样性、丰富性方向发展。教学以体育知识和技能的传授为主要目标和着眼点，忽视了学生体育能力和个性的培养。人们习惯地认为只要学习了知识也就发展了能力，二者是同一的。其实知识学习和认知发展是统一于一个过程之中，但却不是“如果 A，那么一定 B”的关系，即 A 不是 B 的充分必要条件。退一步说，如果说知识的教学对认知的发展还有一定的功效的话，那么对社会性品质的培养，对情感意志和心理健康的发展来说，却收效甚微，而专门用于培养这些个性品质的教学模式几乎还没有。传统的教学是在应试教育的理论与实践中生长并形成的一种固定模式，它片面强调了身体锻炼，而忽视了对学生的全面培养和教育，受传统教学模式的条条框框的限制，无形中影响了教师的创造性，使课堂形式单调，同时也把学生的主动性和创造性无情地限制住，影响了学生个性的发展。

3. 稳定性特征

一套完整的高校体育教学模式是在理论或教学思想上提出来，然后经过反复的实践证明，所以它具有相对的稳定性。它是教学实践活动的理论概括，在一定程度上揭示了教学活动，带有普遍规律性，它不涉及具体的学科内容，只是为教师提供了一个教学行为框架，通过运行相应的教学方法体系，使教学过程具有很强的操作性并实现程式化，便于教师在课堂上有章可循，运用自如。

4. 多元性特征

现代体育教学模式要符合和体现现代先进教育思想和教育理论要求，具有可行性和推广性；多元性、灵活性是现代体育教学模式的另一个主要特征，不同的教学内容、不同性别、不同年龄层次等都具有自身的特性。体育教学评价应朝着多样性、综合性、过程评价与终结评价、自我评价与集体评价方向发展。因此，应注重统一性与灵活性相结合，建立多元的新型课堂教学模式。

5. 针对性特征

我国体育教学模式的特点是每一个教学目标都没有自己相对应的教学模式，从而使目标显得遥不可及，仅成为口号而已。体育理论工作者和实践工作者不善于以分析的方式对待体育教学目标和教学模式，因而强求模式的一模多能性，造成目标和模式之间缺乏针对性而各种新建立的模式似乎都具有相同的功能，能完成所有的目标。每一种模式大致都遵循着同样的教学过程：提出课题、激发兴趣—教师引导、学生练习—教师评价、信息反馈。模式的结构如此单一而目标却非常全面，既要完成知识、技能方面的目标，又要完成情感、个性和行为方面的目标，这就产生了模式的功能与教学目标之间的矛盾。要解决这一问题，最有效的途径是改变原来仅以动作技能的传授为目的的教学建模原则，为学生能力、个性的发展建立自己独特的教学模式，使个性的发展与教学模式一一对应起来。

6. 操作性特征

理论性强表现为在理论上建立了很多模式，但在实践中不能运用起来。能运用的，也只是针对传授动作技能的目标，而其他目标的实现却是非常困难的。思维方式上的思辨性特点使体育教学模式的建构是一个构想和臆想的过程，片面重视理论设计，而忽视试验和验证的过程，因而不具有实用性。现在，人们也试图建立培养体育能力、发展学生个性等体育教学模式，但这些模式的可操作性差，仅停留在理论建构的水平上，缺乏具体的操作步骤，因此运用起来随意性较大，且缺少科学的评价手段，不能形成完整的具有反馈功能的操作系统。从其他学科“移植”，也是体育学科构建教学模式的重要方法之一，但这种“移植”却缺乏合理的改造和加工，脱离体育教学的特点，因而在教学中难于操作。

（三）我国高校体育教学模式的类型

随着高校体育教学理论研究和教学实践的深入开展，我国高校体育教学模式呈现“百花齐放，百家争鸣”的局面，原因要追溯到新一轮课程改革。新课改的施行为我国高校体育教学模式的发展注入了新的活力，教育部颁布的《新课程标准》提倡教育目标分层化，课程开发多样化，教材多样化，教学评价合理化，明确提出应针对各校实际情况编制学校课程教学方案以及结合各地实际情况制定地方课程方案。我国高校根据国家发行的指导纲要，结合本校的实际情况和实际需要，形成了各种各样的体育教学模式。现行的主要模式有三基型、并列型、三段型、一体化型、选项课型和俱乐部型。

1. 三基型

三基型体育教学模式是最原始的一种体育教学模式，它的教学理念是在注重增强学生体质、提高身体素质的基础上，教授学生掌握体育基本知识、技术、技能。它的优点是能够充分发挥教师在教学过程中的主导作用，促进教学规范化，并且能使学生比较扎实地掌握体育“三基”，缺点是不能满足学生的学习兴趣，难以激发学生的学习积极性，因而很难达到理想的教学效果。

2. 并列型

这种教学模式提倡不仅要传授学生体育基本知识、技术、技能，还要提高学生的体育运动水平。此种教学模式在教学过程中兼顾学生的兴趣爱好，注重调动学生的积极性，采用因材施教的教学手法区别对待不同身体素质的学生。并列型教学模式的进步在于充分考虑了学生在体育教学过程中的地位，对不同体育基础的学生进行区别对待，同时兼顾了学生的主观想法。

3. 三段型

三段型体育教学模式是目前在我国各大高校使用最为普遍的一种体育教学模式，它采用一年级开设体育基础课，二年级开设体育选项课，三、四年级开设体育选修课的方式组织教学，既能培养学生的体育基础又能发展学生的体育兴趣。这种教学模式的优势既能培养学生的体育基础，增强学生身体素质，又能在一定程度上满足学生的体育兴趣，调动学生的体育学习积极性，培养学生的体育运动能力和课外体育锻炼的习惯，为终身体育打下基础。

4. 一体化型

一体化型体育教学模式是以增强学生体质、培养学生体育锻炼习惯为指导思想，通过课堂教学和课外体育锻炼一体化，实现课内外相结合的一种体育教学模式。一体化型体育教学模式的优点在于通过课内外的结合，保证体育教学的整体性，培养学生自觉进行体育锻炼的好习惯，并为学生的终身体育打下坚实的基础。但是，这种模式在实施过程中很难做到全面贯彻，由于课外体育锻炼缺乏教师的组织和指导，难免有些学生变得懒散，导致课外学习与课堂教学脱节，因而很难实现课内外教学的连贯性和完整性。

5. 选项课型

选项课型体育教学模式相比于其他体育教学模式给予了学生充分的尊重和自主选择的权利，它采用一、二年级均为体育选修课的方式组织教学，学校根据学生的体育兴趣提供丰富的体育教学项目供学生自主选择。其优点是充分满足了学生的体育兴趣，学生在学习自己喜爱的运动项目过程中也能积极主动的配合教师的教学，使得课堂气氛好、教学效果佳，同时对培养学生的终身体育习惯有非常重要的影响。但是选项课型体育教学模式对师资条件和教学场地等硬件条件要求较高，条件不太好的高校要实施这种教学模式难度比较大，更适合于基础设施较好、师资力量强的高校。

6. 俱乐部型

俱乐部型体育教学模式是一种比较新颖的体育教学模式，俱乐部型体育教学模式主张健康第一和终身体育的教学理念，对大学体育课程分成两个阶段进行教学。第一阶段是大学一年级的普修基础体育课，教授学生体育基本知识和基本技能，为参加体育俱乐部打下良好的基础；第二阶段是二年级的选项体育课，高校通过开设体育俱乐部的形式进行专项教学，学生可以根据自身体质和兴趣爱好选择相应的体育俱乐部，在参加俱乐部开展的各种活动的同时学习体育技术。俱乐部型体育教学模式的目的是在培养学生体育能力、体育兴趣的基础上，使学生掌握一定的体育技术，养成自觉参与体育锻炼的好习惯，培养学生的终生体育意识。它的优点是在培养学生体育能力的同时锻炼了学生发挥主观能动性和自主学习的能力，从而将这种学习能力运用于学习、生活以及将来工作上的方方面面，将体育教学过程延伸到高等教育的全过程。

（四）体育教学模式的功能

体育教学模式是在一定的体育教学思想指导下，针对体育教学目标，在特定的教学环境下，实现其特定功能的有效教学结构和与之相适应的教法体系的有机组成系统，是以简化形式表达的体育教学思想和教学组织策略，是联系体育教学理论与体育教学实践的纽带和桥梁。运用体育教学模式有利于改变教学理论和实际相脱离的状况。从体育教学模式的功能来说，总的可以概括为三个方面：

1. 体育教学模式的构造功能

体育教学活动具有其特殊性和复杂性，这种两种特性仅靠人们的思辨和文字的方式去处理显然是不完全的。如果采用框架去揭示各因素之间的依次顺序及其作用和相互关系，就可以使人们对事物有一个整体的形象。布鲁姆提出的掌握学习理论是，解决学生成绩低劣、大面积提高教学质量，提出“绝大多数学生都能学到学校所教的东西，”承认所有学生都有学习的机会。这种模式既注重了原则、原理，也注重了行为技能的学习。因此，从客观上看它是符合现代体育教学任务的，既重视了体育知识的学习，又注重了体育技术、体育技能的学习与掌握。从整体上构造了掌握学习模式，具有可操作性，具有一套比较完整的结构和机制。它比抽象理论更具体、简化，为体育教师提供了基本框架，接近教学实际，一目了然，最易被教师理解、选用与操作。

2. 体育教学模式的预见功能

指依据教学模式的构成及其内在的本质规律、现象来完成推断功能并预见教学结果。至少可以根据其内在规律来估计结果或建立其假说。当一个模式建立后，可以根据其内在、本质的规律及其现象来完成推断功能。掌握学习模式建立在认知理论和控制强化理论基础上，认知理论主导下的教学偏重于原则、原理的学习，而控制强化理论指导下的教学偏重于行为技能的学习。因此，利用上述理论建立起来的模式与体育教学是相适宜的。掌握学习教学理论的构建预测体育教学的合理性。把教学分为认知和行为。在教学过程中多次采用形成性评价为个别化教学预先提供了良好的条件，这种评价的信息通过各种渠道传递给学生，学生经过评价后再将信息传递给教师，教师根据学生的反馈，制定出客观的纠正措施，并预计可能会出现的问题。教师通过预测来实施教学，这种预测和判断通过模式可能更加清晰明了，避免某些环节出现一些意想不到的问题。

3. 体育教学模式的解释、启发功能

体育教学模式可以通过象征性符号来反映所依据的教学理论的基本特征，使人们在头脑中形成一种抽象的理论的框架，便于人们理解和把握。例如掌握学习模式的建立给人以整体的框架，通过文字的解释使我们加深了对模式的理解。掌握式学习理论蕴含的理论包括：掌握学习教学策略—形成性评价理论—反馈控制与目标达成理论—非智力、非体力因素促进技能教学的发展理论。掌握学习教学模式的核心环节是教学目标的制定与教学过程中实施的形成性评价，它包括：预前测验—诊断性评价；安排好教学单元；对单元中诸教学目标进行集体教授；单元课后测验—形成性评价；依据评价的结果实施矫正措施；学习下单元；学习终结—总结性评价。这种模式体现了诊断、确立目标、定向、反馈和矫正这五种功能，体现了集体化教学和因材施教相结合的原则，激发了学生的学习动机，促进了学生认知发展。模式的建立引导教师和学生来关注某一教学环节，使模式又有了启发的功能。

4. 体育教学模式的整体优化功能

一个完整的体育教学模式体现的是“教学程序”，其中教学过程结构和教学方法体系是它的核心部分，这是具有直观性的教学模式。它的特点主要来于它的自然结构，“结构孕育功能”，其次是来自于影响这结构并反映其中的教学指导思想，这时它是具有理论性和直观性的教学模式。教学模式既然具有特性就必定尤其独特的功能包括最佳适用范围，包括对应的教学内容（相对应的教材）、对应的教学对象（相对应的学生的特点）、对应的教学效果，再加上适应的教学条件（教师、学生、教学环境），这时的教学模式具有操作性，同时各方面因素的规定更加强了稳定性，当然也就实现了整体优化的可能。

总之，建立体育教学模式是我们从整体上认识和把握教学过程中各种因素及相互关系之间的变化，根据体育教学的实际需要对多种的体育教学模式进行梳理、优选、加工、实现教育的目的。

二、我国高校体育教学模式的现状

对高校体育教学模式的现状从指导思想、教学目标、教学内容、教学方法、教学组织形式、教学评价六个方面进行分析。

（一）指导思想

体育教学指导思想是对体育教学价值、内容、方法的认识和见解，它不仅对高校体育教学活动起方向指导作用，而且对整个体育教学过程的实施有着重要意义。

现阶段我国高校体育教学指导思想以“技能教育”和“体质教育”为主，大部分高校体育的指导思想仍然比较陈旧，“健康第一”“终身体育”“快乐体育”等新兴的教学思想在高校中的广泛传播和使用仍然有待提高。

（二）教学目标

体育教学目标是承接体育课程目标与体育课堂教学的中介要素，探讨体育教学目标有助于深化体育教学目标的研究、提高各层次目标的衔接性、编写具体目标的科学性。

目前我国高校体育教学中把发展学生身体、增强学生体质作为体育教学的最重要目标，其次是提高学生身体素质、促进学生全面发展的教学目标，与此同时，把掌握科学锻炼方法、树立“健康第一”体育观和激发学生的体育兴趣、掌握基本的运动技能、培养学生终身体育观为目标的高校所占比例较小。最值得关注的是，把培养良好的团队精神、体育道德风尚、体育文化素养和顽强的意志品质作为体育教学目标的高校很少。

当前我国高校体育教学目标主要是在“体质教育”和“技能教育”思想的指导下制定的。新时期提倡要培养全面发展的人的教育思想没有得到贯彻落实，树立“健康第一”的体育观和培养学生终身体育意识的教学目标没有受到重视，大部分高校的体育教学目标仍然停留在发展学生身体、增强学生体质层面，通过在高校体育教学培养学生良好体育道德观和顽强意志品质的人文教育功能没有充分发挥。这说明新时期高校体育教学目标有待创新和优化，才能适应当前社会发展，满足高校大学生的需求，也有利于高校体育的长足发展。

（三）教学内容

目前我国高校体育教学内容中比较普遍的项目有篮球、足球、排球、乒乓球、羽毛球，虽然网球运动在我国已有很长的发展史，但是一直以来普及程度不高，然而，近年来这项运动发展较为迅速，但是受体育场地的限制很多高校没有条件为学生开设这一项目。相比之下，定向越野、户外拓展、游泳、轮滑、攀岩、瑜伽这类体现现代时尚的体育运动项目在高校的开设情况不太理想。这说明我国高校体育教学内容没有根据当前社会发展方向和学生需求进行及时调整，高校体育教学开展的内容有待进一步更新优化。

（四）教学方法

体育教学方法是高校体育教师在教学中运用的某种教学技术，使用教学方法不同会产生不同教学效果。

目前我国高校体育教师在教学中最常用的教学方法是感知法（如示范法、演示法等）和练习法（如分解练习法、完整练习法、重复练习法、循环练习法等），这说明大部分教师所采用的教学方法还是比较原始的，并没有很多创新的教学方法出现。其次，比赛法也是高校体育教师比较常用的一种教学方法，通过游戏、比赛、情景模拟等形式不仅能活跃课堂气氛，同时也能以赛代练。大部分高校体育教师选择使用语言讲解法进行教学，然而，由于体育教学具有实践性这一特点，不宜在体育教学中过多使用语言讲解法。同时一些尝试性、创新型教学的使用还是比较少。

（五）教学组织

目前我国高校体育教学组织形式多样，各高校根据本校的师资力量选择使用不同的教学组织形式。

目前我国高校选择采用一年级行政班教学、二年级选课分班教学的组合形式的学校最多，其次是以兴趣爱好为基础进行自主选课进行分班的教学组织形式。这两种教学模式中都有自主选课的成分，所占比例也偏高，说明大部分高校在进行分班时都有考虑学生的兴趣爱好。但是仍有部分学校是沿用传统教学模式的组织形式，还有部分学校在进行体育教学中考虑到男女性别不同在身体素质各方面差异以及所适合的体育运动项目不同而进行分开教学；小班教学和分组教学组织形式的优点在于能够照顾大部分学生，帮助学生提高学习效果，但是这两种教学组织形式要求学校有足够的师资力量，对于很多学校来说硬件条件要求较高难以实施；早操与体育课相结合的组织形式所占比例较少，说明采用一体化教学模式的学校比较少。

（六）教学评价

体育教学评价是对体育教学活动完整过程的评价，是通对教育成就和价值做出判断的过程，它是教育评价的关键环节。

目前我国高校体育中主要还是以技术考试成绩和平时成绩作为对学生教学评价的依据，每个教师都采用这样的定量化的评价方式给学生打分。而像学生的进步情况和参加课外体育锻炼得分这类定性化评价方式在高校体育教学评价中所占比例微乎其微。自评分和小组互评分在高校体育教学评价中所占比例较低，说明在教学评价这一环节学生的参与程度不高。另外，仅有很少的高校把理论考试成绩纳入了教学评价的组成部分，说明现阶段高校体育教学中对理论知识的学习不够重视，甚至被大部分学校忽视了。

三、我国高校体育教学模式存在的问题

当前我国高校体育教学模式中存在诸多问题，主要表现在以下几个方面。

（一）体育教学对象模糊人文性

在科学发展观的指导下，人文教育思想已成为高校教育的基本要求和原则，高校体育作为高校教育的重要组成部分，更要注重人文教育思想的贯彻，肩负起培育当代大学生人文精神的时代使命。当前国高校体育教学中的人文性被忽略了，主要体现在以下几个方面：

一是教学方法单一，过度强调重复练习，忽视了体育教学中的人文教育功能。当前我国高校体育教学中最常用的教学方法是感知法和练习法，比较典型的感知法有示范法和演示法，练习法通常有分解练习法、完整练习法、重复练习法、循环练习法等。高校中“我教你学，我示范你模仿”的教学模式，一味强调重复练习，不仅破坏了体育作为有机体的生命，也忽视了大学生的情感体验和创造力的培养。从生态视角看，这种将人的精神生命肢解的教学模式不仅远离了体育本身，也远离了大学教育的精神，使体育课变成了让大部分大学生排斥的练习课，忽视了体育教育本该有的人文属性。

二是高校体育教学目标过于功利性。德国哲学家伽达默尔曾在他的著作《真理与方法》一书中指出：“沉醉于客观方法或技巧的追求实际上是对人文科学精神的背离”。高校体育教学被当成是一种技术操作的训练，把教育的目标理解为工具性的学习，这必将导致体育教育意义的迷失，这也是当前我国高校体育教育面临的问题。然而，目前有很多高校体育教育研究者试图用现代科学化的教学方法把体育教学的流程标准化，这种把人等同于物、把体育学习等同于体

育技能训练的操作模式势必会使体育教学中人文精神缺失的现象越发严重。究其原因，工业文明时期人们一味地崇尚科学，在功利性和工具理性的驱使下，高校体育教育沦为了纯粹知识、技术和技能的教育，人文教育被忽视、人文精神缺失现象严重，高校在体育教育中发扬人文精神这一使命已然被遗忘。

三是高校体育教学中人的全面发展的使命被遗忘。高校体育教育应以人为核心，以实现人的发展为目标，它不仅是对体育知识、技术和技能的学习，更应该是大学生在体育教育的影响下不断感受、学习以及沉淀的成长过程。在生态文明时期，我们应该要以新的角度提倡回归人文教育、重视人文教育，这必将是高校体育教育乃至高等教育的一种重要趋势。

（二）体育教学目标倾向技术化

德国著名的存在主义哲学家卡尔·雅斯贝尔斯在《什么是教育》一书中指出："教育的原则是通过现存世界的全部文化导向人的灵魂觉醒之本源和根基，而不是导向由原初派生出来的东西和平庸的知识"。以此反思我国高校的体育教育，我国大部分高校以技能教育指导体育教学，而在这种思想指导下的体育教学更加注重培养学生追求和掌握体育运动技能，忽视了体育与人相关的最本真的部分。高校体育教学的指导思想只与当前的教育体制有直接关系，而不跟作为教学主体的人发生关系，也不与人的存在发生关系。

我国高校体育教育一直以来的教学模式都把体育教育理解为体育技能的教学，并把体育技能的掌握作为体育教育的主要目标和任务。高校体育教学中对人的情感、精神发展和人格塑造的作用在体育教学出现技能化倾向的同时逐渐弱化，而现当代高校体育教学在功利主义和工具性主义的影响下，专业化倾向越来越严重。注重体育知识技能训练最为突出的表现是体育教学中"三基"体育教学思想的提出。1956 年，教育部在参照苏联体育教学模式的基础上，逐渐形成了我国学校体育理论体系，并提出了"通过对学生进行基本体育知识、基本体育技术和基本体育技能的教育，实现增强学生体质的目的"的体育教学思想（简称"三基"）。在这种体育教学思想的指导下形成了以教材为中心、以课堂为中心、以教师为中心和以学习技术为主线的高校体育教学模式。而在随后几次颁发的《大纲》中对学生体育学习中基本知识、基本技术和基本技能的要求逐步提高，导致我国高校公共体育教育向专业体育教育的倾向发展越来越严重。这种教学模式在当时的社会背景下确实起到了一定的积极作用，但是由于"三基"体育教学思想过于片面化，它的广泛推广导致我国高校体育教学在很长一段时间内仅以学习和掌握体育运动技术为主，而忽视了大学生的全面发展以及体育对大学生发展的本体价值。

高校体育教育丧失了其自身的特殊性和独立性，偏离了体育的本质，沦为学习某项技能的工具。尤其是在人类工业社会后，人们的价值观念发生了很大变化，在社会生产领域更多的追求发展速度和利润回报。这种价值观对教育的发展也产生了一定的影响。至此，人们更多的关注教育的功能性，甚至认为传授和获得知识是教育的唯一目标。在这样的社会背景下，高校体育教育也沦为了纯粹的体育知识、技术和技能的传授，它的主要目标就是要使学生掌握这些冷冰冰的技术规范。如果高校只把体育教学当作适应教育体制的一种技术手段，为了传授体育技能而要求学生进行枯燥的训练，大学生便很容易被这种所谓的知识"灼伤"。高校体育教育不排斥体育技能的学习，技能教学是体育教学中一个基础内容，但是如果这种技术学习脱离了学生对体育学习的情感体验而独立存在时，就违背了体育教育的初衷。高校体育教育是使人成为人的事业，“立人”是其宗旨和基本原则，然而现代高校体育教育中过于倾向技术理性的体育教学观却忽略了处于核心地位的大学生的全面发展，这着实是值得高校教育者反思的问题。

（三）体育教学评价追求定量化

高校体育教学评价是高校体育教学系统中的一个重要环节，对于构建一个完整而有效的教学过程来说具有极其重要的作用。从体育教学计划、目标和原则的制定是否合理，到具体的体育教学过程实施方法是否可行，以及学生学习效果是否良好，都需要体育教学评价这一重要操作步骤参与其中才能得以评定。

当前我国高校大学生体育学习成绩主要是以期末考试成绩和到课率作为评定依据。此类评价方法由于其简单、客观、便于操作的特点而得到广泛使用，也使得这种重量化、操作性强、可比性强的评价方法成了高校体育教学评价中的一个倾向。然而，这类定量分析的教学评价方式过于片面化，它的评价指标主要是学生的运动技术考试成绩和上课出勤率这类可以量化的因素，而那些很难量化却对高校体育教学有重要意义的因素却无法纳入评价指标。同时，由于学习成绩评定中运动技术考试成绩所占比例较大，因而造成考什么就学什么、考什么就练什么。学生的所学所练几乎都是为了应付考试，从来就不关注体育健身理论，忽视了自身水平和能力的提高。当前高校这种单一、过分注重定量化的体育教学评价方式，不仅不利于培养当代大学正确的体育态度和终身体育意识的树立，忽略了合作精神、体育参与意识等情感意志这些难以量化因素的发展，而且还会助长应试教育之风，不利于素质教育的开展以及学生的全面提高。

高校体育教学评价的目的是通过全面的评价从而进一步改进和提高教学质量，而不是抑制学生的情感、态度、价值观等方面的发展。高校体育教学不仅要注重提高学生身体素质，而且要注重学生心理、生理状况和大学生文化素质的提高，结合个体差异，因材施教，注重个性发展，从而使每个受教育者在最大程度上得到合理发展。高校体育教学评价要建立和完善体育教学评价体系，提高体育教学评价对学生的学业成绩的综合评价，而不是停留在把某一类指标作为标准来评价每一个学生。

（四）体育教学文化缺失

文化的目标是培养和塑造完整的人生观，而通过吸收文化的多样性，可以使个体的身心健康发展和潜力得到更大程度的开发。在谈到高校体育教学和文化生态平衡的关系时，曾有学者说道：“自然生态失衡，威胁的是人类‘生存’意义的生命；而文化生态的失衡，会使人类丧失‘存在’意义的精神家园。前者关注的是自然生命的死亡，后者思考的则是精神生命的价值依托。”这为我国高校体育教育的现状敲醒了警钟。中华民族传统体育文化是连接历史与现实的一根红绳，它让我们有机会了解我们的祖先是如何开展体育活动的，同时它也像是一面鲜明的旗帜，标志着中国体育文化屹立于国际文化之中。中华民族传统体育文化是全球体育文化百花园中鲜亮的一朵，它是维持世界文化生态平衡重要的文化基因。对我国高校体育教育而言，应该在大力学习西方体育文化、发展奥林匹克的同时，加强对中国民族传统体育的保护，振兴传统体育，倡导多元体育文化，维护全球文化生态平衡。

近年来，在经济全球化的背景下伴随着文化全球化，西方文化的加速传播加剧了传统体育的边缘化。从调查结果中可以看出，当前中国高校体育教育的现实情况是：体育教学内容中传统体育项目所占比例太低，相对而言开展较好的只有武术，比较具有中国特色的舞龙、舞狮在我国高校体育中的开设率很低，象棋、围棋、跳绳的开设率也都不高。当前高校体育课程内容的设置主要是新兴的体育项目，体育教学主要是让学生掌握一些基本的操作技能，在高校体育教学中忽视了对当代大学生体育文化认知的教育的问题，加剧了本土体育文化的流失，造成了高校体育文化生态失衡的现状。

第三节　高校体育教学中融入人文精神的理论研究

一、当代体育教学人文精神的界定

（一）高校中的体育教学

高校，作为被全世界所普遍认可的思想宝库和人才基地，对人类文化的传承与创造、国家民族的进步与发展具有举足轻重的作用。从高校中走出的每一个人，对整个社会的辐射影响之深远、之广泛，往往是我们难以估量的。也正因如此，在高校中致力于培养学生的人文精神才愈发凸显出其重要地位。而此时，作为高校人才培养基本途径之一的体育教学，更是不容忽视。

1. 体育教学的基本原理

体育是一门兼具自然科学与人文科学双重属性的综合性学科，因此接下来便将从“科学”与“人文”两个维度来探究体育教学的基本原理。这两个维度还曾被吉林体育学院的宋继新博士描述为体育的“冰山”结构，即“冰山水面的下部代表体育运动的人文原理，水面上部代表其科学原理”。

（1）体育教学的人文原理

英国哲学家休谟曾说过，“人性是一切学科的基础”。那么，体育教学中必不可少的便是重要“人性”的体现；而情感和责任感，又是人性的两大基本要素。情感的修炼有助于人们对周围的一切产生关心或理解的心理，同时也有助于增进自身的心理健康；责任感的修炼有助于制约人类情感的发展变化方向，同时还有助于增加自己对他人、自然与社会不可或缺的使命感。总之，在体育教学中修炼的情感、责任感或其他，都是为了使人类具有更加丰满的人性，使体育参与者的人文精神得以提升。因此，高校体育教学必须严格遵循着上述人文原理。

（2）体育教学的科学原理

作为育人重要途径之一的体育教学，是有着坚实的科学基础的，其中尤以生物科学和心理科学的影响最为关键。生物科学为体育教学提供了有关人类在运动过程中形态结构、内脏机能和运动能力等相关因素变化规律的基本理论；心理科学则为体育教学揭示了人在运动过程中所产生的知觉、情感、意志等内在心理因素诸多方面间的相互关系及其演变规律。毫不夸张地说，离开了这些自然科学的发展，体育教学是难以达到今时今日的高度的。所以，高校体育教学也必然不可违背上述科学原理。

2. 体育教学的基本价值取向

所谓教育，简单而言便是指依据一定的培养目标，对受教育者的德、智、体等诸多方面施加有计划、有组织的影响的一系列社会实践活动。可见，不论何种教育活动都应该具有目标性，即具有某种特定的价值取向，而不应该有单纯为了活动而进行的教育活动，体育教学更是如此。

笔者认为，高校体育教学的基本价值取向主要体现在：①思想品德方面，高校体育教学旨在培养学生学会做人、求真求善、公正诚实、团结协作、坚韧不拔等优良品质，以期健全学生人格，帮助他们形成良好的人文情怀；②心理素质方面，高校体育教学旨在帮助学生树立正确的自尊心和自信心，提高学生的心理调控及适应能力，以便能够时刻保持良好的心态、豁达的精神，努力达到宠辱不惊的高尚境界；③知识技能方面，高校体育教学旨在向学生传授相关的体育文化理论知识，帮助学生掌握科学的锻炼方法及必要的运动技术与技能，并培养学生自我教育、自我发展和自我完善的意识与能力，进而实现促进学生智能发展以及体质增强的长远目标；另外，帮助学生养成健康的、科学的生活习惯和运动习惯同样十分重要。

总之，高校体育教学的基本价值取向离不开一个“人”字，这无疑也是在其中融入人文精神之必要性的重要体现。

（二）高校体育教学与人文精神的密切关系

体育，是社会文明的产物，是人类文化的结晶，更是一种为了使人能够更好地生存、发展的社会实践活动。在这些活动过程中，必然会广泛地涉及人与人、人与社会以及人与自然的多重关系；而在这些关系之中，必不可少的便是人文精神的展现。因此我们可以说，体育与人文精神是密切相关的。

从古代奥林匹克的“追求人类真、善、美，期望通过竞技改造人类远非理想的社会，要让世界人民彼此互爱”，到现代奥运会所弘扬的和平、友谊、进步和重在参与，以及《奥林匹克宪章》所主张的“将体育运动与文化和教育融为一体，建立一种使人的身、心和精神方面的各种品质均衡地结合起来，并得到提高的生活方式”和“为人的和谐发展”的奥林匹克精神，无一不体现出体育本身就是人文精神的产物，其内在价值本应具有强烈的人文性色彩。但由于地理位置、历史背景及文化差异等因素的存在，使得东西方国家对体育中人文精神的理解与阐释有所不同：东方文化主静、讲求中庸；西方文化主动、强调竞争。因此，东西方国家在体育教学中所关注的价值取向也各有侧重，但其对“人”自身发展的关注是共通的。不过相比之下，中国传统的体育精神中人文气息更为浓厚。

随着社会的发展和人们生活水平的不断提高，人们对体育运动与体育教学的认识与期望也发生了转变，其人文精神日益受到人们的高度重视。大家不再局限地关注于某一动作怎么学、某一部位如何练、某一奖牌如何得……而更加注重受教育者的身体健康，关注整个人的自由、全面、和谐的可持续发展，强调“以人为本”“健康第一”。就连奥林匹克运动也提出了继“更快、更高、更强”之后的“更干净、更人性、更团结”这一新口号，昭示着当代体育教学也必将与人文精神融合得更紧密这一历史趋势。

从育人的角度来看，高校体育教学与人文精神的培养是不可分割的。一方面，体育教学求真求实，人文精神求善求美，不论何时，对真善美的追求都应该是统一的，所以高校体育教学与人文精神的培养在育人目标上是一致的；另一方面，“体育与人文都十分重视思维方式与能力，一个是强调形象思维，一个是强调逻辑思维，两者都是不可或缺的”。从学科发展的角度来看，自然科学与人文科学的融合正如“天下大势，分久必合”的规律一样，已成为一种必然，因此在高校体育教学中融入人文精神也是大势所趋。从课程论的层面来看，在高校体育教学中融入人文精神也是体育教学自身的需要。新时期教学最强调的一点便是以学生为主体，尽可能地促进学生全面、和谐与充分的个性化发展，这就必然少不了人文精神的融入。总之，我们不妨这样认为：人文精神是体育教学的灵魂所在；而体育教学则是人文精神养成的重要途径——为学生“理解和感悟体育的人文精神提供了一个环境，一个特殊的场所；也为高校培养大学生人文精神提供了好教材、好时机”。

有人曾经说过，“体育的必须是人文的。这是体育精神之所在，体育精神本质上是人的精神，是人类普遍价值所在，如果不能达到增进人文、提升人类普遍价值之目的，那么再大的赛事、再多的金牌奖牌，也会缺少意义”。可以毫不夸张地说，体育本身就是人文精神的产物，高校体育教学与人文精神密不可分。

（三）当代体育教学人文精神的基本内涵

体育教学可以说是一门科学——人学，它具有人文科学的基本特征，它的对象是人的生命活动，它所关注的是人的最根本的问题——人与健康的问题。在当代社会生产力发展水平、社会生活基础和认识水平上的体育人文精神的主要内涵是始终以人为核心，维护人的高贵与尊严，关爱生命与健康，尊重人的个性需求与选择，通过体育活动方式，全力促进人身心与精神的健康和快乐，并尽可能促进人全面和谐与充分的发展。从人文精神的角度去思考当代体育教学，实际上就是要求我们从“仁”的角度去理解当代体育教学的真正含义，“仁”永远是体育教学的出发点。

1. 当代体育教学与生命的超越性

人的本质不是已定的，而是生成的，人的生成过程表现为生命的不断超越。人是一个不断超越的存在，生命也是一个超越自然、超越自我、追求意义的过程，正是这种超越性使它获得了无限发展的可能性和空间，超越是人所独有的一种精神。生命是在不断超越自己的有限性的过程中形成了高于生命的生命，即精神生命和价值生命。正是人在对自我生命意义追问的过程中，在创造出新的文化和自我的过程中，展开、丰富和表现生命生成的过程。文化哲学认为，文化的本质就是人的自我生命存在及其活动，文化世界的本体就是人的自为的生命存在。在这个意义上，当代体育教学是一个生命不断实现整体性超越的过程，它将生命从自己个人的、较多生物学意义的生命境界中提升到类生命的境界中，并在这一过程中创造出高于原有文化的文化。因此，当代体育教学在本质上也是一种人的自我生命的超越活动，在体育教学中，生命是核心，当代体育教学是在生命中诞生，通过生命进行并促进生命完善的过程；在当代体育教学中，学生应该体验到自己存在的价值，有一种超越当前现状的冲动，引发学生不断的追求，由此不断地超越自我，挑战自我，生成更高意义上的存在。

2. 当代体育教学与个体生命的整体性

人是作为一个不可分割的整体去达成目标的。生命是复杂的整体，有各方面的需要，人的个体生命不仅是有认知、情感、意志等很多方面的综合的存在，而且人的生命过程就是人的生理和心理、感性和理性、情感和思想、社会和历史等方面的复合交织的整体运动过程。它们共同存在于一个生命体内，生命在进行活动时，生命的各个部分相互影响，共同发展。当代体育教学中人文精神的一个重要内涵，就是强调学生作为一个完整的人的意义，强调在整个体育教学活动过程中对学生个体的人性、人生、人权、价值的尊重、认同与重视。学生是体育教学的对象，但他们首先是人，是世界的最高价值所在，这应该是所有体育教学的逻辑与历史起点。当代体育教学应该重视学生的需要、兴趣、创造和自由，重视发展学生的个性，使其在身体活动中得到淋漓尽致的张扬和自然的表达。当代体育教学带给学生的，应该是由身及心的愉悦与快乐，一种人性的自然流露，一种情感的自由宣泄和尽情释放，应该以其独特的方式去关心学生、爱护学生、满足不同学生的生理和心理发展的各种不同需要。

3. 当代体育教学与个体生命的生成性

人的生命从其本质上来讲是一个不断生成的过程。萨特说“存在先于本质”，人的本质并不是先天规定的，而是后天自我不断生成和建构的，生命永远向未来开放，具有无限的可能性。人没有确定的和预设的本质，而是在不断主动参与外部世界和反思自我世界的过程中获得其本质。人的本质是在实践的基础上不断生成，具有开放性和未特定化的特征，无法用某一种属性去把握人的丰富的规定性，人的问题重要的是其存在的意义和价值。之所以如此是因为生命的有限性和不确定性。新生物学认为，人作为一个自组织系统，总是在自发的、无法预测的生成新的结构系统，而其本质的形成就在与外部环境的顺应和同化过程中实现，在平衡—不平衡—新的平衡这一动态的平衡过程中表现出来。充满局限性的和不确定的个体生命是渴望发展和完善的，体育教学作为一种特殊的生命活动，是个体生命建构知识和生命意义的过程，是个体真正感受自我的存在价值，感受自我理智的力量，获得情感的满足，意志的独立与自由的过程。当代体育教学在促进人的全面发展的过程中自然就成为促进生命生成的途径，因此，当代体育教学是生命生成的基础和源泉之一。

4. 当代体育教学与学生的生活习惯

个体生命的发展不在抽象的教育世界，而在赋予人性的生活世界。行为习惯是人的生命活动方式，教育的意义是使人获得适应习惯的种种习惯，以适应社会的发展。因此，体现生命活力的体育教学，唯有融入个体生命行为习惯，才有益于学生的生长发育，才具有教育意义，即生命在于习惯性运动，在行为习惯中体现健康与教育价值。生活世界对于学生来说是不可或缺的，它具有重要的体育教学意义，对于当代体育教学来说，一方面，生活世界是运动技能以及各种体育素材的重要来源，学生在丰富的生活世界中获得体育知识技能，赋予教学内容以更真实的生活意义；另一方面，生活世界能帮助学生确立生活信念和获得发展的内驱力，帮助学生成长为一个社会人。生活信念是在具体生活实践中日积月累形成的对生活本身的真切理解，蛰伏着生活本身的冲动，也是学生确立人生信念的基础。如果当代体育教学脱离学生的生活世界，学生对生活、人生及世界的真切认识便无从形成。

5. 当代体育教学与学生的生命情感体验

体验应是体育教学的第一性。体验是以经验为基础，是对经验的一种升华和超越，它是一种注入了生命意识的经验。当代体育教学需要经验技术技能作为基础，但更需要主体与对象相融合的运动体验。体育教学作为人类的一种直观感性活动，其丰富的、富于变化的内涵给人们提供了一种体验生命的方式，不断变化的运动体验使主体和对象融合为一体。当代体育教学的主要内容是让学生掌握运动技能，学生在体育运动过程中体验到了乐趣、挑战、激情、超越，感受到人与人、自然、社会的和谐与竞争、失败与成功、成长与衰败等生命感受，因此体育教学可以起到挑动生命的激情，激发生命的灵感，感受生命的乐趣的功效。

6. 当代体育教学与学生的道德

道德是照亮全面发展的一切方面的光源，同时又是人的个性的一个特殊的方面。人是必须过社会生活的，道德作为一种社会准则，引导人们享受生活，促进人实现自我生命价值，是使人获得生命支撑的重要力量。因此，无论是人的个体生命还是社会生活本身，都离不开道德和道德教育。体育教学的特点决定了在当代体育教学中对学生德行的关注，当代体育教学过程中的人际交往比较密切，学生可以直接体验到运动的乐趣，学生之间能够互相帮助，师生之间能够做到平等的对话与交流，这些对于培养学生的德行都起着重要的作用。

综上所述，当代体育教学中的人文精神是一个复杂的文化体系，它是一个发展的概念，但是当代体育教学中人文精神的核心仍是人性和人的本质的体现，即以人为本，“人”的精神即“人的真实精神、人的真情实感、人的真实愿望”，它提倡在当代体育教学的各个环节中注重学生的价值和尊严以及学生的生命意义，以全体的人性完善为最高目标，以学生的全面发展为宗旨，引导学生在体育教学中完成对真善美的追求，让学生真正的学会做人、学会求知、学会合作、学会交际、学会生存，鼓励每个学生充分的实现健全的自我。

（四）当代体育教学人文精神的核心理念

在理解了当代体育教学人文精神的基本内涵后，我们可以说当代体育教学中人文精神的核心理念应是人的全面发展。我们认为人的全面发展，是当代体育教学人文精神的当代形态。因此，人的全面发展应是人学研究的一个重要命题，也是当代体育教学中人文精神的核心内容。在当代，这种以人为本的社会发展观深刻地影响着人们的价值观念和社会行为模式的改变。在当代体育教学领域，这种价值观的改变体现为建立在孔子“仁”学理论之上的当代体育人文精神的形成。

增强体质、增进健康是体育教学的主要任务之一，但这绝不是最终目标，体育教学的最终目标应是培养全面发展的人。要完成这个任务，首先要从单纯追求学生外在的运动技能水平的提高转向追求学生的身心协调发展。高科技快速发展不断带动着人类社会的飞速发展和剧变，由此，对人的身体与精神、知识与能力、道德与行为都有了新的社会要求。适应社会的发展，培养现代社会所需要的全面人才，是当代体育教学所面临的重要课题，体育教学要跟上社会发展的需要，决不能墨守成规，拘泥于传统的观念和思想。体育教学包含“育体、育智、育神”这样一个相互联系不断深化的完整过程，不能仅仅停留在传授知识技术和增强体质上，要将对人文精神的影响和教育贯穿到体育教学的始终，以达到人全面发展的目的。

从根本上来说，体育教学的过程是人类生命存续和生命活动的过程，也是促进个体自我生成、自我实现、自我完善的过程。在这个过程中，教师不仅要运用体育知识、技术、技能发展个体健康的体魄，更重要的是运用体育的手段和功能培养完美的人格，构建人与世界全面、丰富的意义关系，引导个体去体验生活、理解世界、感悟人生的价值和意义，以促进人的全面发展。人是社会的组成分子，也是社会生活的主体，在社会生活中，人们要开发、利用一定的社会生活资源和条件，不断参加各种社会实践活动，其根本目的就是为了满足人类个体和群体的各种需要，展示生命的力量，实现自我及其与外部环境的动态平衡，以更好地生存和发展。当代体育教学是学生充分而全面地参与、创造和享有社会生活，发展个性，促进完整的人的生成、发展和完善的有机组成部分，同时也是规律生活、坚强意志、健全人格、创造性地生存与发展、正确认识和参与人际交往、适应社会的一个重要课堂。因此，转变体育教学观念，教学内容走进生活、融入生活，从人的主体性和现实社会生活的真实状况出发，严格遵从规律，充分利用现实社会生活所创造的环境和条件对学生进行引导和培育，以不断实现其全面发展。

当代体育教学人文精神对人的全面发展问题的关注，在当代主要表现为以当代体育教学促进人的全面现代化的现实转化过程的实现。当代体育教学人文精神从人的全面发展，即人的现代化的立场上，强调当代体育教学是一个从身体、心智和精神方面全面塑造人的过程，它追求的目标是人的全面发展，即：以代表人的自然属性的生物有机体的机能提高为基础，以反映人的社会属性和文化属性的心智及精神的发展为保障，以身体活动为手段完成对人这个整体的塑造。这个过程体现在当代以人自身的文化转型为核心的人的全面现代化的整体进程中，因此，当代人的发展问题的凸现，要求当代体育教学在促进人的发展的方面，不仅仅发挥其器物层面、制度层面的作用，更重要的在于提出了当代体育教学从其精神文化层面发挥对人的全面现代化的塑造作用。

二、高校体育教学中融入人文精神的必要性与可行性

自工业革命以来，科学的发展和技术的进步为人类的物质生活带来极大的丰富与飞跃。但步入 21 世纪以后，越来越多的人开始发现，人类似乎被“物化”了！诸如郁闷、空虚、叛逆、暴力……这些词汇越来越频繁地出现在人们的生活中。物质世界日益丰盈了，精神世界却愈发贫瘠了！人类开始呼唤人文精神的回归，教育及教育领域里的高校体育教学同样召唤着人文精神的融入。

（一）高校体育教学中融入人文精神的必要性

1. 时代发展与社会进步的必然要求

早在 1994 年，我国政府公布的《中国 21 世纪议程》白皮书中便已经明确地指出：“可持续发展以人为本，竞争与合作，人文性与科学性，传统性与现代性，民族性与国际性的统一，都要以弘扬人的主体精神来促进人类社会与自然的协调”可见，人文精神的弘扬早已被视为时代的主旋律。

随着时代的发展与社会的进步，全世界都在为进一步的飞跃与提升“整装待发”，我国也逐步进入了全面建设小康社会的新阶段。这一时期，非常需要一种对各项事业都坚持以人为本的全面、和谐与可持续的新的发展观，人的地位和价值被置于一个相当重要的位置，人文精神的回归也理所当然地被视为教育领域的一大主题。高校中的体育教学在振兴民族精神、增强团队意识、提高心理素质、完美人格境界等方面，均起到了不可替代的作用；其本身所蕴含着的丰富的人文精神更是不容忽视。北大副校长何芳川教授在 21 世纪高校科学与人文教育研讨会上还曾说过：“一个缺乏人文精神的时代将是一个残缺的时代，一个缺乏人文精神的世纪将是一个残缺的世纪，一个缺乏人文精神的国家和民族将是一个残缺的国家和民族……”。同理，一个没有人文精神的大学生也将是一个“残缺”的大学生。所以，我们必须意识到：在高校体育教学中融入人文精神是时代赋予我们的责任，也是社会发展的必然要求。

2. 新世纪人才培养的必然选择

记得几年前一部热门电影《天下无贼》中有这么一句经典台词：“21 世纪什么最贵？人才。”那么，什么样的人方可称得上是人才？可以说，这是 20 世纪 80 年代以来国内外研究的一个热点问题。早在 1982 年，为了从根本上扭转了十年“文革”时期践踏知识、鄙视教育的不良局面，我国曾确立了以“具有中专以上学历和初级以上职称”为衡量指标的人才标准。显然，在今时

今日看来这一标准是片面且不科学的。此后，华东师范大学前校长袁远开同志又提出了未来人的八方面素质要求：进取、创新精神；较强的适应能力和跟上时代的发展；更高的思想品德和对社会、祖国、人类负责的高度责任感；扎实宽厚知识基础和基本技能；适应科技发展趋势的合理知识；与科技发展相适应的能力结构；某些个人特长；国际交流的语言能力。在上述诸多所谓的人才标准中，除一定的知识与能力基础外，更体现出一种对人才在人文精神方面的诉求。或者说，若要将一个人称之为“人才”，必须在科学精神与人文精神两个方面加以考察。

而高校体育教学作为促进人类发展的重要手段之一，很容易通过体育活动等多种形式给人们带来健康的身体、积极的心态、向上的精神、坚忍的意志以及奋斗的激情等良好的生存状态。因此，只有在高校体育教学中加强人文精神的融入，才更有助于将学生培养成为新时期社会发展所真正需要的人才。

3. 教育发展的必然趋势

体育教学是教育领域中的一个重要问题，因此，有关体育教学的很多思想或理念都离不开对教育思想的借鉴。那么，历史上教育思想是如何发展的呢？这里仅从人文精神的融入层面对其加以简单的梳理。

在西方，古希腊时期的苏格拉底首创“产婆术”，开西方“启发式教学”之先河；18 世纪，启蒙运动的伟大领袖、法国教育家卢梭出版了《爱弥儿》一书，将“人”（儿童）在教育中的地位提升到一个前所未有的高度；进步主义学派的代表杜威倡导“儿童中心论”，主张在“做中学”。在我国，古代先哲孔子也身体力行着启发式教学的理念，并在《论语》提出了“因材施教”“有教无类”等一系列宝贵的教育思想；到了近代时期，蔡元培的“兼容并包”、陈鹤琴的“活教育思想”，都体现出对人的关注；东北师范大学更是在多年前便已提出了“尊重的教育”这一先进理念。不难发现，人类教育发展的历史长河中，处处闪耀着人文精神的光辉。而这些光芒同样影响到了高校体育教学，或者说，高校体育教学应从历史上的各教育思想中吸取人文精神以自用。

从另一个角度来看，虽然目前对于教育的本质问题众说纷纭，但教育的基本目标总离不开促进人在德、智、体等方面的全面、和谐发展，而这也正是素质教育的根本意蕴。此外，21 世纪初我国开始推行的基础教育课程改革对高校体育教学的基本理念也不无影响。可以说，新课程改革进程中所主张的教育观念的更新、教育内容的改善、教育方式的转变等都要求人文精神贯穿其中。如此看来，高校体育教学中人文精神的融入无疑是教育发展的必然趋势，这也进一步说明了为什么近年来会出现人文体育观渐入、生物体育观淡出的趋向。

4. 高校体育教学的内在需求

首先，高校体育教学的目的决定了必须加强人文精神的培养。自新中国成立以来，我国的体育教学经历了由“只注重‘三基’的基本技术教学”向“以人为本的健康知识、健康技能、保健方法等的教育”这一转变，并确立了旨在通过体育教学，使“学生学会学习、学会做事、学会做人，达到把学生培养成为有健壮的体魄、健美的体型、健康的心理、健全的人格的全面发展的高素质人才的目的”。不难发现，这一目标与人文精神的追求是一致的。因此可以认为，高校体育教学充满了对人性的宣扬，具有强烈的人文色彩。

其次，高校体育教学并不是一个孤立的学科，只注重专业知识的传授与运动技能的训练是远远不能完成教学任务的。因为如果没有深厚的文化功底，便无法对专业知识加以深刻的理解；

如果没有浓郁的人文精神，也无法将掌握到的运动技能发挥到极致。也可以说，学生的“人文精神”水平，制约着高校的体育教学水平。

5. 学生自我发展的根本需要

人文精神的养成，会使学生终身受益。曾有研究表明：一个人事业的成功，80%取决于“情商”“德商”等非智力因素，或者说是人文精神的具体体现。即便这个“80%”或许有夸大其词的成分，但我们无法否认人文精神对于一个人的自身素质、社会适应性、个人竞争力乃至人生发展路径的巨大影响。

另外，目前我国在高校就读的学生基本上都是人们口中所说的80后、90后。他们普遍被人们认为是极具个性的一代，单纯的体育锻炼早已不能满足他们内在的自我教育理念，传统的体育教学方式更是无法使其个性得以充分的张扬与释放。他们所需要的，是在轻松愉快的体育教学氛围里，获得生理与心理上的全面提升。这都表明，人文精神的培养、特别是在高校体育教学中人文精神的融入，是学生自我发展的根本需要。

6. 改善生活人文精神缺失的状况

由于生产力的日益发展，造成社会的物质与精神两方面严重失衡。1984年，美国人文科学促进会发表了一篇震惊美国教育界乃至整个世界的报告：《挽救我们的精神遗产——高等教育人文科学报告书》，在报告中指出“过去的高等教育仅仅满足于浅近的市场需要，使许多学生成为就业的机器，却忽视了作为人所应具备的人文素养、个性和独立的精神”；1987年，美国又发表了《高等教育——应付新的挑战》的白皮书，明确将人文精神的培养视为高等学校的目标之一。这些，无一不显示出人们对美国社会人文精神的衰落深感忧心。但必须要清楚，人文精神的缺失并不是美国的个别问题，而是整个社会的普遍问题。纵观时下世界所面临着的种种问题与危机，大到环境污染、贪污腐败、色情暴力，小到言语粗俗、精神空虚、心灵脆弱，不都是人文精神缺失的具体表现么？

因此，由人文精神缺失所凸显出的种种社会问题，都在呼唤着人文精神的回归。而在高校体育教学中融入人文精神，不失为一条有效途径。长期以来，我国高校体育教学一直处于不断地摸索、改进过程中，虽然尚未完全摆脱传统的束缚，但人文精神已经开始复苏。这一特殊时期，体育教育工作者所应做的便是在此基础上施以“助力”，加强高校体育教学中人文精神的融合，以改善当前社会上人文精神缺失的现实状况。

（二）高校体育教学中融入人文精神的可行性

1. 高校体育教学对人文精神的养成具有着实的促进作用

高校体育教学有助于学生人文精神的养成，这种促进作用集中体现在：

有助于学生的人际交往。体育活动能够有效地增加人与人接触或交流的机会，进而促进彼此之间的情感沟通与人际交往，甚至有可能在此过程中逐渐形成主动与人交往的意识或习惯。

有助于提高学生的综合素质，促进学生的全面、和谐发展。通过体育锻炼，不但可以增强学生体质、改善个人的生理健康状况，同时也有利于自我心理素质的完善以及社会适应能力的提高。例如在高校体育教学过程中，对于如何面对困难与挫折、如何看待成功和荣誉、如何控制情绪、如何调整心态……都有机会一一得到真实的感悟与锻炼。

有助于增强学生的社会责任感与合作意识。诸如足球、篮球、排球等很多体育活动都是需要团队合作的，即便个人的技术水平再高，若要取得最终的胜利，依然需要其他团队成员的密切配合。正如俗语所说的“独木难成林”，现代社会更需要合作的精神，而不是单打独斗的英雄主义。而体育教学（特别是集体性质的体育运动）恰恰能够潜移默化地培养出学生的团队意识、集体责任感和奉献精神。

有助于唤醒学生的竞争意识。除合作外，竞争也是体育运动的主要特征之一。这种竞争既体现于对自己的挑战，又表现在与他人的对决；既有个人之间的竞争，又有团队之间的角逐。竞争意识的形成对日后个人的自我超越与发展，以及社会适应能力的提升均大有裨益。

当然，高校体育教学对学生人文精神的促进作用并不局限于此，笔者在这里所列举的仅仅是较为突出的几个方面，只是“冰山的一角”，仍有待于进一步挖掘或补充。这里想要说明的主要问题是：因为高校体育教学对学生人文精神的养成具有着实的促进作用，所以在高校体育教学中融入人文精神具有可行性。

2. 高校体育教学对人文精神的培养具有自身独到的优势

在高校体育教学中培养人文精神有其自身独到的优势，笔者亦将其概括地归纳为如下几个方面：

高校体育教学“寓教于动”，以肢体实践活动作为其主要方式，其强身健体、修身养性、调和节奏、增添情趣、审美育德、寓教于乐等功能是其他任何学科课程所无法比拟的；

高校体育教学相对其他学科而言，有着更为宽泛的科学基础，它综合了生物、心理、解剖等诸多相关学科，人文精神发展的土壤更为广阔；

高校体育教学有其特殊的时空属性，并没有局限于教室这一有限的活动空间，也没有局限于课堂这一有限的时间，而是可以放诸辽阔的室外乃至返璞的自然，放诸日常生活的每时每刻，更接近于人类学习的原生状态；高校体育教学能够自然地运用示范等直观教学方式，师生之间、生生之间的交流、切磋也更为便利，切实体现出教育对人的主体性的关注；等等。可见，高校体育教学对人文精神的培养具有其内在优势，是其他学科所无法替代的。这更为在高校体育教学中融入人文精神奠定了坚实的可行性基础。

三、当代体育教学人文精神的缺失及表现

体育教学本应是直面生命，提升生命的一种社会活动，是最体现关怀人的生命的一项事业，因为体育教学的存在，人的生命才有可能更加充盈、完善，然而当代的体育教学并没有担负起这种神圣的使命。相反，无论是从培养目标、价值取向，还是从实践运作来看，当代体育教学都缺乏对人的关注，表现出对人的忽视与异化。作为人类文化的体育教学，本应具备特有的文化品性，然而遗憾的是，当代体育教学与文化的关系却远不那么明确。

（一）当代体育教学本质的忽视

从文化角度来说，当代体育教学应是通过人和为了人的本质真正占有的过程。是人向自身社会的人的复归过程，当代体育教学作为一种实践活动的文化价值就在于人自身的价值，即人的全面、自由、和谐的发展，是人的身心完美的全面实现，是个体人格和社会人格的和谐统一。长期以来，由于人们对体育教学本质功能认识上的模糊，导致当代体育教学在工具论理念的支配下，逐步遮蔽了体育教学的本质，在实践中走向偏狭。这主要表现在，作为人存在的体育教

学对象没有得到足够的重视，因而长期以来我们存在着知识、技术教学观念，竞技运动的教学观念、增强体质的教学观念、快乐体育的教学观念、终身体育的教学观念等等种种误区，其具体表现为两个纬度：

1. 片面强调人存在的社会价值，忽视人的生命本体价值

“现代人兴教育的意图往往在于实现科技发达、国家兴旺和民族繁荣，我们办教育的目的是多出‘人才’、快出‘人才’。教育堕落为仅仅实现某个社会目标的一个可利用的工具，教育真正的灵魂——教育学生追求幸福生活的目的却被弃。现代教育割断了教育同人类文化、精神的始源关系，从而遮蔽了教育的真正灵魂。”当代体育教学也是如此。毛振明博士指出：在不同的历史背景下和国度中，体育的某个功能被重视，被强调，也就是被赋予各种各样的价值，如在体育教育的发展史中就存在有以下的各种体育价值观，也就是我们常说的体育教育指导思想。从中国近代体育教学发展历程可以得到反映：军国民体育价值观：重视体育教学对形成民族精神和继承民族性体育文化的功能，以及体育教学对提高爱国精神和士气的功能；国粹体育的价值观：重视体育教学形成民族精神和继承民族体育文化的功能；体质教育的价值观：重视体育教学对人体的生物性改造功能”，这些体育价值观使得当时体育教学与振兴国家，实现政治目的联系起来。可见，中国人接受西方体育的目的首先是为了御侮救国，缺乏内在的思想准备，忽略了起码是淡化了体育对于增进人的健康，提高生活质量的本质所在。另外，除了上述体育价值观外，随着体育教学的改革，渐渐涌现出其他的体育价值观，技能教育的价值观：重视体育教学提高人的运动技能，发展人的基本活动能力的功能；竞技体育的价值观：重视体育教学为高水平运动竞技能力打基础的功能；终身体育的价值观：重视体育教学对大众体育发展和个人进行体育实践能力培养的功能；快乐体育的价值观：重视体育教学愉悦身心的功能；保健体育的价值观：重视体育教学的养生养性，矫正身体的功能。工具化的价值取向还反映在体育教学中以竞技体育为中心的体育思想上，持这种观点的人认为在生产力不发达，体育基础相对落后的情况下，只能依靠社会主义制度的优越性，集中必要的人力、物力和财力，优先保证竞技运动的发展，把为国家输送优秀运动员作为中学体育教学的主要任务，认为只有竞技体育才是体育。

社会本位价值取向，反映在长期以来在人们的认识中，教育的工具性价值与内在价值的关系几乎一直是以矛盾、对立的形态存在着。过分强调体育教学的社会价值，似乎体育教学的价值就在于满足社会的需要，维系社会的稳定，把为社会服务主要局限于为政治服务，忽视了满足个体发展的需要，单纯把人当作社会工具，而不是把人作为社会主体来培养，造成了对人本性发展的严重束缚和压抑。这种忽视个人的真实存在，也就是说把体育教学只看作是满足社会需要的工具，把受教育者对教育满足自身发展的需要排除在外，完全忽视了人的主体性，弱化了当代体育教学的内在价值，把人的对体育的需要消融在社会对人的需要之中，把当代体育教学的内在价值消融在教育的工具性价值之中。

2. 忽视人的精神生命

人应是双重生命的存在，人的生命不仅是生物学意义上的，人的生命本质还在于其情感、思维与丰富的精神活动。“愉快的精神是获得幸福的要素，健康有助于精神愉快，但要精神愉快，仅是身体健康还不够，一个身体健康的人可能终日愁眉苦恼，忧郁不堪。”可见，人之所以为人，不仅在于人有自己独特的形体，更根本的在于有自己独特的大脑功能即精神。但长期以来我们在体育教学中过分强调人的生物机体作用，把文化当作肉体无足轻重的附属物，或把文化提高到与人完全分离的地步，就是把人文和自然、精神和物质，灵和肉、人和天割离开来，这种方法无法说明作为灵与肉统一的完整的人，从而也无法说明文化的本质。林笑峰认为体育是增强体质的教育，真正的体育必须以增强体质为业。饶记乐认为体育的本质是教育，体育的教育本质是人的两重属性所决定的。腾子敬认为锻炼身体，增强体质是体育课的立足点和出发点。持这种观点往往从生物学、解剖学、生理学等合然科学的立场出发，把身体作为这些科学的对象进行的观察；在实际中过分强调形式上的体育教学，体育教学要以健康为主，致使不少体育课成了锻炼课，体育教学因素与过程被简化，忽视了学生动机、兴趣等方面的培养，缺乏从人的整体培养、从教育的整体观上体现体育教学在培养人方面的作用。

（二）忽视个性的体育教学

现行体育教学的重要特征之一是从教学内容到方法都采用了工业社会的标准化管理方式，对每个学生都采用同样的事先套装的教育课程和方法，甚至包括一整套的审美和价值观念体系。每一堂课的结构都是清一色的固定的教学模式，“开始部分”“准备部分”“基本部分”和“结束部分”，因此体育教师也通常通俗地称它为“三段式”或“四段式”教学。教师用千篇一律的教学方法面对全班学生，教师把教学内容做成一个模式，按统一规格、统一标准、统一要求、统一的进度引导学生去完成教学任务。这种以统一的内容，统一的时间安排和统一的评价标准要求学生，无视学生的个性差异，将学生的学习和生活都简化为一个模式、一个内容、一个目的，最终是以牺牲学生生命的丰富性来换来一定知识的掌握。单一化的教育目标和教育方式、狭隘的教学内容已引起学生们的强烈反感，“在教育行政的规定下，在应试教育的引导下，实践中的教育根本不重视教育内容的丰富性，不重视学生需要的丰富性，不重视教育活动的丰富性，也不重视教育结果的丰富性。”在当代体育教学中我们的教师仍在用一个标准塑造和修剪个性差异的学生。

（三）教学内容注重知识本位

促进生命的发展和完善原本是当代体育教学应有之意，然而，现实中我们深受传统知识本位观的影响，人们过分关注教学内容的技术性、竞技性、增强体质的实效性等特性，却忘记了内容需要服务的对象——学生。即便是注意到学生的一些生理特征，也只是为了更有效地传授知识，学生仅仅是作为一个年龄阶段的抽象的整体出现，现实的个体生命是不被考虑的。忽视了“最终解决问题的、占统治地位的、最重要的机制，是人自身对自身的改造。儿童通过自己的领会、通过自己的生活才能改变自己”。把丰富复杂课堂教学过程简括为特殊的认识活动，把它从整体的生命活动中抽象、隔离出来，是传统课堂教学观的最根本缺陷。它既忽视了作为独立个体、处于不同状态的教师与学生，在课堂教学过程中的多种需要与潜在能力、多种形式的交互作用和创造能力。这是忽视课堂教学过程中人的因素之突出表现。人们认为学校的职责就是传递对社会有用的知识，将文化视为一种凝固的、可组合的东西，教学的文化传承使命与机制只是被赋予教育文化复制的功能。传承的意图只在于“掌握”，即所谓的“学会”，而不是文化的“生成”，更远非是“人文化成”，它使教育只停留于浅层次的认知阶段。在体育教学中，人们的思维模式长期以来是技艺化的、非人的、抽象的，肯定自然对人的优先性，忽略马克思“人化自然”的意志价值。这种以学科为中心的趋势，使我国当代体育教学科学主义倾向日趋加强、体育教学中的人文精神越来越弱，从而抹杀了人和自然、人和物、价值和科学、人生意义和自然因果之间的性质区别，无视人自身的特殊性，把人等同于自然现象。

（四）师生关系异化

毛振明博士认为：体育老师和以下几种角色在历史上多多少少都有一些关系。一种人是师父，把式的师父。体育中的很多内容都是从师父那里来的，比如说武术。第二种人是旧军人。体育是从兵式体操出来的，旧军人的习气在我们的当代体育教学中仍然存在的。第三种人是学监。体育教师经常让人认为是充当这种角色，就像是学校里的工头似的。其他学科的教师管不了的学生就交给体育老师来“治”他。第四种人是教练。竞技体育发展兴旺的时候，体育老师曾经被人们认为是教练，所以经常会看到这种现象，体育教师有事没事胸前总是挂着一块秒表，或者挂一个哨子。而且可能是我们有些体育老师为了显示自己这个职业比较特殊，不分课内课外，经常是这样一身打扮，所以给大家的印象就和教练没有什么区别了。“一般的教师中有三种人，语文、数学、老师给人的形象是文人；音乐、美术老师给人的形象是艺人；体育老师更像是武人”。体育教师作为教师队伍中的一个特殊群体，其形象的偏失主要产生于对体育认识上的片面性，将体育与“体”联系在一起，忽视了“人”和“身体运动”的关系。为了“发展身体，增强体质”和“更高、更快、更强的目标”，体育教学变成了强迫式的训练，这种传统的师生关系抑制了学生的生命活力，活泼好动的学生在教师威严的目光下畏畏缩缩、胆战心惊，学生在老师面前怎么也抬不起头来，以至于课堂教学的气氛沉闷，学生处在紧张和恐惧之中。学生的个性得不到张扬，思维活跃不起来，创造力得不到发挥，师生关系紧张。学生的情感在整个教学过程中受压抑，课堂教学死气沉沉，缺少应有的生命活力。

（五）当代体育教学管理专制

体育教学以学生为主体的口号已经喊了多年，但在教学实践中还是压抑学生的主体作用，忽视学生主动参与意识的培养。在专制式的体育课堂管理中还存在着大量的不当教育方法、方式，侮辱、诋毁学生的人格和尊严，影响他们生命的健康成长。这种不健康的教育方式有很多，包括不当的教育策略、体罚、有意疏远、公开嘲讽、偏袒、生理歧视、人身攻击、不当的师生关系、故意虐待、侮辱、错误的指责、性骚扰等。这些现象特别是体罚，例如学生违反了课堂纪律或者和同学产生了摩擦，被罚在操场上跑几圈，或做俯卧撑多少个，对许多体育教师来说更是家常便饭、习以为常了。野蛮伤害学生身体，严重摧残学生精神，无情损伤学生情感，已成为体育教学管理中久治不愈的顽症，在体育课中表现得尤为明显。

（六）当代体育教学与现实生活脱节

当代体育教学脱离人的生活就意味着脱离人，因为人与生活是不分的，人不能超越生活而存在于真空。追问体育教学对人的本体性意义和价值，我们更深切地理解到当代体育教学与现实生活的脱离主要表现在缺乏从人的需要本性的角度来理解体育教学作为人的一种特殊需求，这是对人性的充分尊重和理解，这是推动当代体育教学不断向前发展的内在动力，正是人对体育的内在需求，它是人的需要发展的必然结果。当代体育教学脱离人的生活有诸多表现，主要有以下几个方面：

1. 人的需要被漠视

人的需要创造了理想，它构成生命成长的动力，并指引人生努力的方向。体育教学是为了学生的生命成长而进行的活动，而它对人的需要的压抑却最终扭曲了生命。体育教学过程蜕变为技术过程和无视学生需要的灌输过程，从根本上讲这是一种强制的、封闭的教育，结果扼杀了人求知的需要。体育教学中对人格的污蔑与轻视，使人的正当合理的需要受到蔑视和践踏，曾让为数不少的学生设法“逃离”体育教学的现场，其结果使受教育者在其中处于被动地、屈辱地被改造的地位。如果学生的需要在当代体育教学中被重视、被尊重，他们以后就学会了在满足自己需要的同时也尊重他人的需要与选择；相反，则会产生深深的自卑感，或走向另一个极端，变成一个行为叛逆、无感情的动物。可以说，“教育不是万能的，它不能决定学生一生的幸福生活；但良好的教育又具有一种神奇的力量，它可以满足学生多方面的、不断发展的需要，可以让学生体验到幸福、感受到尊重、养成健全的人格，最终把握住成功。”

2. 对人的需要的满足片面化

在物质生活日益丰富的时代，社会、家庭和学校重视对学生物质条件的给予，因物质生活之外的因素被不同程度地忽视了，造成了对学生精神世界和自由的放逐，体育教学成了智育的翻版，单调的教学内容、整齐划一的教学要求、一切为了“达标”的教学目的，呆板的组织形式，使学生对体育教学的全面需要被单一化，造成了学生的片面发展。在升学应试的压力之下，体育在一些学校成为可有可无的“小课”，体育仅仅局限于传授技艺与增强体能，体育的精神意义和崇高境界都被淡化和遗忘了。当代体育教学中以知识为本位、社会为本位、能力为本位，唯独对学生、对学生的需要视而不见，学生的需要往往被社会的、学校的、家长的需要所替代。中国的传统文化和社会文化对“玩”历来就是戒备心十足的，从“玩物丧志”到“纨绔子弟”，“玩”的形象很不好，名声也不正。学生长期生长在这种需要被压抑、被替代的环境中，久而久之，失去了选择的能力，不知道自己的真实需要是什么。

3. 感性需要过分服从理性需要的社会目的

人们在现实生活中所具有的一般只有感性的物质冲动和理性的形式冲动，而这两种冲动是断裂的、不和谐的、不自由的。所以，人类必须以介于理性和感性之间的自由游戏，使之构成有机过渡的整体。当代体育教学沾染过多的理性色彩。使感性的需求过分的服从于功利目的等理性色彩，我们习惯于从政治、经济、教育等外在于人的角度来谈体育教学问题，忽略了体育教学的自身特点，使感性附属于理性，从而背离了游戏的本质状态，给当代体育教学的价值基础带来了挑战。当代体育教学的根本问题应是“育人”。有研究者明确提出了“人是当代体育教学的出发点”的命题，这个命题的基本含义是：培养人是当代体育教学的根本职能，是当代体育教学的本质所在，决定了人的问题是当代体育教学的中心问题，决定了人是当代体育教学最根本的着眼点。其直接目的是满足人自身生存和发展的，促进人的自由、全面的发展是当代体育教学的最高目的。从根本上讲，当代体育教学应当不仅把人作为社会的主体而且也应当作为个体的主体来培养，而不是把人作为社会的被动客体来塑造。任何缺乏对“人”的问题的关注的体育教学都背离了“育人”宗旨，从而使得体育教学沦为一种技术性教授，无法承担起当代体育教学的历史重任，当前体育教学中人文精神的缺失恰恰反映了这一点。

四、当代体育教学人文精神缺失的归因

当代体育教学在实践中面临着远离学生的生命，在一定程度上影响了当代体育教学生命本义的彰显和生命个体的发展。当我们在提出当前体育教学存在的问题时，不能满足于表面的概

念、现象等枝节方面的人文精神缺失的揭示，更重要的是深入到这些现象的核心，把握其背后的理论根源。正如卢元镇教授提出："体育教育改革必须向理论深层涉足，而深层理论的研究一定要保持独立的品格。"通过对当代体育教学的文化反思可以看到其人文精神缺失的原因主要是：

（一）社会本位论——体育教学生命本质的淡化

我们长期以来教育的社会观，淡化了对教育生命本质的认识，致使教育成为社会的教育、国家的教育，成为培养人力的教育，唯独不是生命的教育。在社会本位论看来，"相对于个人，社会是权威，是至高无上的、值得尊重并为之奉献的一切实体。"在这一目标的要求下，使体育教学纯粹成为社会的工具，而无视人的自身发展。正如梁漱溟所说："在中国没有个人观念，一个中国人似不为其自己存在。然而在西洋，则正好相反。在中国几乎看不见自己，在西洋恰是自己本位，或自我中心"。这种社会本位的价值观认识到了社会对人的重要作用，但过分重视社会而压抑了个人，忽视了个人在社会中的动力作用与实体意义，使人在社会这个强大的实体面前低下了高贵的头颅，个人只是社会这部大机器的一个"部件""螺丝钉"而已，个人在社会面前是微不足道的，没有尊严可讲、价值可言，社会的命运决定着个人的命运，个人只能随着这台大机器运转、这个巨浪"随波逐流"，致使社会失去生机与活力，个人失去了广阔发展的舞台与空间。

（二）价值取向的偏差——人文的迷失

体育教学本应是直面生命，提升生命的一种社会活动，是"以人为本"的社会中最体现生命关怀的事业。体育教学不仅可以释放人的自由、娱乐身心，并促进健康水平的提高，而且能通过具有各种联系的体育活动来促进人与人之间的关系和交往，促进团结和友谊的发展，从而消除因技术的异化而导致人的主体的迷失。正如顾拜旦指出："古希腊奥林匹克运动具有特殊的社会价值，完美地展现了人的理性，它与艺术、品德高尚的公民共同构成了支持古希腊文明的三大支柱。"然而现实的体育教学没有担负起这种神圣的使命，特别是体育教学成为一门学科进入学校以后，将体育课程化、知识化、专门化，将经过精心挑选的体育知识、技术、技能直接移植到体育教学中，并通过系统授课的方式进行教学，之后还要进行客观化的达标考试，使人的知、情、意、行的完整性被割裂，丧失了体育教学的本原，当代体育教学在实践中偏离了方向。具体表现在：

1. 思想方法上的科学主义

"科学主义"的基本内涵是：把科学片面地理解为实证自然科学，在方法论上，科学主义的主要观点是崇尚客观、精确、量化，认为科学知识是通过试验观察和一些量化的测量手段而得到的，这样得到的知识是可以证实的，其价值具有永恒性。一些人试图以"科学"来解释体育教学，并以自然科学的学术规范来规范体育教学。在他们看来，人类同其周围的世界一样服从相同的自然法则，科学可以像征服和控制自然界一样征服和控制人类。因而，体育教学作为以人为研究对象的科学，可以效法自然科学，用分析的、精确量化的科学主义研究范式来解释体育教学现象。"极力鼓吹科学方法进入社会科学和人文科学领域所带来的好处，并以此作为社会科学和人文科学科学化的标志。"在体育教学向科学进军的时候，"人"失落了，在体育教学中主要表现为：首先，以"体"为本，强调对人体的生物改造。持这种观点的人认为只要重视了

“体”字，就可抓住体育教学的真义，若是离开这一基本点，就会曲解体育教学的真义。其次，在当代体育教学中注重技术层和科学层研究，忽视人文研究。要么过分强调“纯理论”研究，要么强调“纯实践”。在当今体育教学研究中存在着急功近利的趋向，使得研究者的过多注重某些具体问题的局部研究，并赋予浓厚的功利色彩，而忽视了基础理论研究，偏重于技术层和科学层研究，从人文层面对体育教学研究欠缺。体育教学中人文精神视野注重探索体育教学的本质，注重人的发展，而科学视野则注重阐明原理，技术视野注重经验积累和技术分析。最后，“科学主义”常常与功利主义相结合，贬低人文主义，把自己局限在狭隘的、片面的和不完整的范围之内。一味追求体育教学研究的自然科学性，而舍弃体育教学以人为中心的学科本质。轻过程、重结果的科学主义价值取向在人的情感生活世界里往往显得苍白无力，体育教学已失去了自己本身应有的功能。

2. 价值观念上的功利主义

当代体育教学面临的第一个文化问题，是体育教学价值观念问题。所谓体育教学价值观念，是体育教学实践主体以自身需要为尺度对体育教学客体意义的认识。当代体育教学陷入了功利主义，这是可悲的事情。这种风气带来了两个弊端，一个是学问成了政治和经济的工具，失掉了本来应有的主动性，因而也失掉了尊严性。另一个是认为唯有实利的知识和技术才有价值，所以做这种学问的人成了知识和技术的奴隶。同样，体育教学在功利主义的诱惑下，功利主义思想日趋严重，甚至将功利作体育教学的唯一目标。

当代体育教学的目标就是让人学快、学多、学好，却造成了对“学”“本身”意义的遗忘，使“学”不为人所用，“学”不能服从人、完善人，让人隶属于“学”，为“学”所困，压制了人的生命之完善与和谐之生成。在这种价值取向的引导下，当代体育教学价值取向偏向社会本位和知识本位，人的价值和地位被忽视，人的生命遭遮蔽和遗忘。

3. 教学内容上的技术主义

有人把体育教学的基本任务理解为是传授知识、训练技能，学生对体育学科知识的掌握和体育技能的训练成了体育教学关注的主要焦点。体育基础知识、基本技术和基本技能成为体育教学和评价的核心，其特点是强调科学健身和训练，强调动作的规范性和精细性。文化被狭义地理解为科学文化，忽视了体育教学的文化本质是形成健全的人格，促进肉体和心灵双重发展，是人的内在规定的表现。由于受这一狭隘认识的影响，在体育教学中，用智育的观念来消融体育，学科本位的课程观将体育知识、基本技术和基本技能视为体育教学和评价的核心。正如王小波所说，“知识虽然可以带来幸福，但假如把它压缩成药丸子灌下去，就丧失了乐趣。”另一种观点认为体育教学本身的价值就是“增强体质”，从而否定了体育教学的文化品性和育人功能，使得体育教学与人文科学相融合，在充分挖掘体育教学的文化内涵以及提高体育教学的文化品性方面存在严重不足，体育教学成为智育的延伸，忽视了体育教学的本质和特点。当受教育者所学的东西被赋予生命的意义时就会产生大得多的生命的力量，教育者应该通过自己的努力，让呈现在学生面前的知识是鲜活的、生动的，是具有生命性的知识结构，是以方法和价值将其内在贯穿联系起来的，是不同刺激的质的融合的产物，从而能够使学生赋予知识以生命的动态性特征，获得知识所蕴含的真实意义与实质，并真正与自己的生命融为一体，让生命的创造力之源奔流不息。

（三）目标偏移——人的主体性的失落

当代体育教学目标的设计通常受设计者体育教学审视的视角、体育教学的认识的影响。由于对体育教学理解不同，因而构建的具体学体育教学目标体系也就表现出或多或少的差异。在我国体育教学中，“为谁教”的问题存在种种分歧，并出现了“个体本位”还是“社会本位”等不同教育观点的争论，因而，在体育教学中存在着几种不同类型的体育教学目标体系。

1. 从自然主义视角确立体育教学目标

在历史上，许多教育家从顺应人身心的自然发展、效法自然、顺应自然这一观点提出了“自然主义的教育观”。自然性的体育教学活动最先被考虑的是生理方面的自然性，自然主义体育教学思想从一引入我国便带来了较系统的体育教学理论与方法，其新颖与创见，给人耳目一新，客观上促进了体育教学的发展，也促使人们吸取近代科学的成果，研究体育教学，加速了理论丰富和发展，但自然主义体育教学思想所依据的生物化本能论的理论基础，并不是一种科学的儿童发展理论。从本能论出发，自然体育教学思想所说的学生兴趣和需要，不是指后天形成的兴趣和需要，而是归于与生俱来的本能，把发展学生的兴趣和需要作为目的，以学生个体感受的兴趣和需要为中心，不仅抹杀了教师的主导作用，也否定了体育教学对学生兴趣和需要的制约和促进作用。这也是‘放羊式’教学广为流行的思想根源。

2. 从学校教育视角确立体育教学目标

这种观念认为体育教学是含有生物意义的身体教育。本着体育教学即教育的理念，将体育教学视为教育的一环，教育的政策如何走，体育教学就跟着怎么走，强调通过体育教学达到文化教育的目的。这种教育主要是培养社会行为、道德标准和民主精神，以及基本生活技能、善用闲暇与娱乐等。所以体育教学之真谛亦在如何利用身体之活动以教育人，体育教学作为陶冶人格之一种工具，既非科学，又非专业技术。体育教学为文化之一种，确有陶冶品性之价值。故体育教学应以传达文化与创造文化为目的，这种观点认为体育教学的目标是注重学生个人品格的培养，突出体育教学的教育功能。注重体育教学的道德规范方面，如通过体育教学培养学生的高尚品德和遵纪守法、团结互助和集体主义精神等等。这种观点在实践中却过分注意体育教学的教育作用，把体育教学混同于一般的教育，而不重视体育教学对人的身心健康的促进作用和增强学生体质主要本体的功能。

3. 从社会本位视角确立体育教学目标

社会本位的价值取向是以社会为核心，强调体育必须为社会需要服务，包括政治、经济等方面的需要．它实际上是把社会需要对象化于人，强调了体育教学在整个社会结构中的工具价值，社会本位的价值取向重视体育教学的社会价值，强调体育教学目的从社会出发，满足社会的需要，但在实践中也存在不足，主要表现在两个方面：一是为社会服务主要局限于为政治服务，忽视了为经济、文化发展服务；二是忽视了满足个体发展的需要，割裂了人与社会的关系，极易导致体育教学对人的发展只见社会不见人，单纯把人当作社会工具，而不是把人作为社会主体来培养，造成对人的发展的严重束缚和压抑，体育教学成了装门面的“花瓶”，导致体育教学本质功能被遮蔽。

4. 从知识技术视角确立体育教学目标

多年来，我国基础教育的教学呈现出比较明显的知识中心的理性主义倾向。在教学价值上，把知识的重要性推向极致。在教学实践上，知识的标准化、统一化支配着教学设计、教学实施。把体育教学降格为一种“技艺”认为体育教学的价值在于为学生未来生活提供充足的理性准备，体育教学在学校是一门必修的教学科目，“教学”就不能等同于一般的课外活动，教学内容必须有一定的规定性，应以传授基本知识、基本技术和基本技能为主。由于教材内容过多，过于烦琐，有的教材内容机械、刻板、学生没有兴趣，它是造成以后中小学体育教学中目标偏移的主要原因。

5. 从身体健康功能视角确立体育教学目标

从体育教学的健康功能确定体育教学目标历来就有，持这种观点的人认为：德、智、体三育中，体育为三育之基础，因为体育是辅助身体的成长发达和增进健康的训练，体育即健康体育，有了健康的身体，必然神志清醒，性情善良，才有健全的人格。其目标更多的是从国家利益来考虑问题，对“人”的理解大多停留于认识论、知识论层面，这就使得体育教学过程演变成单一的知识接受过程，体育教学目标就成了知识、技术的传授、强制的训练，被动地接受现有的事实与价值。因而在这种环境下，体育教学在此成为一种准备性教育，而为什么进行准备则由各种实际的需要所决定，由此体育教学完全丧失主动性，成为实现和满足需要的手段。从培养人的角度看，科学主义影响下的体育教学缺乏是从人类本身特点出发而界定的，注重体育教学的社会需要。这样，体育教学所要培养的并不是作为客观存在的个体的人，而是一种社会人。这实际上使体育教学成了一种社会教育，使体育教学成了为社会服务的工具和手段，这种目标定位与体育教学培养人的本质是不符的。

（四）身心分离——人的整体性的消解

身体远比我们日常生活中对它的了解要复杂，而且具有深刻的内涵。人，本来就是身心一体，身体和精神已不再被认为是两个分别的实体。另外，人的整体性也就是人的活动，即使是一个方面的或者是一个局部的，也都是个人的整体反应。所以，这种活动也影响着其个人的整体性。因此可以认为体育教学是对个人的整体教育。在整体教育中蔑视身体固然是对身体的践踏，但把身体简化成肉体同样是对身体的践踏。在谈到身心关系时，可笼统地理解为人性系统中，自然属性与意识属性之间和生命与意识之间的关系，人的身心之间的密切联系和相互作用是不容置疑的科学事实，问题就在于对其整体联系规律和机制的解释范式的分歧。体育教学可以掌握知识、锻炼身体，也可以塑造人的心灵、形与神、身与心是联结的、统一的。“如果人们认为心灵与身体是依赖性关系，那么身体就完全听命于心灵。如果人们用机械唯物主义观点看待人体，在体育课程设置上，就会坚持机械训练。但如果人们认为心灵与身体的关系是统一的，那么身体就会受到尊重和珍视。”人的存在是复合的，人是精神的，也是物质的；是个人，也是社会的；是感性的；也是理性的；是主体，也是客体。应该说，人的一切活动，一切方面，一切因素都是复合的。体育教学的对象是现实的活生生的人，所谓人体观绝不是单纯的自然人体观，我们应当从系统哲学结构与功能的角度、从人的本质的角度对人体进行综合的审视，把学生当人看而不是当工具看，把学生当目的看，而不是当手段看。

第四节　人文精神视阈下高校体育教学模式改革研究

一、体育教学理念层面的改革

教育的艺术就在于："要受教育者把他周围的东西加以人化，从中感受到人性的东西"。对于体育教学来说：我们应倡导在课堂教学中营造人文精神的氛围，使课堂教学与人文精神相互融合、相互支持。要改革教学模式，从受教育者的人文立场出发，切实处理好学生的主体地位与教师的主导作用。建立以学生发展为本的教学理念，要发挥学生的主体功能，学生学习的过程是学生基于自我意识、态度、兴趣、价值观的自我建构、不断"体验"和"生成"的过程。新课程理念下的课堂教学中学生的态度、愿望、激情显得十分重要，教师应充分利用这一资源，开展师生互动，进行双向交流，巧妙设计问题情境，把教师善"导"和学生善"主"协调起来，建立自主、探究、合作的学习方式，让学生去发现、理解、分析、判断身边的人文现象，从而提升自己的人文素质。例如在舞蹈单元的学习后，学生在小结中写到"舞蹈单元的宗旨是：重在参与、共同提高、鼓励创新，在掌握教师教的舞蹈后，分四个小组，各小组进行舞蹈创编，力求编出个性、编出特色。而效果的确让人满意：交谊舞、热龙舞、兔子舞、霹雳舞、民族舞，各种各样在电视中才能看到的舞蹈，被同学们演绎的像模像样，同学们的个性和能力在合作创编中得到了充分发展。这是一个成功的例子，希望体育课能一如既往的保持下去，多给我们一点快乐、多留一点空间，多给我们一点机会!"在教学过程中，教师并没有使用像传统那样的灌输和教教材以及单纯的意识形态教育，由于学生的兴趣、爱好不同，女生对民族舞感兴趣，男生则对社会上流行的街舞感兴趣，在教学中注意到学生差异，进行不同的引导，而且更多的是用人性化的语言引导学生去主动探究，说出自己的想法，寻找出解决问题的方法，学生的创新意识得到很好的表现。通过学习，学生真正掌握了知识，锻炼了能力，增强学生的参与意识、主体意识、团队合作精神和社会责任感，从而提高他们的人文素质，培养他们的人文精神。

二、体育教学目的层面的改革

人文精神教育观所倡导的教育目的是"以人为本"和"终极关怀"。把握"以人为本"的科学内涵，包涵着两个方面。首先是"人"的概念，"人"是与"神"和"物"相对应的。在西方早期的人文思想中，人本思想主要相对于神本思想。认为应将人的价值置于首位。而在中国历史上有关于"天地万物，唯人为贵"的思想，所强调的是一种人贵于物的理念。其次是"本"的概念，以人为本的"本"，是与"末"相对应的，是一种在世间万物中，什么最根本，什么最重要，什么最值得关心的话题。有关"终极关怀"，张岱年先生曾指出古今中外所有的三种终极关怀，其一是寻求上帝的庇护，其二是返归本源，其三是发扬人生之道。人文精神教育观中的终极关怀所体现的也是一种超越性本质。明白了"以人文本"和"终极关怀"所蕴含的意义，可以发现，这与目前学校体育"健康第一"的指导思想不仅不相矛盾，反而联系紧密。体育作为教育重要的组成部分，也理应体现"以人为本"和"终极关怀"的理念。这点从《体育与健康课程标准》的课程性质、课程价值和课程理念中都有充分体现。在课程基本理念中，无论是"以学生为中心，重视学生主体地位"，还是"关注个体差异与不同需求，确保每一个学生受益"

都切实体现了以人为本理念。而在课程性质中，将“体育与健康”课程定位于是“实施素质教育和培养德、智、体全面发展人才不可缺少的重要途径”，则能体现出其“终极关怀”的意味。所以“健康第一”也是“以人为本”和“终极关怀”的突出表现，这是体育与健康课程改革的进步。虽然出发点正确，但是否真正做到了“以人为本”和“终极关怀”却也值得反思。

三、体育教学内容方面的改革

人文精神教育观的内容论不但要求学习专业技术，领悟专业文化和人类文化，而且要求挖掘知识、技术背后所蕴含着的人性。这对于指导学校体育教学改革具有重要的意义。正如“文化同人性有着某种奇妙的关联”一样，学校体育教学改革在教学内容层面上也应注意体育这一专业和体育文化对应着的是人性中的何种向度，因为人性和文化总是密不可分的，因为正是“丰富的人性创造了多彩的人类文化，多彩的人类文化同样也哺育着丰富的人性。”需要指出的是，这里的人性概念指的是“作为人应有的正面的、积极的品行。”当代人学家张荣寰 2009 年 4 月全新的解释了“人性”概念，这与人文精神教育观所倡导的人性相似，他认为：“人性闪耀着真理的光芒，是真理性在人身上的一种自由表达。当人理智地释放人性的自由时，自我的良心就给予意志上的平等，自我的欲望就回归到美善的表达，爱的情感随之产生，人就会在人格上得到某种满足，身体上的满足是快乐，心灵上的满足是欢喜，这种人格（身心）上满足就是幸福。”这里，张荣寰先生的人性涉及了自由、理性、意志、真、善、美、爱等诸多概念，算是为人性之美好解构为若干分支。体育文化作为人类文化的瑰宝传承至今，其对完满人性的塑造是不言而喻的。如果说当前学校体育对应着人性的何种向度，那应该是希腊人的基本精神，即“争强和友爱”。因为现代学校体育是由西方体育演变而来，而希腊是西方体育诞生的摇篮。这里应注意的是，将我国传统体育所蕴含着的深刻思想的传授也是不能忽视的。卢元镇教授对东西方体育曾做过这样的概括：西方体育所倡导的是一种人的可能性，这种可能性可以理解为西方奥林匹克精神中的“更高、更快、更强”，而东方体育则倡导的是一种人的必要性，两者应互为一体，才是真正的体育。所以如果将人类的人性在体育中完满地表达出来，那应当是东西方体育的交融。目前学校体育在人性层面上的教育做的还有很多不足，在传统体育项目与西方学校体育项目之间也有待平衡，这就要求学校体育改革在教学内容层面也应以人文精神教育观所倡导的内容论为标尺，从技术、知识层面到文化、人性层面，使整个学校体育教学工作显得更加人性化，使受教育者能够切实的全面发展，充满活力与创造力。另外，全面发展下的学校体育要将东西方体育项目与文化充分地融入学校体育当中，使得东西方体育相互融合。以古希腊为代表的西方体育崇尚的是肌肉的健美，而东方的传统体育，调理的是筋络，更多的是以促进健康为主的。可以说在一定程度上是东方体育在增进健康上更为明显，西方体育在增强体质上更为有效。

四、体育教学方法层面的改革

从人文精神教育观方法层面上审视学校体育教学改革，可以发现学校体育在这一层面上存在着问题，目前的学校体育教学工作，虽然在技术传授层面上一般可以引起学生的求知欲，较好的完成课时任务，很多优秀体育教师在对技术动作的讲解过程中也十分精彩和到位，生动的传授有关技术，但是在对这些传承下来的知识、技术和人有何关联，学生为何要学，学了有什么意义等关乎本体论、价值论的问题上，还是显得较为单薄。如果认为这与广大一线参差不齐的体育教师素质有关也不无道理，但是更应在学校体育教学改革的方法层面上提出明确的要求，学校体育教学改革首先应从根本上改变这种“知识论和认识论同本体论和价值论”分离、脱节的局面，要使这两者有机的结合，并也建立在“以人为本”和“终极关怀”的基础之上。

古希腊哲学家柏拉图曾言，想更多了解一个人，与之交谈一生，不如与之一起运动（play）一个小时。如何有效地进行心灵上的教育是学校体育教学改革值得思考的问题，甚至应该成为教学改革的重点，了解体育所代表的精神，体育的内涵和价值，以及体育与人有何关联等问题，在目的层面上明确了这些问题对方法层面上的改革具有重要的指导意义。“理性和科学乃是人类至高无上的力量”歌德如是说。诚然，学校教育理所应当进行理性教育，严谨的思维、慎重的判断、合乎逻辑的推理，学校没有什么比培养这些行为能力更重要的任务了。然而在人性中最内核的东西却是非理性的，古希腊理性思维虽然强大无比，无坚不摧，却无法解开那些深刻的心灵困惑，在那些终极问题面前，理性竟然都失去了知识能力，按照康德或者维特恩斯坦的说法，那些终极问题都是落在知识界线之外的问题。康德作为理性哲学的代表曾经说过，在这个世界上，只有两件事情能够深深震撼我们的内心，一个是我们头顶绚烂的星空，而另一个就是我们内心崇高的道德准则。在这里，感性教育显示出其必要的价值，而体育作为感性的代表无疑应该发挥更加重要的作用。现今的学校体育以西方学校体育为主，李力研在其《野蛮的文明》中提到，西方文明中，一是科学传统，一是体育传统。如果说，科学代表着人类的理性，那么，体育则代表着人类的感性，如果说，科学标志着人类的“旧神阿波罗精神”，那么体育就标志着人类的“酒神狄俄尼索斯精神”。如此说来，学校教育其实不仅应该承担理性思维的培养任务，更要以培养感性的思维内核为己任。以数学、物理、化学等学科的理性为主的科目，和以体育、音乐、美术等的感性为主的科目，应该相互协调，为共同塑造一个完满、伟大的心灵做出努力。这同样是两个重要维度，感性的极致是精神病患者，理性的极致是一台机器。学校教育必须在其中找到平衡点。关于理性和非理性的关系尼采曾有表述：“一是为了感受科学，二是为了感受非科学：相互平行，不混乱，可分离，可关闭；这是健康的一种要求。在一个领域里是力量的源泉，在另外的领域中是调节器：幻想、片面性和激情，用来供热，借助认知的科学，来预防一种过度加热的恶性和危险的后果”。所以，学校体育教学改革在方法层面上应注意理性教育与感性教育的结合。真正做到这种感性和理性的结合，才能在方法层面达到如柏拉图所说的，使人得到智性的快乐。使受教育者拥有理性、克制、守约、勤劳这些平凡美德，更要拥有智慧、勇敢、慷慨、无私这些伟大的美德。将理性与感性有机地结合在一起，这才是实施真正的人的教育，而学校体育教学如果忽略这些，将是非常遗憾的。

五、体育教材层面的改革

教材是学科内容的体现，只有教材里贯穿了人文精神，才会在具体的教学实践中利于培养学生的人文精神。《体育与健康》新教材更突出了人性的特点，把学生放在主体地位，如教材内容的生活化，教学行为方式的主体化，教学方法的人性化。我们应有效地把握教材，以教材为载体，以教材为依托，充分挖掘教材中的人文因素。如《体育与健康》理论中有“奥林匹克”“心理健康”“中华民族传统武术”“社会适应”等丰富而深刻的人文素材，在实践教材中有“民族传统项目”等充满浓郁乡土气息的人文知识，丰富的人文素材和深刻的文化内涵提高了学生的文化修养、理论修养、道德修养；同时还应该增补一些新鲜的有丰富人文精神和时代气息的内容，如在教学中贯穿北京2008申奥成功，刘翔奥运夺冠、女排夺冠等相关知识，扩充教学领域，拓宽学生视野，渗透思想教育，增强人文意识。例如，在进行快速跑一课教学时，充分挖掘教材丰富的人文精神即学生对体育明星的向往，随着高校快速跑训练水平的不断提高，高水平的短跑运动员不断出现，这些高水平运动员成为高校学生心目中的明星，学生经常会到操场看运动员训练，和运动员交谈。挖掘这些体育明星资源将这些体育明星请到课堂中来，不仅满足了学生的追星心理，而且可以让学生学到正确的技术，更主要的是可以从明星身上学到他们刻苦的态度、拼搏的精神。教师只有善于从纷繁复杂的体育教学中，梳理出最具人文价值的素材，运用多媒体技术和语言艺术，才能突出体育独特的人文魅力，使课堂教学浸没在人文氛围之中。我们还要利用体育教材特殊的特性，如：竞争性、实践性、体验性、教会学生怎样学习，怎样处理人与自然、人与人、人与社会的关系，以及怎样对待自身的意志、情感、理性等等。站在“以人为本”的立场来观照教材，我们的教育便会指向人的终极关怀：让学生通过体验、理解的方法，感悟人生，实现自我。

六、体育教学主体方面的改革

现代存在主义认为：“教师既不是学生知识的源泉，也不是搬运工，必须要尊重学生的存在。”美国著名心理学家布鲁纳也曾经说过：“教育最重要的是把学生当作活生生的人。”教师必须有爱心、信心、恒心、责任心，用新的观念来研究学生，用新课程倡导的科学方法来评价学生，对学生进行和风细雨般的教育，培养他们的人文意识，使学生学会求知，学会做事，学会生存，学会审美，学会做人。师生之间体现人文关怀，就是创建一种民主的、平等的双向促进的良好关系。美国人本主义心理学家罗杰斯认为：在良好的人际关系中教学，师生间彼此能接纳对方，心理相容，学生学习热情高涨。①上课时，体育教师要融合自己的热情、激情讲话，在鼓励学生锻炼时用欣赏的目光看待学生，在学生中形成信任和理解。由于体育教学中学生体质差异存在特殊性，体育教师在评价时要公平地对待每一位学生，及时发现每个学生的闪光点，使学生之间形成一种互相尊重的、平等和睦的关系。②平时教师要坚持以人为本的教育理念，热爱学生、尊重学生、唤醒学生的自我完善意识，增长学生的乐观情绪和自信心，使他们探索求知的欲望得到调动与满足。③创设丰富的教学情景。建立一个接纳的、支持性的、宽容的课堂气氛，给学生已心理上的支持，创造良好的学习氛围，在学生练习失败或讨论出错时，教师不是责备或任由同学取笑，而是理解和鼓励，教师要为学生创造一个安全的学习氛围，使他们敢于行动，不断的探索和思考，在课堂上教师更像是学生的朋友和知己，是学生可信赖的心理支持源。作为学习的参与者，与学生分享自己的感情和想法；和学生一起寻找真理，能够承认自己的果实和错误。例如，在学生跳高感到害怕时，我会召集学生帮他加油鼓劲；当学生创新遇到困难时，我们要适时的参与到他们中间，和学生一起想办法。在这样一个充满“磁性”的课堂，有利于还学生以自尊，给学生以自信。

七、体育教学环境方面的改革

校园环境布置是校园文化的一个方面，人文因素的存在可产生激励作用。如张贴体育明星画报和学生体育获奖名单，将学生体育竞赛奖杯、奖章和奖状等集中于体育办公室陈列，渲染积极向上的精神，让同学们在有意无意间得到学习、鼓舞和熏陶的作用。首先，体育明星本身是勤奋的楷模，他们的事迹可激励学生上进的勇气和毅力。其次，荣誉的陈列是对学生的成绩做出肯定的一个举措，可使同学们有成就感，激发更大的奋斗目标，也给其他同学指明了努力的方向，起到无形的推动作用。良好的学校体育文化环境，会给人一种无形的力量，激发人们对体育运动的欲望。学校的报刊、广播、宣传栏、篮球场、足球场、体育馆等构成的体育文化环境，学校组织的和师生自发开展的体育活动，共同构成一种体育文化效应场。“人置身或观察这一文化效应场时，会与它发生感应关系，从而不自觉地获得特殊的体认、熏染和感受，而从侧面感悟某种文化的精神、情调、气质和状态。”当这种特殊的体认、熏染和感受内化为信念时，就会激发人们对体育活动的兴趣。如NBA乃至《灌篮高手》动画片所掀起的青少年篮球热就是一个典型的实例。学生在这个体育文化环境的潜移默化作用下，就会自觉养成一种锻炼习惯，并向终生体育过渡。

我国教育正在实现应试教育向素质教育的转变，由传统教育理念转向新课程理念，这一转变的过程是理念不断更新的过程，同时又是人文精神不断塑造的过程。实施素质教育就是要提高国民素质，培养学生的创新精神和实践能力，重视学生个性的张扬，关注学生人文素质的提高。传统的体育教学局限身体练习，注重教学目的的实现，偏重单纯的体质练习，忽视了学生的自我发展和人文教育。在新课程改革的背景下，《体育与健康》课教学应大力培养人文精神。把人文素质作为学生发展的一项新的要求，这既符合学生个体全面发展的需要，又体现了《体育与健康》学科与时俱进的思想和时代的“人文”理念。只有树立“人文”精神的新理念，才能实现教育观念的更新、教学行为和学习方式的转变，使教师更好地认识、理解、接受、落实新课程，进一步推进新课程改革。

第二章　人文精神视阈下高校体育教学价值的重塑

第一节　高校体育教学重塑人文精神的价值取向

高校不仅是培养优秀创新型人才的摇篮，也是传承与保护中华民族文化的重要场所。由于受各种因素的影响，使我们的传统文化在很大程度上受到了严重的破坏与流失。在这一发千钧、刻不容缓的时刻，高校挺身而出，肩负起中华民族文化传承和保护的时代任务与历史使命。如：西南大学传统春季田径运动会的开幕式上每年都有中华民族的传统舞龙表演、传统武术（螳螂拳、猴拳、蛇拳、十八般武艺等）表演、太极剑与太极拳表演、少数民族舞蹈表演以及西南大学独特的自编健美操表演等。这些都是高校文化传承功能的具体表现。

随着人类文明的进步和社会文化的发展，任何一种文化都不可能独立发展或孤立存在。东西方文化与国际文化之间的交流与合作已成为无法阻挡的主流。作为文化重要组成部分之一的体育也不例外，东西方体育文化都是人类共同的文化的结晶，是人类物质文明与精神文明相互交往的结果，从文化的角度研究对中国传统体育的继承和西方体育的借鉴，有利于加强不同背景体育文化之间的交流与合作，通过相互吸收、相互借鉴、互补优势，有利于我们更好地传承中华体育文化、更好地发展世界体育文化，促进体育文化的全球化与多元化发展，以达到人类文化的共同繁荣。

一、中国人文精神的价值探索

人文精神的价值是一个历史的范畴，认为人文精神的价值在历史上总是变动的，也就是说，人文精神的作用虽然在历史上变化着，但却有着最为核心的作用，这些作用是相对稳定而较为恒常的，而不同历史时期的人们也大致承认这些作用，使这些作用成为人文精神的基本作用。主要包括：第一，探讨人的本质：第二，建立价值体系；第三，塑造精神世界。这三个方面的作用，可以说是人文精神最为核心的作用，也是人们对于人文精神作用的基本需要和基本评价。这些就构成了人文精神的基本价值。

（一）揭示人文革命的存在与实践活动

人之所以为人、人之何以为人的问题，是人们在自己的生命历程中必然会碰到的问题，甚至是人们从小时候起就必须要思考的问题。对于这个问题，有些人通过自己的人生经历，通过在人生经历中对生活经验的体验、感悟、觉解，从自己的生活实践中能够逐渐悟出这些道理，成为一个真正的人。但是更多的人则是通过人文精神的教育、学习、实践来懂得这些道理的、古今中外的人文学者们都承认过这一观点。

（二）阐发人的存在与活动的意义

通过揭示人的文化生命的存在与活动，使人了解人之所以为人、人之何以为人，最为关键的是阐发人的存在与活动的意义。只有揭示人的存在与活动的意义，才能使人们真正明白人的文化生命的存在与活动，也才能做出正确的价值选择，建构合理的价值体系。人文精神的这一基本价值，也是通过它的不同分支学科来实现的。这里先以文学为例，来阐发人的存在与活动的意义。

对于文学来说，它是通过对人的文化生命的存在与活动的现象描述，通过人物、抒情、故事，来阐发人的存在与活动的意义，宣示某种价值取向或批判某种价值取向，从而确立某种价值体系或解构某种价值体系。在此，文学家尼采说："它是在死亡面前重申生活的意志，和这样一种生活的无穷无尽的欢乐。"因此，马克思说："普罗米修斯是哲学历书上最高尚的圣者和殉道者。"而用汉密尔顿的话说："埃斯库罗斯等悲剧作家笔下的每一个词都是思想火花的象征符号。人的性质的全部哲学都体现在人们的语言中。"

（三）建构以意义为中心的精神家园

与阐发人的存在与活动的意义相联系，人文科学的另一个基本价值，是建构人的以意义为中心的精神家园。精神家园是人的文化生命的"家"，然而，精神家园对于个体的人来说，不是先天就有即与生俱来的，而是在后天生活、实践中逐步建构的。同时，人的精神家园也是丰富多彩的，包括了价值体系、精神境界以及性情、修养、气质、人格等多层面的内容。人文精神对人的精神家园的建构作用，也正是通过在对这些不同层面的建构中体现出来。首先，人文精神通过对人的存在与活动的意义的阐发，确立一个民族在一个时代的价值取向和价值体系。其次，人文精神通过对人的存在与活动的意义的阐发，熏陶人的性情和气质，使人具有良好的修养。最后，人文精神通过对人的存在与活动的意义的阐发，提高人的精神境界，使人的精神世界趋于提升和完善。冯友兰先生曾将人生境界分为："自然境界、功利境界、道德境界和天地境界"四种，他认为这需要学习哲学。他说："学哲学并不是记教条，背格言。它要求学习的人对于人的精神活动有所反思。在反思中得到一些体会，增加一些理解，懂得一些道理。这就能使他的精神境界有所丰富，有所提高。"

当然，除了哲学之外，文学、史学也都能帮助人提高和丰富精神境界。以上这三个方面就是人文精神的基本价值。这些基本价值，对人来说，不是一种物质之用，而是一种精神之用；也不是一种有形之用，而是一种无形之用；不是一种工具之用，而是一种本源之用。这就是人文精神的基本价值取向。

二、中国传统体育价值观的继承

中国传统体育是在独特的自然与历史环境中逐渐发展起来的。中国传统体育是以汉族文化为主体，融汇多种其他少数民族文化而铸成的一种文化形态，是各民族的养生和娱乐性群体活动的总称，中国传统文化的特质决定着传统体育所表现出来的种种特征。以儒家、道家、佛家文化为核心，植根于"天人合一"、阴阳八卦、五行理论之中，注重人体自身的统一性及与自然界的和谐，重节奏、韵律、神韵、内涵、和谐，重朦胧、抽象、含蓄，是一种哲学体育，其实质是对宇宙的把握。

中国传统体育文化吸收了各民族体育文化的优秀成果，使中国传统体育更加丰富、更具有群众性与广泛性，成为各个民族优秀体育文化的融会，成为中华民族共同拥有的宝贵财富。中国传统体育文化多样性与适应性的特点，是传统体育得以继承和发展的重要基础。

（一）中国民族哲学思想：中国传统体育之思想基础

中国传统体育在历史发展过程中，不同程度地受到了传统文化的影响和制约，其中生活风俗、生活方式、道德观念、行为准则、文化模式和民族心理结构等因素，在一定程度上决定着每个民族的文化特征，因而呈现出特异的民族风格。在其形成过程中受到了儒、道、佛等多种传统文化的影响。南宋孝宗皇帝说："以佛治心，以道治身，以儒治世"，对中国传统体育哲学文化思想具有高度的概括性。

1. "儒家伦理思想"为典型的传统体育

儒家文化在中国传统文化中起了重要的精神引导作用。孔孟儒家在两千多年中一直居于思想统治地位，所以，中国古代体育的伦理化倾向，便首先表现为深受儒家思想的侵染，带上了儒家仁礼学说的浓厚色彩。儒家思想精髓以"仁"为核心，维护"礼治"，提倡"德治"，重视"人治"。这些思想在体育健身的方面也充分展现出来了。孔子曾云："君子无所争。必也，射乎！揖让而升，下而饮。其争也君子。"这主要是说，君子本身并无可争的事情，应以修身养性为根本，如果一定有争的必要时，那也只能在比试射箭时体现，遵守礼法规定，举止谦恭有礼，不刻意计较输赢，这也充分展现出君子的风度。

"射礼"就是进行射箭比赛，是古代体育竞赛之一。由于弓箭在当时是战争中的主要兵器，射箭技术是非常受重视的，天子甚至可以通过射礼来选拔诸侯。从某种意义上说，它与"更快、更高、更强"的奥林匹克精神是相悖的。后者追求的是对生命力极限的超越，而射术比赛中却更看重的是"礼"。由此，在这种注重于精神层面，侧重于人的诚信礼义，不为竞赛输赢而执着、不为争执结果而动摇精神方向的儒家思想影响下，很大程度阻碍了中国古代竞技体育的发展，使体育成了以伦理为主的娱乐项目，淡化了体育比赛中的竞技性。

2. "道家养生思想"为代表的传统体育

中国传统体育人文精神的另一精髓——道家思想。主张："无知无欲、清静无为，内外兼习、道法自然"。该思想强调"自然之道"，将"达生"确立为中国传统体育追求的至臻境。如：老子主张的"道法自然"、庄子主张的"齐物"均推崇人与自然和谐相处，推崇生命的完满性与整体性。庄子提倡的"心斋""坐忘"就是在"天地与我并生，万物与我为一"的混沌中达到至空至静之妙境。认为自然界是人类生命的根本，人维持正常的生命活动一定要顺乎自然变化的规律。只有这样，才能健康长寿。道家的哲学思想与政治观点和儒家思想存在着很大的差异。这和儒家主张的"礼治"是有区别的。又如：老子、庄子都主张通过"静养"来达到身心健康的目的。这又和儒家主张通过刻苦练习射礼、驾驭等技能来强身健体是两种不同的途径。但是道家的"静养"也并非纯粹意义上的体育锻炼，"静养"固然可以使人达到身心健康，但更重要的是这种身心健康是为了实现老庄"无为而治"的养生思想。

所谓"养生"就是保养身心，即借用药物、食物、气功、按摩等方法，强化人的生理功能和心理功能，企图达到人体自然生理年龄的改变，是实现延年益寿目标的保健过程。在道家"双修功"在空间和时间的修炼中：男子修炼以"气动收气补气，精动炼精补精，直至精尽化气，阳关自闭。外形上已成马阴藏相，身体已返回十六岁前全真纯阳之体”为主。女子则“得诀由天癸尽至天癸至，由天癸至再斩断赤龙，经尽信绝，全身属阴，两乳缩回，身体又返回十四岁前童真之体”。所谓的“马阴藏相”与“两乳缩回”，就是空间意义上对人体自然的改变。道家的《太平经》提出：“人命近在汝身，何为叩心仰呼天乎”？《西升经》则借老子的口说：“我命在我，不属天地”。陶弘景在《养性延命录》中进一步阐述道：“夫形生愚智，天也；强弱寿夭，人也。天道自然，人道自己。”生老病死，完全是自然规律，但中国古人却要由“天道自然”到“人道自己”，返老还童，长生不死。这便是时间意义上对人体自然的改变。

3.“佛家禅定思想”为基础的传统体育

佛教虽然作为外来教派文化，也渗透到了中国文化的各个领域，也是中国传统文化的一个不可分割的重要组成部分。佛家思想突出：“戒、定、慧”三个字。后来，随佛教中国化而产生的禅宗，强调每个人与生俱来先天就具有一种灵知和智慧。慧能说：“自色身中、自有本觉性，三世诸佛，十二部经，亦在人性中本自具有。”人要“识本心”，要成佛，必须扫除障碍，障碍不是别的，正是浮云妄识，偏见欲念。于是须要行“禅定”，“定能生慧”。佛家行“禅定”这种修行的方法，主要是为了觉悟超脱。在这种体育价值观的暗示下，领悟了人应该像动物那样，在天地之间顺乎自然，听任自由，自得其乐，从而创造了模仿动物的修身活动。如消肿舞、八段锦、猴拳、蛇拳、形意拳和大雁功、鹤翔桩功等。而后来的太极拳、八卦掌则是“无极生太极，太极生两仪，两仪生四象，四象生八势”理论的直接演绎。

因此，相对于追求极限甚而违背人的自然、生理、心理的发展规律，造成对生命破坏的西方竞技体育来说，中国儒家、佛家与道家体育价值观非在胜负之差、强弱之别，而着力于个体的人格修为，强身健体只是基本层次需求，更高层次则是通过身心调和融通，达到“心神合一、天人合一、与万物同生”的至高境界。这亦为西方体育所不及的。这需要以中国传统体育中尊重自然、与自然相和谐平衡发展补足，将体育发展的终极目标归为人与自然的和谐相处、对生命价值的追求和保护。

（二）防病强身，娱乐表演：中国传统体育之基本功能

人类的文化传承不仅是物质的传导，而且也是精神的传承。传统的文化与艺术，无论是动态的歌舞，还是静态的造型艺术，都包含着某种愿望和祈求的强烈情感。由于受中国传统文化的影响，中国现代体育并没有发展成为像西方那样以竞技、夺标为目的的体育，而在传统文化的熏陶下产生了与之吻合的防病、表演、娱乐为主的传统体育。中国的传统体育在儒、道、佛文化哲学思想的影响下，注重形神兼备，通过悟道，达到“天、地、人”相通的境地。要“以心会意、以意调气、以气促形、以形合神”，使“心、意、气、形、神”处于阴阳的相互平衡与相互和谐之中，并使人的整个身体与天地自然相融合，与四季变化相适应。

这种独特的养身体育正是在传统文化中产生的，与“更高、更快、更强”的奥运精神又是相驳而论的：一个是追求生命的延续，一个是追求生命的质量，这正是中西方体育不同的价值观所在。

中国民族传统体育强调人与自然的和谐，追求内外合一、形神合一和身心合一，以静养心，以动养形，动静结合，修身养性，以“健”和“寿”为终极目标。由此，古代的养生已认识到了导引行气，五禽戏、天竺按摩法、熊经鸟申、小劳术、易筋经、八段锦、太极拳等，其本质属性都是“为寿而已”，“亦已除疾，身体轻便”，“每日依次三遍者，一月后，百病除”，“详推此意终何在，延年益寿不老春”。这些都是古人总结出的宝贵的强身健体、延年益寿的方法，是人类的自养其生之道。孔子不仅是一个伟大的教育家，也是一个养生家。他认为：“仁者寿”，“大德必大寿”，加强品德修养是延年益寿的重要手段。其中，他在《论语·季氏》中说：“君子有三戒：少之时，血气未定，戒之在色；及其壮也，血气方刚，戒之在斗；及其老也，血气既衰，戒之在得。”把“戒色、戒斗、戒贪”视为人在不同年龄阶段的养生重点。

另外，中国传统体育还具有竞技表演性、游戏娱乐性、艺术观赏性、趣味性等综合运动特征。在舞蹈方面，有苗族的“芦笙舞”，即舞者在表演中一边吹，一边做快速旋转、矮步、翻滚、倒立等技巧动作，没有一定的训练基础是难以完成的；又如，黎族的“跳竹竿”，击竿者跪、蹲交替，节奏越打越快，难度越来越大，跳竿者随竿的分合与高低变化灵巧的跳跃其间，展现各种优美的姿势。还有傣族的刀舞、棍舞、孔雀舞；哈尼族的竹筒舞；壮族的铜鼓舞等，表明了舞蹈与体育活动是密不可分的，是一种增强体质的体育活动。这些对民族传统体育都有着深刻的影响，并丰富了民族传统体育的内容。这些人文精神中所展示的造型美、体态美、节奏美、和谐美都是中华民族气质、力量、情操的象征。

（三）宽厚、礼让、平和：中国传统体育之价值取向

在中国传统农耕文化中，中国人逐渐形成了注重节制、追求和谐的文化性格。正如梁启超先生所说的：“中国哲学很注重人与人之间的关系”，而“希腊及现代欧洲，专注于人与物的关系”。在传统文化中，把协调人际关系放在首位，以“礼之用，和为贵”的思想为指导。儒学是以“礼”“仁”双元统一结构为核心建立体系的，儒家文化是一种以伦理性为特色的中国文化，儒家始终是围绕着伦理这个核心来构筑其价值体系的。儒家思想的“中庸”处事原则和价值标准成了中国人的做人准则。它要求人们的思想行为要以“适中和守常”为基本点，要以“为人庄重、谨慎，节制个人的情感与欲望为处事标准，要反对执着偏极的极端片面性，达到处事通达圆融的目的”。这便是中庸的核心思想。在道家思想中，提倡“守雌、处下、不争、无为”的中道观，这对国人文化品位的养成也起着重要的影响，也使得中国传统体育更多地强调整体的和谐统一性，淡化了体育的竞技性与争夺性。

古代中国非常注重情感伦理，也非常尊崇道德观念，这种观念在体育运动领域中得到了充分的体现，在规范人们的体育行为、平和体育气氛方面也具有积极的意义。如孟子认为：义比生命更可贵，是值得以生命换取的，因此他提倡，人要有“大丈夫”气概，“富贵不能淫，贫贱不能移，威武不能屈，此之谓大丈夫”。这种“杀身成仁”“舍生取义”的思想以及“宁为玉碎，不为瓦全”的节义观念使得中国传统体育有了更加深层次的文化内涵，使中国传统体育呈现出以宽厚、礼让、平和为特征的伦理化价值取向。

三、西方体育价值观之借鉴

就西方而言，体育演化按照不同的时代文化主题大致分为三个发展模式。第一是古希腊时期，人从宗教神话即对自然本质的探索中转向认识人自己，人成为衡量万物的尺度。思想家以朴素的情感开辟了对人的世界的认识，社会文化的人文精神表现为人类自我意识的觉醒，体育则被作为人文学科列入公民教育的人文教育范畴。第二是从文艺复兴开始的近代资产阶级的教

育中表现出来有别于古希腊时期的身心全面发展的体育教育，此时期的体育以反对神性，倡导世俗生活和科学精神为旗帜。第三是西方的现代体育，它强调人的非理性作用，抵制科学理性主义对人性的窒息，从而弘扬人性，以非理性主义的方式来纠正人性发展过程中的错误，全面维护人的身心健康权利。西方体育代表了西方人文体系，它在维护人的健康生存权方面特别注重健康方法与手段，以法律的形式保护人的健康生存权。

然而，西方体育受到西方海洋文化的影响，表现出对现实利益的积极向往，追求在平等的基础上开展竞争，努力获取个人的最大利益。与农耕文化影响下的稳定、无争的中国传统体育有所差异。在此基础上，使得西方社会很早便形成了个人本位主义与功利主义的处事原则，他们非常崇拜力量的爆发与强烈的竞争，特别在古代奥林匹克运动上表现得十分明显。形成一种以新教伦理为核心，是科学实验、解剖学、生理学、现代医学等的综合运用；注重力量、速度之美，重外在、形体美，并注重对人生命的展现的“物理体育”。因此，西方人普遍推崇健美强壮的体魄和灵巧矫健的运动，并愿意为此付出艰辛的努力。

（一）竞争与自由：西方体育价值观之精髓

英国政论家博克认为，竞争心是自己在人类公认为有价值的东西方面要比旁人优越的要求，就是这种情欲驱遣人们千方百计地炫耀自己。古希腊被视为西方古代体育文化的发源地，其城邦的自治自给制度使古希腊社会避免了血缘统治，创造了一个相对自由、平等、法治、竞争的社会环境，为竞技体育的产生提供了土壤。

在希腊人眼中，他们并不认为有善于思索的头脑或一个感觉敏锐的心灵就是最理想的人物，而血统优良，发育健全，肢体匀称，擅长各种运动的竞技家才是他们所崇拜的英雄。他们不仅崇尚强壮的身体和结实的肌肉，而且更以展示体格之美为荣。这种对力量的崇拜与对体格的赞美构成了西方体育竞技观之基础。竞争精神由此也成为古希腊典型的一种体育人文精神。

“在古希腊人看来，对抗具有重要作用，它既是一种挑战，也是一种激励”。古罗马时代的大竞技场就是最好的实物体现，竞技场呈 U 字形，建于公元 2 世纪，有一个土质跑道，座位被分隔环绕在四周，可以容纳二万名观众。在西方体育竞赛里，所彰显的是自由民主、平等竞争的参赛原则。西方体育中表现出来的竞技观是“认识你自己”和“公平竞争”的个体精神的张扬。由此，可以得出结论：西方人顽强拼搏、积极进取的精神品质在竞争中被造就，竞争精神成为西方体育价值观的精髓。

由于中西方文化的差异，导致中国传统文化以家族为本位，注重个人的职责与义务，西方文化是以个人为本位，注重个人的自由和权利。西方竞争精神中表现出来的“自由”性，是西方体育的核心内容。“拼搏、竞争、自由、民主、平等”的对象都是自己，自己不仅是施动者，还是受动者，是一种典型的个人本位的做人处事原则，突显了西方人在处理社会秩序问题时，更重视自我价值的实现。体育竞赛实践中，他们只代表个人参赛，动机纯粹是出于个人的兴趣爱好。在坚持个人主义、提倡个性解放、宣扬个人独立的基础上，尊重个人权利、突出个人自由、重视契约关系。也就产生了以竞争为贵，物竞天择，适者生存的信条与德行的西方竞技价值观。这与中国传统体育人文精神中“仁、义、礼、智、信”的伦理价值观是截然不同的。

综上所述，西方体育人文精神是由西方海洋文化所孕育的一种以竞争为主要特征，以追求个体自由的人格魅力的完美展现为目的的精神品质。

（二）个人本位为中心：西方体育之社会本位

古希腊是西方体育的发源地，由于地处三面环海，耕地较少，使得古希腊人的生活与海洋息息相关。他们在向大自然挑战的过程中，并逐步养成心胸开阔、勇于开拓、敢于进取的注重竞争的民族性格。同时，希腊社会的世俗化和人格化，使古希腊人独有的人体审美意识、娱乐意识得到了充分的发展，即从个人原则和人格意识出发而形成的体育风尚，建构了以个性的发展、个人生命力的展现为主体的西方体育，并在西方社会世代传承和发展。

至中世纪起，由于西方社会神权凌驾于王权，一切都被宗教和教会所支配，从根本上已否定了人的世俗价值，由此，体育被禁止，只有骑士体育和游侠体育作为体育运动项目的唯一形式被保存下来。直到宗教的改革发展被近代文艺复兴运动推动后，才确认了“灵魂与肉体统一”的辩证关系，为体育的发展扫清了思想障碍，打开了现代体育的时代大门。新兴资产阶级更加明确地提出了以人为中心的人文主义教育理念。

西方体育文化中的个人或者自我是独立的，是与他人相分离的，具有个人精神的个体。这种以个人人格为主体的社会大力倡导个人奋斗，使“个人主义”成为一种人生哲学和价值标准，是西方体育文化中的一种主导精神。“利己”性是西方体育的核心内容，“冒险、张扬、自由、竞争、平等”的对象都是自己，是一种典型的以自我发展为中心的做人处事原则。因此，在西方价值观中主张以“竞争为贵，物竞天择，适者生存”的信条与德行。

因此，以个体为中心的体育人文思想便在这样的理念下由此而生，在比赛中，他们的参赛动机与原则几乎都是代表个人而参加，参与各种体育赛事活动纯粹也是处于个人的意愿，尊重自我的兴趣爱好。特别在一些世界性的大赛中表现得尤为突出，他们从事体育竞赛坚持的是个人权利，尊重裁判与规则，重视契约关系。在竞技体育运动中，充分肯定了个人奋斗目标与个人价值的实现，将个人英雄主义推向极致。

（三）多元化文化：西方体育发展的特点

以海洋贸易为主的商品市场经济一直以来都是西方体育产生与发展的经济基础。互通有无，最大利益化以及开放性和外向性的特点是西方商品经济的核心。西方人多样化的生活方式在这种人文背景与经济基础的特殊性下所铸成，再加之傍海而居的变化无常的气候与恶劣的生存条件促成了他们的勇于冒险和顽强抵抗的个性，他们奋发图强、敢于拼搏、努力开拓对外的生存资源，倡导以个人为中心的“个体竞争与自由”，他们生命潜能和智慧在这种拼搏进取中得以充分发挥。西方历史发展的一个典型特点就是它的文化具有多元性与分散性特征，呈发散性，使得民族的划分也具有多样性和地域上的分散性。特别是文艺复兴以来，民族、经济、国家林立，文化各显异彩。西方体育的发展也充分证实了这一特征。

由不同的文化背景与不同民族、国家所产生不同的体育文化，在融入西方体育实践的过程中，不但没有受到排斥，相反还被很好地融为一体、合而为一，同时，在人们选择运用这些体育运动项目时也体现出鲜明的“多元化”文化特点。不同民族，不同区域，不同文化背景的丰富多彩的各种游戏、娱乐项目汇集成了西方体育文化的大家庭，相互间再经过不断的融合发展，最终就形成了西方体育的完整体系，并成了当今世界体育人文精神的主流。令世人瞩目的现代奥林匹克运动，就是西方体育的多元化人文价值观对世界体育的巨大贡献。

四、中西方体育价值观统一下的高校体育

如今，中国传统体育中强调“养生修性”，练养结合，动静平衡的体育思想，对西方人来说具有极大的吸引力，他们试图从东方的处世之道和养生方法中汲取营养。如：以奥林匹克精神为主的西方体育观念“和平与友谊”“体育为大众”“重在参与”等逐渐为传统体育所吸收。总之，以儒家、道家、佛家为核心的传统体育和以新教伦理、竞争、超越为核心的西方体育，是两股不同的文化源流，很显然，中西方体育也是必须带有各自核心文化的色彩和特征。

中国传统体育在儒、道、佛家思想的熏陶下，形成了融养生健体、道德教育、娱乐内敛于一体的独特风格。在西方奥林匹运动的巨大影响之下，中国传统体育不再是封闭环境里的自足体，而是在同西方体育相互融合，相互竞争的回流中迅速发展。同时，随着现代社会的不断发展，人们逐渐意识到了现代体育对培养人的全面发展的人格和体格的具体价值。中西方的体育冲撞与融合必然导致新一轮人体生命科学的革命，其最终结果必将以人的身心和谐发展为归宿。

不同时期形态各异的体育文化通过各种媒介对中国高校的体育发展与演化产生着巨大的感染力，它不仅使高校体育极具韧性、惰性和保守型，而且还滋生了“重智育，轻体育”中国高校体育的显著特点。这一特点缺乏对体育的育人功能的认识，只突出了体育的政治功能，体育活动的群体性、技艺性和表演性得到充分的展现，但学生内在需求与身体文化、审美意识都没得到良好的发展。其主要表现在，当前中国高校体育从形式、内容、组织体系等虽然相仿于西方，但高校体育仅掌握其形，而未继承其神。如：校级运动会目前在中国各高校中基本形成传统，但能正确认识校级运动会的价值和功能的学生及教师们只占极少数，严重影响到他们对校运会的重视程度和参与激情。

此外，在当前中国高校体育课程中由于受中国传统体育缺乏系统科学的锻炼方法，缺乏专门化的比赛规则的影响，使得高校体育课程中长期以传统武术、娱乐、养生太极、健身气功等传统武术为主，中国其他传统体育项目很少纳入其中，这在一定程度上阻碍了高校体育课程的改革与创新。由于中国古代体育活动几乎都从属于其他社会活动。因此，相关体育活动之间缺乏必要的内在联系，体育课程因而也未能形成一个相对独立的理论体系。

由于西方体育讲究竞争、追求效益，重契约规则。在这种背景影响下，西方的高校体育在训练的方法上注重对人体在运动中健美肌肉的训练，注重对人体外形的审美，强调身体的外在运动，提倡对人体身体素质潜力的挖掘，从而提高人体竞技水平，美化人体形象，使自己的精神充实而满足于其中。在运动方式的解析上，重知行分析、讲究物理等力学原理，重视对人体结构的解剖和生理机能的探索，用科学的研究方法与实验来追求最激烈的对抗和竞技。在此基础上，形成了一套系统的科学理论支撑，有了明确的比赛规则和严格的场地器材要求。因此，高校体育竞技运动在西方国家开展得如火如荼，备受重视，也因此成为高校教育的重要组成部分。

我国的高校教育在看待高校体育价值观方面存在着明显的倾斜性，不是偏重于高校体育的物质价值（运动技能与身体素质的提高），就是偏重于精神价值（终身体育意识、审美鉴赏能力、吃苦耐劳精神的提高等），其区别主要在于各自学校的传统与理念。

美国的高校就与之不同，他们两者兼顾，力图寻求物质和精神在发生碰撞时的最佳融合点，对高校体育发挥的综合价值更为关注。

中西体育价值观各自反映了不同民族与国家的社会文化心理价值取向。由于历史、地理的原因，西方竞技体育项目（如：田径、篮球、排球、网球）在高校校园中长期占有主要阵地，中华民族传统体育项目（如：舞狮、舞龙、民族摔跤、民族舞蹈等）在高校却被排斥或忽略。这样的高校体育忽略了参与主体的民族文化心理价值观，使得高校体育的发展性、有效性与创新性受到质疑。中国传统体育虽然保守性很强，但也有创新性与融合性。所以，中国的高校体育在传承中华传统体育文化与弘扬中国体育人文精神的同时，还应积极借鉴西方的竞技体育精神和西方高校体育文化精华，将二者的文化结构和价值取向融汇在有机的结构体系中，建构新型中国高校体育观，以满足现代中国高校体育发展的趋势。

第二节　克服单纯锦标主义，坚持人文主义

一、锦标主义的实质

“锦标”一词源于龙舟比赛，古代龙舟比赛为了便于判定比赛名次，人们在水面的终点处插上一根长杆，上面缠绵挂彩，故又称之为“锦标”。当时参与竞渡比赛的船只以首先夺取“锦标”为胜，这样就使“锦标”既成为比赛获胜的标志，又象征着胜利者的荣誉。于是后来就有人把以争夺冠军为目标的比赛称为“锦标”。

锦标主义也就是今人所言的“金牌挂帅”“金牌第一”，是指为了争夺桂冠或获取金牌，采取和形成的一系列体育运动训练理论和实践的主张，不择手段、千方百计达到胜利的目的。这是由西方竞技体育传入中国后的必然后果。西方竞技体育是与奥林匹克运动相匹配的以专门的竞赛项目和竞技运动为主的群体活动，由于奥林匹克精神追求“更快、更高、更强”，在比赛和竞技中强调对运动员顽强拼搏精神的激发，由此也需要投放锦标或金牌作为对运动员的鼓励。锦标主义随着西方体育的传入，逐渐渗透于中国各层次的体育比赛之中，取代了以养生、娱乐为主的体育，成为人们参与体育实践的重要价值取向。在获胜中夺锦标本来是件好事，它将作为推动体育运动的一种激励手段和方式，如果将此确定为体育运动的最终目的和方向，那么它就会失去最本质的意义。

锦标的实现通常有两种途径：一是依靠公平的竞争方式，刻苦训练，培养良好的竞技能力、成就优秀的竞技水平，以诚实、公正的手段光明正大去争夺锦标，把夺标作为完美人格的表现。第二是妄图通过弄虚作假去争夺锦标。这不仅违背体育道德，还破坏了奥林匹克的公平竞争原则，严重侵蚀和危害了竞技体育的严肃性和神圣性，这便违背了“更团结、更干净、更人性”的奥林匹克格言。后面这种途径是我们任何时候都不提倡并坚决反对的。

由于“锦标主义”集中优势资源培养技能的佼佼者，而忽视大多数学生身心健康培养质量的提高，使得本应大众化的高校体育实质上已成为少数人的竞技体育，这对于本已不受重视的高校体育教学无疑是雪上加霜，使体育教学过程呈现出“见物不见人”的局面，高校体育无疑变成了畸形、急功近利的夺金攀比。高校体育教学与实践，并不是为了单纯的技能而学习技术，而是为了更好地进行强身健美而参与活动，对技能学习与活动参与的根本目的是增进健康，促进人的全面发展。

二、质疑锦标主义，坚持人文主义

在竞技过程中过分追逐夺冠，崇尚锦标主义，会使体育竞技的本质和方向发生异化，体育运动的价值和意义就会偏离正确的轨道，使竞技运动仅追求一个目标——那就是超越人类身体运动的极限。人们完全抛弃了人（运动员）本身的体验，而依赖于由技术手段所测量的各种数据来解释竞技全过程，以此监控竞技效果，为获得满意的运动成绩奠定基础。人的主观意愿已被忽视，对运动的体验以及对人自身生命价值的体验完全销声匿迹。这将导致体育竞技畸形、功利发展，必将引起国人的诸多不满和质疑。

张伯苓先生作为旧中国学校体育教育的一面旗帜，在创办和执掌南开大学期间，他曾对当时社会上盛行的“锦标主义”特别质疑。其中就有：通过不良手段到处拉运动员，对文化考试分数的高低不予过问，甚至有的还不经过考试就私下直接予以录取，在录取后给予各种津贴和优惠条件为自己学校效力的一些高校。这些不仅对体育的本质进行了扭曲，还物化了人们的心灵，腐蚀了人们的精神，对于这些不良行为，他坚决予以反对。他指出：“就体育能增强人民体质而言，当力求循序渐进，均衡发展。盲目地对竞技运动员的选拔与培养是不能达到提高国民素质与促进国人身心健康目的的，‘东亚病夫’的恶名也无法摘掉。”

目前，各种丑闻依然在我们的各大赛点中暴露无遗，这必须引以为鉴，这无一不是“金牌至上”的弊端，与崇尚的锦标主义息息相关。中国国情在改革开放 30 年来已发生了巨大的改变，在当代强调的“以人为本”“健康发展”“和谐共事”“文明建设”的时代呼唤下，“锦标主义”“夺取桂冠”与“金牌至上”再遭质疑和批判是符合时代诉求的。如：在 2011 年 10 月南京召开的第七届城运会上将“共和国体育重返故乡”作为整个大会的口号，因此“金牌榜”在国家体育总局的要求之下并没有在此届城运会上设置，这一做法就是反对“锦标主义”赤色运动会的回归。

高校体育倍受人们关注与青睐，绝非是仅仅凭借人们对“更快、更高、更强”理念的认同，而更在于高校体育内涵的深刻人文底蕴，这一人文底蕴包括“公平竞争”“人文关怀”“团队协作”的伦理秩序；以及对“健康、美丽、智慧”的追求；对“顽强、坚持、拼搏”等人生旨趣的推崇；寄托着人类对“和平、幸福、和谐”生活的美好向往；同时诠释着人类对强身健美的期待与想象。而单纯的“锦标主义”却使上述高校体育赖以存在的先天人文底蕴销声匿迹，给高校体育发展带来了诸多困境。

当前我们对锦标主义的质疑，并不是对锦标主义的全盘否定、排斥锦标主义的引领与激励作用，而是对单纯、过度追求锦标主义的现象予以质疑、否定或批判。我们要以平稳的心态来面对“锦标”，这并不是我们舍弃和厌恶“锦标”，而是在争取“锦标”的过程中均衡体育的内部结构，整合有利于人们身心群和谐发展的优势资源，提倡人文精神，强调战略思路，使体育的视野更加开阔，使高校体育真正实现“以人为本”，回归到关注人的身心健康发展的本质中来。把高校体育纳入“教育多元化”与“体育全球化”的视域中，使之和谐发展，均衡发展以及可持续发展，就必须克服目前单纯的“锦标主义”——体育“竞技化”一枝独秀的局面，坚持人文主义。

第三节　以身体美学指导高校体育从竞技走向健美

“身体美学”近年来成为一个比较流行的学术语汇。目前国内一些研究成果将“身体美学”定位为大众社会文化视域中的身体审美实践。即按照美的规律对人体进行技术再造和改装。在它的经验维度中首先拒绝将人的外在身体异化为不同于人的经验的主动精神，其次也没用一套固定的外部测量的标准去规范、评估好的身体审美经验。

高校体育“竞技化”，追求单纯的锦标主义就是以人的意识和概念的方式来贬低文化中的身体层面，忽视了身体作为一种被教化的对象，忽略身体在人格素养和精神品质中的作用，进而把身体只视为生活中必要工具。在身体美学看来，高校体育“竞技化”倾向的根本性错误就在于忽视了对人身体的基础性价值的认识。从人与自然的关系上看，人们首先是以身体的方式和自然界打交道的，并不是以意识的方式进行的。是身体细胞首先感觉、触摸到外在环境，如果以单独的意识方式来对客观事物的一般性进行把握，那么环境与我们身体知觉原有的丰富性和多样性就会被对人的一种“符号强暴”抹掉于无形之中，这样一来我们就不能对人进行全面的把握。

身体的问题，归根到底与“人的问题”息息相关，对身体的探讨，其实就是对人之存在的关切。只有通过身体而不是意识与世界对话，事物才会客观地、真实地呈现于我们面前，因为人的肉体是以一种比意识更鲜明、更纯洁、更具体的现象存在于宇宙之中。因此，我们只有通过身体的革命——也就是将原先的非身体的灵魂与意识转向身体、回归身体，把高校体育从窒息它的“功利主义”和“技术主义”的沉重负担中解救出来。以身体美学来指导高校体育从竞技走向强身健美，对促进高校体育回归“夺标育人”“人物双修”的目标，以及高校体育重塑人文精神具有重要的时代意义。

一、身体美学的理论要点

（一）身体美学概念解读

波德里亚通过对身体呈现的模式持久关注后，做出较为全面的解读：在医生看来，身体是纯粹生理意义上的“肌体”，因为在解剖学里身体是肌肉、骨骼以及各组织、器官、系统的综合物；在宗教领域里，指人的自然性（本能和贪欲），它是与意识、灵魂、精神相对应的；在政治与经济领域，身体指精英创造价值的工具——机器人，凸显的是身体的工具理性。这一解读重点突出的是身体作为“符号”的模式而存在，即政治经济学角度上的人体模型——符号尸体。身体符号模式的成熟形态便出现于后工业——消费时代，重点表征了符码的仪式化运作与“教育”功能，又对功利主义构成颠覆性效应。

美国实用主义美学家理查德·舒斯特曼率先提出“身体美学”这一名词。他将身体美学暂时定义为：就是将一个人的身体作为审美欣赏的感觉，及塑造创造性自我的场所，来对审美经验的批判和身体实践功能的改善的研究。由此，它也致力于对身体关怀，对改善身体结构与功能的知识、理论与实践，对身体上的训练方法与手段等系统的构建。他认为，身体美学应该是一种人类回归生活实践的审美哲学，让人的身体与心理，灵魂与肉体在审美理论和实践相结合的基础上和谐发展。在他看来，身体美学的真正故乡在中国。正如他所言：“对我来说，中国的传统文化为人类的身体在审美、道德和政治经济中扮演的主体角色提供强大的理论支持，正如中国的中医学、传统养身术、武术表演、太极气功一样，为增进身体美学的敏锐性以及身心健康的和谐发展提供了可借鉴的实践方法”。因为，在中国的传统文化中，不管是儒家还是道家思想，对人身体的价值与生命的意义都十分关注，他们并不认为身体冲突于意识，也没把人的身体从自我意识中隔离出去，而是通过“身体哲学”观来表现身体和自我意识的高度统一性。

综上所述，身体美学不仅作为一种批判理论而存在，人们还以这种理论对如何改善身体在感觉领域、交流层面以及自我塑造中的作用进行深刻的探讨。它所关注的是使身体如何在审美实践与经验中发挥最大效能，不仅要将自己的立场恰到好处地表达在道德行为中，还应力求增加我们对运动的了解、运动功效的提高、运动之美的表达，生活环境的改善等行为的调控能力。

（二）身体美学的指导意义

身体体验既是寓于身体感受中的精神，又是肉体感受，这是在身体美学区别于其他美学的典型特点。与认为单纯的审美只是一种纯粹的精神性活动，审美体验也不过是一种审美意识，并不涉及欲念和身体；将欲念和身体确定为低级物，必须被排除，只高扬精神性而排除了身体性的意识美学是截然不同的。

意识美学也产生于启蒙理性之中，但是只对理性霸权的体现，而另一种身体理性的倾向却被掩盖——即对身体性的否定。这与身体自然性的存在发生理论上的偏颇，也导致对大众文化的排斥。身体美学主张灵肉统一，精神与身体合一，它认为主体不仅仅是作为意识参与审美，而且还是以整个身体参与审美的，把意识作为身体的一部分对外物的主观思考，把审美作为一种身体行为活动。“日常生活审美化”是身体美学对社会贡献的主要表现。由于近年来中国当代的一些美学家呼唤身体回归主体，回归身体美学被提出来，这标志着“新的美学原则在崛起”，这种观点无疑具有合理性。

身体美学所要完成的任务有三方面：首先，回归美学本义——即改善生命（life－improving）的认知学科；其次，突出身体在美学中的功能，终结西方长期忽视身体的美学传统；最后是构想一种扩展的、以身体为中心的领域——即“身体美学”（soma esthetics），从而使哲学能更成功地履行它作为生活艺术（an art of living）的原本角色。简言之，身体是感觉——审美欣赏和创造性自我塑造的场所，身体“体验和用途”正是身体美学在这种意义上所研究与探索的。同时，身体美学理论还指出在艺术性还是政治性的所有的行为中，身体都是将作为首要工具对生命活动进行开展。在实用主义对身体在艺术创造和审美欣赏建构核心位置的基础上，身体美学更进一步地提出身体有灵性、有情感，且担负着一定的历史使命，是所有感觉在相互发生碰撞中所不可缺少的媒介。在指导审美新方向、实践哲学与提高人的生活品质方面，都具有不可抹杀的作用。

首先，能提高审美意识。我们可以通过对身体美学的认识更好地完成对审美活动中基本感觉形式的理解。因为艺术和美的对象会将我们的注意力和意识强力地吸引住，并聚拢，将我们的审美情感激发在对于意识、精神、注意力和情感的身体控制中。其次，能丰富实践哲学意义。身体美学在更广阔的意义上改变了对哲学的思考。表现在：身体美学在审美理论与实践结合的基础上通过身体训练的规范化，从实用性的角度出发，按照社会改良主义的方向来引导哲学的新发展，使哲学的真正实践回归于大众生活方式即回归哲学的古老传统。在此意义上它提出：

身体作为每个人的世界中心，不仅统领着每个人的视域，还是充满灵性、智慧和情感的主体。最后，能提高人的生活品质。由于人们处所的社会和自然环境塑造了身体与引起自发行为的身体习惯，所以，身体美学指导我们要适应并改善周围环境的现状只有通过我们自己的身体，以丰富的审美意识和超强的身体控制能力才能完成与塑造更为友善、健康、真诚和更有行动能力的人。

二、高校体育从竞技走向健美的必然性

目前人类已经认识到过去盲目发展科技，竭力“拜物”酿成的“恶果”。为此，在1994年埃及召开了“世界人口与发展大会”，大会明确指出：“可持续发展的中心是人”；1999年世界科学大会提出，未来的科技要“更富有人性”。可见。人类已告别“物化”时代，进入了一个以人为中心的新时代，这将为高校体育由“竞技性”走向“人本性”的升华创造条件。

运动员若有良好的运动天赋，再加上具有较高的文化知识与人文素养，将“练人”与“练物”合二为一，那么他的人文精神表现得就越充分，开发自身的创造力和超越能力就越强，激活的内在潜能就越彻底。

（一）探索竞技中人文精神的要求与价值

首先，从竞技的产生来看。竞技是在古代奥运会人文精神、欧洲文艺复兴与启蒙运动“自由、平等、博爱”的思想下所诞生。在这种精神背景的启发之下，竭力主张竞技应教导人们通过身体、心理及精神的锻炼达到个人的最佳境界。由此，竞技从一开始就奠定了人的主体地位。培养人的积极进取与公平竞争精神，激发人的爱国激情与创新欲望，以及在竞技过程如何给予人的团结向上、超越自我与坚韧意志等积极而充满生命力的精神与意识积累，才是我们研究和参与竞技的最终目的和意义。最后我们将这些优秀品质全面延展，积极推向人生奋斗的生命旅程中，使之形成对体育素养的生命延绵，更进一步地体现在体育实践与社会生活之中。这才是体育竞技的本质之于人而言最为重要而根本的价值所在。

因此，我们不仅要培养大学生的竞争意识，更要加强对他们进行体育人文教育，强化他们关心人的生命意义与价值理想的“人文关怀”意识，防止其竞技走向物化与功利，影响人、竞技、高校体育三者的协调发展。

其次，从竞技的目标来看。竞技不仅要造物，而且更要塑人，夺标育人是竞技的根本目标。竞技的本质属性也正是由夺标（竞技特有的娱乐属性）和育人（竞技的教育属性）二者有机结合的而构成的。一旦竞技失去了应有的育人属性，那么必然会有异化的发生，而且还会使人的生命健康的价值理性受到威胁，甚至失去生命活力。所以，在竞技的夺标育人过程中，夺标作为竞技的娱乐属性，揭示了人的价值追求，即“物道”；育人作为竞技的教育属性，探求了人的发展规律，即“人道”。“人道”与“物道”的有机整合，对于重塑当代富有“人性”的高校体育人文精神，抵制高校体育“竞技化”与促进高校体育竞技“人性化”’的挑战具有重要时代意义。

夺标与育人的整合是符合当今奥林匹克宗旨的。按照平等、自由、团结和公平竞争的奥林匹克精神，来开展没有任何歧视的竞赛活动来教育青年人，建立一个团结和平而美好的世界。宗旨的实质就是对“人”的教育，它所表述的是“人”的竞技，而不是“物”的运动。根据这

一目标，我们认为高校体育竞技绝不是为某些人争取荣誉与名利的工具，更不是捞取政绩的工程，而是以促进大学生全面发展、优化大学生生活状态、提升大学生生命质量为目的的活动方式与教育过程。

最后，从竞技的对象来看。竞技是生存技能的传习、演练与展示，既是一种改造自然的技艺，又是一种身体性运动竞争的技艺。这种技艺都是建立在人的基础上，所以对竞技本身来说其实质是“人”，即研究全面提高竞技者的“身、心、群（合群、利他以及协调人际关系的素养）”素质，通过改变小环境，进而改变大环境，从而逐渐解决竞技过程中出现的一系列问题，这是竞技的实质。因为竞技的主体是“人”，在竞技中要创纪录、夺锦标都是靠“人”来完成，只有竞技“人”的身、心、群素质健康和谐地发展了，竞技才能稳定、持续地向前迈进。作为竞技主体的大学生，在夺取锦标时才能增大概率。

真正的竞技不仅要传授人文知识，而且要提高运动员的情感品质；不仅要传授做人的道理，而且要培养其高尚的情操和高品位的人文关怀。所以，竞技追求的目的永远指向对人的终极关怀，最终都要实现“真、善、美”的最高目标或最高价值。

（二）身体美学解读健美的一般要求

高校体育的健美即健康之美，不单是指受遗传基因影响而形成的自然人体美，更主要的是指通过科学的身体锻炼和运动训练塑造的人体美。这种人体美应该是精神与物质的统一、灵与肉的统一、自然美与社会美的统一、内容和形式的统一，这些都是人体美追求的目标。

在身体美学理论指导下的健美重人伦实践，重身体力行，使主体在经验与实践中始终保持“身心一体、灵肉一体”的完整统一。因而健美也不能把身体与精神完全分开，让人的身体与精神互相感应、互相融合，达到了最高的精神境界，远远超越了身体性的低级阶段。换句话说，健美就是身体性的精神升华，并不是单纯身体的自然欲望性。身体美学领域中的健美，进入了自由的境界，克服了意识与身体的对立，健美既是审美体验，又是精神活动在身体中的感觉。正如黑格尔所说：人具有身体性，对人的解放不光是精神上，也是对整个身体的解放。审美就是要解放身体，使身体重新获得自由。因此，审美带有令人解放的性质。

一个人如果是只有外在的形式美，没有良好、高尚的思想情感，只能是虚有其表。海德格尔认为，天地人神的和谐共在，将自然主义与审美主义的取向相融合，建构了一种身体性的主体间性美学。德国诗人歌德曾发表言论说：“外貌的美只能取悦于一时，内心美才能经久不衰”。人体美就是要“诚于中而形于外”，就是要外在美和内在美的统一，这样，美才能放射出真正的光辉。正如丹纳所说：“我们所要求的最高典型，是一种既有完善的肉体，又有高尚精神的人。”为此，我们可以将健美定义为：在娱乐健身活动中，由运动带来的体格强壮，身心愉悦、动作舒展、体质健康和良好的精神状况相协调的美的形态。它包含着体育运动所追求的目的，包含着人对自己生命价值的肯定，是人类理想追寻的目标，同时也具有一系列的感性规定，构成审美对象，激发人们的审美评价。当然，它并不等同于运动项目的那种健美活动，它是身体全面发展的一种外部标准，是通过身体运动所产生的健康美，运动过程中所展现出来的精神美。

健美在体育实践中作为一般美的表现，具有自然美和社会美的双重属性。其本质是人的本质力量在体育实践这个特定领域中的感性显现，它反映的是人与体育运动的审美关系。因为健美首先是以人为对象，以人自身运动为主要表现手段，所以有理由说健美是人的本质力量在自身的直接展示，是人的本质力量在自身的“复现”和“确证”。

在高校体育运动实践中，人的本质力量指构成人体内在和外在的要素，如姣好的仪表、发达的肌肉、健全的内脏器官以及意志力、想象力、创造力等各种精神力量和智慧力量，这些要素构成了人的本质力量。大学生通过人体运动的各种形式及其组合，感性地显现了人的本质力量，显示了人的智慧、坚韧、技巧、创造力和生命力。这样，从他们所创造的世界中直观自身而引起愉悦，获得精神上的满足、美的享受、情感的升华和理性的启迪。正如苏霍姆林斯基所说：“美是一种心灵的体操，它使我们的精神正直、心地纯洁、情感和信念端正。”

（三）竞技走向健美：高校体育新理念

体育的竞技起源于人类对自身竞技行为的“真、善、美”的统一追求，与人类纯粹的审美活动——艺术具有共同的逻辑起点和相互交叉的内涵。初期的竞技运动是在初期审美意识、观念的作用下形成的，是从审美意识、观念对原始竞技行为的过滤筛选，保存其竞技性，确定其标准性和规则，摒弃其危害性，增强其观赏性。

高校体育的发展似乎愈来愈超越直接的功利性而走向纯粹的观赏性，审美活动似乎成为精神愉悦而与物质性的功利无缘。这样，始终与人类健身强体的目的直接相关，以争夺锦标桂冠为直接目的的竞技，似乎与审美分道扬镳了。但是，问题不在于高校体育自身本源上深深积淀着审美素质，也不在于审美自身本源上深深积淀着真与善的功利性质，而在于他们的娱乐功能。换句话说，当前的高校体育与审美活动的内在联系不但没有淡化，没有割裂，恰好相反，这种联系越来越强烈，越来越显著。高校体育发展到今天，它的美学价值绝对不亚于艺术活动。

竞技和健美是高校体育中的有机整体。高校体育中的竞技夺标是大学生通过科学训练和努力参赛，使其做人和竞技的能力都达到理想的状态；健美则是要求学生在“夺标”的全过程中，不但要提高自我做人的境界，而且要用良好的形体、心理与行为去教育观众、感染观众，从而把夺标与审美合二为一。所以在高校体育中，“健美”与“育人”是不可分割的，二者有机结合共同构成高校体育人文精神的本质属性。离开“健美”去“夺标”，高校体育的主体就会迷失，人性就会失落，本质就会异化。

未来中国的高校体育必将要从“竞技化”向“人性化”回归，这种回归具体来说，是在抵制高校体育“异化”的基础上，积极寻求通过竞技来促进大学生身、心、群素质的全面提高，从而使高校体育沿着“人—物—人”的历史进化的链条向前演进。这将是人类体育从“物的体育”向“人的体育”转变的必然结果。当前由于人们受“重物轻人”的竞技化思潮的影响，高校体育的重心仍是在“工具化”的技能、运动水平的高低以及“功利化”的奖金报酬上，表面上看似练“人”，实质则是练“物”。这已经与高校体育人文精神价值追求——“强身、健美”背道而驰。

重塑高校体育人文精神的目的，就是要把高校体育迷失的主体、失落的人性与健康之美找回来，从而促进大学生、竞技、大学三者协调发展。高校体育中的“人性”就是探索其“人道”，因而，竞技中科学与人文的分裂难免在高校体育中造成“物”的地位的提升，“人”的主体地位却在下降，甚至被剥夺。高校体育的理论基础中，“人道”与“物道”的整合是整体地研究“人与体育”的基本的哲学理念。把握这个理念，需要注意大学及其体育的人文基础离不开科学基础，科学基础也离不开相关的人文基础，二者是有机的整体，只是各自的侧重面不同。

高校体育追求的目标永远应该指向对人的终极关怀。正如马特维耶夫曾指出的那样："竞技真正的'人道'基础在进步的竞技社会运动范围内获得了充分的表达。因此，它成为加强人民之间联系越来越重要的因素"。同时，这一过程应是一个"人物双修"的过程，将为我们建立"人物并重，更重人"的高校体育新观念，深刻认识高校体育既要"夺标育人"，又要"审美育人"的本质属性，从而为促使当代高校体育"人性化"提供理论指导。

由竞技走向健美后的高校体育既能防止大学生被沦为"夺标"的工具与不择手段的"锦标主义者"，又注重对大学生高水平竞技能力的培养；在身心健康的基础上既追求技术动作的优美与人体外形的健美、体格的健壮，又崇尚对力量的展示，力求通过体育实践达到肌肉与力量、速度与技术的完美结合，即"注重力量之美、速度之美和形体之美"。

三、高校体育坚持强身健美与求真至善相结合

真、善、美是人类智慧的结晶，人的天性对真、善、美有着无限的渴望，而且，人类社会的进步和社会不断向前发展的根本价值和潜在动因都是真、善、美。它是人本质的应然性，或者说是人所追求的目标。一般讲，人的一切活动，虽然都有其短期的目标和实用的价值，但最终都要以"真、善、美"为最高目标或最高价值，也是人文精神所追求的理想价值目标。

健美对于真、善、美的需要是一种内在的诉求，高校体育的强身健美不是只把美和审美当作是一种点缀，而是把美完全融入高校体育实践中，使人文精神的功能在高校体育中得到有效的发挥和发展。与人类社会一样，在高校体育世界中存在着丰富的真、善、美辩证关系，人们在高校体育界中所从事的一切实践活动，都是为了创造一个真、善、美和谐统一的完美高校体育世界。健美是强者之美，进取之美，拼搏之美，是生命活力之美，它反映了高校体育增强体质、增进健康的主要目的，是真、善、美在高校体育实践中的高度统一，也是高校体育人文精神的外化，充分体现了高校体育的社会价值，与求真和至善是相辅相成不可分割的。换句话说，高校体育实践追求的是真、善、美相统一的全面价值目标。

（一）健美的基本内容探究

健是美的基础，美是健的升华和结晶。古希腊人就认为，只有健康强壮的身体，才是最美的。因此，健美作为人体运动创造的最基本之美，其实质是人的生命之美的表现。一切有损健康甚至摧残健康的行为都是不美的，因为它标志着人的本质力量受到损害、扭曲和摧残，如古代束胸与裹脚，现代减肥而过度节食，服用有害药物、为了追求功利而缺乏科学性、针对性的身体锻炼活动等。健美在内容上包括形体美、姿态美和精神美三方面。

形体美是美的基础、美的保证。形体美主要是指人体外形的美，身体匀称，比例和谐。要求体型的均匀和谐，即部分与部分、部分与整体之间的比例对称合度，协调适中，是高校体育健美的具体表现形式。体育中的美首先表现在培养人的健美的身体上，通过人体这一具体形象来表现。法国著名国画家安格尔曾对一个体格健壮的年轻体育竞技家进行评价："他的胸大肌和躯干部分一样是饱满结实的，上肢强劲有力，但关节很细，腿也是同样的，这就是力量与灵活的标志。"运动员由于长期锻炼而变得身材高大、体格健壮、关节灵活、彪悍健美、肌肉发达，表现出"包容在整体"中的"人类典型的线条和有生命的细节"的形体。身体在柔和的、流转自如的发达状态中那种生动、自由而优美的轮廓，又富有"生动的圆形和波浪似的曲线"，充分

展现出体育竞技运动员的形体美和生命的活力，使人赏心悦目。

姿态美是指动作美，是身体各部分配合而显现出来的外部形态的美，其特点是准确、果断、干净、连贯、协调、和谐、节奏感强，给人一种无懈可击的感觉，它反映人的风度和气质。正如车尔尼雪夫斯基指出的："灵敏与优美的姿态，是人体端正和均衡发展的重要标志，它们无论在任何地方都受人欢迎和令人喜爱"。身体姿态的美是内在的，然而在表现上也更为丰富多彩。一个具有感性美的人体，如果有美的姿态相融就会更加动人。即便是感性美平平，只要动作大方、刚健有力、充满朝气和活力，也会有一种吸引人的内在光芒和理性的美。

高校体育健身课程中的韵律操、体育健身游戏等就是一项有韵律、有想象的形体动作艺术，任何动作艺术都必须要有节奏，失去节奏就会破坏协调和准确。前者自由舒展的姿态给运动技术添色不少。后者大量存在于运动训练比赛中，强化动作技术的美感。姿态美要遵循各种动作的技术原理和规格要求，只有准确地掌握技术要领，动作才能美化、规范化，它是进行审美评价的主要标准。

精神美是健美的动力，精神动力直接影响到技术的掌握和发挥，影响到美的创造和表现。毛泽东曾在"体育之研究"中说："体育之效乃强筋骨，增知识、调情感、强意志"，这里"调情感、强意志"指的就是精神美。高校体育健美的精神之美主要表现高校体育运动特有的原则和精神风貌，如"参加比取胜更重要"，"友谊第一、比赛第二"，"团结、友谊、进步、和平、公正、竞争"等这些原则都是高校体育所必须遵守的精神原则规范。高水平、高风格的竞技比赛给人们美的享受也是多方面的。审美主体不仅为运动员健美的身体和精湛的技艺而倾倒，还会被运动员在赛场上所表现的顽强拼搏的意志和高尚的情操所感染。人们常说为"韧劲较好"，发扬咬的精神，就是指运动员竞争中凭借自己良好的体力和意志力，咬住对手不放，不是用牙去咬，而是技战术上"咬住不放，穷追不舍，胜而不骄，败而不馁"，凡此种韧劲都是精神美的具体表现。

（二）健美的基本特征

健美具有客观性、社会性和形象性三大特征。首先是健美的客观性。健美是在人体运动中的特殊反映。由于高校体育实践作为客观存在于物质世界中，健美主体的人首先是自然发展的产物，具有自然属性，这一属性是客观的实在，是人体运动美的自然基础，也是客观存在作用自身运动作为审美对象的主体，即自然美的客观性。同时，作为自然界高级生物的人，在自然美的基础上经过人的能动改造，注入社会的因素（审美意识），创造出作为审美对象的运动形式——发展形体美、运动美、精神美。

其次，健美的社会性。健美是在社会这个有机系统中产生和发展起来的，既是人类社会需要的产物，也是人类在进化过程中的一种催化剂，是社会文化的一个支流。由于健美的人在体育活动中表现的行为总是在一定指导思想下，按照预期的目标去创造理想的、全面发展的人体活动，使自己的身体活动社会化、健康化和完美化，成为社会实践的产物。

最后，健美的形象性。所谓形象性，是说健美总是生动的、具体的，能为人们的感官直接接受、反映和感知到的，具有一定观赏价值的感性形象，而不是抽象的概念。健美的形象是形式与内容的统一。在体育实践中，运动参与者总是以灵活多变的形象展现在观赏者的面前，以富有魅力的生动形象感染观赏者。真、善、美也只有通过人体运动过程中的造型形式——形象化反映出来，并通过一定的时空表现出来。

（三）健美与真的辩证关系

所谓真，就是指客观世界自身的运动变化发展的规律性，真理就是客观世界及其规律的正确反映。人们要“按照美的规律来建造”，其前提和基础就是要认识和把握这一规律，使自己的实践活动同客观世界的必然相吻合。高校体育是人类有目的地以学生为主体，以人体运动为手段的一种社会实践活动，具有它自身的内在发展规律性，组成它的每一个细胞、分子、元素都具有质的规定性。因此，高校体育只有在符合人体运动客观规律的基础上，才能实现自由创造的目的。健美是自由创造的成果，但是自由创造并不能随心所欲。

健美的本质是人的本质力量在体育运动中的感性显现。它的本质决定它必须符合一定的规律和特点，即人体运动的规律必须符合人的生理、心理特点；必须符合高校体育发展规律和整个人类社会发展规律的要求。所以健美依赖于高校体育的真，符合规律性是健美的前提。没有对体育运动中的人体运动的各种规律的正确认识，没有对人体结构、功能、周围环境及其场地器械的正确认识和把握，健美的创造和欣赏是不可能的。

健美要以真为前提，真是健美的基础。没有真也就没有健美的存在，但真也不等于健美。这是因为身体美学指导下的健美不等同于科学认识的真。科学认识的真以概念为中介，从感性上升为理性，透过现象抓住本质，以此对客观世界的真进行揭示。健美则不以概念为中介，是建立在生命情感的基础上，通过人体运动来表现生命本身的美，是感性与理性，身体与意识，自然与社会的相互融合，是富有生气、灵性与智慧的象征。只有在体育实践中，在符合客观规律和主体需要目的基础上，以感性形式肯定人的自由创造和生动形象，能唤起人们情感上的愉悦，才构成审美对象，才能称之为美。真是客观规律本身，它可以离开实践而独立存在。而健美却不能离开运动主体（学生），也不能离开主体的目标和生动的形象。可以说，真要成为美还必须在内容上经过善这一中介，真善结合，在形式上要符合主体的目的。所以，真是健美的前提与基础，以真导美，相反也可以美启真。

（四）健美与善的辩证关系

善，就是人类在实践活动中追求的、有用或有益于人类的功利性价值，是调整人与人之间以及个人和社会之间的关系和行为规范的总和。当人们的要求和意志在客观事物中获得了“外部现实”，善也就变成了完整形态的善。我们在美学上讲的善，比伦理学上讲的善在外延上还要广泛一些，包括人的道德行为以外的许多事物的社会功利性，也包括符合人的目的性。

善是健美的灵魂。因为人类改造世界的实践活动，最终都是为了实现和满足一定社会和阶级集团利益，客观事物只有符合人的一定的社会功利目的，对人有益无害，或使人得到休闲、娱乐、陶冶人的情操、精神、品质，才是美的。所以合目的性也是健美的前提，健美归根结底应符合和服从于善。高校体育的实用价值和审美价值是统一的，健美也必须以善为前提，服从善的目的，对人有益有用。没有善也就没有健美。

尽管健美与善的关系密切，但是健美也不等于善，它们的区别在于：第一，伦理实践的善带有强烈的功利目的性和现实性，实践主体要求自己的意愿付诸现实以满足人的“吃穿住用”等基本生活需求。而健美不仅满足于人类低层次的基本生活需要，它还追求着更高的目标——人类生命的自我实现，是真与善、合规律性和合目的性的真正统一，表现为统一的结果。健美与功利则是间接的、曲折的联系。自从人类脱离原始状态之后，审美活动就很少带有功利的目的了，而是满足于人类精神上的需求。如：我们观赏一场精彩的篮球比赛，并不是为了仅仅去打球，也不是为了“吃穿用”。而是为了满足于精神文化的需求，审美的需求。

第二，善是意志活动的对象，体现的是一种功利性和目的性，而健美则是认识和欣赏的对象，能唤起喜悦、愉快之心情，所以单纯的善还不能算健美。因为主体实践的目的只有符合客观规律，达到合规律性与合目的性的统一后，善才可能成为美。这样说来，善要成为美，必须通过真这一中介，与真结合，符合真，被真所肯定。

综上所述，高校体育坚持强身健美与求真至善相结合，必须正确处理健美与真、善之间的关系。它与真善的关系是既有联系又有区别的，在三者关系中，真是前提，是基础。善是内容，是灵魂。健美是真与善统一的显现形态。这个统一高于真与善，是内容和形式的同时升华。

第三章　人文精神视阈下高校体育教学思想的确立

第一节　人文体育观相关理论解读

一、人文体育观的内涵

所谓人文体育观，其核心就是要主动表现体育对人类生存意义及价值的终极关怀，回到以人为本的体育世界。体育人文观强调在对体育的认识中倾注以人为本的人文精神。而传统的生物体育观，则把注意力集中在体育对人的生物性效果上。在体育发展的历史中，这两种观念所引导的实践有时并存——如古希腊的雅典与斯巴达；有时交替凸现——如自然主义体育与军国主义体育。中国长期缺乏人文体育观，习惯于从生物性的角度去理解体育。

新世纪人类面对产业升级。体育作为培训劳动力的手段，转化为关怀自身健康。这势必带来生物体育观的淡出与人文体育观的复兴。

古代的奥林匹克竞技贯穿着人文精神，以致现代的奥运会仍引以为典范。在欧洲的文艺复兴和启蒙运动时期，由于继承和发扬了对自己身体精心呵护的人文精神，提倡古希腊身心既善且美的和谐发展教育，直接导致了近代体育的诞生。

人文主义浪潮对近代体育诞生的全面推动作用，是极为突出的。人文主义者充分肯定“人”的地位和作用，充分肯定人生的价值，要求个性解放，发挥自由思想，使人在身心各个方面均衡地发展。以夸美纽斯、卢梭为代表的自然主义教育家，认为婴儿从出生的那一天起，就开始从大自然受到教育。在这个阶段中，教育的主要内容是体育。其后，还有法国唯物主义者、德国博爱主义教育家等一大批学者此起彼伏、遥相呼应，创新和传播体育思想，德国、瑞典体操体系的形成，丹麦、法国、英国体操的兴起，体育风靡欧洲大陆，进入全社会领域。

在工业社会前期，体育是提高劳动力质量必不可少的条件。体育可以培养劳动力，保护劳动力，增强劳动力，修复劳动力。体育，成为人类抗拒分工的加速导致体质急速下降的有力工具。19 世纪解剖学、生理学的发展，证实了体育对人的生物性的改善效果。德式体操的军国主义思潮，进一步强化了生物体育观，这很对明治维新的日本和中国清末洋务派的胃口。

值得注意的是，体育传入中国时，正值西方体育由于战争和殖民扩张而被扭曲为政治工具的一个特殊历史时期。衰弱的中国只能接受“军国主义”思潮影响下的体育方式，率先让“兵操”进入学校，盼望洗刷东亚病夫的耻辱而“野蛮其体魄”。当时不仅严复等先哲们厉声倡导强国强种的体育思想，甚至秋瑾、徐锡麟等志士也身体力行办体育学堂救国。我们共产党人在战争年代的体育活动一度被称为“赤色体育”，是提高军队战斗力的有效手段。在 20 世纪中叶很长一段时间里，有组织的身体活动带有浓厚的军事体育的色彩，为强国强种的政治目的服务，这在国家民族利益处于危难之际的时代，体育别无选择。可以说，一个世纪以来中国体育忽视人文精神，有其深刻的历史原因。

无须讳言，中华人民共和国成立后，由于曲解马克思主义的错误思潮影响和传统社会主义模式的束缚，包括体育在内的几十年社会实践、曾经出现过忽视人民群众的物质文化需求和自由民主权利，压抑社会成员的积极性、能动性、主体性和创新精神的严重问题。尤其是在十年“文化大革命”期间，我们对人的问题的研究设置禁区，把批判抽象人性论变成反对任何意义上的人道主义，任何个人欲望、个人利益、个性自由都受到忽视、排斥和简单粗暴的批判。体育的人文精神无从谈起。

西方体育进入东方，我们主要接受的是形式。西方体育作为一种异质文化在中国站稳脚跟，曾数度与中国传统的健身活动发生激烈对抗，最后以胜利告终。这实际上是当时较为先进的资本主义文化对植根于农业社会的封建文化的胜利。然而，有几千年深厚文化积累的泱泱大国，至今仍然还在潜意识地抵制体育器物层面和制度层面以上的东西。这种观念的抵触，在改革开放以后，虽然时时冲突，但在国家行政管理的有效调控下，逐渐发展为改良和融合，这是经济全球化和文化多元化的结果。

发达国家实现现代化的基本价值观念，起步于文艺复兴时代，与至今西方人的文化心理结构基本一致，一脉相承，其现代化不与传统价值观念和行为方式抵触，因此不存在人的观念冲突。中国现代化在西方冲击下起步，人民的价值观念、心理素质、公众意识等都存在着难以适应的问题。如果仅仅是从器物层面来接受西方体育，至多再加上一点制度层面的东西而拒绝人文观念的进入，那仍然未能摆脱晚清“洋务派”的俗套，如鲁迅所说，可怜外国事物，一到中国便如落在黑色染缸里似的，无不失了颜色。体育要是如此，中国体育的改革、现代化、与国际接轨等等都难以彻底完成。体育观念不调整，会拖体育改革的后腿。

东西方文明对“人文”的理解有差异，这在体育方面表现得尤为明显。体育必须强调个体生命具体性，必须是具体的感知，而非抽象思考。体育承认个体的独立尊严，培养负责任心的社会成员。体育由自我关怀到联系他人，把同情感从家庭、学校、社团扩大到社会、国家、世界，才能理解天地万物协调一体的人文精神。这与中国传统的“君臣父子”的宗族观念相比，出发点迥异。西方人文的趋向是为个人的发展，东方则是为集团利益。

中华文明不乏珍贵的传统。对于中国传统文化的价值，西方人与中国人有截然不同的理解。越来越多的西方人视东方文化为解决当今文明诸多缺陷的办法。中国文化富于人文精神，不是以神为本，而在一定意义上可以说是以人为本，注重与自然的“天人合一”。

中华文明历来强调人与社会关系的和谐，但这种和谐往往是以牺牲个性为代价的。如观看悉尼奥运会开幕式和闭幕式，中国许多体育业内专家颇有微词。当然，与中国团体操的整齐划一相比，任何国家的广场表演组织活动都太差，但在张扬整齐划一优势的同时，个性完全被社会共性所淹没，从而形成缺乏生机与活力的自觉奴性，这是观念问题，中国体育与国际体育的差异，浓缩于此。

随着东方体育和竞技的崛起，我们更加需要人文精神。在新世纪体育的所有发展战略或发展规划中，人应该是最高价值，人的发展应该是终极目标。每一个人的全面发展，是所有人全面发展的条件。理想社会的目标是为人的潜能、人的理性、人的感情、人的创造力的全面发展提供各种条件。体育必须有利于克服人的异化和人性的畸形发展，必须使人能够得到真正的自由和独立。

体育是人类针对自身所创造出的一种身体运动文化，其成果最终要落实到身体上：任何对于体育的研究，如果不考虑对于人类体质和健康的终极效果，都难免陷于误区。但是，从浅层次看，很容易误认为体育只与生物学科有关。譬如，认为体育就是增强体质的观点，现在得到相当多的赞同，也能言之成理。但是当我们用人文的眼光来纵观体育的过去和未来，会发现如果用静态局部的眼光来看待动态扩展的体育，就难免陷入生物学的低层次。把体育看成教学规则的汇集. 或看成一堆按病索药的运动处方，这些都是体育的人文观难以接受的。人不能只关心自然、只关心社会，而忘记了人本身。港台等地在高等教育中规定. 教学计划中要开设若干门人文学科课程，欧美国家体育相关专业的知识领域就更加广泛，这种做法说明人们正在弥补专业教育的缺陷。过去体育界不搞人文学科，培养的人才整体素质不高，急需应用人文科学知识来进行素质教育，把人文科学知识内化为人文精神。

人文精神进入学校体育，将促进课程改革。学校是培养体育人才的重要基地，我国培养体育专业人才的主要是高等学校体育系，发达国家的专业设置都是比较广泛地适应社会的需要，偏重于公共基础课，选修课的比重也较大。中国的体育体制仍然坚持高度集中的计划经济模式，背离社会发展，很难与国际接轨。进入 21 世纪后，单调而枯燥的传统体育教学训练虽然暂时起到增强学生体质的效果，但学生毕业后很难再有学校上体育课时的条件和环境，体育意识将在快节奏的现实生活中消失。要在学校中体现人文精神，必须顺应人类可持续发展的现代趋势，抓好体育专业的改革，与国际接轨。

现代社会的大生产、大科学、大工程的特点，有巨大的进步意义，当然也对包括我们身体在内的许多方面有不可逆转的负面影响。跨世纪的体育呼唤人文精神，要求人类必须学会关心，以人为本，实施关怀。今天，我们要特别倡导人文精神，抗击高度发达的工业社会给人类带来的身心异化，抗击复杂的经济关系和信息网络给人类的精神和体质造成的负面影响，避免体育无“人”的现象，使体育成为维护人类健康的最有益的方式。

体育活动反映人类对自身生物性漫长衰变的抗争，对过去强悍体力的怀念。过去的半个世纪，大量的高新技术涌向竞技运动，使生物力学的竞争变成了生物化学的竞争。人们崇尚自然健美的身体，尽管科学家可以克隆人类，但无法改善人类文化。人的本质、健康、意志、善良和爱，这些是无法量化的。如果在体育特别是高水平竞技中滥用科技，降低了人性，就将像兴奋剂一样，成为挥之不去的梦魇。科技要以人文为导向，了解人类自己的命运和未来。

新世纪的体育是健康生活的标志，体育也要表达我们生而为人的意义。美国趋势预测家约翰·奈斯比特在《高科技 高思维》一书中认为：“当一种活动原有的功能消失或改变，它的形式会保留下来为另一目的服务。体力劳动，包括我们祖辈认为是苦工的活儿，感兴趣的家务、油漆、种菜、园艺，正在从劳务变成休闲活动。”当体育在提高战斗力和生产力中的分量越来越轻，在人力资源中体力的作用越来越小时，它也会走进生活。健康，体现人类用体育来表现对自身前途和命运的终极关怀。

体育，是人类进行自身维护和美化身体的教育过程。体育要标示人类对自己身体发展的审美理想。现代体育，就是人类追寻健康的最有效、最有益、最有趣的方式。

二、人文体育观的确立

人文体育观是人们理解认识体育的一种观念，作为新时期的体育观，它是时代发展的产物。随着社会价值观的发展，人的主体价值在社会发展体系中逐渐占据核心位置，在此基础上人们对体育的认识有了新的观点，从原来更多地关注体育对人的生物性效果到更加意识到体育的人文价值。自改革开放以来，我国社会经济进入空前的快速发展期。经济的快速发展，社会物质财富的不断积累，使人们的物质生活得到了前所未有的满足。随着人们物质生活的不断满足，人们开始了对精神世界的更高追求。20 世纪 80 年代的社会文化热潮的兴起，推动了我国社会科学的繁荣发展。在对体育概念及属性的认识方面也进行了重新思考，人们开始了在社会科学范围内来开展体育研究，从而把对体育的认识扩展到了社会科学范畴，代替了在这之前人们对体育是属于自然科学范畴的认识。到了 90 年代，随着改革的深入，针对社会转型阶段出现的种种社会道德等问题，国内发起了一系列关于“人文精神”的大讨论。与此同时国际上也提出了以人为本的社会发展观的倡议。随着国内外人文理念的重建，其越来越明显地改变着人们对社会进步的评价标准，越来越影响着人们的价值意识和社会行为模式，就是在这样的社会文化发展大背景下体育界确立了体育的人文社会科学属性，1997 年国务院学位委员会和国家教委在一级学科体育学下设置了体育人文社会学，标志着体育人文社会学正式确立了自己在科学学科中的地位，肯定了体育的人文社会科学属性。以人为本的社会发展观深刻影响着当代人们的价值观念和行为方式。2008 年北京奥运会正是在这种以人为本的社会发展观背景下，提出了创办绿色奥运、科技奥运、人文奥运。正是这种社会价值观的改变导致在体育领域里的建立在人学理论之上的人文体育观的形成，即人们对体育的认识观念由原来的生物体育观到人文体育观的转变。

三、人文体育观的内容

改革开放对中国体育的进步有深刻的基础性影响，然而，体育并非仅仅被动地接受改革开放的影响，而是通过倡导人文精神、弘扬现代文明，积极为改革开放特别是精神文明建设做贡献。二者是互动的关系。在 20 世纪 80 年代，体育为中国人树立了积极参与国际竞争的进取意识，由竞技掀动的金牌意识以及由此焕发出的民族自信心和爱国主义热情，有力地促进了我国对外开放的进程；在推行市场经济体制方面，体育通过参与者重视契约和诚信的规则意识，采用高效率规范运作取得优异成就，有利于社会主义市场经济观念的树立；在一个世界上人口最多的发展中国家，民族的命运如同团队的进退腾挪，由此确立的协同意识，至今仍在促进着我们综合国力的高速增长。

（一）竞争观念

竞争的观念是现代人应具备的一个重要的价值观念。在前资本主义时期，人们的合理文明竞争观念是比较淡漠的。人类学家的记录证明，社会形态越低级，人们的竞争观念越差。表现在体育运动上也如此。许多原始部落的竞赛活动并不奖励优胜者，而是排斥经常取得胜利的人。欧美资本主义市场经济的形成和发展，刺激、强化了社会的竞争意识。资产阶级社会学家将达尔文所发现的生物界的生存竞争理论移植到人间社会，认为自然选择、适者生存、汰劣留良的原则同样适用于社会，提出了社会达尔文主义。十分有趣的巧合是，美国的棒球、橄榄球、篮球三大运动正是在这一理论喧嚣的同时繁荣起来的。

体育运动与保守性格势不两立，强烈的竞争性督促着每一个参与者不断去创新和变革。在体育运动中，不讲门第，不排世系，不序尊卑。在竞赛活动中，不承认除个人身体、心理以外的任何不平等。体育运动应该是最讲法制，不徇私情；最讲现实，不论资历；最讲务实，不图虚妄。这就要求每个人尽自己最大努力去竞争，从而增强了参加者的竞争意识。

竞争是现代体育的灵魂，竞技活动的社会教育作用是其他任何文化活动难以比拟的。英国政府惊呼："许多孩子体弱多病，体重过重，而且懒到极点，那些在年幼时缺乏竞争动力的孩子经常是半途而废。"因此，政府呼吁"参加富有竞争性的体育活动是最好的解决方法。"美国福特汽车公司老板每年花费巨资举行一种叫"追、过、踢"的棒球比赛，在11万少年儿童中选出6名优胜者，予以重奖。飞利浦汽车公司不甘示弱，也从棒球运动中选出"投、掷、击"3个动作进行比赛，吸引青少年，其目的就是要培养具有竞争能力的企业接班人。日本松下电器公司著名企业家松下幸之助在谈成功之道时，言及所赏识的人才就是那种有进取精神的"运动员型"。

中国历史上根深蒂固的平均主义思想传统要求在结果上的均等，是恶劣生存条件下的文化产物，其客观后果是有限的生态资源进一步恶化，越来越多的人口容忍着生存质量越来越差的状态，走向共同贫穷。体育竞赛是对这种传统心态的逆反，参与者在同一条起跑线上按同一条规则公平竞争，但最终夺冠军、破纪录、拿奖牌、有名次的优胜者只能是少数人。结果的不平等，需要公众的接受，正如市场经济必然会让少数人先富起来一样，不参与竞争的人无论怎样妒忌、愤怒、哀怨、漠然，都无济于事。因此，体育对竞争观念的宣扬有着重要的价值。

中国体育冲出亚洲、走向世界的优异表现，是中国积极主动汇入世界主流文明形象的过程，是竞争的结果。夺取金牌的形象过程，在各行各业中具有极高的显示度，它恢复了中国人一个多世纪以来失去的自信和尊严，在国际上产生了广泛影响．为营造改革开放的精神文明，发挥了不可替代的作用。

中国的传统文化中儒家思想所提倡的"夫唯不争，故天下莫与之争"的恭谦退让的民族精神，和淡化竞争、耻谈竞争的社会心理，是极不利于市场经济社会和现代化社会青少年培养的。中华民族历史上的昔日辉煌，使许多人因留恋过去而抱残守缺；漫长的封建意识压抑着人性，研磨中国人锐意进取的精神萌芽。中华悠久文明的辉煌与百年落后挨打的屈辱，使优秀分子屡屡试图唤起民族兴亡的忧患意识和自强不息的民族精神，但"五四运动"以来的启蒙运动每每虎头蛇尾，收效甚微。针对几千年封建束缚给人们带来的愚昧和奴性，鲁迅等先驱曾扼腕长叹、怒其不争。中华民族要想重新屹立于世界民族之林，必须从整体上唤起竞争意识。

从这个意义上讲，今天提倡体育的竞争观念不仅有振奋民族精神的现实意义，还有着造就新一代民族个性的深远价值。

（二）规则观念

竞技体育是一种全世界共同遵守相同规则的活动。它在选材、训练、管理及资源配置等方面需要尊重客观规律，要求公平、公正、公开地遵守"游戏规则"的特点，平等参与但结果不同的法则，与市场经济颇有相通之处。认同人类共同遵守的规则来进行"游戏"、接受公平竞争的观念并担当起增强民族自信心的角色，非体育莫属。

体育因较少意识形态的隔阂而率先于其他领域走上国际舞台。随着中国与外国及国际体育组织的合作与交流日益扩大，我们很快适应了按世界通用的规则办事的契约关系。继1979年国际奥委会恢复中国奥委会的合法席位以后，中国已成为几乎所有国际体育组织的成员，同几乎所有的国家和地区开展体育交往。中国直接参与国际体育事务的管理，全面参加和承办各项国际体育赛事与体育会议。中国向发展中国家派出了大量援外教练，并为之修建了大量体育场馆。从80年代起，中国退役运动员以各种方式流往世界各地。20世纪90年代初外国人担任了中国国家足球队主教练，大批外籍教练和球员开始进入中国的体育俱乐部。几年后，中国球员到欧洲足球俱乐部踢球；篮球选手也开始进入世界最高水平的NBA。中国在体育领域的国际地位不断提高，得益于在经济全球化的背景下按共同遵守的规矩办事。中国加入WTO，越来越多的人会认识到遵守规矩在现代国际社会里生存的重要性。

体育中的高水平竞技虽然是以身体运动为主要形式，但本质上却是人类竞争意识的最公平、最公开、最公正的较量。市场经济给我们带来中国传统文化中从来没有的东西——人与人平等的权利、个人自由选择追求自己利益的权利。市场经济满足个人欲望，可以带来巨大的创造社会财富的推动力，同时也必须用道德和法律来制约个人私欲的破坏性。宣扬这种权利，把行使这种权利的过程加以规范，体育竞赛是最好的榜样。

任何体育竞赛都崇尚公正的原则，执行时人人都必须遵守共同的“游戏规则”，保障每个人都站在同一起跑线上；一旦裁判示意开始，个人可以最大限度地表现自己，自由发挥出追求自己利益的能量；比赛结束，个人必须接受不均等的胜负结果。这种参赛的平等，是鼓励竞争的平等，是带来民主与法制的平等，而不是削足适履的均等。人们平等地竞争，从容面对不均等的成绩，克服妒忌的阴暗心理，把精力投入到下一轮竞争之中。

运动场上，人人平等，自由选择，公平获胜，不允许托关系、走后门、采用不正当手段，心悦诚服地接受优劣和差距，努力在新的竞争中获利。体育展示的是团结协作的友好竞争而不是破坏性的斗争。不允许破坏规矩乱来，更不能容忍假冒伪劣。因此，国际竞技场既是一国升起国旗而不会引起其他国家和民族反感的场所，是鼓舞一个国家和民族自信心的舞台，也是倡导人类心灵健康的精神祭坛。遵纪守法、公平竞争，这是体育精神为发展市场经济所做的深层次贡献。

中国体育在20世纪90年代中期以后的短短几年时间里，如此迅速地转换角色，付出的成本和代价如此之小，取得的成效是如此明显，是与其具有透明规则的特性有关。

（三）民主观念

民主，包括目标的民主和程序的民主两方面含义。人类赋予体育的理想：和平、进步、团结、友谊，以及相互尊重和了解，对人的正直和尊严的充分尊重等等，都集中地表现了人类梦寐以求的民主愿望，充分反映出体育的民主目标。

体育活动参与的大众性，以及比赛结果评定的公开性，在程序上决定了体育比赛必定是个民主过程。人人可以平等地参加，并在活动中“获得与其天赋相适应的运动成就”，已作为一种民主权利写入联合国教科文组织的《体育运动国际宪章》。体育规则的制定，竞赛的组织、胜负的判断，人才的选拔都有充分的民主性。在这里，每位运动员都享有参与与退出、选择与被选择、解释与申辩等民主权利。但体育比赛中的民主不是无限度的，它是在规则严格控制下实施的。规则和其他竞赛文件，使人们形成一种“契约关系”，即力争最大限度发挥自己的能力，同时又要允许对手在平等地位上与自己竞争。这一点恰是一个民主法制社会成员必须具备的心理品质。

体育比赛的结果在比赛前具有不确定性，任何人不能以任何越轨的手段（如年龄作弊、资格顶替、“君子协定”、服用违禁药物等）影响比赛的进程。在比赛后．其结果的评判是在众目睽睽下进行的，常常要经受仲裁和社会舆论的监督和考验，这种公开性和透明度，是体育程序民主化的保证。

（四）开放观念

现代体育是一个开放的系统，若失去对外联系就会丧失生命力。它不可能在封闭的系统中自生，但必定在封闭的环境中自灭。在当今变得越来越小的地球上，体育运动的组织者和参加者强烈地意识到“地球村”这个国际主义的概念。每当我们融进世界体育的潮流时，就充满了时代感，就会繁荣发展；每当我们游离于这个潮流之外时，就会有封闭感，就会深感落伍的痛苦。

体育运动接受开放的思想，是极其敏感的。“冲出亚洲，走向世界”，既可以理解为一个激励奋进的口号，也可以视为一个鼓励对外开放的宣言。它所表达的观念震荡了人们“闻不出乡里，交往止于四邻”的封闭状态，激发各行各业的人们，把目光放于未来和整个世界，而这恰恰应该是现代人需要具备的可贵的社会心理品质。

随着体育文化交流的率先启动和日益增加，国外丰富的体育理念和思想传入我国，使体育中蕴涵的一部分人文精神潜移默化地发挥了启蒙功能。改革开放初期，体育充当了“让中国走向世界，让世界了解中国”的开路先锋。体育在全社会建立和发扬开放的观念方面起到了重要作用。

中国的社会转型必然伴随着对外开放，必然要清除长期封闭和僵化给民众带来的昏聩麻木的情绪，鼓励奋发进取，使中国迅速适应经济全球化、政治多极化、文化多元化的国际趋势。通过体育竞赛所获得的胜利来振奋民族精神，实质上是树立一种和平竞争的国际化观念，有利于国民积极参与开放型的竞争，接受机遇和挑战。

（五）民族观念

20 世纪 90 年代的地球，空间距离靠拢了，人们的社会距离缩短了，当今世界上，各种文化的交融相当频繁。然而，世界上现存的 2000 多个千差万别的民族，并未因文化的交融与渗透而丧失各自生存的能力和价值。恰恰相反，各个民族都在这场国际性的“现代化运动会”上，竞相施展自己的才能，强化民族的个性。

竞争是以民族为单位的竞争，开放是民族窗口的开放，而不是民族界墙的拆除。开放表现了现代人对新技术、新事物、新观念的态度，竞争反映了现代人的意志倾向，而民族意识则显示了现代人对社会、集体的态度，是使竞争发挥作用的一个聚合的因素。因此，现代化观念越强的人，必定是民族观念越深的人。激发民族意识可以增强现代人的社会责任感和事业心，淡漠民族意识往往使他们失去立身之本。

现代体育是唤醒、激越、振奋民族意识的重要的文化手段。其在这方面所起的作用早已不再是足球场上、体育馆里发生的世俗问题，也不再是学者们所研究的学术问题，而是经常出现在各国国务会议、御前会议、国会、政治局会议等高级会议议事日程上的国家、民族问题。

现代体育对弘扬民族精神的直观作用，就在于它树立了民族形象。鸦片战争以后，屈辱的民族心理，低回的民族精神，孱弱的民族体质，以至被扭曲的民族外观，在长达一个世纪的时间里，如同一片浓重的阴云笼罩在中华民族的心头，在现代体育中所表现出来的拼搏精神，极大地震撼了民族的心灵，成为亿万人民社会冲动的结晶。现代体育牢固地维系着民族感情，它使每一个成员都能享受到归属于它的荣誉感，认同于它的义务感。中国的现代体育是在那种充满民族屈辱和痛苦的形势下与世界汇流的，这就给中国现代体育的发展进程留下了深刻的印迹。中国的现代体育始终与民族的命运和民族的振兴事业有着天然的、血肉般的联系，中国体育的发展动力来自民族的忧患意识，而反作用于民族的自强意识。无论是我们在奥运会上争夺金牌，还是我们推行全民健身计划，都深藏着这样一个民族文化背景。

（六）协同观念

现代体育也是培养人们团队意识、协同观念的最佳场合。体育社团的存在和发展不仅有其发展体育事业的价值，而且对整个社会的发展起着重要的促进作用。在许多发达国家，有意识地利用体育社团进行团队意识、协作精神等某些社会伦理道德的培养。在西方以个人主义为主导意识的社会里，体育社团成为规范青少年儿童行为、发展群体观念、抑制过分个人欲望的重要手段。体育社团相对于政治性、经济性、宗教性社团，较少社会背景，较少动用社会资源，成员的覆盖面较宽，因此有较大的社会容量，是社会成员实现社会参与的较好形式。体育社团与科学技术、健康卫生、文化艺术等类社团有相似的社会功能，但对成员没有特殊的行业要求和特长要求，而且体育社团的种类很多，层次有别，人们的选择余地很大，因此体育社团有着更强的社会适应性。可以说，体育社团的发展程度，是一个社会体育发展水平、体育社会化程度的重要标志之一，也是衡量一个社会结构分化与整合、社会参与程度的重要标志之一。

（七）主体精神

在古希腊著名的德尔菲神庙的门口，竖着一块石碑，上面镌刻着这样一句名言“认识你自己”。就在这样一个国度里，就在这样一个人类主体意识开始巨大觉醒的时代，产生了古代奥林匹克运动会。不言而喻，现代体育仍然高举着主体精神的旗帜，它高度重视参加者自身的内在需要，重视人的积极性、主动性、创造性：可以说，体育的参与过程是人的自我完善的过程。在体育比赛的场合里，人的自由和个性得到充分体现，人的价值和尊严得到充分尊重，人的地位和作用，不因种族、肤色、性别、财产、门第、政治见解的不同而受到歧视。

人类具有奋发向上、顽强拼搏、努力进取、争夺胜利的优秀品质，因此超越了其他物种，人类的一些群体正是由于在适宜的社会历史条件下充分发挥了这种优秀品质，跑到了其他群体的前头。体育精神，显现了人类的这种本质力量。

主体精神，绝不应理解为个人与社会的对立，个人向社会的索取。恰恰相反，人的主体精神经过现代体育的强化，会演变成强烈的社会责任感和民族使命感，它对青少年一代自觉自愿地履行其社会责任、人生义务，创造确立丰满的人格，无疑是不可缺少的一堂“人学课”。

四、人文体育观的理论基础——马克思人的全面发展思想

人的发展是人学研究的重要命题，全面发展的人，是人文理想的最终目标，也是人文体育观的核心内容。人的全面发展问题不仅仅是西方人文主义者的主张，也是世界各国普遍关注的人学问题。马克思人的全面发展思想是人学研究的一个重要课题，同时马克思人的全面发展思想也是人文体育观的核心理论基础。所谓人的全面发展就是“人以一种全面的方式，作为一个完整的人，占有自己的全面的本质”。马克思人的全面发展理论包括以下基本内容：

（一）人的需要的全面发展

需要作为一般范畴，是包括人在内的一切生物有机体所共有的一种特性，这是有机体为了维持正常运转（生存、发展）必须与外部世界进行物质、能量、信息交换而产生的一种摄取状态。“你自己的本质即你的需要”“他们的需要即他们的本性”，在马克思看来，人的需要即人的本性，为人所固有。“任何人如果不同时为了自己的某种需要和为了这种需要的器官而做事，他就什么也不能做。”因而，任何否定人的正当需要的行为都是从根本上否定了人自身。人通过社会交往和劳动获得自身需要的满足，而满足需要的劳动和需要的满足又生出新需要。正是人“以其需要的无限性和广泛性区别于其他一切动物”。马克思认为人的需要的丰富和发展是“人的本质力量的新的证明和人的本质的新的充实”。人类在最初的自然经济社会中，由于生产力水平低下，人的需要的满足只能停留在一个极其低下的层次。资本主义工业社会生产力得到前所未有的发展，人的物质需要方面得到了相当程度的满足。而只有在人类最高的社会形态即共产主义社会才能真正做到“各尽所能，按需分配！”由此可见，与人类社会的发展相一致，人的需要的全面发展是一个渐进的历史过程，是人的全面发展的重要方面，体现和推动着人的全面发展的进程。

（二）人的能力的全面发展

所谓能力，是指人的潜能素质通过人的实践活动的觉醒、对象化和伸展所形成的人的本质力量。能力的发展是人的全面发展的重要内容，发展人必须发展人的能力。马克思把人的能力的全面发展看作是人的全面发展的核心，非常强调发展人的能力“任何人的职责、使命、就是全面发展自己一切能力。”关于人的全面发展恩格斯也指出：“使社会全体成员的才能得到全面发展”，要使人们成为“各方面都有能力的人，即能通过整个生产关系的人”“每个人都无可争辩地有权全面发展自己的才能”。能力的全面发展，是人的本质的重要体现，是对人的创造力和人的潜能的最大限度地挖掘。马克思主义认为人的能力是多方面的，主要包括人的自然力、体力、智力、社会能力、现实能力、潜力等。自然力“作为欲望、天赋存在于人身上”，是人的全部能力的生理基础。针对旧分工制度造成的智力和体力分离的现象，马克思特别强调要发展人们的体力和智力，使它们共同发展。社会能力是人的能力发展的重点，包含思想力、生产力、信念力、政治力、知识力等在内的复杂能力系统。而作为人的潜在能力的人的潜力，在一定条件下会转化成人的现实能力，因此在提高和发展人的现实能力的同时，要全面开发和挖掘人的“自身的自然中沉睡着的潜力”。然而在旧式分工存在的社会条件下，人们不得不在狭窄的领域和职业上发展自己的能力。“在这里，每一个人都只能发展自己能力的一方面却偏废了其他各个方面。”马克思曾一针见血地指出：“现代社会内部分工的特点，在于它产生了特长和专业，同时也产生了职业的痴呆。”并指出只有消灭私有制和旧分工，人的能力才能得到全面发展。恩格斯预言“根据共产主义原则组织起来的社会将使自己的成员能够全面地发挥他们各方面的才能”。

（三）人的素质的全面发展

所谓人的素质，是指以人的先天禀赋为基础，在社会环境影响下形成和发展起来的相对稳定的身心素质系统。人的素质的普遍提高，表现为人的生理素质、心理素质、思想道德素质和科学文化素质等的发展和完善，以及各种素质之间的均衡协调发展。其中生理素质是其他各素质形成和发展的基础，马克思说：“全部人类历史的第一个前提无疑是有生命的个人的存在。因此，第一个需要确认的事实就是这些个人的肉体组织以及由此产生的个人对其他自然的关系。”可见，首先人是肉体生命的存在，这种肉体生命的需要产生出个人对自然界的关系。人的生理素质和其他各素质的全面发展体现和推动着人的全面发展，同时也是人生存和发展的载体和前提条件。马克思指出：“我们把劳动力或劳动能力，理解为人的身体即活的人体中存在的，每当人生产某种使用价值时就运用的体力和智力的总和。”恩格斯指出：生产要素的人“包括他们的肉体活动和精神活动”。可见，马克思主义是把人看作身体与精神的统一体，只有既拥有全面发展的生理素质，能从事体力劳动又能从事脑力劳动，拥有全面发展的心智素质的人，才是全面发展的人。

（四）人的社会关系的全面发展

人的社会关系是指人与自然、社会、他人的关系。人的社会关系的全面丰富和发展意味着人与自然、人与他人以及人与社会的各种关系，由封闭变得开放，由贫乏变得丰富，由片面变得全面，并且得以协调和谐发展。人总是在一定的社会关系中生存和发展着，马克思说：“人的本质并不是单个人所固有的抽象物。在其现实性上，它是一切社会关系的总和”。“个人的全面性不是想象的或设想的全面性，而是他的现实关系和观念关系的全面性”。因此，“一个人的发展取决于他直接或间接进行交往的其他一切人的发展”。“社会关系实际上决定着一个人能够发展到什么程度”马克思从不把人的发展简单地归结为能力的发展，因为能力的形成、发展和表现都离不开人的社会关系，生产力要在生产关系中表现出来，精神力量要在精神的社会关系中表现出来，政治力量要在政治关系中表现出来。因此，每个人都必须积极参与各领域、各层次的社会交往，在交往中形成丰富而全面的社会关系，摆脱个体的、地域的和民族的狭隘性，同他人也就是同整个世界的物质生产和精神生产进行普遍的交换。同时人还必须全面地占有和控制这种社会关系。只有当社会关系得到丰富和发展了，全面发展才有可能。

（五）人的个性的全面发展

人的个性是个人的自我意识及由此形成的个人特有素质、品格、气质、性格、情感等的总和。简而言之，即人的主体性的个体表现。马克思把个性的充分发展作为人全面发展的重要内容和重要标志之一。马克思将人划分为“有个性的个人”与“偶然的个人”两种类型，所谓“有个性的个人”是指客观的社会条件对其自主活动构成推动，从而能自由发展其个性的个人，所谓“偶然的个人”是指屈从于狭隘的社会分工及其他有局限性的社会条件而丧失其个性的个人。“有个性的个人与偶然的个人之间的差别，不仅是逻辑的差别，而且是历史的事实。”在马克思看来，“自由个性”是人类社会发展的最终目标和最高成果，人的个性的全面发展是人的全面发展的综合体现和最高标准。马克思认为，在最初的社会形态中，即以“人的依赖关系”为基础的“自然共同体”中，人与人相互依赖，人的个性都被淹没了。在“以物的依赖性为基础”的“经济的共同体”中，即第二个社会形态的资本主义社会，人对物的依赖性很强，个性遭到压抑和束缚。而只有在“联合体”中，即第三个社会形态的共产主义社会，“每个人全面而自由的发展为基本原则的社会形式”，才能形成“建立在个人全面发展这一基础上的自由个性”到那时，每个人都将是充分自由自主而又各具“自己本身”独特个性的人，整个社会将是由各具个性的自由人而形成的联合体。

第二节　高校体育教学思想的发展与反思

一、高校体育教学思想的演变

由于体育教学思想的形成受体育思想的直接影响，有什么样的体育思想就会有相应的教学思想。因此，如果说，体质论可以在“真义体育”观找到思想根源的话，那么，技能论则可以在大体育观那里找到思想源头。因而体育教学思想的演化脉络也有类似的表现，即不同形式的土洋体育之争。各种体育教学思想都是围绕着体育教学目标，即如何对待技术传习和增进健康这两个要点来阐述的，由此产生的技能论、体质论与健康论之间的此长彼消的博弈过程，也就构成了体育教学思想的演化路径。而现实中，并不会出现任何一方绝对存在另一方完全消失的局面，即无论技能论还是体质论与健康论孰强孰弱，其对立面都不可能彻底退出，都会或多或少的有所保留。

（一）技能论长期占优

在我国学校体育历史进程中，从最初模仿日德的军国主义、到后来引进美国的自然主义、再到全面学习苏联模式，从东到西、从帝国主义到社会主义，大概六七十年的时间，国人一直在学习和引进西方体育模式。巧合的是，这些纷至沓来的外来思想无一不是倾向于技能培养的，因此，在体育教学思想演化进程中就出现了一个虽然西方体育教学思想轮番上场，但是技能论总是占据主要地位的局面。

20 世纪初，在我国学校体育课程开创之际，就是以军国民体育教学思想为主导的，虽然这是一种以“强国强种”“尚武强兵”为目的的教学理念，但也完全可以将其划归为技能论教学思想范畴。当时的学校体育课主要有两项内容，即普通体操和兵式体操。“普通体操是从日本直接传入我国的。它实际上是美国刘易斯的‘新体操’，其渊源仍是德国式、瑞典式体操的基本动作，只不过另加了一些带轻器械的操法。普通体操的主要内容有：准备法、矫正法、徒手操、观铃操、球竿操、木棍操、火棒操、藤圈操、投豆囊等。兵式体操是德国和瑞典的那一套，主要内容有：柔软体操、各个教练、小队教练、中队教练、枪刺术、野外演习及兵学大意等”。显然，这些教学内容完全不同于本土的保健养生之法，都是偏向于技术传习的西方体育的原型。而且，在当时“强国强种”“尚武强兵”的口号下，官方设置体操课时没有过多地考虑到学生健康的问题，完全以国家民族的生存需要为出发点。这与体质论或健康论动辄以是否有利于学生健康来问责技能论的情况是完全不同的。可以说，我国体育教学思想的起点就是技能论思想。然而，以体育作为军国民的工具终究是有违体育本意的，强行之下必然使其变形异化。但由于当时形势的危急，以及深厚的实用理性的民族文化心理结构，国人对体育抱有明显的功利取向，也是情理之中的事。这也许就是所谓的中国特色吧。

自引进“体操”以来，中西文化的碰撞也就在所难免，一方面官方将“洋体操”作为压倒一切的政治工具，另一方面有人固守着“土体操”。但在当时压倒一切的强国强种导向之下，“土体操”虽蠢蠢欲动，但还不足以与“洋体操”抗衡。

20 世纪 20 年代，随着军国主义思潮的没落，以及五四新文化运动的开启，西方思想大量输入，美国实用主义教育思想和自然主义体育思想被广为认可和接受。1922 年的壬戌学制之后，兵操被废除，自然主义教学思想占据学校体育的主导位置，这种局面一直持续到20世纪40年代末。自然主义体育教学思想体现了一种美国式的价值观，认为体育是教育和文化的一部分，推崇田径、球类等自然运动，注重运动技能的培养，强调体育应融于生活而不应赋以健身和卫国等实用目标。可见，自然主义体育教学思想明显属于技能论思想范畴。在此思想指导下，西方体育的田径、球类等运动项目在学校体育中广泛开展起来。原来存在学校体育存在的“双轨制”现象已经不复存在。学校体育中竞技之风盛行，甚至产生了一些不良影响，以至于有一些知识精英对这种“选手体育”“锦标体育”大加批评。这在某种程度上也给予了“土体育”以舆论支持。再加之刘长春在奥运会上的失败，更激起国人对于“洋体育”的排斥和对“土体育”的怀念，因而关于体育是什么、体育之路如何走的争论也就一触即发。五四时期发生的“动静体育”之争是冲突起点，20世纪30年代的“土洋体育”之争则是集中爆发。关于体育观念的争论直接体现在体育教学思想的对立上面，即技能论思想和体质论思想之间的对立，也是崇尚西方体育与力挺传统武术的对立。这一争论随着抗战的爆发而被掩盖起来。虽然注重运动技能的自然主义教学思想仍然占据主流位置，但是“土体育”也没有退出学校体育，武术依然被列为体育教材之内。应该说，“土洋体育”的矛盾始终没有解决，一旦危机过去局势缓和，它们之间的对立还要再次显现出来。

由于战事频繁，虽然“兵操”被废除，但体育军事化的教学思想也始终没有消失，程登科所主张的“民族体育观”，就是“体育军事化”和“军事体育化”的典型代表。一直为官方所看重。可见，自一进入中国，体育与军事就有不解之缘，尤其是在政局动荡之时，体育与军事的结合似乎总是在所难免。而在和平悠闲之时，体育与健康的结合似乎又是难以抑制。仔细品味，体育与军事，体育与健康，这正好体现了大多国人对于体育的终极诉求，即“无事则为强健之劳动者，有事则为强健之军人”。

1949年10月1日，由于政权的更替，国家的意识形态由原来的偏向美国转变为全面倒向苏联，原来源自美国的自然主义教学思想也遭到了新政权的全面封杀。学校体育完全照搬苏联体育的模式。因此，20世纪五六十年代的学校体育教学是以苏联体育教学思想为主导的。实质上，苏联体育与美国体育都是源自欧洲自然体育的不同流派，教学内容基本以田径、体操、球类为主，都重视运动技术的教学和注重运动技能的培养。所以，“以俄为师”时期的体育教学思想也属于技能论教学思想范畴。由于行政力量的强强势助推，苏联体育思想和理论得到了强力的贯彻，其影响力远远超过了美国自然体育对我国的影响。尤其是“大跃进”时期，虽然目标浮夸不切实际，但在客观效果上，运动技术教学却得到了极大的推动．也极大地推动了体育的普及和提高。中苏交恶之后，苏联体育思想的影响却不能轻易抹去。运动技术仍然是体育教学的主要内容。“文革”爆发后，学校体育一度停课，不久就以“军体”课的形式亮相，这与20世纪初的“兵操”课极为相似。虽然多为军人执教，教学内容也多为军事技能训练，但体育项目也基本保留，学生对于体育的热情不减，依然是苏联体育的影子。所以，这一非常时期的“军体”教学也可归为技能论教学思想的范畴。这一时期，虽然“增强体质”是体育事业的指导思想，但在深厚的苏联体育观念下，重视运动技术教学的倾向依然明显。1961年《文汇报》组织开展的关于体育教学目标的大讨论中，体质论思想就受到很大冲击。因此，体质论也暂时偃旗息鼓，时机成熟后又会借机反弹。

20世纪80年代以来，政局的宽松使得体育学界关于体育教学思想的争论也活跃起来，体质论思想也重新抬头并扩大影响，为官方所逐渐认同。因此，这时期颁布的体育教学大纲也逐渐倾向体质论教学思想，技能论教学思想的优势地位逐年下滑。这一时期体育教学界也出现了一些新思想。虽然名称多样，但实际上还是可以归为技能论范畴的。比如快乐体育教学思想、培养能力教学思想、终身体育教学思想等，以下简要论述。

1. 快乐体育思想

这种教学思想有两个来源。一是来自日本，自20世纪80年代中后期传入我国。这种教学思想提倡“让学生在从事运动的过程中体验各种运动的不同乐趣，使学生认识这项运动，并热爱这项运动，把运动学习本身作为重要的目的（运动目的）。最终实现每个人都能体验到运动的乐趣，理解运动的意义，为他们终身参加体育锻炼打下基础”。显然，这是一种提倡运动技术教学并且以获得运动乐趣为宗旨的教学思想，是符合体育教学的内在追求的。这其中，能否把握快乐体育的实质，关键在于对“快乐”的理解。当然，不能简单地把“快乐”理解为只是体验一下“运动中内在的乐趣作为目的”。这种理解过于表面。快乐体育所说的“快乐”，应当“‘是通过多种努力向自己的界限进行挑战的时候，在经过了努力的痛苦之后而得到的真正乐趣’，而绝不是只让学生去笑呵呵地上体育课，更不是放任地由学生们的兴趣去活动。”可见，这种快乐的获得一定是通过“不快乐”的甚至是“痛苦”的努力来获得的，而绝不是嬉戏逐闹般地轻易获得。不仅如此，“快乐体育理论认为健康的增进和体力的增强的确非常重要，但把具有一定负荷的运动作为一种手段，单纯以生理学理论为基础进行重复练习，会带来使学生对运动逐渐失去兴趣的危险，因此不会导致自发的以至终生的体育锻炼”。显然，这种教学思想认为，体育教学不是借用运动技术教学来达到健康的目的，而是把运动技术本身作为达到的目的，为掌握运动技术而学习运动技术，学生只有掌握一定的技能才能体会到运动中的真正乐趣并能长久保持，唯此，自觉的体育活动才能长久。快乐体育思想的这种不为实用只为运动技术的观念，与自然体育思想是极其相似的。然而，我国引进快乐体育思想时，往往只是为了快乐而快乐，随意降低技术难度，使体育教学趋向于游戏化。“因为我们对快乐的理解和人家不一样，我们是在嘻嘻哈哈中上好体育课，我们只强调快乐，完全忽视学生吃苦耐劳精神的培养，甚至我们有些人将快乐体育课曲解为‘放羊课’”。这样所获得的只能是肤浅易逝的浅层快乐，根本达不到对运动的真正喜爱。所以，我们在理解快乐体育时决不能浅尝辄止、望文生义。

另一来源是在1985年重庆市体育教改实验的基础上，由包昌明等总结提出快乐体育的主张，并把它作为小学体育教改实验的主题加以倡导。他们也借鉴了日本快乐体育的部分观点，他们所谓的快乐体育，“是指从终身体育与个人发展需要出发，从情感入手，对儿童进行以健全的人格教育、身体教育为目标的一种体育教学思想”。这种本土快乐体育与日本快乐体育还是有很大差别的，首先，日本快乐体育思想更重视传授运动技术、传播体育文化，而本土快乐体育思想在这方面显然没有明显的体现。其次，日本快乐体育思想以“游戏论”为理论基础，而本土快乐体育思想主要是从情感入手。最后对于“快乐”的理解上，日本快乐体育思想主张“先苦后甜”的理念，强调艰苦付出的首要性；本土快乐体育思想虽然也说快乐体育教学不都是没有辛苦与痛苦的，但是对于“苦”的强调显然是不那么明显和坚决的，更多的是快乐和喜悦的情感体验。所以，从运动技术教学的角度上，日本快乐体育更重视运动技术的学习、体育文化的传承以及运动乐趣的养成。

2. 终身体育思想

这是20世纪90年代以来产生的一种时尚提法，它的产生与终身教育思想的出现密切相关。终身体育思想，“是指体育教学中以培养学生终身从事体育活动的能力和习惯为主导的一种教学思想”。这似乎并没有准确切入要点，好像只有学校体育才是进行终身体育之处，然而，“终身体育就是人生各时期所接受的体育教学、所参加的体育活动及所坚持的体育锻炼的总和。这就是说‘终身体育’是一个集合概念，不能单称任何一个时段的体育为终身体育，只能说它是终身体育的某一阶段，而最应谈及终身体育的是后学生时代的成年及老年阶段”。这样看来，在学校体育中提倡终身体育思想必须要有相当的运动技能作为前提和保障。日本快乐体育也有类似的观点，它认为只有对运动产生持久的兴趣，才能长期自觉地坚持体育活动，最终达到终身体育的目的。而单纯的肢体练习是不会对人产生持久的兴趣的。所以，终身体育应以培养学生的运动能力为唯一途径，这与培养能力教学思想也有相同之处。目前，体育理论界对于体育能力的理解也存在诸多的分歧，有人认为“体育能力，是一种特殊能力，是指由个体的体育智慧、体育知识、体育技术及技能（熟练）构成的一种个性身心品质的综合体”。这些能力的罗列都似乎面面俱到，然而，真正的体育能力其内涵只有一个，就是运动技术的掌握程度。其他的所谓知识、智慧都离题太远。运动技能水平不高，其他所谓知识智慧再高都不能判定其体育能力有多强。而具备高强的运动技能，即使是文盲（其实不可能），谁也不能否定其体育能力。可以说，无论是终身体育思想还是培养能力的观念都要以运动技能的培养为基本要件。

自20世纪初至20世纪六七十年代末，技能论教学思想一直处于优势。80年代开始体质论思想逐渐抬头，技能论思想则逐渐下滑。90年代以来虽然出现了多种教学思想，但基本可以归为技能论范畴。进入21世纪初至今，在以健康第一为主导的新课程改革中，技能论教学思想则彻底被边缘化。

（二）体质论后来居上

自我国学校体育推行军国民体育以来，西方体操的引进和推广必然激起“土体育”论者的反感和抵牾，强烈的民族情感使其总想压制“洋体育”的快速增长，然而由于时运不济只能长期处于弱势地位。可以说，崇尚西方体操的技能论教学思想一登场，推崇“本土体育”的体质论思想也就形影相随，它们之间的明争暗斗就没有停止过。20世纪二三十年代持续的土洋体育之争后，体质论虽有所增强，但技能论仍是主导。60年代初掀起的关于体育教学目标的大讨论，体质论思想再次受挫。80年代初至90年代底，体质论思想再次强力反弹，这次终于得到回报。自此体育教学领域中，体质论思想开始逐渐升温，技能论的生存空间逐渐缩小。

清末民初，军国主义体育时期，西方兵操占据绝对优势，而提倡土体育的体质论思想还没有足够的力量占据学校体育一席之地。直到1915年，全国教育会和国会通过推广“新武术”的决议，将新武术作为中国式体操列入体操课程。1918年，马良编写的《中华新武术》教科书出版。所谓新武术，就是按照体操的标准对传统武术进行的改编，也被称为武术的“现代化”。不少人“一变致用之志，而以武术为卫生之方”，更多地从强健体魄的角度来阐述武术的特殊作用，力图说明武术与近代体育的一致性。这种改造，使得传统武术所具有的技击特点基本丧失。对于这种不伦不类之“新武术”，鲁迅有过辛辣的嘲讽“现在那班教育家，把‘“九天玄女传与轩辕黄帝，轩辕黄帝传与尼姑’的老办法，改称‘新武术’，又是‘中国式体操’，叫青年去练习。

听说其中好处甚多”。这种新武术的复苏，也就意味着传统养生文化的抬头。自此，“新武术”也就成了“土体育”的主代表。但在军国民体育时期，还够不上对兵操的威胁。

五四新文化运动时期，随着美国实用主义教育思想的传入，美国自然主义体育取代了军国民体育。自然体育也是注重田径、球类等天然运动，反对僵化的人工活动。所以，这时学校体育仍然是技能论思想占据主导位置，体质论仍然无法与其抗衡。20 世纪 30 年代初，刘长春在奥运会上的失利引发了国人对于中国体育走向的大争论，也使得国粹体育论者得以理直气壮地呼吁土体育取代洋体育，这就是著名的“土洋体育”之争，也是体质论和技能论对立的最集中爆发。后来抗战的爆发打断了争论，民族矛盾暂时压制了体育矛盾。虽然技能论仍然占有很大优势，但体质论在学校体育领域仍然占有一席之地，最明显的表现就是武术已经被纳入学校体育序列。

20 世纪 50 年代开始，毛泽东的增强体质思想上升为国家意志，然而，这并非意味着体质论思想就此翻身做主，技能论仍然强势。其实，自学校开始体育课以来，官方对体育的要求始终将“健身强体”列为第一要务，无论晚清和民国都是如此。可见，虽然西方体育大兴，但官方一直将其视为健身强体的最佳手段，而不是真心出于弘扬体育文化的考虑。所以，虽然“增强体质”思想上升国家意志，那也不过是延续前任政府的做法而已，并没有完全排除西方体育的意思。相反，建国初期，尽快提高竞技运动水平是一项急迫的政治任务，而且正值全面学习苏联体育，竞技体育的普及力度前所未有，学校体育中技能论思想也就是绝对的主导。“文革”前 17 年都是如此。“文革”时期，更是技能论的天下，体质论没有用武之地。这与军国民时期大练兵操时的情形极为相似。

1979 年，徐超英首先提出用“体质教育”代替“体育”的思想，即体质教育思想。所谓体质教育就是增强体质的教育，在他看来，增强体质、增进健康才是体育。同年，林笑峰也提出了“科学体育”思想，它与“体质教育”思想完全一致，都以增强体质为根本。“科学体育”后来演进为“真义体育”，并形成“真义体育学派”，成为体质教育思想的典型代表。体质教育和“真义体育”都是同义词，都来源于传统的养生保健理念，《体育之研究》一文对其影响甚大。“真义体育”观的出现，代表着最为纯正的体质论思想，这种完整保留养生保健传统的教学思想对竞技体育具有本能的排斥，明确认为竞技不是体育，而增强体质的教育才是真正的体育。在 1982 年烟台会议之后，“真义体育”观与大体育观就此开始了争夺“体育”术语的专用权。这场争论可以看作是现时代的“土洋体育”之争，体现在体育教学领域也就是体质论和技能论的根本对立。此次争论，体质论思想逐渐为官方接受和认同，因此在制定体育教学大纲时，官方对于简化和改造竞技体育项目总是乐此不疲。自此，体质论思想快速升温，到 90 年代以后，随着九年义务教学大纲的制订，体质论在体育教学的地位越来越强势。虽然体育教学仍然保留相当的运动技术教学内容，但是淡化技术和竞技项目教材化的趋势很普遍，技术教学实际上是受到很大的削弱。

体质论占据优势后，为了协调体质论和技能论之间的矛盾，有人认为增强体质和掌握“三基”并没有矛盾，它们互为基础、互为依托，体育教学应该将增强体质和技术传习并重，不能忽略任何一方，达到不偏不倚的结合效果。于是就有了结合论教学思想的产生。

应该说体质论和技能论同存于学校体育是一种常态，不论是技能论占据主导地位还是体质论处于相对优势，另外一方都不会完全退出，总会有所保留。这可以从各个时期的体育课程标准和体育教学大纲中明显看到。但是同存与结合并不能等同，同存则体质论和技能论各自独立，结合则体质论和技能论合二为一。中国人一向不走极端，总是把持中庸。结合论思想也是国人的思维模式的体现。自20世纪80年代以来，这种结合论就成为一种常态。其实，真正做到一碗水端平是不可能的，也不符合常理。何况，体质论和技能论本来就是不可能结合在一起的，将其结合一起肯定不可能协调相处的。所以，真正的结合是做不到的，偏向体质论却是常有的事。

成功体育思想就属于一种结合论教学思想。成功体育思想受日本快乐体育的启发较多，其提倡者也曾积极介绍日本快乐体育思想到国内，虽然成功体育思想也在渲染“成功”的内涵，也强调要通过艰苦的努力去获取，但对于获得“成功”体验的主要途径——技术传习，却有不同于日本快乐体育所强调的以运动技能的掌握为主要目的的那种意境，而完全以是否实用来衡量运动技术的价值，经过这样的挑三拣四后，本来要付出相当努力的技术学练最终“比划比划”即可，由此所带来的“成功”体验是多么的易如反掌。学生若在此“成功观”引导下，真不知日后其承受挫折的能力能有几何。总之，成功体育思想虽以结合的姿态示人，以“成功”的名号诱人，不过是以结合之名行削减技术传习之实，明显是偏向体质论。

体质论在20世纪90年代后上升势头明显，这种越来越强的优势一直保持到90年代末。随着新世纪的到来，官方以“健康第一”理念作为统领体育教学名号，至此，体质论的优势立时由其后继者健康论承接，成为进入21世纪后中国学校体育的绝对主导思想。

（三）健康论强势推进

进入21世纪，体育教学的主导思想从“增强体质”到“健康第一”的突进，体现了官方意在新世纪进行新课程改革的意志。这是一种行政指令而非学术讨论。借助行政力量，体育教学领域对“健康第一”的推进甚为有力，似乎原有的“体育”教学显得格外陈旧而被列入“强拆”之列，而最能代表世界潮流的“健康”被直接楔入课程名称，以“体育与健康”之名重新示人。不仅如此，新近入驻体育教学的“健康第一”对原来的技术传习格外排斥。21世纪以来，新课程改革的全面推行，学校体育完全以“健康第一”为主导，技能论被压制到史上最低程度。这是体育教学思想演化进程中的重大转变。

依据健康论的观点，体质论所推崇的身体健康属于“一维健康”已经过时，而世界流行的“三维健康”则是健康论新的立足点，并由此赋予体育教学以全新的课程理念和目标体系，于是五个学习领域、五大学习目标也随之出炉。体育与健康课程标准赋予体育教学以身体、心理、社会等如此之多的目标，显然，新课程的设计者想要打造一种无所不包无所不能的体育课程，这也是官方的一贯风格。然而，这显然是违背体育教学规律的做法，不要说心理和社会功能，单就身体健康健康而言，对于体育教学来说都是捉襟见肘的。其实，健康论者也明知体育对健康的局限，因而才大力裁减运动技术教学。然而，一旦体育教学将运动技术教学压制到可有可无的地步，这样的体育教学也就迷失了方向。事实上，自新课程改革实行以来，已经给体育教学理论和实践造成了极大混乱。许多一线体育教师产生了极大的迷惑，甚至不知如何上课。这些实际情况也迫使官方组织专家对2001年颁布的体育与健康课程标准进行重新审理。后来又形成了修改意见，矫正了对运动技术的过度压制等一些失误。

在健康论主导下，体育教学越来越偏向健康，而运动技术似乎成了最大的绊脚石。因此，新课程改革对运动技术的删减也是最为有力的。可以说，自20世纪90年代以来，体育教学在体质论的影响下，技能论就开始走下坡路。到了健康论时期，其下滑的速度也更快。在技能论与体质论的百年博弈中，技能论长期占优，而21世纪以来的新课程改革，它们彻底转换了主次位置。其实，健康的观念对于体育教学来说并不新鲜，早在民国时期就有健康的呼吁，但体育教学仍然以技术学练为主，这种局面一直持续到20世纪80年代。为何在20世纪末以来体育教学中，健康的趋向愈演愈烈呢？也许中国的人口政策是一个重要的影响因子。自20世纪80年代以来实行的计划生育政策对我国未来的人口结构、文化传统产生了巨大影响。可想而知，自国家强制执行这一国策以来，每家每户的独生子女无不是集万千宠爱于一身的“宝贝儿”，想要让他们自主拼搏、吃苦耐劳，几乎没有多少机会。所以，面对这些娇生惯养的“公主和王子”们，不仅体育教学难以维持原有的技术标准，就连征兵都不得不连年降低身体指标。这种现实问题，反而为健康论的倡行提供了可乘之机。本来，独生子女缺少的就是吃苦耐劳的磨炼，技能论主导的体育教学正好可以提供这种挫折教育，通过运动技术的学练，必然对改善孩子的精神气质有积极的影响。可是，官方却反其道而行之，一味地迁就迎合学生畏难情绪，一再地降低运动技术的难度，使体育与健康课退化为一种嬉戏游乐的课外活动，根本没有发挥体育教学的应有作用。新生代的80后、90后，不仅身体素质有下降的可能，而且更缺乏吃苦耐劳、接受挑战的个性。这时，技能论主导的体育教学正可以在这方面有所作为，可是，在健康论主导之下，非但不被认可反而不断被削弱。殊不知，坚持运动技术的培养对于体育教学来说也许是最实用的。因为所谓健康等实用功效也必须立足于此才有可能获得。可见，技术传习正是体育教学的立足之本，舍此，其他一切皆如无源之水、无本之木。

从20世纪初至今，我国主流体育教学思想经历了从技能论到体质论再到健康论的演化路径，有一个从长期崇尚技术传习的过程，只是近十年来倒向了健康。其实，不论技能论还是体质论和健康论，无不以健身强体为目标，只不过技能论提倡技术传习之方法，体质论和健康论提倡养生保健之方法。这种实用取向是国人关于体育的普遍观念。即便如此，以技能论为主导的体育教学仍然可以更好地发挥其应有作用，因为，技术传习的成效是其他一切实用诉求可能实现的基本前提。当然，完全以技术传习为目标的教学思想也不是没有，只不过它不可能存在于主流官学体系中，只能作为一种纯学术观念独立于体制之外，它就是技术健身论。

（四）有所为有所不为的技术健身论

20世纪90年代以来，面对体育教学领域长期以来的体质论与技能论之争，体育学者张洪潭提出了一个意在彻底解决这一分歧的教学思想，技术健身论随即问世。

根据前文对相关专著的考查可知，这一思想借助互补原理的启示，将“技术传习”和“强化体能”视为具有“互补”关系的两大图景，由于体育教学的主导倾向性是“技术传习”，所以“强化体能”在体育教学中只能隐退，但不是消除。据此，体育教学就可以名正言顺地“以虽具有却不追求虽不追求却必有强化体能之功效的运动技术传习为主旨”。显然，这是一种单纯以技术传习为教学目标的教学思想，而且，这种技术传习过程也会促进体能的强化。可见，技术健身论所提供的“技术健身”思路确实可以一劳永逸地解决体质论与技能论之间的长期对立。然而，对于历来讲究实用的国人来说，强调体育教学应以技术传习为主旨而不必过多顾虑增强体质的得失，未免太过“偏激”，难以接受，尤其不符合好大喜功的官方意志。因此，技术健身论既不可能产生于官学体系，目前也很难看出官方愿意吸纳技术健身论的任何迹象，而当下的新课程改革完全是与技术健身论思想反其道而行之的。因此，作为强化体能思想体系的重要一员，技术健身论始终独立于官学体系之外坚持自己的治学之路。在这点上，技术健身论与强化体能思想保持了高度的一致，具有鲜明的“民间之学”特色。

20多年来，技术健身论只管耕耘不问收获，体现了其有所为有所不为的学术追求。对于技术健身论及其建树人来说，并不寄望于这一思想能够在何时何地为何人所用，只是一心做到理论上的逻辑自洽、学理通畅。可以说，技术健身论不仅不追求体育教学的任何实用功效，而且也放弃了其思想本身是否可以获利的任何寄托和纠结，甘愿独立于官学体系之外，坚定地走自己的路。与主流思想相比，虽然它显得势单力薄，但是它的学术影响力仍然不可忽视，在体育教学思想的演化中也必然有其独特位置。

技术健身论所追求的超脱实用的教学思路，不仅在体育教学领域而且在整个学校教育都是不多见的。因为如今的学校教育讲求的就是实际实用。中小学以升学为目标，大中专以就业为目的，升学率或就业率就是评判一所学校教学质量的主要指标。所以说，“无论学生、家长抑或是教育机构，都把找饭碗作为教育的最高和最终目的，凡是与饭碗无关者也与教育无关”。这种追求实用的教育理念就是当下学校教育乃至全民教育观的真实体现。可见，体育教学领域中普遍以实用与否来衡量运动技术的价值并非是心血来潮，更是教育大环境的影响使然。技术健身论这种单纯的教学思想与追逐实利的教育大背景反差如此之大，所折射出的教育大问题更使人忧心忡忡。中国人素以讲求实际实用著称，但最终却没有创立最具实用价值的科学理论体系，而这项殊荣却被时常痴迷于“无用”思想的欧洲人所获得，可见，一切以实用为准绳将难免陷入急功近利的短视境况。这些历史教训足以为戒。而事关民族未来的教育本应远离狭隘的实用取向，可是事实上却并非如此。在这种全民逐利的世风之下，像技术健身论这种不求任何实用目的的教学思想虽然与主流价值观必然难以融洽，但其顽强自立的存在方式却起着难得的示范作用。

二、对体育教学思想形成和发展的反思

（一）教育思想变化对体育教学思想的形成发展产生巨大的影响

教育目的是社会需求的集中反映，是教育性质的集中体现。社会政治、经济体制的变革，生产、生活方式的变化，都会对教育提出不同的要求，将引起学校教育的改变。体育作为教育的一部分，是受教育思想改变影响的。从军国民体育、自然体育、体质教育论、整体效益论、终身体育论、主动体育论、快乐体育论直到成功体育论教学思想，都是社会发展的必然产物，都浓缩着教育思想的精华，体现着教育思想的变革与发展过程。体育教学思想的形成是一个动态的发展过程，社会的变革和发展，教育思想的转变和革新，都影响着体育教学过程的变化和发展，这是教育适应社会的要求。

（二）体育教学思想发展滞后

当国外从20世纪80年代起在积极倡导“快乐体育”“生涯体育”“保健体育”“终身体育”等新的教育教学理念时，我国的体育教育观念依然变化不大。以“技术体育”为主要目的的教学观念在我国高校体育教学中存在时间较长，在许多体育教师的心目中根深蒂固，对我国高校体育教学的负面作用较大。国外体育思想都是从学生的身心健康发展和促进学生的全面发展来

考虑的。而我们的教学关注最多的是学生的技术和技能，但是随着高校体育教学改革的深入进行，新的教育理念不断涌现。

（三）我国的体育教学思想改革中出现的问题

在事物的发展过程中，出现问题是非常正常的，因为问题是科学的起点。辩证唯物主义认为，人们在实践的基础上不断地提出问题和解决问题，也就使科学认识不断地发展。在科学中如果没有问题科学也就停止不前了。有问题并不可怕，重要的是如何解决问题，所以爱因斯坦曾说过，“提出一个问题往往比解决一个问题更重要”。从1903年《奏定学生章程》的制定，有了体育课以来，体育教学已经走过了100多年的历程，在这漫长的过程中，我国的体育教学思想经历了多次改革和更新，出现了诸多问题，大致经历了以下过程：①不重视学生需求；②以教师为主导，学生为主体；③以学生为中心；④以学生发展为中心。在这些过程中，每一种思想的提出都是符合当时教育教学需要的，也都对体育教学起到过积极的促进作用。可是由于历史的局限性，每个环节又都阻碍和限制过体育教学的顺利进行，最终通过体育教育工作者的努力都逐步完善了。当然随着社会的进步，社会对人才的需求也在变化，学生对高校体育教学还会有不同的要求，这一体系还有待完善。

三、高校体育教学思想的发展趋势

（一）体育教学思想是不断完善和发展的

恩格斯在谈到科学理论的发展时指出：一切科学理论都只是近似地正确，它们不是永恒的绝对真理。因此不要希望哪种体育教学思想能够解决我们体育教学中的一切问题，学生发展和社会的需要才是我们的目的，要利用所有的教学理论、思想、方法，调动学生的学习积极性，以社会对人才的需求，和学生全面发展为目的，制定出符合本校实际的体育教学模式。并要不断学习了解世界先进的教学思想，学以致用搞好体育教学工作。

（二）体育教学思想将向多样化发展

随着高等教育由精英教育向大众教育的转化，高校的招生比例在不断地扩大，在精英教育阶段，高校的学生都为佼佼者，各方面素质都比较高，而随着扩招，高校学生人数的增加，学生的体质，素质等各方面更接近大众化，高等教育的培养目标从单一的选拔人才向提高人才的综合素质转移，这就对高校体育教学提出了更高的要求，教育思想要随着社会的发展而不断变化。从应试教育到素质教育、从全面发展教育到“以人为本”教育、从能力教育到终身教育，一些教育理念从不同的角度反映了社会发展对教育的不同要求，它同样也对体育教学思想提出了一定的要求。每一个体育教学思想都具有相对的稳定性和合理性，因此多种体育教学思想并存，体育教学思想日趋多样化，将是未来体育教学思想发展的主要趋势。

（三）确立健康第一的体育教学思想体系

作为学校教育的重要组成部分，体育课程担负着增进学生健康的重任。从增进学生健康这一目标出发，体育教学不仅关注增强学生的体质，而且更重视改善学生的心理健康和社会适应能力。高校的体育教学重心应从增强体质为中心向健身为中心转移，把运动技能与健康知识融为一体，实现健康教育与身体教育的有机结合。为此，高校体育应该从社会发展对大学生健康和素质的要求，确立“健康第一”的思想，以终身体育为目标，进行体育教学改革，形成多种教学模式互助并存的教学思想体系。

（四）以学生发展为中心

以人为本是科学发展观的核心，学校教育的目的是为社会培养合格的人才，而健康是人的第一要素。健康的内容包括身体健康、心理健康和社会适应能力。要培养社会需要的人才就要使学生的身体、心里和社会适应等全面发展，使学生成为符合社会需要的人才。高校作为培养社会所需人才的主要场所，要培养能适应社会发展的人才。因此社会的需要和学生的需求是学校体育教学改革的方向。使学生健康成长为能适应社会发展要求的人，是高校教育的目的。

第三节　人文精神视阈下高校体育教学的指导思想

一、以人为本的思想

1999 年胡小明在其公开发表的论文中首次将以人为本的思想引入到体育观中，他提出：人文体育观，指在对体育的认识中倾注了以人为本的人文精神；生物体育观，则把注意力集中在体育对人的生物性效果上。在这里“以人为本”作为对体育观的重新诠释第一次被引入体育领域。同时指出：新世纪呼唤体育以人为本，体育不能无‘人’户的主张。在分析了新世纪中国体育需求变化后，提出了新世纪的体育将发生两个重要转变：从群体的需要转向人类的根本需要；从社会的强制性需要转向个体幸福生活的主动需要的观点。从而进一步丰富和诠释了体育中的以人为本的思想。

与以往单纯生物体育观关注人的身体的生物学改造不同的是人文体育观的核心价值取向是“以人为本”，是指在对体育的认识上建立“人的尺度”，按照人的方式去理解和实践体育。也就是说以人为本是指从人自身的角度出发对体育所形成的认识，它强调人在体育实践中的主体地位，强调发挥人的潜能和创造力，强调体育是促进人全面发展的重要途径，在当代具体表现为对人的全面现代化的追求。

作为学校体育教育一定要顺应体育发展的新要求，在体育教学中树立新的指导思想核心即以人为本，在体育教学中构建“以人为本”的教育理念。‘以人为本’的体育教学理念，强调要突出人的发展，一切教育都必须以人为本。人是教育的出发点，也是教育的归宿；人是教育的中心，也是教育的目的；人是教育的基础，也是教育的根本，这是现代教育的基本价值。“以人为本”的体育教育观就是要尊重学生的“主体”地位，体育教学应以学生为主体，尊重学生的人格及尊严，这也是素质教育的核心所在。同时尊重学生的个体差异，充分发挥每一个学生的创造精神。要注重学生独立性的培养，通过让学生认识自我、实现自我，把学生的学习建立在学生能动性上，培养学生的创新能力和主体性人格。因此，这就要改变把学生视为被动接受知识的“容器”的观念，要求高校体育教学突破传统教学以教师为中心。

二、“健康第一”的思想

“健康第一”作为学校体育的指导思想是教育发展的要求，也是社会发展的要求。中共中央国务院于 1999 年颁布的《关于深化教育改革全面推进素质教育的决定》中指出：“健康的体魄是青少年为祖国和人民服务的基本前提，是中华民族旺盛生命力的体现，学校教育要树立健康第一的指导思想，切实加强学校的体育工作……”“健康第一”作为实施素质教育的宏观战略目标之一，体现了党和国家对促进我国青少年身心健康发展的重视。正如教育家陶行知曾说过的健康是生活的出发点，也是教育的出发点。“健康第一”是贯彻我国教育方针的需要，是适应教育规律的需要，是青少年生理、心理发展的需要，也是社会发展的需要。

“健康第一”是针对当时整个学校教育中应试教育的弊病而提出来的。随着教育就是要培养适应社会需要、身心全面发展的人的观点的形成，教育学者提出了学校教育对青少年首先应是在学校阶段健康成长，而不是分数第一，学生身心健康比考试升学更重要的观点。把整个教育要遵循的“健康第一”的指导思想作为学校体育的指导思想是顺应学校体育发展的要求，也是社会发展的要求。健康第一的学校体育教育观具体说就是学校体育要以增强学生体质、促进学生身心健康作为出发点和落脚点。体育教育的目的是以提高人的身心健康为出发点，以提高学生身体，心理和社会适应等整体健康水平为目标，关注学生健康意识和健康行为的养成，把增进学生的健康贯穿于学校体育的全过程。

三、可持续发展的思想

可持续发展即终身体育指导思想，是在终身教育的背景下提出的。终身教育是一个人从生到死整个一生进行的教育。最早提出终身教育思想的是法国成人教育家保罗·郎格朗他认为终身教育就是人们在一生中受到的各种培养的总和。1972 年联合国教科文组织提出教育已不再是某些杰出人才的特权或某一特定年龄的规定活动，教育正在日益向着包括整个社会和个人终身的方向发展。这个概念一经提出就受到国际社会的极大关注，许多国家把它列入国家发展的战略。1996 年，教科文组织明确提出终身教育的概念是进入 21 世纪的关键所在，今后，整个一生都是学习的时间……标志着终身教育理念已成为国际主流的教育指导思想。

在终身教育思想的背景下催生了终身体育概念的形成。法国教育家保罗·朗格朗认为，体育不能只是局限在个人发展的某个阶段的活动，而应是贯穿人的一生的生活内容。1999 年乌拉圭国际体育部长会议上提出了促进终身参与体育活动、保障老年人体育活动，把体育作为缩小南北差距的强有力工具的观点。其中包含了丰富的以人为本的体育的可持续发展的思想。2002 年《纲要》中，明确提出了“健康第一”和培养学生终身体育意识的指导思想。在《全民健身计划纲要》中提出：青少年和儿童的健康成长关系到国家的富强和民族的昌盛，要发动全社会关心他们的体质和健康。各级各类学校要全面贯彻党的教育方针，努力做好学校体育工作。要对学生进行终身体育教育，培养学生体育锻炼的意识、技能与习惯。以上终身体育指导思想的提出体现了国家对终身体育教育的重视，为新时期高校体育工作指明了新的发展方向。

终身体育，是指一个人终身进行身体锻炼和接受体育教育。终身体育的含义包括两个方面的内容，一方面指人从生命开始至生命结束过程中学习与参加身体锻炼，使其有明确的目的性，使体育成为一生生活中始终不可缺少的重要内容；另一方面指在终身体育思想的指导下，以体育的体系化、整体化为目标，为人在不同时期、不同生活领域中提供参加体育活动机会的实践过程。作为学校体育教育的指导思想终身体育是指以培养学生终身参与体育活动的能力和习惯为主导的思想。具体到教育教学中，一是培养学生自我锻炼的意识，二是培养学生自我锻炼的能力和习惯。这就要求在学校体育中要更多地关注人的一生健康，着眼长远效应，强调为学生终身体育打基础。也就是说学校体育不仅要考虑学生体质的增强这个短期效益，而且在指导思想上要立足于终身体育这个长期目标，在教学过程中重视学生体育兴趣与体育能力的培养，最终使学生形成终身体育的意识和能力。终身体育思想是把人一生的身心健康问题看成一个系统，把学校体育看成人一生身心发展的子系统，把视角从关注学生的当前扩展到关注学生的未来，甚至终生。这种思想产生对学校体育的整体改革有重大推动作用。

四、培养目标多元化的思想

随着素质教育的提出，学校体育教育的培养目标由相对单一化向多元化发展。新《纲要》依据素质教育的要求提出了高校体育课程的教学目标的指向“运动参与”“运动技能”“身体健康”“心理健康”和“社会适应”五个领域，从而使学校体育教育的培养目标由原来单一的“生物学”范畴扩展到“生物学”“心理学”和“社会学”等多个学科范畴。

学校体育教学目标本身具有较强的导向性，决定着体育教学的基本方向。过去学校体育教学中比较重视目标的生物性和科学性，强调通过体育教学来增强学生体质和掌握体育的知识与技能，因此培养目标相对机械化和单一化。如今体育教学目标的多元化使得原来的单一生物学领域扩展到了生物心理社会等多个领域。在以人为本的终身教育思想指导下，重视尊重学生个体人格，促进学生的身心全面发展，使全体受教育者在原有基础上各项素质得到充分、自由、和谐的发展，最大限度地激发学生的主观能动性，使学生体会到学习的乐趣，增强学习信心；同时培养学生自我锻炼的意识，激发和保持学生的运动兴趣和热情，使其养成自觉、积极进行锻炼的习惯以及自我锻炼的能力，从而使学生在校期间的体育教育对其终身受益。体育教学目标的生物性、科学性、社会性和人文理念的紧密交织是学校体育教育发展的必然结果，这种教育目标的多元化是新时期教育发展的需要，是新时期社会对体育教育的新要求，顺应了社会经济、科技、教育发展的大趋势。

第四章　人文精神视阈下高校体育教学目标的重塑

第一节　体育教学目标基本理论

一、体育教学目标概念

体育教学目标是指在一定时间和范围内，师生经过努力后所要达到的教学结果的标准、规格或状态。它是体育教学的出发点和归宿，并决定着体育教学的方向。

近些年来在体育教学理论和实践中开始频繁使用教学目标的概念，以前经常使用的是“体育教学任务”，如在中华人民共和国成立后历次的《体育教学大纲》中，使用的都是“一个目的和三项任务”。那么“体育教学目标”和“体育教学任务”之间是个什么样的关系呢？所谓任务，是受委派担负的工作和责任上位的人或事对下位的人或事提出的要求极布置得工作，是“要做什么”的意思。由此而论，体育教学任务是为了完成体育教学目的、实现体育教学目标所应该做的工作。

综上所述，我们不难看出二者之间的关系为：各个阶段的体育教学目标的总和就是最终的体育教学目标；体育教学任务是为实现体育教学目的和体育教学目标所应该做的实际工作和责任。因此，我们认为采用教学目标这个概念比采用教学任务这个概念更具有实践意义。

二、体育教学目标的结构体系

（一）体育教学目标的分类理论

1. 加涅学习分类理论

加涅学习理论将学习分成了不同的等级，指出了不同层次和不同类型学习之间的关系，为教学目标层次的划分和教学目标顺序的安排提供了依据，为组织教学内容提供了框架。更重要的是，加涅在对学习进行分类的同时，强调要设计多重教学（学习）目标。他认为，一般的教学活动很少有单个的教学目标。事实上，一堂体育课应尽可能使五个领域目标得到全面的不同层次的体现。这就提醒教师，在教学规划时头脑中要有多重目标。

2. 奥苏伯尔学习分类理论

奥苏伯尔学习理论的意义不仅在于他主张有意义的接受学习，指出了不同复杂程度的学习类型，而且更重要的是认为，教学目标应是培养学习者良好的认知结构，并提出了对学习产生重要影响的三个认知结构特征：

①学习者的认知结构中是否有吸收并固着新观念的上位观念。

②在学习者的认知结构中，起固着作用的观念是否清晰分辨。

③在学习者的认知结构中，起固着作用的观念是否巩固。

奥苏伯尔的学习分类理论对教师教学目标决策至少有三方面的意义：一是教师在确定目标时应考虑如何帮助学习者进行有意义学习而不是机械学习；二是根据不同学习类型的关系确定教学目标的层次；三是根据影响学习的认知结构的三个特征，选择有助于学习者形成良好认知结构的教学目标。

在加涅与奥苏伯尔的学习分类中，他们有时用相同的术语表达不同的意思；有时又用不同的术语表达相同的意思。如概念、命题这些术语在奥苏伯尔的学习分类中代表知识，而在加涅的学习分类中则代表智慧技能。奥苏伯尔的解决问题与加涅的高级规则同义。

3. 布卢姆目标分类学

教学目标分类学是把各门学科的教育（教学）目标按统一标准分类使之规范化、系列化的理论，旨在为目标和评价的科学设计提供技术性指导，为观察教育教学过程，分析教育教学活动和进行教育教学评价提供参考的框架结构。影响最大的是以布卢姆为代表的教育目标分类理论。

美国芝加哥大学教授布卢姆于1956年首次将分类学理论运用于教学领域。布卢姆与他的同事认为，教学目标可分成认知、情感、动作技能三大领域，从实现各领域的最终目标所要经过哪些系列目标出发，明确定出具体的目标体系。这种分类体系归纳出超越具体教学内容差异所反映出的共同心理行为特性，涉及的目标只是反映能力和特性结构，而不包括其实质内容。

4. 我国的教育目标分类学

我国在1984年就有对教育目标分类的小规模的研究。1986年，布卢姆被邀请到华东师范大学讲学。此后，全国的不少地方开始了目标教学的研究。上海出版了根据布卢姆教育目标分类学编写的中、小学多门学科的教育目标分类指导书。

在实践研究过程中，研究者结合我国的中小学教学实际，对布卢姆的教育目标分类作了不同的转换。例如，在山东部分市、县开展的“中小学大面积提高教学质量的实验研究”，以“先学一家，融会百家”的思想，借鉴学习布卢姆的教学目标分类理论，融会其他教育家先进的教学思想和理念。经过实验研究，形成了中学四级分类、小学三级分类的教学目标体系。在中学，将认知目标分为记忆、理解、运用、综合四级；在小学，将认知目标分为记忆、理解、运用三级。同时，对不同级别的内涵重新作了界定。

近来，我国有学者提出，为了使教学目标能更好地指导教学策略的选择，应将认知目标分成三类：陈述性知识、智慧技能、认知策略和反省认知技能。其中，智慧技能又可分为四个亚类：辨别、概念、规则和高级规则。这种分类借鉴了奥苏伯尔和加涅的学习分类理论，主要依据学习内容的类别和难易程度对教学目标进行分类。

（二）体育教学目标系统的结构

教学目标的系统是由大小不等但具有递进关系的一系列教学目标组合成的，它包括了教学总目标、课程目标、单元目标、课时目标几个层次，各个下属目标都是其上位目标的具体化。

1. 教学总目标

教学总目标是教学活动中最根本的目标，是期望学生达到的最终结果。具有教育目的的性质，对各个层次的具体教学目标具有指导的意义，在我国它一般包括以下相辅相成的三个组成部分：①实质性目标：使学生掌握一定的知识和技能。②发展性目标：使学生的体力和智力得到发展。③教育性目标：培养学生正确的世界观，形成健康的个性品质。

2. 课程目标

课程目标是教学总目标在学校教学中的具体化，主要是指课程计划中所具体规定的、根据各门课程特点制定的目标。有些课程（如体育课）在小学直至大学各个教育阶段都要开设，同时还要制定出分阶段的课程目标，这往往体现在课程标准（原称教学大纲）中。这种分段目标一方面应有其相对的独立性，另一方面又应体现各阶段之间的连续性。

3. 单元目标

单元是指各门课程中相对独立、相对完整的组成部分。如体育课程中的单元通常是围绕一个技术或技术组合所展开的一组教学内容，按内容的难易、操作程序的先后或不同方面的内容分为若干节课。我国中小学的各科课程标准（原称教学大纲）都是由一系列单元目标具体组成的，相互关联，单元目标是对该单元教学的具体要求。单元目标一般由教师参照课程标准和教学参考用书，并结合学生实际来制定，还要兼顾到个别学生的经验和特点。单元目标是教学设计的主要依据，对教师的教学活动具有直接的指导意义。

4. 课时目标

课时是教学活动的基本单位，因此课时目标是单元目标的进一步具体化，它是跟每节课的教学活动相联系的目标。课时目标关系到每一次具体的教学活动，所以应当非常具体、明确而富有成效，只有这样，整个课程的教学目标才会在一堂一堂的课中得以落实。

（三）体育教学目标的三大领域

学生的发展可分为认知、情感和动作技能三方面。因此，教学目标也应涉及三大领域：认知领域、情感领域、动作技能领域。不同的领域产生不同性质的教育教学活动，不同的教育教学活动对学生产生不同的影响。与其说教学目标的三大领域关系着三种不同的教学活动，不如说教学目标的三大领域反映了教学对学生三个方面发展的影响。实际上，新的体育课程标准的五个领域目标依然可以归结到认知、情感和动作技能三个方面，这是教学与研究中应当首先明确的。

1. 情感领域

从教学目标的表现形式上看，情感领域的教学目标最为隐蔽，它以潜移默化的形式渗透在所有的教学活动中。这一领域的教学目标主要涉及教学对学生情感的影响，反映了教师希望通过教学活动使学生形成一种积极的态度，一种对自己、对他人、对客观世界的积极态度和正确的价值观。

情感领域的目标主要是发展学生的态度和价值观。态度是指个体对人、事和周围世界所持有的一种持久性与一致性的倾向。态度的形成与文化传统、家庭环境和学校教育等因素有关。价值观的形成不同于态度的形成。价值观更具有综合性，它不是针对特定的事物和现象，而是涉及人的生活方式和生存的目的。价值观的形成是一个长期的过程，同时也受到社会、家庭的影响。学校、家庭和社会三方面的影响之间既存在一致性，也会有分歧或矛盾，这给教学目标的确定和实现带来了一些困难。与态度相比较而言，价值观更难测量。态度可以通过学生对事物或现象的接受或拒绝来测量；而学生对一些价值观如诚实、自尊、宽容等往往不会公开地拒绝。

具体地讲，情感领域的目标可分为五个类别：

（1）接受

这一水平的特征是，学生对一种观点或事物表现出宽容的态度，不拒绝“接受”有关的信息，了解教师所介绍的材料的意义，但并不因此而改变自己的行为。

（2）反应

学生越来越表现出一种积极的态度，不仅接受了有关的信息，并表示愿意采取相应的行为，但实际上这种行为并没有出现。

（3）价值评价

这一水平意味着学生理解一种态度或价值观念，并认为是有意义的，同时已将这种观念内化为自己的行为准则。在这一水平，学生主动表明对问题的态度或观点，公开讨论并支持某种态度。

（4）组织

在这一水平，表明学生在一些方面已形成了抽象概念，并意识到价值与价值之间的相互关系，形成价值观念体系。

（5）性格化

性格化意味着个体的各种价值观已被组合成内部一致的体系，个体的行为受内部价值体系的控制，价值体系已经成为个体性格特征的稳定组成部分。

2. 动作技能领域

动作技能领域的目标以发展学生的肌肉力量和协调性为基本目标。在学校教育活动中，这一领域可能是三大领域中最不被重视的领域。但教师要认识到，对动作技能领域的重视程度与教育的阶段和学校的培养目标有关。

动作技能领域的目标可分为六级：反射运动、基础生理活动、感知能力、身体运动能力、运动技能、综合运动能力。其中，第一和第二级水平不属于教学目标。

3. 认知领域

认知领域是学校教育最为重视的领域，也是教学目标最为普遍的形式。认知领域主要涉及知识和技能的传递，这是学校教育的主要任务之一。

认知领域在教学目标中的体现即为认知目标。我国教师对学生的评价主要是致力于认知目标方面，家长和学校管理者同样注重认知领域目标的实现，学生自己也将认知目标作为追求的主要目标。

三、体育教学目标制定的依据和要求

（一）体育教学目标制定的依据

1. 学校体育目标与体育课程标准

学校体育目标是对我国有关政策、教育方针和体育方针的体现，是国家和社会对学校体育的要求；体育教学目标的制定要以学校体育目标为依据。体育课程标准是国家教育部根据学校体育总目标制定的不同年级不同教材的教学目标，它是制定体育教学目标的指令性依据。

2. 体育教学的功能和本质特征

体育教学的本质功能就在于增强学生体质，促进学生身心健康发展，制定体育教学目标时要突出体育教学的本质功能。此外，体育教学除了这一本质特征外还具有其他多种功能，在制定体育教学目标时要予以体现。

3. 学生身心发展的规律及其特点

学生在生长发育的不同时期、不同阶段，其身心发展特点及规律也不尽相同，由于体育教学的对象是学生，所以体育教学要根据学生身心发展的规律和特点提出相应的目标。这也是体育教学目标制定的心理学和生理学依据。

4. 现实条件和可能

体育教学目标的实现需要相应的教学条件，教学条件在一定程度上制约着体育教学目标的实现，我国地域面积较大，不同地区、不同层次的学校及其教学条件也各不相同，甚至同一地区的不同学校的教学条件也不尽相同，所以我了确保体育教学目标的可行性，在制定体育教学目标的时候要根据学校现有的客观条件，一切从实际出发，制定适合自己能够确保实现的体育教学目标。

（二）体育教学目标制定的要求

1. 从实际出发反映体育教学的发展趋势

体育教学目标的制定要从实际出发，充分考虑本学校体育教学的内外部环境，只有这样，制定的体育教学目标才能够得以实现，另外，体育教学目标在一定时间内具有稳定性，不能朝令夕改，所以体育教学目标在制定时要长远考虑，并且要和体育教学的发展趋势相一致，从而体现体育教学目标的激励性和导向性。

2. 体育教学目标要具有整体性

体育教学目标是一个层次分明、结构严谨、排列有序的系统。从小学到大学，不同层次的体育教学目标也不相同。不同层次的体育教学目标之间也存在着密切的联系，小学体育教学目标制定是否合理直接关系到中学体育教学目标能否完成，各层级体育教学目标在制定时要考虑各层次的衔接，将各层次的体育教学目标作为一个整体来看待。

3. 体育教学目标必须明确

体育教学目标必须明确规定在不同时期、不同层次所要完成的教学任务。在实践中为了便于操作，体育教学目标应该尽可能的量化。要用具体的量化指标去描述体育教学目标，只有这样才能加强体育教学的计划性，也为检查和评估体育教学工作提供了量化指标，有利于发现体育教学中存在的问题，并改进体育教学工作。

4. 体育教学目标要具有弹性

体育教学目标的实现受到诸多因素的制约，而这些因素又是在不断发展变化之中，体育教学目标的稳定性是相对的，变化则是绝对的。所以在制定体育教学目标的时候要留有余地，以便根据现实条件的改变来相应的修改和调整体育教学目标。

四、体育教学目标制定的意义

（一）有利于体育学科教学功能的发挥

要明确所要实现的体育教学功能，必须制定合理的教学目标，如体育教学的健身目标就要求在实际的教学中必须以增强体质为目标，这就可以帮助实现体育教学的健身功能；愉悦身心的目标可以帮助实现体育教学的满足乐趣的功能；体育教学的运动技能目标，可以帮助实现体育教学的授业功能，如有些老师不适当地制定了体育教学目标，使目标偏离了体育教学的基本功能，因此也就无法发挥好体育教学的主要功能，使得这些体育课上得空洞而虚假，体育教学的质量大为下降。

（二）为实现体育教学目的提供保障

只有合理地制定体育教学目标，才能稳妥地实现体育教学的目的。例如：针对高中阶段“培养学生锻炼身体的能力”的目的制定的教学目标却是“发展学生的素质，让全体学生都达标”就很不恰当，因为“培养学生锻炼身体的能力”必须是“掌握锻炼身体的方法”的目标，“全体学生都达标”不能标志“学生锻炼身体能力的形成”，因此这是个不当的目标，当然也就无助于体育目的（意图）的实现了。

（三）各层目标衔接，最终实现总目标

如果制定好了每一个阶段的体育教学目标，就可以保证阶段体育教学目标的总和等于总的体育教学目标，那么就意味着总的教学目标可以顺利完成；反之，如果错定了阶段体育教学目标，就使得阶段体育教学目标的总和不能等于总的体育教学目标，那么就意味着总的教学目标没有完成。因此，正确地制定各个层次的教学目标，层层目标衔接，是最终实现总目标的可靠保证。

（四）明确和落实体育教学任务

体育教学目标决定着具体体育教学任务。目标是标志，没有标志就没有方向，但只有标志没有具体的行动，标志也是没有意义的。因此，要有具体的体育教学任务来支撑目标的实现。体育教学任务要以体育教学目标为依据，明确教学任务是以好的目标为前提，有了明确的目标教学任务才能够实行。在过去《体育教学大纲》里，只有“一个体育教学目的和三条体育教学任务”也就是说是“在一个意图下面明确了三项工作”。因此，该目标体系缺乏明确的目标性，显得指导性不强。

（五）指引、激励教师的教与学生的学

目标是对人的愿望和努力方向的反应，人只有明确了自己的目标，才能够发挥主观能动性，形成实现目标的动力。教学目标的制定需要任课教师主动和上课的学生群体共同制定，合理的体育教学目标必定充分反映着教师的努力方向和学生的学习愿望。因此，科学合理的体育教学目标必定可以指引教师的工作，必定可以激励学生学习。

（六）教学目标是教学成果的检验标准

对体育教学成果的评价要有一个标准，而其中最重要的评价标准就是体育教学目标。首先是体育教学目标的制定是否合理，其次是体育教学是否完成了教学目标，从这一点上讲体育教学目标有标准的性质，因此可以用它来作为检验体育教学成果的标准。

五、当前体育教学目标制定存在的问题

（一）对课程目标的机械化运用

第八次基础教育课程改革在课程目标上更加关注知识与技能、过程与方法、情感态度与价

值观三维目标的达成，这给一些体育老师的教学观念带来了很大冲击。为了标新立异有些教师在实践中以“三维目标”的形式来设计和呈现自己的教学目标。抛开其出发点不说，这种不求甚解的机械化运用，必然会限制体育教学实践的丰富性和完整性，也很难照顾到学生的真正需求。

（二）对不同层次目标的混用

在体育教学实践中，不同层次的目标存在混用的现象。这种现象表现在两个方面。第一，在学校教育范围内，存在着三种目标，即学校体育目标、体育课程目标和体育教学目标。在体育教学大纲指导下的教学实践中，教学目标和教学任务经常混用。由于在大纲中没有明确的区分三者的区别与联系，导致在教学实践中经常发生三者误用现象的发生，从而影响了体育教学的有效实施。第二，课堂教学目标的内部层次混乱。布卢姆教育目标分类理论告诉我们，目标是分层次的。目标的设计应该遵循由简单到复杂的原则，而教学实践中，有的教师在设计教学目标时在时间顺序上颠倒了。

（三）教学目标的导向不明确

教学目标设计的过大、过于空泛，不具有可操作性和可评价性。比如说“学生养成团结协作的能力”，“学生养成良好的健康意识”“形成经常参加体育锻炼的行为”等等。这些目标应作为长期发展目标，而不应作为一堂课或者一个单元的教学目标，致使目标没有实际的导向作用。含糊其辞的目标陈述也给教学评价带来了很大困难。

（四）目标指向的主体不清晰

教学目标设计中使用行为动作的含义模糊，目标指向主体不准确。教学目标设计的是否准确清晰，关键看行为动词是否表述的正确与否。比如，我们在许多教学案例中经常见到“了解”“掌握”“理解”“学会”“知道”等等模糊而难以检测的行为动词。再者就是，有些教师在叙述目标时，喜欢使用使令动词，使得目标主语变得不清晰。如“使学生……”“让学生……”等等。还有，就是使用一些目标指向主体为教师的行为动词。如“培养学生……”“增强学生……”等等。由此，我们可以看出目标阐述的是教师的行为，是教师对学生的要求。教学目标是预期学生学习的行为结果，其行为主体必然是学生。目标指向主体的误用，必然会使注意力集中在教师的活动上，而不是集中在学生应该获得的学习结果上。

（五）目标设定脱离教学实际

由于课程标准将体育与健康的学习内容划分为运动参与、运动技能、身体健康、心理健康与社会适应四大领域，并分别制定了各个学段的学习目标。受个体认知结构的影响，有些教师在制定教学目标时显得无所适从，在一节课中有的教师从四大学习领域（2011 版课标修订之前是五大领域）的角度书写教学目标，面面俱到，唯恐落下什么。试问，课时有限的一堂课能否承载如此广的目标？答案不言而喻。教学目标具有激励的作用。在实际的教学实践中教学目标能否起到激励作用，还要看目标的难易程度是否适当，是否符合“跳一跳”才能摘到“桃子”的要求。现实中，有的教师根本就没有考虑学生兴趣、动机、知识和能力水平，没有把握住学生的“最近发展区”，制定的课堂教学目标造成学习水平低的学生“吃不消”，学习能力强的学生又“吃不饱”的情况时有发生。

六、体育教学目标的发展趋势

(一) 养生与体育教学目标的制定

现在社会发展迅速，人民生活水平也得到较大的改善，但也带来了与之相应的负面影响。例如，生活、工作的压力大，人们的心理负担加重，处于亚健康的人群比例越来越大；现代疾病（如心血管疾病、肥胖、肿瘤患者）的比例也在扩大。对于增进健康问题和预防现代化疾病，现代体育有其巨大的局限。现代体育对于现代疾病的预防与治疗没有针对性，现代体育所追求的是人的速度、力量、耐力、柔韧等素质的强壮，很少涉及现代疾病的预防和治疗。中国传统体育养生不同于现代体育。传统体育养生讲求心静、气和、阴阳平衡，体态自若，它追求健康长寿而不为强壮，感受对生命的敬畏，最终培养人的习惯性保持机体动态平衡的意识。体育养生是历经千百年的锤炼和无数先辈的心血打造出来的，它来源于人民，也必将在人民的实际生活中发挥巨大作用，在现实中被推动和发展。把传统体育养生文化全面融入体育教学目标中，既能丰富学校体育课的内容，又弘扬了民族文化，更利于普及全民健身，使青年一代更懂得科学地锻炼自己。

(二) 饮食营养与体育教学目标的制定

“生命在于运动”，这是尽人皆知的名言，从中我们可以深切体会到体育锻炼对于健康生活的重要性。因为体育锻炼可以促进健康，而合理的饮食营养又是对体育锻炼的有力保证。合理的饮食营养是生长发育的物质基础，体育锻炼是增强人体技能的有效手段。所以，合理的饮食营养和体育锻炼是相辅相成的。学校在开展体育课的同时，应重视合理的饮食营养，这就需要体育教学目标的制定朝着这方面发展，顺应现代潮流，更好地促进我国青少年的成长。

(三) 养成良好的生活习惯与体育教学目标的制定

现代科学技术发展了，社会生产力提高了，但也导致一些不利因素—现代病出现了，其中较为突出的是肥胖症。人们需要通过参加体育活动来减肥健身。现在大中城市中健身房很火热，到健身房做健美操、形体训练，各种器械训练的人越来越多，花钱练健美买健康已不足为奇，体育已成为人们生活的一部分。这不得不引起我们的深思，如果从小养成良好的习惯，这些问题必然会少之甚少。体育教学需要强调学生亲自参加体育锻炼。培养学生对体育的兴趣和爱好，并养成体育锻炼的习惯，是体育教学成果的一个重要标志，而且在体育课堂教学中，培养学生良好的锻炼习惯，对提高教学效果，促进学生身心健康地发展有着重要的意义。因此，体育教学中，应重视培养学生良好的锻炼习惯。这就要求在今后的体育教学目标的制定中体现养成良好的生活习惯，发展这方面趋势。

第二节　不同时段体育教学目标的制定

一、超学段体育教学目标

(一) 外部特征

一般把超学段的体育教学目标称为学科目标或体育教学总目标，它是超越各个学段学生年龄特征的、概括体育教学最本质功能的最上位教学目标。

超学段体育教学目标的外部特征如下：

①功能与特点：是与其他学科相对比的体育学科的定位目标。

②目标着眼点：学科的特性与功能。

③搭载的文件：国家教学文件，如教育部制订的《九年义务教育教学计划》、体育教学理论书籍。

（二）制订超学段体育教学目标时的注意事项

①要有整体的观点：要注意使体育能与其他学科一起贯彻“健康第一”的指导思想，为实施素质教育服务。目标制订得要全面，在体例上也应与其他学科的目标表述相统一。

②要有学科的观点：体现出体育学科的目标特点和独特作用，注意完成体育学科的职责，着重写明特色的目标，不要制订体育学科不应该完成或无法完成的目标。

③要有系统的观点：由于是跨学段的目标，因此目标要有联系性、衔接性和系统性，要使各学段的目标都有所体现。

（三）制订超学段体育教学目标的步骤

①先列出目标的各个方面，如列出技能、知识、行为、锻炼、态度等。

②集中制订出各个方面的总目标，如运动技能习得的总目标有：“精学 2～3 项运动技能”“粗略掌握 10～15 项较常见运动技能”“掌握体育锻炼与保健的基本方法”三项基本内容（这其中已经初步考虑了小学、初中、高中的连续性和系统性）。

二、学段体育教学目标

（一）外部特征

在过去，学段的体育教学目标是以“小学体育教学的目的”“初中体育教学的目的”的表述形式出现的。在现在的《体育课程标准》中，学段的体育教学目标则是以各个“水平学习目标”的表述形式出现的。

学段体育教学目标的外部特征如下：

①功能与特点：大、中、小学之间相对比、相衔接的体育教学策略性目标。

②目标着眼点：各个学段学生的生长发育特点。

③搭载的文件：国家颁布的各学段的体育教学文件，如《全日制初级中学体育教学大纲》《普通高级中学体育与健康课程标准》、学校的体育教学计划等。

（二）制订学段体育教学目标时的注意事项

①要有系统的观点：虽然是一个学段的体育教学目标，但它必须服从跨学段体育教学目标的整体要求，本学段的目标要与上、下学段的目标相衔接，在体例上也要与上、下学段的表述形式相一致。

②要有学段的特点：不同的学段面临着不同身心发展阶段的学生，因此学段的体育教学目标要为根据本学段学生的身心发展特点制订具有学段特色的教学目标，学段的目标要在整体性和系统性下有鲜明的阶段性特征。

③要有责任感：学段目标必须体现本学段应该完成的阶段性任务，因为如果各学段的目标不能实现，那么超学段的体育教学目标就不可能实现，也就谈不上目标的系统性和各学段的衔接性了。

（三）制订学段体育教学目标的步骤

①认真学习超学段目标中的各个方面，如技能、知识、行为、锻炼、态度等。例如，认真领会运动技能习得的总目标："精学2～3项运动技能""粗略掌握10～15项较常见运动技能""掌握体育锻炼与保健的基本方法"三项基本内容的含义。

②根据本学段学生的年龄特征制订出各方面的学段目标，如制订技能的学段目标为："精学1项运动技能""粗略掌握3～4项较常见运动技能""学习体育锻炼的原则和制订运动处方的方法"。

三、学年体育教学目标

（一）外部特征

学年的体育教学目标是各个学校制订的年度体育教学计划中的目标。学年体育教学目标的外部特征如下：

①功能与特点：根据学生身心特点和需要，制订的年度发展性目标。

②目标着眼点：各年龄的身心特点和学校的年度教育计划。

③搭载的文件：学校和体育教研组的《教学计划》。

（二）制订学年体育教学目标时的注意事项

①要有系统的观点：学年的体育教学目标必须服从学段体育教学目标的整体要求，本学年的目标与上、下学年的目标要有机衔接，目标的表述在体例上也应与上、下学年相一致。

②要有阶段的特点：有些学年的学生有很特殊的身心发展课题，如青春发育期的某些年龄段，因此学年体育教学目标要符合学段体育教学目标的整体性和系统性的同时，具有鲜明的年级特征。

③与学校年度的各项工作相结合：由于各学校的工作计划都是以年度为主安排的，每个学年学校都会有一些与体育教学有关的工作安排，如军训、夏令营和各种全校体育活动等，体育教学目标也会在一定程度上受到学校年度工作安排的影响，因此要加以统筹考虑。

④要有责任的观点：学年体育教学目标必须有利于完成年度的教学任务，如果各学年的教学目标不能实现，那么学段的体育教学目标就会落空。

（三）制订学年体育教学目标的步骤

①认真研究学段体育教学目标中技能、知识、行为、锻炼、态度等目标内容。例如，领会运动技能习得的学段目标："精学1项运动技能""粗略掌握3～4项较常见运动技能""学习体育锻炼的原则和制订运动处方的方法"。

②根据本学年学生的年龄特征和上个学年的体育学习情况，制订出各个方面的学年目标。例如，在运动技能目标方面制订："重点学好篮球的主要进攻技术""粗略掌握羽毛球和轮滑运动技能""学习体育锻炼的知识和力量练习的方法"的目标内容。

四、学期体育教学目标

（一）外部特征

学期的体育教学目标是根据年度的教学目标分割而成的学期体育教学计划中的目标。

学期体育教学目标的外部特征如下：

①功能与特点：反映气候与学期日程安排的，由学年的体育教学目标分割而成的教学目标。

②目标着眼点：学期所在季节对教学的影响和学期的教学安排。

③搭载的文件：学校和体育教研组的《某某年度第一（二）学期教学计划》。

（二）制订学期体育教学目标时的注意事项

①要有季节的观点：学期目标主要要考虑季节的因素，它是将一个学年的目标一分为二，但内容却不是简单地一分为二，分解时必须充分考虑到季节特征对体育教学的影响。

②与学校的学期工作安排相结合：学校年度工作计划在两个学期中也是各有重点的，上、下学期都会有一些与体育教学有关的特殊安排，如春天有运动会和中考体育等，会在一定程度上影响学期体育教学目标的制定，因此要统筹考虑。

③要有责任的观点：如果各学期的体育教学目标不能实现，那么学年的体育教学目标就会落空，因此学期的目标必须体现本学期应该完成的任务。

（三）制订学期体育教学目标的步骤

①认真研究学年体育教学目标中的各个方面。例如，领会运动技能习得的学段目标为："重点学好篮球的主要进攻技术""粗略掌握羽毛球和轮滑运动技能""学习体育锻炼的知识和力量练习的方法"三项基本内容。

②根据本学期的气候、场地情况和上学期的学生的学习情况，制订出各个方面的学期目标。例如，在运动技能方面制订："重点学好篮球的'三打二'和'四打三'的进攻技术""粗略掌握羽毛球（因为在春夏交接的季节比较适合学习羽毛球）""学习春季体育锻炼的方法和上肢力量练习的方法"三项学期的教学目标。

五、单元体育教学目标

（一）外部特征

单元体育教学目标是以某一个学习内容为中心制订的教学目标，它的外部特征如下：

①功能与特点：依托各个运动项目学习和依据各运动项目特性制订出的实质性的教学目标。

②目标着眼点：运动项目的特性及其学理。

③搭载的文件：各个教师的《单元教学计划》。

（二）制订单元体育教学目标时的注意事项

①要有"教程"的观点：单元教学目标本质上是一个"教学程序"的目标，是运动技能学习的基本单位，单元教学目标和教学过程都是由运动技能的"学理"所决定的，所以单元体育教学目标要反映教学程序的科学性及学理。

②要有"模式"的观点：同样的教学内容可以有不同的教学目标，不同的教学目标可以形

成不同的教学单元，不同的教学单元形式实际上就是不同的教学模式。因此，单元体育教学目标要根据学生不同的发展需要，形成各种有特色的体育教学模式。

③要有全面的观点：由于单元是围绕运动教材设计的，是以运动技能的教学为主线的，但是体育教学还具有其他的教育效益，因此单元的体育教学目标有利于把各方面的教学目标依托在运动学习上，单元教学目标要全面。

（三）制订单元体育教学目标的步骤

①认真研究有助于“学好篮球的‘三打二’和‘四打三’的进攻技术”和相关的技能和体能评价标准，制订出更为细致的教学目标。

②认真研究“学习篮球的‘三打二’和‘四打三’进攻技能”过程所具有的一切教育因素，制订出适合的道德教育和行为教育的目标。

③认真研究“学习篮球的‘三打二’和‘四打三’进攻技能”过程所具有的体能锻炼因素，制订出适合的体能锻炼目标。

④认真研究“学习篮球的‘三打二’和‘四打三’进攻技能”过程所具有的认知因素和重要知识点，制订出适合的知识和认知目标。

六、课时体育教学目标

（一）外部特征

课时体育教学目标是根据单元目标分解到每一堂课的教学目标。

课时体育教学目标的外部特征如下：

①功能与特点：根据单元计划的逻辑（学理）程序分割和排列的目标。

②目标着眼点：教学时空的情景和45分钟的条件。

③搭载的文件：体育教师的《教案》。

（二）制订课时体育教学目标的注意事项

①要有准确的时间观点：如果说上位的教学目标还有调整余地，那么课时体育教学目标要求在时间上要有比较准确的计算，即制定的目标要能在45分钟的时间内完成。

②要有“条件”的观点：课时体育教学目标的实现直接受到教学条件的影响，如教学班的人数、器材数量和质量都与课时目标的制订有直接的关系。

③要有全面的观点：课堂教学主要是围绕着技能教学和身体锻炼进行的，但也必须注意其他方面的教学目标，制订的课时体育教学目标要有全面性。

④目标要具体、清晰：课时体育教学目标要清晰地说明“课题”“条件”和“标准”三个表示目标结构的内容，使课时目标具体而清晰。

（三）制订课时体育教学目标的步骤

①认真研究能代表“学好篮球的‘三打二’的进攻”的技术细节及其评价标准，制订出更为细致的目标。

②认真研究“篮球的‘三打二’”教学过程中所具有的某些教育因素，制订出适量的符合该课时教学的道德教育或行为教育目标。

③认真研究“篮球的‘三打二’”教学过程中所具有的某些锻炼因素，制订出适量的符合该课时教学的体能锻炼目标。

④认真研究“篮球的‘三打二’”教学过程中所具有的某些认知因素，制订出适量的符合该课时教学的知识学习和认知目标。

第三节　人文精神视阈下高校体育教学目标的构建

一、发展学生个性，健全学生人格

著名的教育家保尔·朗格朗曾经指出：“应更好地使体育和整体的终身教育结合起来，把它从单纯的肌肉作用、从它与文化隔离的状态中解放出来，把它与智力的、道德的、艺术的、社会的和公民的活动等更紧密地结合起来”。历史的长河奔流至今天，人类对体育的审视从生物物理、教育社会逐步演进到了文化艺术的阶段，体育已经深入到人类生存和发展价值意义的层面。因此，未来我国高等体育的教育目标必然洋溢着科学理性与人文精神，让每一位学生的个性获得充分发展，人格得以健全，最终成为一个完整的人。

个性在心理学上，指个人稳定的心理特征的总和，包括性格、能力、气质、兴趣、爱好、经验、行动等。处于各学习阶段的学生，无论从小学到中学直至大学，其身体发育逐渐成熟，个性也随着身体发育的成熟基本定型。升入大学的青年学生，由于面临学习、恋爱和毕业分配等实际问题，将会引起兴趣、动机、情绪、行为的重大改变，原有的个性还会重新加以塑造。所以，在整个学生阶段，个性的塑造伴随左右。

（一）对体育教学的思考

现代社会的发展对人的教育提出了新的要求，全面推行素质教育是“科教兴国”的战略举措。体育作为教育的一个重要组成部分，应该在学生的身心素质教育方面发挥其重要的作用。我国的体育教学始终在单纯传授体育技能和身体锻炼方法的层次上探索，忽视对学生进行人格精神的教育。当然，体育教学离不开传授体育技能和锻炼方法，这一点毋庸置疑。但是，体育教学应着眼于人的全面教育和全面发展。充分挖掘奥林匹克文化中的体育人文精神，使之融入体育教学中，提高体育教学的质量，在素质教育中发挥它应有的独特的功能，是体育教学的一个思考点。

任何一门学科教育，当它仅仅停留在技术层面时，它是低级的、不成熟的。当它进入到人的精神层面，影响到人的精神行为时，它才具有更高的社会意义和文化价值。中外的教育家们都非常重视体育的教育功能，始终把体育作为经验的重要组成部分，其中重要的因素就是体育对人的身心的教育和影响是独特的，是其他学科所无法替代的。从体育的本质来看，“体育之所以存在，最基本的前提是对人的肯定，是追求人的价值和认得权利过程，是发展完善人的肉体和精神的过程，承认人的肉体的存在的合理性，体现现实生活的乐趣、自由和幸福，培养积极进取的精神、高尚的道德和时代气质。”体育教学的最高层次是要通过体育精神的教育，对学生的心理、意识和行为进行潜移默化的影响，塑造学生积极健康的人格精神。这是学生身心素质的重要环节，也是深化体育教学改革的重要课题。

良好个性包括很多方面，概括讲，表现在自觉性、果断性、自制力和坚韧性等方面。良好个性有以下特点：能够虚心听取别人提出的意见和建议，能够坚持真理；遇到困难、挫折、失败的时候，不逃避、不灰心丧气，能积极奋斗，争取胜利；在突遇紧急情况的时候能够保持清醒的头脑，当机立断做出自己的决定。一个人的个性正是在不断变化的复杂环境中逐渐形成的，也正是在家庭、社会、学校的正确教育引导下，学生才具有了良好的个性。

（二）体育教学对个性发展方向的影响

个性具有一定的心理倾向性，对客观事物的认识总是抱着一定的态度，产生各种情感，而情感是人的需要是否获得满足的内心体验。人生于世，各有需要，需要与动机、情绪与情感、意志与行动以及人的认识过程等构成了个性心理活动的全貌。体育以其独特的形式和特点，从不同方面对学生身体和心理产生影响，通过心理支配肌体运动，又通过肌体运动强化心理承受力。所以，教师在指导学生进行体育锻炼时，教师的表扬和委婉的批评都会对学生产生积极的影响。学生注意力集中、观察细致、练习认真、动作表象建立快，都与教学方法和教师正确引导相关。学生意识中间产生的联想和对自己动作的正确评价，是将教师的指示变成了指导自己行动的模式，不由自主地去“对号入座”，从而促进了学习，有利于良好个性的形成。

1. 体育对自觉性的影响

一个有着自觉性的人是深受欢迎的，这种人在工作中能够积极做好本职工作，不避重就轻，不依赖别人，不推卸责任，不管领导在与不在都能认真负责地工作。从事体育锻炼必须有明确的锻炼目的，才能调动和提高锻炼的自觉性和积极性，一个人要获得一个健康的身体，就必须要有高度的锻炼自觉性。学生参加体育锻炼的目的，一是娱乐，二是强身健体，三是完成教师布置的锻炼任务。不论其动机如何，都必须有一个支配自己行动的自觉性。在教学过程中，教师指导学生最主要的一个原则就是自觉积极性原则，强调的就是锻炼的自觉性。这种锻炼的自觉性随着时间的增加，很自然地就会转化为一个人工作中的自觉习惯，将形成守时、抗干扰的稳定的心理特征。因此，体育锻炼对人的自觉性影响是非常明显的。

2. 体育对自制力的影响

有自制力的人善于控制自己的情感。在遇到挫折与失败的时候，自制力强的人不为失败所吓倒，保持清醒的头脑，认真总结经验，以最大的毅力去克服困难。有自制力的人善于控制自己和约束自己，对于别人的误会或不礼貌的言行能够忍让、节制，不计较个人得失。体育锻炼内容非常丰富，其中有很多是在集体配合或与对方的对抗中进行的，带有规则约束的项目本身，就对参与的人形或了许多限制，对于在比赛或练习中受到的侵犯都必须承受下来，否则就违反了规则的规定，将受到规则的处罚。通过参加这样的体育锻炼，人的自制力会受到挑战，经过不断的磨炼，会增强参与者的自制力，使参与者在活动中得到锻炼。

3. 体育对果断性的影响

具有果断性的人在紧急的情况下善于立刻采取坚决的措施，善于抓时机，并能耐心等待最佳时机出现，决不匆忙行事、急躁误事。而缺乏果断性的人常常表现为优柔寡断、犹豫不决、顾虑重重，使大好机会丧失，或者是急躁、草率，最后导致失败。经常参加体育锻炼的人能够表现出果断的个性，竞争中对各种突出表现的情况都需要迅速、果断地做出反应，在争取比赛胜利的过程中，对人的果断性的锻炼是比较突出的。可以说，体育对人的果断性的培养创造了一个得天独厚的环境，学生在这样的环境里能较大程度地提高果断性，成为一名敢于向困难挑战的强者。

4. 体育对坚韧性的影响

自制力是克服内心的障碍而产生的，坚韧性则是针对外部困难而体现出来的。对于忍受短暂的痛苦，一般人是容易做到的，但是当痛苦旷日持久地持续下去时，就不是每个人都能成为意志坚强者。以体育锻炼中的中长跑为例，对于学生，特别是绝大多数女同学来说，这是个“难关”，因为在练习中往往会出现头晕、胸闷、呼吸困难等生理症状。娇生惯养的学生不愿在练习时付出艰苦的努力，缺乏克服困难的信心，练习中消极应付，意志得不到锻炼，对坚韧性的培养更无从谈起。但是，如果教师能够严格要求，有意识地去培养，提高他们的认识，发挥其主观能动性，坚韧不拔的意志品质是可以塑造的。

二、挖掘奥林匹克精神的财富与价值

人文精神教育在高校体育的发展中作为一种统摄的力量，对高校体育的发展产生了巨大的影响。高校体育作为文化传承的载体，应该在世界文化的脉络中找到自己的位置。众所周知，人类对自身文化属性的艰辛求索，始终折射着体育的社会价值目标与精神追求。“更高、更快、更强”的格言，一直激励着全世界的青年去拼搏、去奋斗。如今，这种精神已经成为全世界共同的财富。毫无疑问，21 世纪的中国高校体育将始终贯穿奥林匹克的价值目标与精神财富，依托科学精神与人文精神的融合，锻造一代代体格健壮、意志坚强、充满自信的青年，不断推动人类文明、和平与进步的车轮向前进。

（一）在体育教学中开展奥林匹克教育的背景

1. 情感态度与价值观是新课程体育教学目标的重要组成部分

体育教学中的三维教学目标为知识与技能、过程与方法、情感态度与价值观，由此可见，情感态度与价值观如同知识与技能是体育与健康课程不可缺少的重要组成部分。新课程标准提出：“改变课程过于注重知识传授的倾向，强调形成积极主动的学习态度，使获得基础知识与基本技能的过程同时成为学会学习和形成正确价值砚的过程”，更突出了情感态度与价值观的重要性。在体育教学中最该关注学生的身心感受，丰富学生情感发展，关注学生的内心世界，促进学生形成健康的个性，培养学生积极的情感、态度和正确的价值观，注重知识与能力、过程与方法的相互交融和相互渗透，实现学生的全面发展。

人的情感总会在一定的情境中产生，利于学习的环境氛围总能带来好的学习效果，教学质量亦如此。知识与技能的教授需要设计相应合理的教学方法和手段，结合一定的教学环节形成某种教学模式，而良好的教学情境能促进这一过程的效果达成。体育教学环境和过程特殊，更需要注意学生的情感体验。积极的、肯定的因素能促进机体潜能的发挥，促进学生形成追求健康的运动价值观目标，实现体育教学目标。

2. 奥林匹克精神与学校体育理念的高度契合

顾拜旦和奥林匹克运动的先驱者们在创立奥林匹克运动之始便极力主张培养身心和谐发展的人，他们期望通过运动来集合世界各地的人们，在节日般融洽的氛围里来分享各地文化，推广奥运精神，进而建立和平美好的世界。他相信，运动可以为全人类的整体发展提供一个平台。奥林匹克精神中所描述的教育理想不仅仅是通过体育运动使人得到肢体上的健康与发达，更主要的是人在身体、心理和精神上的和谐统一。

奥林匹克教育能为体育教学营造一种良好的氛围，在这种积极氛围的感染下引导和鼓励青少年积极参与体育运动。通过奥运会的申办、奥林匹克圣火的点燃传递活动、奥运会的开幕式和闭幕式大型文艺活动表演等教育资源，增加学生对他人和社会的理解。在赛场里，通过运动规则、参赛资格和纪律等懂得公平竞争，尊重不阿的文化背景、不同的运动成绩。以理解为基础，在相互尊重、友好相处的条件下公平竞争，达到共同提高和发展的目的，在尊重和理解中展现自我、提升自我，积极地贡献社会。作为实现全面发展现代教育的重要环节，学校体育教学的目标定位非常明确：关心学生的身体健康、心理健康，培养学生的运动参与、社会适应能力，使学生形成健康的生活方式和积极进取的生活态度。从奥林匹克运动的教育本质讲，两者在一定程度上达成契合。

（二）奥林匹克理念与体育教学融合的新思路

纵观情感态度与价值观目标的内容体系可以发现，新课标着重从四个方面来期望和要求。他们分别是：关乎个人内心品质的态度和价值观；关乎人际关系的情感态度和价值观；个人与周围世界关系的情感态度和价值观；社会正义感和公德意识的情感态度和价值观。

通过体育学习和运动参与，可以促使学生在体验的过程中，潜移默化地接受奥林匹克精神的影响，促使学生在理解和相互尊重的基础上更好地与他人合作，增进友谊、团结和公平。通过总结和提炼，体育教学应该培养学生以下品质。

①为个人健康培养一个积极负责任的态度。内容包括热情乐观、独立自信、严谨求实、健康高雅、持之以恒五个维度。

②培养学生尊重他人权利的品质。例如，承认能力差异、承认自我与他人生存和发展的相互依赖关系；接受不同观点；宽容和胸襟开阔。

③培养学生照顾和关心自己所在的集体和环境的品质。内容包括关心集体、关切社会、热爱祖国、团结合作、积极进取、崇尚科学、珍爱自然。

④有社会正义感和社会公德意识。表现出追求自由与正义、尊重宗教和文化的多样性、积极参与民主生活、维护权利与法的尊严，为共同的利益而努力。

体育教学中教师应该充分理解奥林匹克理念的内涵，将奥林匹克运动所传递的态度和价值观融合到情感态度和价值观教学的各个方面，在参与中拓展学生对运动的理解，在互动中学习正确的态度和价值观，在共享的氛围中培养积极的社会态度、价值观和行为模式. 从而通过体育教学实现奥林匹克精神的目标。

（三）态度与价值观教学实施应用

在课程设计中，教师可以根据《体育与健康课程标准》的指导，合理地设计教学内容：通过课前备课，搜集一些关于学生当前与运动相关的态度和价值观的信息，关注文化差异、性别差异等，在师生的共同参与中设计学习任务；良好的学习环境是实施情感、态度和价值观教育的前提，良好的学习环境应该是让学习者感觉在一个积极的、被支持的环境里学习。体育教学是奥林匹克教育的重要载体之一，但大多传统的教学方式不利于奥林匹克态度和价值观的实施。通过查阅大量文献资料，根据国际体育教学的发展趋势和情感态度、价值观课程实施要求，选取了有利于课程实施的教学模式、方法供参考，如：探究式教学、合作学习和体验式教学模式等。探究式教学是以学生的思考为核心，使学生达到更高层次的自我知识建构，促进自我的发展，可采用探究式教学模式；合作学习能给学生提供更多的表现和相互交流的机会，可以促进学生交往能力的提高；体验式教学模式通过创造生动有趣的体育教学情境让学生在探索和体验中提升运动能力，感受不同的文化，培养他们照顾和关心社会和环境的品质。研究证明，运动中的角色扮演和批判性思维教学在培养学生正义感、公德意识方面能起到更好的作用。

情感态度和价值观课程资源丰富多样，部分内容可以选取为一个独立的教学内容，而一些则需要和其他教学内容相联系，一些隐蔽课程资源需要以显性课程资源为载体。教师应该根据自己的教学经验来安排，调查和运用一系列与价值观相关的模式、方法和过程进行教学，以达到最大限度满足学生学习目的的要求。

三、育人和发展文化并重

作为标志人类文明进步的重要内容，高校体育一直面临着一系列的文化抉择，有着不少难以被某一时代背景所统摄的文化惯性。社会在前进，理念在更新。21 世纪的人类面临着自然、社会和人三个作用对象，分别形成自身的物质制度和精神文化，其目标指向分别为求真、向善、趋美，代表着人类自在、自为、自由三个螺旋式上升境界，从而构成人类文化的总体内容与目标指向。作为以身体练习和人格发展为基点的高校体育教育，必然要融入全球教育改革的浪潮中，与新世纪的人文精神、社会制度、自然环境发生普遍而深刻的联系。因此，以人文教育为核心而培育人才和发展文化将是我国高校体育未来最重要的教育目标。

（一）学校体育育人的功能与效应

学校体育在当前教改战略方针的正确指引下，除了应向学生传授知识、技术并增强体质外，还要把道德品质教育、终身体育思想教育、美育教育贯穿始终，发挥其特殊的育人作用。

学校体育，就其目的、任务的特殊性而言，不同于大众体育和竞技体育。它突出的特点就是其本身所具有的特殊的教育属性。就我国教育方针而言，在学校整个教育体系中，体育并不单独存在，而属于德、智、体、美、劳五育有机联系的整体中不可缺少的一个重要组成部分。马克思早就指出："未来的教育对所有已满一定年龄的儿童来说，就是生产劳动同智育和体育相结合，它不仅是提高社会生产的一种方法，而且是造就全面发展人才所不可缺少的"。这就是说，体育同学校的其他教育一样，是培养全面发展人才的重要手段。

随着科学技术的发展以及新型学科在各领域的广泛运用，要求现代社会培养大批新型优质人才。因此，现代社会新教育的发展，对学校体育赋予新的历史使命。遵照邓小平同志对教育战线提出的"面向现代化，面向未来，面向世界"的要求，我们要从学校教育的任务以及适应未来的需要去考虑学校体育教育的任务，即体育教育除了向学生传授体育的知识、技术以及增强他们的体质外，还要把道德品质教育、终身体育思想教育、美育教育贯穿始终，把育人放在首位。

1. 体育中的道德品质教育

体育是一种行动的教育。通过体育过程中的行为表现，有利于培养学生的组织性、纪律性、集体主义等道德品质。在体育活动中，常常要求克服困难、勇敢奋斗，这有利于培养勇敢、坚毅、果断、机智等意志。这些道德品质和意志，在体育的实际活动中，比在教室里的学习中更容易表现出来，教师针对学生的种种表现及时向学生进行教育，其效果比其他课程更实际。因此，许多国家在制定学校体育目的任务时，都提到注意发挥体育的教育作用，对学生进行道德品质教育。原苏共中央和部长会议的决议（1966 年）曾指出："体育是形成人的道德和精神面貌的积极社会手段，促进人的全面协调发展……"美国确认"学校体育是一种潜力巨大的教育力量"。芬兰提出"体育在道德和社会教育方面，能培养与社会接触的能力，为他人着想、为人正派的品质"。新西兰也十分重视学校体育的教育性，提出"体育不单限于身体的（范畴），而且在教育的范畴内把它作为更广泛的教育手段有效地利用，体育不仅以肌肉发达为目的，更广泛的目的是使学生在体育活动中和他人比较，学习互相指导、互相帮助，赞扬对手的成功，获得自由支配身体的喜悦……体育不仅有助于孩子们的健康，而且在更广泛更全面的教育过程中占有一定位置"。尽管各个国家的社会情况不尽相同，带有不同阶级的政治色彩和意识形态，但都一致确认体育的教育因素，重视通过体育培养年轻一代的道德品质。

2. 体育中的终身体育思想教育

由于体育已逐步成为现代社会生活中不可缺少的组成部分，成为人们度过余暇时间的重要内容。因此，人们对于掌握体育的基本知识、技术和技能赋予新的意义，提出更高的要求，即不仅在体育课上学习和运用，而且强调进行课余时间的体育活动。这样就要求学生更好地掌握锻炼身体的理论和方法，培养学生具有参加体育运动的能力和正确的态度。

不少国家对此也提出了相同的看法。英国提出"养成用积极、快乐的态度渡过余暇"；美国提出"发展有益的而且有生气的身体娱乐活动是当代社会的需要"；日本提出"培养和树立学生一生能够继续参加运动实践的能力和态度"。

体育的终身受益的任务，还要强调对学生掌握实用能力的教育，要重视多种能力的培养。比如：指挥队列的能力、组织小型体育活动的能力、体育竞赛的基本裁判能力、处置简单的运动损伤的能力，以及指导他人参加体育实践的能力等。学校体育是社会体育的基础，学生在学校所受到的体育教育，将会延续到社会。学生步入社会后将从事各种职业，健康的体魄将为他们发挥自己的聪明才智、贡献于社会打下物质基础，而他们所掌握的体育知识也为事业的成功和开展社会交往创造了条件。

3. 体育中的美育教育

美育是培养学生审美观点和良好姿态的教育过程。由于体育运动本身的特点，可以在体育教学和其他活动中进行丰富多彩、形式多样的美育。各国正是从这一观点出发，从不同角度将美育列入学校体育的目的任务之中。芬兰明确提出"体育可以为美育提供可能性"；新西兰提出学校体育目的之一就是"帮助学生能轻快、优美地进行运动"；英国关于学校体育的目标中列有"美的理解"的内容；原苏联提出培养学生"正确的身体姿势，外表整洁，举止端庄"，并且强调身体发展在美学方面的重要性，"从古代人体美的形象开始，就列入了人类美学概念中，不懂得协调发展的肌体和健康，就不能理解人体的内在美"。不少国家愈来愈重视利用体育中的美育因素培养学生理解美、欣赏美、表现美的能力。美育在人的正常发展中是不可缺少的，美育是辅助个性全面发展的重要方法。

美育与体育相互联结，有一定比例的交叉重叠关系。体育中渗透着大量的美育因素。学生在体育教学和体育活动中可以感受和意识到三方面的美的现象。从身体角度可以意识到身体线条美、匀称美、健康美、肤色美等；从运动角度可以感受和意识到形态美、跃动美、韵律美、和谐美、敏捷美、柔韧美、力量美等；从行为角度可以感受和意识到协作美、结构美、道德美、忍耐美、热情美、纯朴、机智美等。更重要的是，运动者在运动中可以在身体和精神上得到满足和充实，感受到享受美。

当然，美的教育应是有意识的、潜移默化的。首先，体育教育工作者应该培养自己对现实中美的感受、判断和评价的能力，研究美感的生理、心理基础和社会根源，从科学的意义上懂得美，懂得审美意识。这样才能以高尚健康的美育贯穿于体育之中，帮助我们的下一代具有美的情感，更好地认识世界和认识生活。其次，体育教师要注意自己的形象，除了应以自己语言的优美、行动的高雅、生活的朴实、衣着的整洁、思想的进步、作风的正派，给学生以美好的感受外，还应在上课的示范中特别注意。最后，应注意结合体育教学对学生进行美的教育，讲授一些基础的美学知识，帮助学生建立正确的审美观，并在示范动作准确的前提下，力求把动作做的轻松、优美，达到能吸引学生在运动中尝试美的内在体验和自觉的审美意识，并将内心体验的美和外形观察的美结合起来。体育教育中除了贯穿着上述三个方向的教育外，还包含了卫生教育、文化娱乐教育等，这些教育与体育本身为培养全面发展的人、塑造新型人才打下良好基础。教书育人是当前教改的重要方向，也是时代赋予我们新的使命。作为学校教育重要组成部分的体育，应以它特有的教育环境、教育方法、教育规律和教育效果，发挥育人的作用。

（二）体育课程与体育教学理论建设的文化价值观

体育课程与教学，作为学校体育教育的核心工程，是体育教育思想和体育教育制度的具体表现，是保证学校体育教育质量的重要措施，是实现体育教育目标的基本途径。我国学校体育课程与体育教学理论构建主要源于对西方的学习，这是我国体育课程与体育教学自身不成熟的必然要求，但在客观上也有力地促进了我国体育课程与体育教学理论的快速发展。在我国体育课程与体育教学理论体系基本形成的今天，是仰西方体育教育理论界的鼻息，还是立足于现代体育教育的高度，依据我国体育教育实践的发展，构建有中国特色的现代化体育课程与体育教学改革的理论体系，有待我国体育教育理论者深思。众所周知，决定教育的深层次因素之一的民族文化和思维模式，特别是基本社会价值观，我国与西方有很大差异。在当前我国体育教育理论界仍然热衷于复制西方理论的情况下，我国体育教育理论与实践脱节的情况一直不能得到根本好转。我们不得不从历史、现实与理论三个维度，从哲学、心理学、社会学、文化学和信息技术学等不同视角认真反思，把握我国体育课程与体育教学研究的发展趋势，真正促进我国学校体育课程与体育教学改革的创新、发展。

1. 文化视角的体育课程

（1）体育课程与体育教学目标价值取向的人文观

体育课程与体育教学的理论发展，首要的问题是目标的定位。由于历史和文化的原因，在体育课程与体育教学发展社会价值取向与个体价值观取向的论中，我国长期以来居核心和主体地位的是工具理性论，即强调基本知识、基本技术、基本技能专精化和窄化，过分强调生物功能改变的形式化，主要表现在：从“三基”出发，着眼于教学组织形式逻辑上的严密，重视形成竞技体育教学系统，忽视从学生健康、体能发展和情绪体验出发，忽视学生认识体育科学事实与现象的能力；过分强调体育学科的地位作用，忽视体育学科体系结构整体的综合功能；片面强调体育知识的全面性、系统性和基础性，忽视对学生身心健康发展的作用；片面强调运动技能方面的训练，忽视人文精神、文化素养的陶冶。也就是说，没有把人格的完美发展作为体育课程建设与体育教学实施的重要目标。

(2) 体育课程结构与体育教学形式的文化观

根据中国经济、文化、教育、体育发展极不平衡与区域性发展的特点，尝试构建与中国社会现代化发展和市场经济体制发展相适应的体育课程结构体制，从而突破长期以来计划经济体制下形成的大一统课程结构体制的局限。这不仅涉及突破时空局限形成立体的发展性课程结构体系，从而体现课程结构的灵活性、多样性和选择性；而且涉及如何依据体育学科发展的新成果不断调节和完善课程结构，从而使体育课程结构成为一个开放的、不断生成发展的系统。这就是说，我们要针对现实对体育课程与体育教学的要求，重新评估体育课程与体育教学在人的发展中的作用；研究体育课程与体育教学改革进一步深化给我国学校体育教育带来的影响；在体育教学条件有差距的情况下，如何尽可能保证体育教学质量的均衡发展；研究制定体育教师的素质标准；研究提高体育教师水平的策略；研究学生的实际情况与体育学习的策略；研究我国各级各类学校体育办学条件的基本标准；研究体育课程与体育教学中涉及的人文因素。这些是我们体育教育工作者义不容辞的责任。

(3) 体育课程与体育教学内容选择与建构的文化观

应该说，该问题的探讨成为近年来研究的重点和热点。主要涉及：关于体育课程与体育教学的基础问题，关于体育课程与体育教学面向生活实际的问题，关于体育课程与体育教学的健康教育问题，关于体育教育与人文教育的结合与双向拓展问题，以及体育课程和综合（整合）问题。所以，我们要认识学生的生活世界是课程选择的基本范围，运动技能、健康成长、情绪表现、能力的培养是课程的基本内容，这两点又体现课程的实施和运作方式，三位一体，相互依存，共同作为体育课程内容选择与建构体系的研究领域。特别是，学者们从体育课程哲学角度，从新的健康观、从社会价值观、从传统人文观及先进文化的创造观对体育课程问题进行审视和反思，通过体育课程知识和重新定位，使体育课程与体育教学回归个体精神自由，体现了体育课程与教学研究的价值反思与人文化倾向。

(4) 体育课程与体育教学的文化建设

在体育课程与体育教学文化建设方面，首先将学校体育课程文化定位于按照一定社会对下一代获得社会生存能力的要求，对人类文化的选择、整理和提炼而形成的一种体育课程观念和课程活动形态。也就是说，将体育课程文化作为现代学校文化的重要内容，作为学校体育教育活动的生存方式，从而从理念和活动形态来加以把握。其次是体育课程文化的内涵、特点问题，即关于体育课程文化的存在形式、存在形态问题，形成了在课程目标、课程内容及课程实施三个层面的分析框架。在课程目标上，凸显为多元化的课程目标价值取向；在课程内容上，借助于学科课程的文化价值和精神财富，把蕴涵在学科知识技能中的价值观、审美情趣、思维方式和行为规范等加以挖掘和提升，结合不同学科特点，在差异中寻找共同的标志性话语，这是在深层次上对文化价值定位；在课程实施上，体现为参与、合作、理解、体验等标志的课程实施文化。

(5) 体育课程与体育教学策略的文化观

构建体现发展性的体育教学活动实施方式的核心问题是体育学习观问题。重新界定“体育学习”的概念，揭示体育学习过程的基本结构与要素，重点阐明现代体育学习的自主性、选择性、实践性、社会性、人文性与创新性，从而揭示学生体育学习与发展的真实过程。正是基于“在活动、实践基础上，通过交往促进学生发展”这一基本思路，形成了不同的体育教学活动方式，从而使体育教学活动体现出以“参与、合作、体验、探究”为特征的发展性特点。

（6）体育课程与体育教学发展的教育技术的文化支撑

现代教育技术的开发，对体育课程与体育教学产生了重大的影响，导致了体育教学活动的时间和空间的变化，信息化、数字化学习资源和教学资源等课程资源的开发，促进了网络学习、虚拟学习、弹性学习、远程学习等新的学习方式的出现。人们开始思考从多媒体技术的应用层面、工具功能层面提升出更上位的体育课程开发与体育教学的问题。以计算机和网络为核心的现代教育技术的发展，不仅促进体育课程开发和提高体育课堂教学效率，更重要的是影响体育课程人文资源的开发，促成体育学习方式的变革，以及探索在体育课程开发和体育教学研究方面的方法论意义。

（7）体育课程与体育教学研究方法的文化观

学校教育的现代化发展取决于研究方法的科学化。我们要研究学生的体能、健康、文化生存环境，体育教育的教与学的方式，学生身心健康能否获得真正的发展，这是体育课程与体育教学应研究的主题；突破单纯的体育学科局限，注重体育教学的文化性，是体育课程与体育教学发展应具有的理论视野；体育课程与体育教学的思维方式，应从主客观二元论思维方式，即“实体思维”转向主体间的关系思维，并由此带动体育课程与体育教学理论视野的拓展、理论基础的转移、研究方法的转换以及体育课程与体育教学理论的变化。

2. 东西方教育文化的差异

（1）东西方体育教育的差异是文化差异

马克斯·韦伯说过：“如果我们能从经济发展中学到什么，那就是文化会使局面几乎完全不一样”。转换到体育教育层面，此结论同样准确。不可否认，我国的文化特点与强调个人主义的西方文化有很大差异，我国的体育教育，也习惯上强调明确、系统和社会本位。部分中国学者在以西方个体本位为基点的教育理论的检视下，认为中国教育问题多是其思维内在逻辑的必然结果，但此结论并不具有客观理性。中国学生创新能力不高的真正原因，并不是基于西方价值观的教育理论所推论出的重视书本知识和忽视学生个体的结论，而是中国学生实践操作和动手机会不多的缘故。

（2）西方价值观在我国体育理论界的霸权现象值得忧虑

客观地看，我国经济高速发展很重要的一点是基于社会本位价值观的稳定和团队主义，即中国文化重视秩序和纪律。为确保我国社会稳定和谐发展，中国的教育基点必须是强调社会本位、秩序、纪律的社会主义价值观，中国教育改革的首要取向也必须是理性和稳定，而不是多元和个人主义。

3. 本土文化的体育课程与体育教学理论的构建

当前，我国体育教育界因为长期地机械复制西方的理论，体育教育理论界的创新精神远远不能满足我国体育实践的客观需要。中华民族复兴的伟大时代呼唤勇敢的“中国体育教育学者”出现。“中国体育教育学者”必须基于中国的体育教育现状、文化传统和社会主义价值观，构建符合中国体育教育实践需要的科学的体育课程与体育教学理论体系，提高体育教育质量、发展体育教育、增强青少年学生的体质和健康、推进社会和谐发展。必须依托课程与教学改革的理论与实践，整合我国体育课程与体育教学研究的优势，对我国体育课程与体育教学改革中重大现实问题进行理性思考与实践探索，并以国际视野把握世界体育课程与体育教学发展的新动向。通过对21世纪我国体育课程与体育教学改革文化价值观的探索，促成我国体育课程与体育教学论学科建设，并为国家体育课程与体育教学改革提供理论依据与政策建议。

第五章 人文精神视阈下高校体育教学原则的制定

第一节 体育教学原则的内涵与发展

一、体育教学原则的内涵

在探讨体育教学原则前，首先应明确与体育教学原则有关的几个概念。所谓原则，就是指人们说话办事依据的准则和标准。教学原则，就是依据教学过程的客观规律制定的教学工作必须遵循的基本准则和基本要求。教学原则来源于人们在教学实践中对教学客观规律的认识，它体现了人们对教与学的发展过程中反映出来的客观规律认识的深刻程度。

教学规律是第一性的东西，是不以人们意志为转移的客观存在，是教学过程中固有的、本质的、必然的、内在的联系。人们只能发现它、掌握它、利用它，不能违背它、改变它或人为地创造它，只能在教学的实践中不断地认识它。教学原则是第二性的东西，它是人们根据对教学过程规律而制定的，为搞好教学工作必须遵循的基本要求，是主观对客观的反映，因而有正确与错误之分，但也不一定属于正误之分；有的可能比较全面，有的则有片面性；有的比较积极，有的则比较保守。它可以随着教学实践的发展变化而变化。教学原则是根据教学规律而制定的教学基本准则，只有教学原则正确地反映了教学规律，教师在教学中又很好好贯彻了教学原则教学才能取得好成效。从这个意义上讲，教学原则和教学规律是一致的，它们对教学实践具有指导意义。教学规律提示教学过程中的“必然”教学原则是回答教学工作的“必然”，两者都很重要。

体育教学原则是体育教学工作必须遵循的基本要求和准则，是长期体育教学实践经验的概括和总结，是体育教学过程客观规律的反映。体育教学原则反映了体育教学客观规律，它是建立在人们认识规律的基础上，对长期体育教学经验进行的概括和总结。体育教学原则反映了体育教学过程中教与学双边活动的规律，使体育教学规律在教与学的具体活动中得到体现。体育教学原则作为体育教学工作的指导原理和要求，对体育教学工作具有指导作用。它在一定程度上具体决定着教学内容的安排、教学方法的选择和教学组织形式的运用。所以，正确地理解和贯彻体育教学原则，能使教师进一步掌握和运用体育教学过程中的客观规律，对明确教学目的、选择与安排好教学内容、正确地运用教学方法、提高教学效果、加速体育教学进程、完成体育教学任务具有重要意义。

实践证明，一名体育教师的教学质量高低，总是自觉或不自觉地符合正确的体育教学原则。反之，教学质量差，也总是在不同程度上违反了正确的体育教学原则，即教学质量的高低总是与在教学中能否正确地运用体育教学原则有密切的关系。

二、体育教学原则的历史演变

（一）引证借助与经验总结时期（1949年以前）

20世纪20年代，美国实用主义教育思想和自然主义教育思想对中国的教育产生了深刻的影响，我国体育理论学者受到美国教育家、心理学家、体育专家提出的“自然适应性”“实用主义教学观”影响较大，如陈泳声先生所著《体育概论》中，曾阐述了体育教学原则。提出在体育教学中要有兴趣，要适应年龄，要适应学校环境，要适合国情，应多采用自然活动。要适应气候，切合实际，应分等级。可见，早期的体育教学原则受“自然适应性”的教学观影响很大。

王学政编著的《体育概论》所提出的教学原则，基本依据美国心理学家、教育家桑代克的“学习与教学方面的根本规律”，即准备律—练习律—效果律。在这本书中作者对体育教学原则作了如下阐述：①按照准备律：任何活动之教学，首先要引起动机，启发学习该活动之意向。②按照练习律：练习不可间断，并须有规律，练习时须认真出力，勿敷衍行事。③根据效果律：欲使学生长久练习一种活动，而不厌倦每次练习，均须能引起满足之感觉，而欲引起满足兴趣则至关重要。④按照学习律：学习的程序包括准备、练习、与效果之产生，从而达到学习目的。

20世纪30至40年代，我国体育教学受到资产阶级教育家、心理学家提出的“自然适应性”“实用主义教学观”影响较大，能够引证或借助于当时自然科学、心理学研究的发展成果对体育教学原则进行论证，这无疑是教学原则研究的一大进步。同时我们可以看出，这种认识实质上仍然没有超出经验总结或经验结晶的水平，对教学客观规律的概括水平还比较落后，这些教学理论与观点，因阶级与历史的局限，还不能全面提示体育教学的基本规律，提出正确的体育教学原则。它从一个侧面反映了近代体育教学研究中，人们对教学规律、教学原则、教学要求之间的界限尚不很清晰，从而导致对教学过程中基本矛盾划分的基础或采取的标准多种多样，提出或建立体育教学原则的着眼点各不相同，但是其中也有许多可以借鉴和继承的，对研究和发展我国体育教学原则有重要的参考价值。

（二）学习借鉴与引进时期（1949—1965年）

20世纪50年代以来，我国主要学习与借鉴苏联的体育教育理论。苏联体育理论家依·格·凯里舍夫、格·依·库库什金、科里亚科索夫斯基的体育教育理论在体育界与学术界影响深远，体育教学原则基本形成了体系。

苏联依·格·凯里舍夫主编的《苏联体育教育理论》（1955年版）提出的体育教学原则体系由五项原则组成：①自觉积极性原则；②直观性原则；③系统性和连贯性原则；④可接受性原则；⑤巩固性原则。

格·依·库库什金在其主编的《体育教学理论》（1955年版）中他提出了七项体育教学原则：①教育性原则；②系统性原则；③直观性原则；④自觉性原则；⑤积极性原则；⑥可接性原则；⑦巩固性原则。

科里亚科索夫斯主编的《体育理论》（1958年版）提出苏联教学的基本原则包括：①自觉性和积极性原则；②直观性原则；③系统性原则；④可接受性原则；⑤巩固性原则。苏联体育教学原则理论体系主要受凯洛夫教育理论的影响，是通过对教学过程的实质、因素以及教学对象的分析提出的，比较注重教师在教学中的作用，偏重于教学过程中对学生的知识和技能的传授，苏联体育教学原则思想和体系对中国20世纪50至60年代的体育教学产生过极大影响。

我国20世纪60年代自编了《体育理论》教材。由教育部编审的体育学院本科教材，提出了教学与训练原则，内容如下：①从对象的具体情况（特别是身体条件）出发原则；②直观与思维相结合原则；③身体全面训练原则；④系统性原则；⑤合理运用运动量原则；⑥训练的长期性和周期性原则。

1963年教育部编审的体育中专《体育理论》教材中，提出了七项教学原则：①自觉积极性原则；②直观性原则；③从学生实际出发原则；④循序渐进原则；⑤身体全面锻炼原则；⑥合理运用运动量原则；⑦巩固提高原则。

上述这些原则较之20世纪50年代的体育教学原则体系有了很大的发展，在学生的主动性和能力培养方面有所重视，对指导体育教学工作起到了重要的历史作用。但是，受生物体育观的影响，学校体育教学注重的是学生体质的增强与体育技能的培养，加之受苏联教学思想和体育教育理论的影响，我国体育教学原则思想和体系表现出明显的移植现象，从上述体育教学原则内容的对比中可以看出，这时期我国体育教学原则还没有形成具有中国特色的原则体系，其中不乏原文引用，移植现象十分明显，也反映了当时教学原则体系重体质、重技能的特点。而对体育教学原则的阐述、确立是根据体育教学实践经验以及教育学中的有关的原则中引出来的，因而这些体育教学原则难以全面，准确地反映体育教学的客观规律，对体育教学原则的论述往往带有一种比较片面和比较零散的特点。

（三）停滞与发展断裂时期（1966—1978年）

1966～1978年，我国教育事业完全陷入了停滞状态。这一阶段对体育教学原则的研究处于空白区，形成发展上的断裂。

（四）改革开放与探索发展时期（1979—1989年）

20世纪80年代以后，我国体育理论界开始致力于探索具有中国特色的体育教学原则体系，但没有形成统一认识，出现多种体系并存的现象。主要代表观点有：

1981年体育院、系教材编审委员会编写的《体育理论》教材中，提出了七项教学原则：①自觉积极性原则；②直观性原则；③从实际出发原则；④循序渐进原则；⑤身体全面发展原则；⑥合理的运动负荷原则；⑦巩固提高原则。

金钦昌在《学校体育理论》（1987年）中提出了中小学体育教学过程中的主要体育教学原则，整个体育教学原则体系共有七项教学原则：①自觉性积极性原则；②从实际出发原则；③身体全面发展原则；④合理安排生理负荷原则；⑤直观性原则；⑥循序渐进原则；⑦巩固与提高原则。

王伯英、曲宗湖所著的《体育教学论》（1988年）把体育教学原则归纳为如下体系：①教育性原则（社会主义方向性原则、自觉积极性原则、正面教育原则、集体力量教育原则）；②科学性原则（直观性原则、系统性原则、因材施教原则、巩固提高原则）；③锻炼性原则（全面锻炼原则、循序渐进原则、适宜的运动负荷原则、持续性原则）。如此对体育教学原则的论述，与以往体育教学理论比较有一定的突破，试图把教育学中所确定的一些教育和教学原则与体育教学原则聚合在一起，而没有真正形成适用于体育教学过程的体育教学原则体系。

通过分析这一时期我国的体育教学原则体系可以看出，虽然在体育教育学原则体系的表述中增加了教育性原则，表明在这一时期的研究中已意识到体育教育规律的特殊性及教学与训练的不同，但与20世纪五六十年代的体育教学原则体系相比较并未发生太大的变化。在表述形式上，鲜明的层次性和具体内容上的丰富也反映了人们对体育教学认识的提高和实践经验的积累对体育教学原则的影响，具有鲜明的时代特征。同时我们还应看到，对教学原则体系的研究采用的是只从教师的角度出发的一元论的观点，没有考虑到教学过程中的主体因素——学生。因而，这一时期还没有真正形成适用于体育教学过程的、科学的体育教学原则体系。

（五）渐成体系与相对稳定时期（1990—1999年）

至20世纪90年代，随着教育学、心理学、社会学、教学论、方法论及体育科学的发展，人们对体育教学原则的认识加深，体育教学原则体系的研究形成多种不同的思想观念。研究的角度由教师一元论观拓展为教师与学生二元论观；生物、心理和社会多维体育观的产生使学校体育教学的目的发生了新的转变，体育教学原则体系逐步完善，对教学实践过程的指导也越来越科学。集中表现为以下几种代表性的观点：

全国体育学院统编教材《学校体育学》（1991年）指出，体育教学的应用，是通过执行教学原则来体现的。根据体育教学规律，在体育教学中应贯彻执行的教学原则有如下七项：①增强体质与促进学生全面发展相结合的原则；②教师主导作用与学生自觉性相结合的原则；③直观思维与实践相结合原则；④合理安排负荷与休息原则；⑤系统性与突出重点相结合的原则；⑥统一要求与区别对待相结合原则；⑦巩固与提高相结合的原则。

于长镇在其主编的《体育教学论》（1991年）中指出，学校体育是整个教育中的一个重要组成部分，因此，体育教学应全面贯彻一般教育学提出的教学原则。体育教学一般性原则有：①社会主义方向原则；②在教师指导下发挥学生自觉积极性、独立性原则；③直观性原则；④系统性和循序渐进的原则；⑤统一要求和因材施教相结合的原则；⑥巩固提高原则。体育教学特殊性原则有：①身体全面发展原则；②合理安排运动负荷原则；③掌握“三基”与发展体能相结合的原则。

吴志超、刘绍曾等编著的《现代教学论与体育教学》（1993年）中，在研究体育教学基本规律的基础上，拟定了教学原则体系：①教学准备性原则；②教学的教养、发展和教育目的性原则；③教学的科学性、循序渐进和适应性原则；④教学的直观性启发性和活动性原则；⑤教学的合理组织和因材施教原则；⑥教师主导下的学生自觉积极性原则；⑦教学的巩固和实效性原则。这个教学原则体系中每条教学原则都有针对性，它们共同指导着教学过程的各个成分（教学准备、教学任务、教学内容、教学方法、教学形式、教学检查和批评）。从内容上虽然与体育教学规律、体育教学特点有所结合，但最终没有走出传统体育教学原则的束缚。

刘清黎主编的《体育教育学》（1994年）中指出，体育教学原则就是一般教学原则在体育教学中的运用，它是一般学科教学规律的特殊反映，是指导学生学习体育所遵循的法则。体育教学不能没有个性，根据体育学科特点和学生学习体育的特点提出以下五项原则：①健康性原则；②身心和谐发展原则；③适量性原则；④发展体能与运动技术教育相统一的原则；⑤多渠道开展体育教育活动的原则。

吴锦毅、李祥主编的《学校体育学》（1995年）认为，教学规律是确定教学原则的客观依据。教学规律对教学的指导作用是通过教学原则发挥的，从而，提出以下五项教学原则：①自觉性与协同性相统一的原则；②健康性与娱乐性相统一的原则；③体能发展与技能发展相统一的原则；④整体性与因材施教相统一的原则；⑤直观模仿与启发思维相统一的原则。

张洪潭在《技术健身教学论》(1997 年) 中，对传统体育教学原则进行了尖锐了批驳，指出传统的体育教学原则缺乏内在的联系，而且每一条教学原则与体育教学特点的对应关系比较差，因此这些所谓的体育教学原则在教学实践中实效性很差。在此基础上，他提出了“本体感受性、尽可应承、洁净低尘”三条原则组成的体育教学原则体系。虽然这一体系有所创新，但在指导体育教学实践上似乎显得统摄性和概括性不足。

申建勇在《素质教育的若干体育教育原则探析》(1998 年) 中，提出了主体性、发展性、全面性、因材施教和创造性五条原则。

总之，这一时期的体育教学原则体系研究呈现出蓬勃发展的局面，受终身体育教学指导思想的影响，体育教学原则表现出改变以往过分注重竞技技术及技能培养的倾向，而更加注意心理负荷问题，同时全面发展的意义得以延伸。尽管由于人们对体育教学规律的理解不尽相同，对体育教学目标的认识不尽一致，由此而提出了各具特色的体育教学原则体系，但基本反映了我国体育教学原则体系研究的时代精神和当时的最新研究成果，这一时期的体育教学原则体系发展趋于成熟，对体育教学实践的指导更加合理。

(六) 课程改革与创新时期 (2000 年至今)

进入新世纪后，现代教育发展对学校体育及人才的培养提出了新的更高的要求。随着“以人为本、健康第一”学校体育教育指导思想以及“素质教育”“终身教育”“主体性教育”“创造性教育”“学会学习”等思想的深入，体育教学原则体系的研究中也更加注重体育的健康观、终身体育观等观念。在新的课程目标、课程理念的指导下，我国学者对体育教学原则的研究又开始了新一轮的探讨。

陈建中在《探究新时期体育教学原则》(2000 年) 中，在现代教育理论的基础上，提出在体育教学工作中应贯彻：科学健康、精教乐学、宽松有序、终身体育的原则。李祥主编的《学校体育学》(2001 年) 中，提出了发展学生体能的原则：①全面性原则；②适量性原则；③持续性原则；④健康性原则。体育教学中思想品德教育的原则：①方向性原则；②正面教育原则；③尊重学生与严格要求相结合原则；④集体力量教育的原则；⑤知行统一的原则。

樊临虎著的《体育教学论》(2002 年) 中，提出了体育教学原则体系所包含的原则有：①增进健康与促进学生全面和谐发展相统一的原则；②教师的主导作用与学生主动性相统一的原则；③适宜的负荷与间歇相统一的原则；④掌握体育“三基”与发展体能相统一的原则；⑤直观性、启发性与活动性相统一的原则；⑥循序渐进与重点突出相统一的原则。

周登嵩、刘海元在《重构体育教学原则》(2002 年) 中，通过对传统体育教学原则的反思，构建了学生主体性、身心全面发展、技能教学为主、兴趣先导、实践强化、为终身体育打基础和全面效益等一套新的原则体系，并对其提出的依据及贯彻的要求做了论述，反映了素质教育给教育理论带来的新观念。

周登嵩主编的《学校体育学》(2004 年) 中，提出了体育教学原则体系所包含的原则有：①学生主体性原则；②身心全面发展原则；③技能教学为主原则；④兴趣先导，实践强化原则；⑤为终身体育打基础原则；⑥全面效益原则。

姚蕾主编的《体育教学论学程》（2005 年）中，提出了体育教学中常用的原则有：①准备性原则；②学生主体性原则；③身心全面发展原则；④兴趣性原则；⑤直观性原则；⑥巩固提高原则；⑦个性适应原则；⑧适宜运动负荷原则。

毛振明主编的《体育教学论》（2005 年）中，提出了体育教学中常用的原则有：①合理安排身体活动量原则；②注重体验运动乐趣原则；③促进运动技能不断提高原则；④提高运动认知和传承运动文化原则；⑤在集体活动中进行集体教育原则；⑥因材施教原则；⑦安全运动和安全教育原则。

从以上体育教学原则体系中可以看出，随着社会学、教学论、课程论、教育学、心理学等相关学科的发展，体育教学原则体系的理论基础更加坚实，内容有效地反映出新思想、新观念，体育教学原则体系的构建表现出整体性、综合性的特点，显然传统的体育教学原则已经不能适应体育教学改革的需要，新课程的教学实施需要更新体育教学原则。目前，我国关于新课程与体育教学原则创新的研究还相当有限，明显滞后于基础教育体育（与健康）课程的改革与发展。

从上述专家、学者对体育教学原则的研究可以看出，我国体育教学原则深受苏联凯洛夫教学原则的影响，总体上看这些体育教学原则的研究在体系和内容上随着人们对体育教学的进一步的认识有了比较大的突破。但关于新课程与体育教学原则创新的研究还相当有限，明显滞后于基础教育体育（与健康）课程的改革与发展，我国体育教学原则还没有形成科学的体系。我们认为造成以上现象的原因是多方面的，体育教学原则是体育教学规律的反映，人们对体育教学规律的认识不一致，即使是同一条规律，由于理解不同，也可能提出不同的教学原则。20 世纪 80 年代以后，我国体育教学原则的研究体现了对时代精神和最新研究成果的反映和吸收，但在理论的依据、研究的出发点、研究的方法、原则体系及其表述等方面，还存在着很大的差异。这些差异，一方面说明体育教学原则内容和体系的多样化，反映了教学理论研究深化过程中的民主气氛；另一方面也说明了对体育教学原则的研究仍然还面临着艰巨的任务，现代体育教学原则体系还远未成熟和定型，或许还需要一定的时间和实践的检验。很显然，现代体育教学原则内容研究和体系的构建，将是一项长期艰巨的任务，需要学校体育界的同仁们进行积极的探索和尝试。

第二节　体育教学原则体系构建的理论思考

一、体育教学原则体系及其内涵

我国教学论专家王策三曾指出：“教学原则的继承性是很强的，任何教学原则体系不可能完全脱离千百年来教学实践经验及其总结出来的教学原则成果。……社会主义学校的教学原则，尽管它不抛弃长期的历史经验，但主要应该总结自身的现实和新鲜的教学经验，有更多的创新”。本节结合当前体育教育课程与教学改革的实际，提出我国的基本体育教学原则体系，见表 5-1：

表 5-1　体育教学原则体系

体育教学原则	对体育教学过程的指导	主导因素
1. 教学整体性原则	教学活动过程、教学的科学性与思想性	政治因素、教学工作因素、学科体系因素
2. 身体全面发展原则	教学内容全面多样	学生发展因素
3. 适宜负荷与间歇相统一原则	教学方案实施	学生发展因素、学科体系因素、教法因素
4. 掌握“三基”与发展体能相结合原则	教学内容、教学方法	学科体系因素、教法因素、教学工作因素
5. 注重体验运动乐趣原则	教学任务、教学形式、教学方法	教法因素、学生发展因素
6. 循序渐进原则	教学内容、方案设计	学科体系因素、教法因素
7. 统一要求与因材施教相结合原则	教学形式	学生发展因素、学科体系因素、教法因素
8. 实效性与发展性相结合原则	效果检查	政治因素、教学工作因素、学科体系因素
9. 安全运动与安全教育原则	教学准备、教学方法、教学组织形式	教学工作因素、学生发展因素

（一）教育整体性原则

1. 教育整体性原则的含义

教育整体性原则包括两方面含义：一是指体育教学所承担的任务具有整体性。教学是实现教学目的的基本途径，社会主义学校的教学应当使青少年一代在德、智、体、美、劳动技术几方面都得到发展，把他们培养成具有共产主义世界观、高尚的道德品质和情操，掌握与现代科学技术及生产发展水平相适应的知识体系，并具有动手、动脑能力以及于社会发展相适应的完美个性的新型劳动者。这一任务的完成是完整的、全面的，不能有任何方面的偏废。因此，作为整体教育重要部分的体育，我们既不能忽视它也不能夸大它，要使其与整体教育相协调。二是指体育教学活动本身具有整体性。体育教学是由一系列教学要素构成的完整系统，这就要求教师在教学活动过程中要协调好各教学要素之间的关系，使各种要素有机配合起来，在共同达成体育教学目标的过程中产生良好的整体作用。

2. 教育整体性原则的依据

体育教学的整体性原则是由社会主义的教育目的决定的，它从根本上体现了教学必须坚持对学生进行全面发展的教育这一总的方向。另外，整体性原则也是教学活动具有整体性特点的反映。为此，教师在教学活动中应当树立整体观念，不断提高具体的教学任务、教学情境，适时处理好各种教学要素之间的关系，使教学活动的整体效益得到充分发挥。

3. 贯彻教育整体性原则的基本要求

（1）科学性和思想性相统一

科学性和思想性相统一是指以体育教学为指导，在传授体育知识、技术、技能的同时，对学生进行思想品德和正确的人生观、价值观和科学世界观教育。二者的统一是教学具有教育性规律的反映。这表明在教学时科学性是基础，无论是基础知识、技术技能教学，还是思想品德教育，或者是采用某种教学组织形式和方法，都要讲究科学性，这是教学中的求真。思想性是科学性的进一步升华，是科学性的灵魂，没有思想性就影响了科学性，因为只有用正确的观点、方法，才能揭示事物的本质与规律，建立科学的知识体系，这是教学过程的求善。

（2）传授知识与发展智能及培养非智力因素相统一

知识与技能之间既有联系又有区别。在一定条件下知识的传授能促进学生的发展，而在另一种条件下则可能起不到促进作用，关键是看传授什么样的知识和怎样传授知识。教育理论和实践证明，只有精确的、科学的、逻辑严谨的知识才有较高的发展智能的价值，所以教师在选择和组织教学内容时，必须选择科学的、规律性的知识，既注重知识的质，又要保证知识的量。在教学方法上，既要能引起学生积极探求的兴趣，又要注重训练学生的能力，让学生多种感官作用都得到发挥。另外，在抓知识、技术、技能教学的同时，要注重非智力因素的培养。因为非智力因素诸如：动机、兴趣、情感、意志、性格等，是学生学习的动力系统，是培养学生发展智能过程中必不可少的重要条件。因此，要结合理论教学和实际训练，培养学生积极的体育动机；激发学生的运动兴趣；培养学生良好的道德情感和克服困难的信心和决心。

（3）身心发展统一

体育教学过程不仅应该有利于学生的健康、有利于学生体质的增强，还应该有利于丰富学生的精神世界、促进他们心理健康的发展。

从培养全面发展的个性来看，在教学中应把长知识和长身体的要求结合起来。因此体育教学不应占用过多的时间去讲解、示范等，应给学生充分自由活动的时间和机会。

（二）身体全面发展的原则

1. 身体全面发展原则的含义

身体全面发展原则是指在体育教学中，教材的内容选择和安排要全面多样，使学生身体的各个部位、器官、系统的机能以及各种身体素质和基本活动能力都得到全面发展。同时，与发展学生感知、观察、判断、想象、创造思维能力；培养学生健康的情绪和情感、良好的社会行为、高尚的道德情操相配合，使学生全面和谐发展。

2. 身体全面发展原则的依据

青少年的身体正处在生长发育时期，可塑性很大。在体育教学中选择多种多样的不同性质的教材，采用多种有效的教学手段，有利于学生身体的全面锻炼和身体各个器官系统的机能得到协调发展，养成正确的身体姿势。而长时间进行单一的、局部的锻炼，就得不到理想的锻炼效果，甚至造成某种畸形的发展，有碍学生健康。人体是一个完整统一的有机体。人体各器官系统的机能、各种身体素质和基本活动能力之间，都是相互联系、相互制约、相互促进的，某一方面的发展，会影响其他方面的发展与提高。因此只有以全面锻炼身体为基础，才能促进学生的全面发展。

3. 贯彻身体全面发展原则的基本要求

（1）全面贯彻“课程标准”提出的目标和要求

认真学习和领会国家教育部颁布的中小学体育课程标准的精神，全面贯彻“标准”所提出的目标和要求。制定全年工作计划和进度时，应注意各类教材和考核项目的合理搭配，保证学生身体的全面锻炼。

（2）将身体全面发展原则落实到课堂教学的全过程

课的准备部分要全面多样；基本部分教材要进行科学、合理搭配，较理想的方案是：准备部分要以活动全身各部位肌肉、关节、韧带为主，使全身各部位充分伸展，为完成课的目标做准备；基本部分的教材，既有上肢为主的练习，也有下肢为主的练习，使学生身体得到全面、协调的锻炼和发展；课的结束部分，要做好放松活动，并布置课外体育作业，有组织的结束一节课。

（3）不断克服单纯从兴趣出发的倾向

体育教学中应激发学生的学习兴趣，使他们乐于上好体育课。古人云："知之者，不如好知者，好知者不如乐知者。"因此，采用一系列手段和措施激发调动学生的学习兴趣是必要的。但是，要把激发学生的学习兴趣与单纯从兴趣出发两者区别开来。所谓单纯从兴趣出发，就是以学生兴趣为中心，甚至背叛体育教学大纲和全面锻炼原则，学生喜欢什么教师就教什么，就练什么，这种片面迁就学生兴趣的做法，长此以往就会带来不良的后果。教师要善于引导，使学生对如何上好体育课和教师教学内容的选择，有一个科学的正确的认识。

（三）适宜负荷与间歇相统一原则

1. 适宜负荷与间歇相统一原则的含义

适宜负荷与间歇相统一原则是指体育教学要合理安排恰当的生理和心理负荷，并使练习与间歇合理交替，使机体不断适应新的负荷的刺激，达到增进健康、增强体质的目标。

人体生长发育、成熟的每个阶段，都有相对的生理负荷极限，学生练习时的生理负荷和心理负荷应力求控制在极限范围内，练习的效果在很大程度上取决于运动刺激的强度、持续的时间和频率。运动负荷的刺激太弱，达不到引起机体发生变化、发展体能的目的；而过强的刺激则不仅无益于身体健康，而且会损坏健康。只有适宜的运动强度、持续时间和频率，才能达到能量消耗和恢复过程的超量补偿，从而更快更好地发展体能，增强学生体质。同时，在负荷过程中还要伴有必要的间歇。间歇也是体育教学过程中的因素之一，它对调节课的节奏、消除疲劳、提高学习效率、活跃课堂气氛等有着重要的作用。所以说，负荷与休息是体育教学的两个基本方面，如果安排得合理，更有利于提高教学效果。

2. 适宜负荷与间歇相统一原则的依据

适宜负荷与间歇相统一原则是由人体适应性规律和人体生理机能活动变化的规律所决定的。人体中物质的消耗与恢复，异化和同化是新陈代谢的矛盾运动，也是运动过程中应该处理好的一对矛盾。运动进行的过程是人体机能能力的一种消耗，休息则是恢复，因此增强体质不是在身体锻炼的当时，而是在锻炼间歇和锻炼后恢复的整个过程中，实现由负荷（消耗）—恢复（休息）两个阶段的和谐统一，达到增强体质的良好效果。休息、恢复的时间和手段如果不合理，尽管锻炼时付出了辛苦的代价，也不能达到增强体质的实效。这是负荷和恢复的辩证统一。

3. 贯彻适宜负荷与间歇相统一原则的要求

体育基础理论知识的教学使学生理解人体新陈代谢、异化和同化，是体育运动的生理学基础。与之相对应的负荷促进异化、合理地恢复促进同化，是增强体质的基本原理，并要使学生认识到：负荷并非越大越好，间歇与休息也是必要的。

应合理地制订教学计划和精心地组织每一节课。制订教学计划时，要通盘考虑运动负荷量的安排。不同的教材对强度、密度都会产生不同的结果。体育教学中要做到合理的间隔，要求既有长计划，又有短安排，使整个教学工作有节奏地进行，只有合理地间歇安排，进行持续性的锻炼，才能收到增强体质的效果。

应根据教学任务、教材特点和学生的承受能力，有节奏地加大运动负荷。由于体育教学任务、学生特点、教材性质不同，运动负荷的安排也应不同。另外，学生的生活制度营养条件、气候条件等，在安排运动负荷时也应加以考虑。由于学生身体机能能力的强弱不同，同样的负荷在不同的人身上会产生不同的负荷效果，而不同的负荷又会产生相同的负荷效果。因此，在体育教学中不能只从某些表面数据来衡量运动负荷的大小，还要看机体内部机能能力变化的情况，这就要求对教学工作加强医务学监督，掌握学生的体质情况，合理安排运动负荷。

根据生理负荷和心理负荷的特点，科学地安排休息的方式和时间。学生机能能力的提高不仅取决于负荷的量和强度的大小，而且也取决于合理的间歇，使负荷与休息合理地交替。休息的时间和次数应根据学生身体的机能状况，还要考虑学生的心理和生理特点。如：身体素质好的学生要比素质差的学生恢复得快；力量和耐力练习要比速度和灵敏性练习休息时间长。休息的方式也有积极性休息和消极性休息之分，通常以积极性休息为主。

（四）掌握“三基”与发展体能相结合原则

1. 掌握“三基”与发展体能相结合原则的含义

掌握“三基”与发展体能相结合原则指在体育教学过程中，以辩证唯物主义思想和科学的方法论为指导，正确处理掌握体育的知识、技术、技能与发展学生体能、身体素质与运动能力之间的关系，使两者相辅相成，互相促进，更好地完成体育教学目标。

体育教学应有计划地全面锻炼学生的身体，发展体能，同时应使学生学习和掌握体育基本知识、技术与技能，学会科学锻炼身体的方法，培养学生运用所学知识、技术、技能和方法独立进行体育锻炼的能力，养成经常锻炼身体的习惯，以适应终身体育的需求。

2. 掌握“三基”与发展体能相结合原则的依据

这一原则是由我国体育教学目标的要求所决定的。在体育教学中，体育基本理论、技术技能的教学和发展体能、增强体质，都是体育教学应达到的目标，两者是互相联系、相辅相成的。体育教学实践证明，学生掌握了“三基”，对发展体能奠定了科学知识与技术方法基础，而发展体能也为“三基”的掌握奠定了生理、生化的物质基础。

3. 贯彻掌握“三基”与发展体能相结合原则的基本要求

根据学生不同年龄阶段的特点，不失时机地发展学生的身体素质。在体育教学过程中，依据教学内容和教学任务，有计划、有目的地发展学生体能的练习，把握住学生身体素质发展的敏感期，打下良好的体力基础。同时，要相应地提高学生掌握“三基”程度的要求。

处理好体育知识、技术技能的教学与发展体能的关系。任何体育技术技能的掌握，都要以相应体能的发展作为基础，学生的身体发展水平越高，掌握体育的技术技能就越快、越好，而发展学生的体能，需要以体育的知识、技术技能为手段，运用正确的、符合动作规格的技术技能来锻炼身体，才能取得最好的效果，达到增强体质的目的。同时，要使学生掌握动作技术技能，除了必要的讲解、示范、演示教具外，学生还必须进行反复练习，这种反复练习在一定程度上也起着锻炼身体、发展体能的作用，而有指导、有要求地发展学生体能的过程，也有利于巩固动作技术技能，两者在反复练习的过程中得到统一。

创设最佳条件，增加学生练习的机会。在教学中，掌握技术技能侧重于方法，而发展学生的体能则较多地侧重于给予身体一定的运动负荷。在实际教学中，往往学生人数多，教学时间有限，如果安排处理不当，就容易产生矛盾。如果掌握知识技术技能的过程运用不当，就会影响发展体能的效果。因此，在处理好掌握体育技术技能与发展体能的基础上，应注意讲求课堂教学的整体效益，提倡“精讲多练”，创设最佳的条件，让学生有足够的练习机会。

运动技术的掌握和发展体能需要有一个连续的锻炼过程，应倡导学生自学、自练，养成良好的锻炼习惯。因此，教师应有计划地教给学生一些知识与方法，特别是发展体能方面简便而有效的方法，以帮助学生自我锻炼。

（五）注重体验运动乐趣原则

1. 注重体验运动乐趣原则的含义

注重体验运动乐趣原则指在体育教学过程中让学生在掌握运动技能和进行身体锻炼的同时，体验运动的乐趣，以促使学生喜爱运动并养成运动的习惯。体育是学生的学习活动，而学生只有在不断地体验到运动和学习的乐趣、有了良好的成功体验时，他们的学习动机才能得以充分地调动和不断地维持，身心愉悦的体育学习才是高质量的体育学习。

2. 注重体验运动乐趣原则的依据

注重体验运动乐趣原则是依据游戏的特征和体育教学中运动情感变化的规律提出的。体验乐趣是人从事身体运动和体育比赛的重要目的，乐趣是体育的特质，通过体育的教学让学生体验到运动的乐趣，满足学生对运动乐趣的追求是必要和必需的。让学生通过体育教学体验到运动的乐趣还是现代社会对体育的要求。由于现代生活方式给人们的身心健康带来许多不利影响，人们有必要在一生中持续参加体育锻炼以维持身心健康，体育是现代人的生活内容，而通过体育教学让学生体验运动的好处和乐趣正是终身体育的基础，因此说，让学生体验运动乐趣也是体育教学的目的。

3. 贯彻注重体验运动乐趣原则的基本要求

要正确理解和对待学生运动中的乐趣。一个成熟的体育项目都有其特有的乐趣，这些乐趣来自该运动特有的运动和比赛特征，我们必须正确理解和对待这些乐趣，既不能无视它们的存在，也不能盲目地去追求，要从“目标”和“手段”两个层面的含义上去理解运动中的乐趣。

要多从学生的立场去理解教材。教师和学生有时对运动的理解并不相同，教师往往从“知识”“教育”和“传授”的角度去看待教材，而学生往往从“玩儿”“乐趣”和“挑战”的立场来看待教材，这就需要教师在教学过程中把两者紧密结合起来，把“体育学习”和“体验乐趣”紧密结合起来。

要让每个学生都不断地获得成功的体验。体育是与学生身体条件密切相关的文化活动，而学生的身高、体重、运动能力等，由于受遗传因素的影响，有着很大的差别，因此有一部分学生在集体的体育活动和学习中很容易体验到“劣等感”和“挫折感”。我们必须通过对各种教材的加工和教学方法的改变（如改变比赛的条件、规则等），让每个学生都有机会体验到成功，这是让学生体验运动乐趣的基本方面。

要处理好体验运动乐趣与掌握运动技能的关系。在体育教学中，既要让学生掌握好运动技能，又要让学生在体育教学中享受到体育锻炼和体育学习的乐趣，二者要很好地统一起来。

体育教学内容中，既有一些趣味性很强或学生容易体验到乐趣的内容，也有一些趣味性不太强或学生不容易体验到乐趣的内容。在教学意义方面，也有教学意义很强的教学内容和教学意义不太强的教学内容。因此，在体育教学中，我们应该把“趣味性强和教学意义强”的教学内容作为重点。与此同时，对于“教学意义强但趣味性差”的必须要教的那些教学内容，挖掘或附加上一些乐趣的因素，使教学有兴趣。但是，也不要一味追求趣味而放松了运动技能的教学，影响了教学的质量。

（六）循序渐进原则

1. 循序渐进原则的含义

循序渐进原则是指体育教学内容、教学方法和负荷的安排顺序，必须遵循系统性和连贯性的要求，符合学生的年龄、性别等特征，使学生按照客观规律，逐步得到提高和发展。

2. 循序渐进原则的依据

循序渐进原则是由知识的内在逻辑顺序和学生认识能力的发展顺序决定的。任何科学都具有严格的逻辑结构和体系，以科学为基础的体育学科自然也不例外。因此，必须科学地排列体育学科知识的顺序，系统的进行各科知识的教学。学生的认识活动也有一定的顺序，一方面表现为随着年龄的增长，认识能力也在不断地提高；另一方面，人的认识是有一定程序的，要经历由简单到复杂、由具体到抽象、由感性到理性、由现象到本质逐步深化的过程。在教学中要把体育知识、技术技能的教学与学生认识活动顺序性有机地结合起来。

3. 贯彻循序渐进原则的基本要求

要了解体育知识、技术技能和学生认知能力发展的顺序。教师要深入钻研学科教学大纲、“课程标准”以及教学内容的逻辑体系。同时也要不断提高自己的文化素养，深入了解学生身心发展的规律和特点。只有了解这两方面的顺序，才有可能循序渐进地进行教学工作。

要制定好教学文件。制定好切实可行的教学工作计划文件，保证教学工作系统连贯的进行。由近及远、由易到难、由浅入深、由简到繁，是人们认识事物的必然过程，是认识程序的体现。贯彻循序渐进的原则就要按照这些要求组织教学。由于教材内容有易有难、有浅有深，循序渐进不等于平均使用力量，在教学工作中必须分清主次，抓好重点和难点，有针对性地进行教学。

安排好教学内容。既要考虑运动项目的由易到难、由浅入深、由简到繁的顺序；又要考虑与其他运动项目之间的关系。先安排哪个项目，后安排哪个项目，要符合循序渐进的要求，使前一个项目的学习有利于后一个项目的学习。

要有节奏地逐步提高生理负荷。因为机体适应某种生理负荷要有一定的时间，所以体育课中生理负荷的安排应采取波浪式的、有节奏的逐步提高。

要准确把握体育教学中循序渐进原则的“序”。不同的运动项目有着不同的特点，以及由此而产生的不同的教学规律。以体操和篮球为例：学习体操的技巧从前滚翻开始，然后按后滚翻—头手翻—侧手翻—前手翻……的顺序教学，由易到难、由简到繁，层次清晰，学生既顺利地掌握了一系列的动作，又领会了体操技巧的学习过程，教学效果很好。但是在篮球教学中，如果以“徒手滑步—持球—运球—投篮—三步上篮—比赛”的顺序教学却效果不佳，出现学生兴趣不高、教的技术用不上、教学死板生硬、教学进度缓慢、教不完教材等情况。究其原因，凡是有别于人的日常动作的身体动作在经过特定的设计后都可以变成体操动作，因此学生在做各种滚翻动作时都认为自己在学习体操，尽管动作简单，他们却饶有兴趣、乐此不疲；而篮球则不同，篮球是以投篮多少来判定胜负的运动，学生在学习篮球之前就已经深知这一点。因此，当老师把“滑步”“徒手投篮”等作为篮球教学时，学生尽管理性上知道自己在学习篮球，可因为手中无球、眼前无篮、无比赛、无对手、无胜负，在感性上并没有认为在学习篮球。由此就会出现篮球课上无精打采，下课热火朝天打篮球的“怪”现象。这就是我们没有根据不同的项目特点，正确把握“序”的原因。

（七）统一要求与因材施教相结合原则

1. 统一要求与因材施教相结合原则的含义

统一要求与因材施教相结合原则，是指在体育教学中既要从教育实际需要出发，保证统一标准，又要从学生的实际出发，承认学生身体素质、运动能力等方面的个体差异，区别对待，使每个学生的身心都能得到最佳的发展。

统一要求与因材施教既相互联系又相互区别，因材施教的目的是从每个学生的实际出发，实现统一要求，使学生的个性特长得到发展。

2. 统一要求与因材施教相结合原则的依据

统一要求与因材施教相结合原则是我国社会主义教育目的决定的。我国的教育目的既包括统一要求，也包括学生个性特长的发展。脱离统一要求，教学工作就失去了方向；在统一要求的前提下，若不培养有个性特长的人，社会就难以发展，人自身也会受到摧残。同时，这一原则也是由人的身心发展规律决定的。人的身心发展具有不均衡性和个体差异性；高级神经活动类型的多样性，也使人产生个体差异。上述的这些差异在体育教学中表现尤为明显，因此，在体育教学中，因材施教原则显得更为突出、更为重要。

3. 贯彻统一要求与因材施教相结合原则的基本要求

在教学过程中，要考虑体质状况、健康水平、身体素质、运动能力等几方面的要求，不能使学生有任何一方面的偏废。学生在学习任何一个运动项目时，都应该达到教学目标的要求。教师在鼓励和帮助有特殊才能的学生向某一方面发展时，也要教育和帮助他们坚持品德、健康、理论知识、技术技能等方面全面发展，使他们正确处理好个人的兴趣、爱好与每一项技术技能的关系。

要深入了解学生的个别特点。了解学生学习各项技术的态度、兴趣和爱好；了解学生掌握各项体育基础知识的质量，学习中的理解能力、思考能力和模仿、运用能力；了解学生的一般素质和专项素质的特点等，才能有的放矢地进行体育教学工作，既达到统一要求又使个性特长得到发展。

要采取有效措施使学生的专项特长得到发展。要弥补班级授课制对发展学生专项特长的缺陷，不断改进班级授课制。要采取个别辅导、参加课外体育活动和竞赛，以及校外体育活动、开设选修课等形式，为学生体育特长的发展和提高创造条件。

既要注意体育尖子生的培养，又要特别注意体育差生的发展。培养体育尖子学生，对他们提出更高和更为严格的要求，对他们某方面的才能给予特殊的培养和锻炼，使他们不骄不躁，不断提高。同时，因材施教要体现在每个学生的身上。对那些身体条件和运动素质一般，特别是“体育差生”，要给予热情的关怀和照顾。要善于发掘差生的积极因素，从他们的实际出发，因势利导，使他们的身体素质和心理（自信心、认同感等）健康水平都得到发展。

（八）实效性与发展性相结合的原则

1. 实效性与发展性相结合原则的含义

实效性与发展性原则指在体育教学过程中，既要使学生较好地掌握和运用体育知识、技术和技能，又要达到不断增进健康、提高体能、发展身心的实际效果。同时，要面向未来，掌握体育的方法，培养良好的体育态度和体育习惯，以发展的眼光为终身体育打下坚实的基础。

2. 实效性与发展性相结合原则的依据

实效性与发展性相结合原则是建立在掌握实用的体育知识、技术、技能，并能够合理有效地运用基础上的，是体育教学的特点和体育教学目标的体现。体育教学与学生的生长、发育规律关系密切。学生身心生长发育的客观规律的表现，构成了当时学生身心发展的特殊需要，而这些特殊需要是不可回避和延期的。所以学校体育教育必须以满足学生当时身心发展的特殊需要为目标。但我们也要清醒地认识到：学校体育教育重视学生这一阶段的身心需要，并不仅仅为了满足这一阶段的需要，更要重视学生的发展性，以终身体育的思想处理好实效性与发展性的关系。

3. 贯彻实效性与发展性相结合原则的基本要求

要正确理解和处理好知识、技术、技能的掌握和应用与发展身体和增强体质的关系。事实上，学生运动技能的学习、掌握、提高和增强体质经常是互为目的和手段的。在学生的实际身体锻炼中，技能的形成和体质的增强是相辅相成、两相依存的。试想：没有基本的运动技能，如何去增强体质？相反，一个人掌握了许多运动技能，除了在特定的时去参加比赛，更多还是为身心的健康和体质的增强服务的。

要处理好体育教学的短期直接效益与间接长期效益的关系，明确体育教学阶段目标和长远目标。体育学科义不容辞地要为“现实的需要”服务，但也不能忘记学生的未来，通过让学生进行合理的运动实践和向学生传授必备的体育知识和运动技术，使学生学会锻炼身体的手段与方法，为其现在和将来的身心健康服务。

要了解学生在不同阶段的生长发育规律，及时的、有的放矢的促进学生的健康发展。体育教学的对象是青少年学生，学生身心发展在不同的年龄阶段具有不同的特点，其生长发育表现出一定规律性。体育教学的内容、方法、手段只有适应学生各时期生长发育的规律，才能对学生的身体健康产生积极的影响，提高教学效果。因此，了解、掌握青少年身心发育规律，是体育教学的根本出发点。

要以终身体育的思想为指导，重视动机、能力、态度、方法以及兴趣、爱好和习惯的培养。终身体育是由人体发展规律和身体锻炼的作用，以及现代社会的发展所确定的。人体机能活动规律要求人们身体锻炼应坚持经常，现代社会的生活方式要求身体锻炼成为人们日常生活的组成部分，人们进行身体锻炼需要科学指导和不断接受体育教育，充分发挥体育的作用，提高全民族的素质。动机、能力、态度、方法以及兴趣、爱好和习惯等是终身体育的重要因素，没有兴趣、爱好、习惯，也就不可能坚持终身体育。

（九）安全运动与安全教育原则

1. 安全运动与安全教育原则的含义

安全运动与安全教育原则是指在体育教学中要使学生安全地从事运动的同时，对学生进行如何安全运动的教育。

任何事物有利必有弊、有得必有失。运动对人体的促进意义是根本的、主要的；但与此同时，在一定条件下也会产生消极作用，诸如：激烈运动和对抗性项目有发生运动损伤的可能，比赛中有发生过激言行的可能，运动性疲劳容易使人养成不爱动脑的习惯，失败或挫折可能会给人带来心理上的烦恼等等。这些虽然不是体育运动的价值取向，但却是不可避免的，因此，在体育教学训练过程中要时时刻刻注意“安全第一”。

2. 安全运动与安全教育原则的依据

安全运动与安全教育原则是依据以剧烈身体活动和器械上的身体活动为主要内容的体育教学既是安全教学的重点，也是安全教学的难点提出的。体育是以角力活动、非正常体位活动、剧烈身体活动、器械上或持器械等的活动构成的。因此，体育是与危险同在的，对于初学者来说这些运动危险的因素就更多，所以体育教学既有确保安全的难点，也有进行安全教育的重点。另外，对评价体育课来说，安全也是第一位的，如果一堂体育课不要说发生了安全事故，即使存在重大安全隐患，那么，其他方面设计的再周到也是失败的。

3. 贯彻安全运动与安全教育原则的基本要求

教师要针对教学内容和学生特点，从各个角度、各个方面设想所有可预测的危险因素。一般情况下，教师根据自己体育教学的实践经验，绝大多数危险因素是可以预见的，见表 5-2。

表 5-2　体育教学中可预测的危险因素

几种可预测的危险因素	举例
因学生的思想态度产生的危险因素	莽撞行事、擅自行事、准备活动不充分等
因学生的身体和活动内容的差异产生的危险因素	力量不及、动作难度太大、对该运动非常不熟悉、缺乏必要的保护与帮助等
因器械的坏损和使用不当产生的危险因素	绳索折断、双杠折断、羽毛球拍头脱落飞出等
因场地条件变化产生的危险因素	雨雪地上的滑倒、塑胶地破损的绊倒等
因学生身体状况变化产生的危险因素	在学生发病期间勉强参加运动引发的危险等
因特殊天气产生的危险因素	酷暑中的长跑、严寒中的体操、暴雨的淋浇等

这些可预见的危险因素，教师在课前必须逐一排查，以消除一切潜在危险因素。

体育教学中贯彻安全教育必须有广大同学配合，因此体育教师要时时刻刻对学生进行安全运动教育，要让每个同学都牢记安全。还可以组织专门时间讲解保证安全的知识和要领，教会同学们互相帮助的技能。

对于一些比较危险的教材要制定严格的安全制度，限制那些危险部分的教学内容和教学手段；对于一些比较容易发生危险的体育设施要安装必要的保护装置和必要的安全警示标志，警示学生在自主性学习时要注意防范危险。

教师要充分利用体育委员和其他班级干部共同防范危险，教师、体育委员、其他班干部、小组长共同组成人为“安全运动警示网”，以确保全班同学的运动安全。

以上体育教学原则是一个完整的体系，各个教学原则之间是相互联系、互相补充的，在体育教学中应全面正确地贯彻执行。体育教学原则体系在一定时期内，具有相对的稳定性；但是，体育教学原则体系是一个动态的体系，也就是说：随着社会的发展、文化的进步、教育改革的深入、体育学科的进一步丰富和发展，以及人们对体育教学规律认识的不断深化，体育教学原则也势必得到不断的充实和发展。

二、构建体育教学原则体系的依据

当前体育教学原则之所以存在众多不同的体系，其中一个重要的原因就是：制定体育教学原则的依据不同，即使同一依据，研究时的切入角度也不一定相同，所以就出现了多种教学原则体系。然而，体育教学原则毕竟有它主要的理论和实践依据。

（一）哲学依据

这是最重要的依据。我们所遵循的哲学思想，最基本的就是唯物论和辩证法。违反唯物论，主观臆造一些所谓的“原则”的事情有之，不能把只在局部起作用的东西夸大为在任何地方都起作用，从而将其列为“原则”；具体问题具体分析是辩证法的重要内容，是避免片面性的重要方法。用对立统一规律揭示体育教学活动中的矛盾特点和内在联系，进而提出处理这些矛盾的准则，就是体育教学原则。只有这样的教学原则才是科学的、才能达到一定的理论高度。

（二）教育学依据

教学是为实现一定教育目标服务的。体育教学是为了实现一定的体育教学目标，制定教学原则也不例外，必须依据一定的体育教学目标。另外，教育目的论、教育价值论所要涉及的人的发展理论无疑对教学原则有重大影响。人的全面发展目标是最基本的，教学应当体现教育目标，目的是这一目标最重要的内容，这一点应为体育教学原则的制定所充分考虑。

（三）自然科学（生物学）依据

通过身体练习，并承担一定的运动负荷，这是体育教学实践过程中的主要特征。20 世纪的体育课程理论就是在生物学基础上加以展开的。因此，“人体适应性规律”“人体生理机能活动变化规律”，是构建体育教学原则体系乃至制定具体的体育教学原则不可或缺的自然科学基础。

（四）心理学依据

体育教学和一般文化课教学有着显著的区别。体育教学主要是通过身体认知掌握运动技能；另外，体育运动不仅产生丰富的情绪体验，使主体实现身体认知，而且在非智力因素的发展方面，体育也显示了其他学科所不具备的特征：情感、意志、态度和价值观等非智力因素与身体认知“结伴而行”，潜移默化地得到发展。因此，认知心理学和人本心理学是制定体育教学原则重要的心理学依据。

（五）社会学依据

体育教学活动作为社会文化活动的重要组成部分，既受到社会政治、经济等方面的影响，又影响社会的发展，即保存、传承和重建体育文化。所以，社会的政治背景、经济发展、文化底蕴等社会因素，是制定学校体育教学原则的社会学依据。

（六）体育教学规律依据

体育教学原则虽然是人们主观制定的，但是反映的是体育教学过程规律。然而，由于受主客观条件的制约，人们对教学规律的认识是有差异的。再有，人们对体育教学规律的认识是一个长期而曲折的过程，这就造成了不同时期所制定的教学原则体系的不同，但都反映了人们对于体育教学规律的一定认识水平。体育教学原则要反映体育教学规律，但两者却不一定一一对应。教学原则是一个体系，有一定的概括性，有时一条教学原则能反映多条教学规律。

（七）体育教学实践经验依据

体育教学原则是长期教学实践经验的概括和总结。人们在从事体育教学实践的活动中，不断探索出一些成功的经验或失败的教训。对这些经验和教训反复认识，不断深化，从感性认识上升到理性认识，经过抽象概括，对教学规律有所认识，从而制定了教学原则。

另外，针对体育教学的实际情况和社会发展的需要，可以强调某些原则或提出一些新的原则。因此，体育教学原则是动态的，随着社会的发展和教育的发展，即使同一教学原则在不同时期其内涵也会有所丰富和扩展。

三、体育教学原则体系科学性的检验标准

体育教学原则体系所包含的条文不应当过于烦琐。教学原则属于规范性内容，因此以条文的形式列出是必然的，但不应该是琐碎的；教学原则又具有理论概括性，所以条文也不至于太多。当然，最重要的是体系自身的科学性，而是否具有科学性，要看体系是否经得起以下四方面的检验：

（一）完备性

所谓完备性，就是指体育教学过程中的一些基本要求都应当在体育教学原则体系中有所反映。我们不能犯片面性的错误、不能夸大仅在局部起作用的因素，但是也不能忽略了次要矛盾或矛盾的次要方面。完备性是体系科学性的必要条件，以偏概全的所谓“体系”当然也就无科学性可言。

（二）相容性

体育教学原则体系的相容性，指在同一个体系中的各条各项原则不能彼此冲突、相互矛盾，任何一条与其他各条都要相容；而且，任何一条原则自身也能相容，不能自身就包含彼此冲突的内容。相容性是一个体系科学性的前提和基础。

（三）独立性

独立性是指体育教学原则体系中的各条原则应相对独立，不重复、不重叠，任何一条不能为其他一条或几条所替代、所包含。独立性是原则体系中某一具体原则得以在这个体系中存在的前提条件，也可称为不可替代性，是原则的本质属性。

（四）简练性

简练性也称经济性，指过于一般化的内容，或者不是体育教学所特有的原则不要列入其中，过于具体化的内容也不要列入其中，要使条文尽量简练和经济。虽然这个尺度不容易掌握，但是毕竟不能一般化到超出体育教学甚至超出教学的范畴，以至于成了一般哲学原理或一般认识

论原理；也不能具体化到十分细腻的教学方式，把“口头讲述与形体语言相配合”“语调与表情相配合”等等也列为教学原则。

一般来说，独立性上有缺欠的体系常常带来简练性上的缺陷，因为，缺乏独立性就意味着重复、重叠，而重复和重叠自然也就不简练，所以，以上四条标准自身并不重叠，也不相互包含。

第三节　高校体育教学原则制定的人文性思考

一、体育教学原则制定的意义和作用

在整个体育教学过程中，体育教学原则是教学过程的出发点，它在一定程度上决定者体育教学内容的安排、体育教学方法的选择和体育教学组织形式的运用。体育教学原则确定之后，它对体育教学活动中的内容、方法、手段、形式的选择，都有着积极而重要的作用，巴拉诺夫指出：“教学论原则决定教学方法。选择教学方法和论证其效果有赖于作为这些方法基础的教学论原则。教学论原则体系，就是对学习和掌握教材的基本途径的总的说明”。

体育教学原则产生于人们长期的体育教学活动实践中，它本身凝结着许许多多优秀教师的宝贵的经验。因此，科学的体育教学原则在人们的体育教学活动的实践中灵活有效地运用，对体育教学活动有效地顺利开展，对提高体育教学活动的质量和效率都会有着积极的作用。

体育教学活动越是能够符合体育教学原则，体育教学活动就越是容易成功；反之，体育教学活动越是脱离体育教学原则的要求，体育教学活动就越是可能失败。但由于体育教学活动是在不断发展的，并且体育教学模式多种多样，不同的体育教学模式需要不同的体育教学原则与之相适应，因而体育教学原则也处在不断变化与发展之中。所以，正确地理解和贯彻体育教学过程中的客观规律，对明确体育教学目的、选择与安排好体育教学内容、正确地运用体育教学方法、提高体育教学效果、加速体育教学进程、完成体育教学任务具有重要意义。

学习和掌握体育教学原则，能使我们按照体育教学的客观规律组织体育教学活动，正确解决体育教学内容、体育教学方法和体育教学组织形式等一系列理论与实践问题。遵循体育教学原则进行体育教学工作，就能提高体育教学质量，达到预期的体育教学目标；如果违背了体育教学原则，就会事倍功半，甚至劳而无功。

二、人文性体育教学原则的制定

“人文性”体育教学是指体育教学不但向学生传授体育的科学理论知识、技术和技能，而且又要发展学生的认知、情感、理智和行为，实现学生的价值和尊严，培养学生的注意、意志品质，突出学生的自由、民主、平等、权利和个性特征，提高学生的社会适应能力，增强学生的心理健康和身体健康。

针对“人文性”体育教学的目标和特点，我们总结和归纳出以下教学原则，供体育教师参考。

（一）以人为本原则

“以人为本”原则是指在体育教学中以满足学生的需要为重点，以学生的全面发展和提高作

为目标的教学原则。该原则是针对实际教学中的“以知识、技术和技能为本位”的思想而提出的。由于科学主义或功利性思想的影响，人们一般认为对学生进行某种精神方面的培养是政治等人文学科的事，很少考虑到体育教学也能实现某种精神的培养。然而，体育教学不但能向学生传授知识、技术和技能，又可以发展学生的认知、感情、理智、情绪和行为，实现学生的价值和尊严，培养学生的注意、意志品质，突出学生的自由、平等、权利和个性特征，提高学生的社会适应能力，增强学生的心理健康和身体健康。可以说体育教学在满足学生的需要、促进学生的全面发展和提高方面具有有利的条件。在体育教学中贯彻以人为中心原则应该注意以下几点。

首先，要把学生的身份首先定位在“人”上，因为学生有自己的人格、尊严，有自己的喜、怒、哀、乐，有自己的兴趣和爱好。其次才定位于学生。只有这样认识才能正确地从人的本质出发，从学生的需要和全面发展出发来设计人性化的教学内容、布置人性化的教学环境、采用人性化的教学方法、实施人性化的评价手段。

其次，学生的生长和发育有其自然规律，教师要认识和尊重这种规律。只有掌握学生成长和发育的基本规律，才能科学、合理、高效地对学生进行培养和塑造。

最后，应该减少外部强制力量对学生的约束。人本主义心理学认为，学生有自发发展的能力和倾向，他们有力量在很大程度上按自己的愿望来塑造自己。从这一点来看，教师或者家长不应该将其自己的意志强加在学生的身上，不应该将学生看作自己的附庸或者可以由自己任意修改的材料。

另外，每个学生都具有区别于其他人的特点，这些特点使得每个学生在很多方面具有差异。教师在教学过程中应该充分考虑这些差异因材施教。

（二）人文主义与科学主义相结合原则

该原则是指在体育教学过程中人文主义的培养必须与科学主义的培养有机的结合。这一原则表明：两种培养都要在体育教学过程中进行渗透，不应有所偏废；另一方面，这种结合是有机的，不是两者简单地相加，而是通过合适的教学方法使它们共同作用在学生的身和心上。这一原则的依据有以下几个方面。

第一，科学主义与人文主义在人们认识世界的过程中共同发挥重要的作用。两者有着不同的认识形式。科学主义探求真理，追求理性，注重科学技术的作用，并认为科学技术是认识世界和改造世界的强有力的工具；人文主义以人为中心，推崇人的个性完善，追求人的个人价值的实现，强调人的非理性因素在认识世界和改造世界中的作用。这两种精神是人类认识世界和改造世界不可缺少的，只有具备这两种精神，人类的实践活动才丰富多彩，对世界的把握才更准确。

第二，体育教学具有把科学主义和人文主义结合起来并能够在教学过程中对学生进行科学主义和人文主义培养的客观条件。体育教学不但向学生传授科学理论知识，使学生在科学理论知识的指导下快速、准确地掌握专业知识、技术和技能，而且在体育教学过程中能够有计划、系统地对学生的人文主义进行培养，使学生的非理性因素得到很大程度的提高。

第三，人文主义和科学主义是体育教学的需要。体育教学离不开科学主义的支持，也离不开人文主义的积极参与。只有在正确的科学理论的指导下，体育教学的目标才能够得以实现。

如果学生学习的情绪低落、注意力分散、没有克服困难的顽强意志，那么，体育教学将会变得一无是处。

（三）体育教学过程的以人为中心原则

“人文性”体育教学观念要求体育教学必须以发展学生的整体素质为目标，既包括学生的理性因素也包括学生的非理性因素，使理性因素和非理性因素在学生的身上得到完美的结合。使学生成为知识渊博、技术熟练、富有个性特征、具有民主、平等价值观念、社会适应性强、道德品质优良的新时代人才。为实现这个目标，在体育教学过程中，就要时时处处运用既能培养学生理性因素又能培养学生的非理性因素的方法和手段，并且使教学过程中的各个要素都包含“人文性”思想。它包括以下主要内容：

使教学内容充满“人文性”特点。体育教学内容主要包括科学理论知识、技术和技能。但是，“人文性”体育教学观念指导下的教学内容还应该包括培养学生的非理性因素，即培养学生的情绪控制能力、注意力集中能力、具有顽强的意志品质、交往能力、适应能力、直觉能力、灵感等等。因此，在实施教学过程中，必须将重点培养学生的某方面的非理性因素放到教学任务之中，与其他任务一样受到重视。

教学方法和手段必须既能传授科学理论知识、技术和技能又能培养学生的非理性能力。例如，运用信息采集式教学能够使学生在掌握科学理论知识、技术和技能的同时提高学生的注意集中能力，而互助合作教学则有助于提高学生的交往能力等等。

教学环境的布置一定要具有“人文性”的气息。要做到这一点，必须使教学活动的场地、器材、服装等设施的设计、安排与设置体现出对人的关怀。如体育教学周围活动环境设置必须卫生、安全，体育场馆的颜色、光线必须符合学生用眼卫生和视觉的要求，器材、服装和设施必须符合学生的生理特征等等。

建立和谐、融洽的师生关系。教学中的师生关系是一种特殊的人际关系，这种人际关系通过双方的认知情感沟通。人本主义心理学家认为，人类随着自我的形成，产生了希望得到他人关爱的需要，即在一个人的生活中指望从有关系的人那里感受到温暖、关爱、同情、尊敬、认可等。有效的教育教学必须以融洽的师生关系为前提，因而，教师需要有真诚的感情，表现出对学生信任、理解、关心和无条件地关注学生的身心健康、尊重学生的情感、欣赏赞扬学生的优点等等，这样师生之间才能建立起和谐融洽的关系，这种关系能够满足学生希望得到他人关爱的需要，从而促进学生自发、愉快、积极地学习，学生的想象力和创造力也将得到充分发挥。因此，情感化的师生关系实质上强调的是“爱的力量”，是“人文性”教学必须高度重视的方面。

第四节　高校体育教学原则的补充与完善

一、主体性原则

（一）主体性原则的概念

主体性教学原则是指在体育教学过程中，学生始终是体育学习的主体，教师的一切活动应根据学生主体的需要和特点来安排。学生主体应在教师的指导下积极主动地参与教学活动，充分发挥学生主体的自主性、主动性和创造性。

（二）主体性原则提出的依据

1. 人的社会化和个性化的发展也是人的主体性素质的培养过程

教育是一种主体性相当强大的实践活动，教育作为一种有目的地培养人的活动，是通过促进人的社会化和个性化来展开的，而人的社会化和个性化的过程就是人的主体性素质的不断培养和展现过程。因而教育过程也就是一种对受教育主体素质的培育过程。教育活动中教师、学生作为活动的主体，客观地要求体现出人的主体性。当前，体育课的教学一般不符合学生的要求，不能完全满足学生的活动感。不能很好地起到启迪、培养学生主体意识的作用。

我们通过对体育教育中传统教育思想与主体教育思想诸因素进行比较可知，体育教育中的传统型教育思想由来已久。早在20世纪30年代，苏联教育家凯洛夫就竭力倡导“主导论”，他主编的《教育学》中强调：“学校的首要任务，就是授予学生以自然社会和人类思维发展的深刻而确实的普通知识。”为了进行系统的完整的知识、技术教育，凯洛夫教育思想特别看重班级教学组织形式，同时强调教师的主导作用。不言而喻，在进行知识、技术教育时，教师起主导作用。这是学生无法代替的，体育课上学生中的领操员、锻炼小组长、运动队长等都必须在教师的指导下进行。但是，凯洛夫的教育思想的主要缺陷是它忽视了对学生的深入研究，忽视了教学中发展的任务。凯洛夫教育思想对学生的能动作用重视不够，对学生的身心特点照顾很少，特别忽视了学生的兴趣爱好，以及对学生个性的培养，难以做到因材施教和区别对待。在这种教学中，信息传递主要是由教师单向传给学生，而学生之间的交往，学生对教师的反馈较少。学生处于一种被动的、接受灌输的状态，难以发挥学生的主动性和积极性。有些体育课上得死气沉沉，甚至学生不喜欢上体育课，原因大多基于此。

主体性教育思想始终注重在实际生活中学习，重视对学生适应能力的培养，更多地把教育对象看成自我发展者，而不仅仅强调他们是施教的对象。它主张通过生活的教育，重视学生的自我发展，它针对学位制度、课程的教育方法的旧传统以及一些形式主义的做法提出了“学生中心论”，也称为“以学生为主体”的教育思想。

2. 马克思主义关于人的全面发展学说是主体性原则的理论基础和指导思想

众所周知，马克思主义十分重视人的全面发展，抨击资本家那种只剥削工人的体力，无视工人脑力与才能的片面发展问题。全面发展的人是才能与志趣得到多方面发展，个人价值与尊严得到充分体现，主体地位得到充分确立的人。由此我们可以看出，主体性教育是人的全面发展的核心，主体性发挥的程度越大，人的自由度越大，自控能力越强，自主性、主动性及创造性表现得越充分。由此可见，学生主体性的发挥正是学生全面发展的基础和前提，没有主体性的发展，学生的全面发展就无从谈起。

3. 借鉴西方人本主义的教育思想，形成我国的人本教育理论

西方人本主义教育思想形成于20世纪60年代。改革开放以后介绍到中国，并很快产生了积极影响。西方人本主义教育思想的根本就是在教育要倡导“以人为本”的理念，强调每个人都应看到自己存在的价值，教育就是要不断发现人的价值；每个人都具有不同的潜能，教育要不断发现人的潜能；每个人都有各自的性格与兴趣，教育要强调个人需要的满足，实现个人的充分而自由的发展，并尽量做到个人与社会的结合。

4. 主体性教学原则是素质教育实现的根本保证，是素质教育的灵魂

素质教育是相对于应试教育而提出的，它的三大特点就是全体性、全面性和主体性。素质教育是以政府行为为主的全方位的社会性基础教育改革，它包括发展教育、保障教育权利、改革教育理念、改革教育的宏观管理、改革教育的方法内容等许多内容，是一项社会性的系统工程；主体性教学原则更多的是从学校教育的角度来认识问题，重点强调学生的主动参与意识的培养与开发，相对于素质教育来说是微观是细致的，二者可以说是一种宏观与微观的关系。我们强调素质教育其根本目的就是挖掘每个人的潜能，努力创造多样化的发展机会，培养一大批有主动精神、创新意识的新人。也可以这样说，素质教育对主体性教学原则提出了义不容辞的要求，主体教育是素质教育的核心体现。目前的教学改革都朝着主体性教学方向发展，注重在教学中发挥学生的主动性、积极性和创造性，培养有个性、有能力的学生。

5. 主体性原则是体育教学规律的反映

学生是体育教学活动的主要方面，所有“教”的活动都是为了“学”的活动而安排和设计。更重要的在于体育教学是在运动实践中进行的，只有学生主动参与、自主学习才能最终培养学生兴趣，学会运动技能。

（三）贯彻主体性教学原则的基本要求

1. 树立学生主体教学观

体现主体教育的发展性教学，是在现代教育观念指导下，以学生为主体，通过学生主动学习，促进主体发展的一种教学思想和教学方式。在贯彻学生主体性教学原则时，学生和教师要转变观念，树立以学生为主体，“以生为本”的教学观，尊重学生的主体地位和主体人格，培养学生的自主性、主动性和创造性。

2. 提升学生的主体参与意识

体育教学领域中学生的主体参与程度直接影响着教学效果，学生主体参与意识越强越有利于动作的形成与巩固。因此，在体育教学领域内，根据学生的身心特点，发挥学生的积极主动性，促进学生主动参与，已经成为体育教学的新时尚。主体性体育教学就是要体现学生的主体地位，发挥学生的自尊自信，进行自我监控、自我调整的主体作用，激发学生的主体意识，让学生主动参与教学活动。主体参与意识就是要诱发学生的主体意识，发挥学生自知、自控、自主的参与程度，发挥学生的主体作用，展示学生的主体人格，体现学生的主体价值，让学生在参与中学会学习，学会创新，学会合作。体育教学中，要积极调动学生的主动参与精神，让学生主动地参与锻炼和练习，积极思维，产生学习体育的欲望，做到人人都有学习的欲望，人人都有参与的热情。教师要把握好学生参与的时机，选择适合于学生参与的内容，教学的每个环节都要精心设计，让学生尽可能地参与。教师培养学生的主体意识，发掘其自身价值，进行自我教育和自我调控，实现自我价值。

3. 为学生的主体性发展创造条件

现代教学思想强调学生的经历、经验和体验，尤其是引导和帮助学生获得成功的积极情感体验，这有利于促进学生良好的个性发展，在体育锻炼上达到真、善、美的统一，为终身体育打好基础。在体育教学中，应为学生创设成功的机会，获得成功的体验，享受成功的喜悦，激发学生的求知欲和学习动机，发挥学生的主体作用。体育教学的成功受学生自身运动基础和生理条件的影响很大，学生的兴趣和爱好也各不相同，教师要根据学生的差异，因人而异地安排运动项目、调整运动强度和锻炼时间，给学生足够的自主权，最大限度地发挥学生的自主性。

体验成功的策略：一是相信每个学生都能在体育上有取得成功的条件；二是通过各种体育活动充分信任、关怀、引导学生取得成功；三是创设良好的体育的硬、软环境，为学生在体育上取得成功创造条件。

4. 重视学生的个性发展

在体育教学中，教师要承认学生的个体差异，重视学生的个性发展。差异是客观存在的，不同学生的有不同的成就感，学生的体育基础、兴趣爱好及生活经验各不相同。面对有差异的学生，体育教师要最大限度地发现、利用、挖掘他们在体育上的潜能，实施有差异的教学，从个性差异中揭示学生作为单个个体的独特性，使每个学生都得到有效的发展。促使差异学生发展的策略：一是要注重感情投资，消除体育活动中的感情障碍；二是运用积极归因，转变自我认识；三是实行开放式教学，让不同基础的学生在体育上都有提高；四是了解差异所在，进行分类指导；五是利用成功体验提高动机水平。

二、创新性原则

（一）创新性原则的概念

创新性教学原则是指在体育教学过程中，教师应注意调动学生学习的主动性和积极性，激活学生创新动机，树立创新意识，注重学生创造思维和创新精神的培养，使学生能主动、愉快、创造性地获得知识能力，个性得到自由发展，潜能得到最大程度的释放。

（二）创新性原则提出的依据

1. 以传统教育为基础

创新教育是针对传统教育提出，创新教育是从学生心智发展规律出发培养学生创新意识、创新精神、创新能力、帮助学生形成创新个性品质的教育。美国早在20世纪70年代就提出了培养具有创新精神跨世纪年轻一代的人才目标。20世纪80年代以来，日本把发展创造能力定为国策，在教育各学科具体实施教学过程中，把对学生创造力的培养作为驰向21世纪的教育目标和方向。几近年来，随着教育教学改革的不断深入，我国素质教育取得了很大的发展，1999年6月第三次全国教育工作会议以及颁布的《中共中央国务院关于深化教育改革全面推进素质教育的决定》以素质教育为主体，在认识和政策方面有重大创新，其中之一就是，素质教育的实施要“以培养学生的创新精神和实践能力为重点”。江泽民同志在全国教育工作会议上指出：“必须把增强民族的创新能力提高到关系中华民族兴衰存亡的高度来认识，教育在培养民族创新精神和创造人才方面肩负着特殊使命。”体育是教育的重要组成部分，因此体育课程不仅要承担增进国民健康的重要使命，也必须为培育民族创新精神和培养创造性人才而服务。

但应该看到在实施素质教育过程中，有些学校对学生创新素质培养注重不够，没有将创新素质摆在核心位置，体育教学是学校教育中一个十分重要组成部分，是培养创新精神十分重要的一个方面，体育教学与学校的其他学科一样，能为学生提供独立的、开阔的学习和活动环境，以及充分的观察、思维、操作、实践机会，对于促进学生创新能力的培养与提高，具有积极的作用。

2. 体育教学的特征

体育学科实施创新教育有着实践性、交叉性和社会性的特征。①实践性。体育学习必须通过身体的实践活动来完成，创新离不开实践，创新是一种学习过程，对体育学科来讲，也是一种运用过程。运动中人体身体素质有几大类，速度、耐力、灵敏和柔韧等，不同的运动项目、不同的动作技能实质就是几种素质的重新组合。体育运动过程具有很多情境性，动作技能的运用就根据外界变化的具体环境和条件而加以变化以便应付运动现实需要。根据“灵感”应付环境出现的动作技能，很多的就是一些创造技能，这种动作技能往往给人耳目一新的感觉和美的享受，这也是体育运动的魅力所在。②交叉性。体育是一门交叉学科，涉及的知识面广。创新教育中一方面体育能够用其他学科的新鲜知识丰富和发展自身，这就为体育的创新提供了广阔的空间；另一方面体育也能够为其他学科的创新教育提供宽广的知识基础。③社会性。体育能够作为社会交往的“共同语言”作为人们交往联系的纽带，体育运动情境中的创新能够为社会所共同评价，建设性的举措能够为社会所认同，增加创新者在团体和社会中的影响力、号召力和地位。

尽管体育学科有如此之多的优越条件进行创新教育，体育教学对学生创新精神与创新能力的培养，不但具有自身的学科优势，而且还具有更广阔的空间和氛围，但在实际操作中不尽人意，通过对中学体育教学创新教育现状进行过调查，关于体育教学方法和手段创新问题的调查发现：约三成的中学体育教师在体育教学中经常考虑到教学方法和手段的创新，半数多的中学体育教师在体育教学中有时考虑或基本没有考虑到教学手段和方法的创新。

3. 新《体育与健康课程标准》的要求

新《体育与健康课程标准》是新一轮的基础教育体育课程改革过程中的重要成果。它相应提出了体育课程要使学生“在不断体验进步和成功过程中，增强自尊心和自信心，培养创新精神和创新能力，形成积极向上、乐观开朗的生活态度”。“培养创新精神和创新能力”的命题第一次出现在权威性的《体育与健康课程标准》中，成为体育课程改革一个新的价值取向。

（三）贯彻创新性原则的基本要求

①更新教育观念，转变教育思想，充分认识学校体育教学在创新教育中的特殊使命。只有确立了新的教育观，人才培养者有明确的思想保障。必须实现“应试教育”向“素质教育”转变，充分发挥学生在教育过程中的主体作用，使之由被动学习转变为主动求知。把教学活动真正变成活跃学生思考、引导学生创新的过程。

②体育教师要注重自身创新能力的培养与提高。体育是最具有创新性的领域，体育教学中培养学生的创新素质，体育教师就必须是一个创新者，体育教师创新能力的构成包括：观察能力，获得知识信息的能力，创造性思维能力和创新实践能力等。实践证明，只有高素质的教师，才能有力地推动创新教育，只有教师自身具备不断学习提高能力，才能去教学生如何学习、探求未知。体育教师作为创新者，最重要的一点，还在于他们培养大量具有创新精神、实践能力和终身体育意识的健康合格人才，这些创新型人才的培养，也应成为体育教师在创新素质培养中的最高追求。

③创造良好的校园体育创新环境，为创新人才的脱颖而出创造条件。人们创新精神的开发、创新能力的培养与创新人格的塑造，都与环境有一定的关系，应重视课内外一体化，强调把课内外有机结合起来，引导学生在丰富多彩的课外体育活动中完善自己。这不仅丰富了学生的生活，更重要的是活跃了学生产生灵感和塑造创新人才的体育创新环境氛围，有利于最大限度地

开发学生的创造潜力，有助于学生的创新能力的培养。

④构建创新教学模式，改变传统的教学模式是学校实施创新教育的关键所在。传统教育在教育理念、目的、内容、方法、评价等方面与我们当今倡导的创新教育不相容，束缚了创新人才的培养，因此，必须构建创新教学模式。现在全国中小学体育课都在改革，推行新的《体育与健康课程标准》，改变原先体育课中许多竞技性的高难动作，倡导健康体育、快乐体育，这就给我们广大的体育工作者提出新的更高要求，在遵循教育基本原则、规律的基础上，解除各种要求、束缚，让体育课充满欢声笑语，寓教于乐，在游戏中学习，在潜移默化中学生既学到知识，又增强体质。

⑤改革体育成绩考核方法和考核制度，建立创新评估体系。体育课程是学校考试最复杂的课程之一，现行的考核方法和考核制度存在着诸多弊端，它忽视了学生能力，特别是创新能力的评价。体育课成绩考核中应探索科学的创新评估体系。应在考核中尽量减少由于先天性因素起决定作用的竞技性考核内容，重视学生在体育学习中的进步幅度与努力求知创新程度，鼓励学生大胆地各抒己见，大胆地做动作，这不仅有利于启发学生思维，而且也可以使学生加深对动作的理解。学生可以选择能力考试的各种方式，充分发挥学生的主体作用，使之不断在知识、技术学习和积累的基础上有所升华和创新。

三、为终身体育打基础的原则

（一）为终身体育打基础原则的概念

为终身体育打基础原则是指，在体育教学过程中，教师在设计教学目标、安排教学内容，选择方法和实施教学评价时，都要把当前的教学活动和终身体育的目标相结合，既要完成这个学校的体育教学目标与任务，又使其教学效果能为学生的终身体育需要打下基础，为其学校后的体育生活，提供知识、兴趣、习惯和能力准备。

（二）为终身体育打基础原则的依据

①终身体育思想的产生和发展与终身教育观的产生和发展以及现代社会发展对体育的需求有密切的关系。1965 年法国议会立法文件首先提出“终身教育”的概念，同年，联合国教科文组织成人教育家、法国保罗·郎格朗在国防成人教育促进委员会上提出了终身教育的提案，他认为教育应当是每个人一生的继续过程。以后，于 1970 年“国际教育年”联合国教科文组织讨论并促进了终身教育的发展，在 1972 年国际教育发展委员会发表的文件《学会生存—世界教育的今天和明天》中，把终身教育列为发达国家和发展中国家在今后制定教育政策时的指导思想，当今终身教育思想已成为一种有影响的世界教育思潮。终身教育思想认为，学校教育的意义在于限定的教育阶段里，培养学生在各种环境下都能独立地进行自我学习和自我发展的能力。因此，作为教学教育有机组成部分的体育教学，必须以终身体育作为指导思想。保罗·郎格朗在他的代表作《终身教育引论》中提到“如果将学校体育的作用看成是无足轻重的事，不重视学校体育，那么，学生进入成年阶段后，体育活动就不存在了。如果把体育只看成是学校这一段的事，那么，体育在教育中就变成了插曲”。随着我国社会主义市场经济体制的建立和完善，以及社会经济的不断发展，人们的物质生活和文化生活将日益改善，劳动时间缩短，余暇时间增多，体育必将成为人们生活中不可缺少的内容。我们从终身教育体系的构成和人生机体机能活

动规律中我们可以看到，终身体育可由人生模式来划分与确定人生各个阶段的体育教育过程。

从人机体活动演变的规律来看，人的一生大致可分为三个时期：第一是生长发育期，这个阶段从胎儿到青年期（0～25岁），主要是促进正常和健康地生长发育；第二是成熟期（25～45岁），主要是保持旺盛精力与充沛体力；第三是衰退期（45岁以后），主要是延缓衰退、延长工作年限，保持健康长寿。

学校体育是终身体育的重要组成部分，也是终身体育的基础，而终身体育又是学校体育的延缓和发展，只有认清它们这种教育衔接关系，才能完成学校体育所赋予的任务，提高学生终身体育能力。学校体育与终身体育在教育衔接上存在着薄弱的环节，所以完善和改进它们的教育衔接是我们亟待解决的问题。

②现代社会发展是学校体育教学提出终身体育教育的主要依据之一。现代科学技术的高度发展，引起生产方式和生活方式的巨大变革，现代生产由传统的生产方式向机械化、自动化、精密化、智能化、电气化的方向发展，人们在生产中的身体活动被现代技术装置所代替，体力劳动越来越少，而脑力劳动却逐渐增加，脑体发展不均衡的现象日益明显，因此，就导致出现大量的文明病和体质下降。所以，人们根据“生存、享受、发展”的需要，对怎样度过和享受余暇生活越来越重视。正是如此，现代社会发展要求学校体育教学要培养学生在各种环境下都能够独立地进行体育锻炼，以适应现代化生产和生活方式，可见现代化社会发展对学校实践终身体育提出了迫切的要求。

③现代教育发展为学校体育教学增添新要求，20世纪50年代国人就提出大学毕业生要为国家健康工作五十年，要做到这样，不能认为在学校里锻炼了身体就可以受用一辈子，而要不断地锻炼，因此，培养学生进行终身体育锻炼态度、意识、习惯、能力就成为一项具有时代特征的重要任务。

④新《体育与健康课程标准》的要求，在体育与健康课程标准的内容中，多次提及到要培养学生参与体育活动的兴趣和爱好，形成坚持锻炼的习惯和终身体育的意识。

⑤全民健身计划的要求，全民健身计划要求“……努力做好学校体育工作，要对学生进行终身体育教育，培养学生体育锻炼意识，技能与沟通”。只有在体育教学中把握为终身体育打基础的方向，才能更好地使课内、课外、学校、家庭和社会体育相衔接起来，进一步推动全民健身计划的实施。

（三）贯彻为终身体育打基础原则的要求

①在体育教学中要使学生对体育有正确的认识和态度，树立终身体育锻炼的习惯，使体育活动成为学生生活中不可缺少的内容。必须从小要使学生懂得体育道理，运动对身体的好处，同时，把锻炼的自觉性和科学的锻炼方法结合起来，才会收到积极的效果养成习惯。

②在体育教学中要注意长期效益和短期效益相结合，让学生掌握1～2项终身享用的体育项目。不仅着眼于当前课堂、单元、学期教学任务，而且还要放眼于几年、几十年后的体育教学效应。

③要教会学生学习体育的方法。在当前的体育学习中，不可能全部把学生终身可能从事的体育内容所传授，随着时代发展，一些新兴的体育活动的出现和个体自身的变化，一个人从事体育的内容是在不断地变化的，这就需要其有一定的体育学习和创新能力。

④注意特长培养，培养终身体育意识。有研究表明：体育学习和体育专长的形成对终身体育意识的培养具有十分显著的作用。教学中教师要善于发现学生的体育爱好，激发学生对体育学习的兴趣，为学生终身体育奠定基础。

⑤强调“终身体育”必须首先强化体育基础、体质基础。在中小学教育中，学生正处在身心发展的关键时期，也是一生中发展的敏感期，一旦失去或错过将会造成不可弥补的损失，所以在中小学生这一时期要打下良好的体质基础，还要把培养能力作为终身体育的基础来抓，要让学生系统地学习和掌握体育的基础知识、基本技术及技能与科学锻炼的理论和方法有机地结合起来，培养学生独立从事体育锻炼的能力。它包括：自我体育锻炼能力；自我设计体育锻炼能力；持之以恒体育锻炼的能力；自我组织与管理体育锻炼的能力；自我体育锻炼评估的能力；适应环境变化的能力等。为终身体育打下坚实的基础。技能，能力培育思想是终身体育思想的必备条件和基石。要形成终身体育习惯，运动技能在体育锻炼能力中起到了基石的作用，若失去了基石，习惯之形成就变成了空中楼阁。

四、多元评价原则

（一）多元评价原则的概念

多元评价原则是指在体育教学中对学生的学习评价要根据教学目标需要、学生的身心特点，对学生的体能、知识与技能、学习态度、情意表现、合作精神、心理发展与社会适应的效果多方面进行全面评价。真正体现面向全体学生、促进学生全面发展的基本理念，真正体现评价的公平性，在评价中不仅要关心学生的学习成绩，而且要发现和发展学生各方面的潜能，了解学生发展中的需求，帮助学生认识自我、建立自信。

（二）多元评价原则的依据

①评价是人类所特有的一种认识活动，它是人类对自身实践活动自觉的鉴定和反思的过程，其实质在于促使人类实践活动日趋完善，从而更加符合事物发展的客观规律。正如斯塔佛比姆所说：“评价最重要的意图不是为了证明，而是为了改进”。为了实现新课程改革发展目标，必须建立体现新课程教育理念的评价理念和评价体系。关于新课程的评价理念，在《基础教育课程改革纲要（试行）》中有明确的表述：改变课程评价过分强调甄别与选拔的功能，发挥评价促进学生发展、教师提高和改进教学实践的功能；建立促进学生全面发展的评价体系。评价不仅要关注学生的学业成绩，而且要发现和发展学生多方面的潜能，了解学生发展中的需求，帮助学生认识自我、建立自信，发挥评价的教育功能，促进学生在原有水平上的发展；建立促进教师不断提高的评价体系。强调教师对自己教学行为的分析与反思，建立以教师自评为主，校长、教师、学生、家长共同参与的评价制度，使教师从多种渠道获得信息，不断提高教学水平。

②新课程教育理念的评价理念与当今世界各国课程评价改革的发展方向是一致的，而体育教学评价一直是一个薄弱的环节，这已是不争的事实。虽然近年来我国体育教学评价理论研究取得了长足的进展，但是仍然没有形成系统的理论总结，特别是在向素质教育思想转型的过程中，更缺乏实践的全面检验。

研究发现，我国体育教学评价尚存在一些亟需解决的问题，概括起来主要有以下几个方面：

对体育教学评价认识有偏差。体育教学评价是体育教学过程中的一个重要环节，它的目的主要有两个：一是检查教师的教学情况，帮助教师发现问题，找出不足，从而有的放矢地改进教学工作。二是让学生了解自己在某一阶段的学习情况和需要改进的地方，在此基础上进一步提高学习效果。但是在实际工作中，无论是教师还是学生都存在着对体育教学评价工作认识上的偏差，普遍存在为评价而评价的问题。

体育教学评价思想观念陈旧。当前，对体育教学评价结果仍然采用数字或文字等级的形式给予表述。这种受"技术理性"和"工具理性"所支配的评价方式，与"应试教育"是相一致的。它强调的是体育教学评价的"筛选"与"评判"功能。这种评价取向是以"量化研究"的方法为基础，以预定的课程目标为标准进行测量、分析与统计。它力求的"科学性""精确性""客观性"和"一律性"虽然在一定程度上反映出了被评价对象预期的能力指标，但仅此而已，它无法直观而实在地论证人的潜在发展能力，更不能论证人的行为的主体性、创造性以及高级心理过程。这种评价方式的最大缺陷在于把人客体化、简单化了，忽视了人的自身。

体育教学评价的内容与标准缺乏科学性。传统的体育教学评价制度主要是以考核的形式实现的，考核的对象主要是学生。由于长期受传统学科课程思想的影响，现行的体育教学评价只能限定于各孤立的分科课程，并不涉及课程之间的整合。因此，现行的体育教学评价主要关注于学生在知识、技能和身体素质等认知方面的发展，忽视学生在情感、意志、个性、人格等非认知因素的发展；它注重体育教学的结果，忽视体育教学的过程，更对学生的发展性目标，如终身体育的能力、学习的能力、合作与沟通的能力、批判创新的能力以及个人与社会责任等方面缺少必要的评价，而这些不仅体现了素质教育的深邃内涵，更是21世纪体育教师所应具备的能力与素质，因此，现行的体育教学评价无论在评价内容，还是评价标准：的制定上都存在着明显的缺陷。

体育教学评价方法单一。从评价的性质上划分，评价有量化评价和质性评价两种。量化评价就是力求摒弃主观情感和导向，把教学过程中的各种情况转化成数据或量化表，进而在此基础上进行分析、比较并判断对象成效的过程。质性评价就是力图通过自然的调查，以及师生之间平等的对话和细致的对照观察、体验，以超越"自我"的境界全面而充分地提示和描述评价对象的各种特质，促进理解的过程。很显然，量化评价回答了"是什么"或者"有多少"的问题；而质性评价更关注的是"什么样""什么方式"或者"最大程度"之类的问题。我国现行的体育教学评价大都采用量化评价的方法。因此，其弊端是显而易见的。众所周知，体育教学是一个复杂的过程，如果把教学过程中可能出现的各种现象和问题、仅为数值或量表的方式表现出来，必定是不全面的或不完整的。

③体育教学目标的要求，体育教学目标中要求学生在体育的学习中要全面发展，身体素质要全面发展，身体、心理要全面发展，智力与非智力因素要全面发展，新《体育与健康课程标准》将学习领域目标更明确地分为运动参与目标、运动技能目标、身体健康目标、心理健康目标、社会适应目标。所以我们在对体育教学中学生的学习评价必须多元化。

④美国心理学家加德纳的多元智力理论。加德纳认为，我们的智力是多元的，人除了言语/语言智力和逻辑/数理智力两种基本智力以外，还有其他七种智力，它们是视觉/空间关系智力、音乐/节奏智力、身体/运动智力、人际交往智力、自我反省智力、自然观察智力和存在智力。不同的人可能擅长于特定的智力方式学习，因而人类的知识表征与学习方式存在不同的形态，个别差异不可忽视，如果个体可以使用不同的智力方式来学习、记忆、应用知识和创造实践，

那么采用一元教学评价显然是有局限的，取而代之的应该是多元的评价。

⑤体育教学过程的规律。体育学习过程是一个闭环通路系统，信息的流向是循环的，其中信息的反馈非常重要，教师要根据反馈信息及时的调控教学过程，学生要依据评价结果获得学习的动力和调整，进而使教学处于良性运行，而这种反馈的信息必须是全面的、多元化的。

（三）贯彻多元评价原则的要求

①教师和学生对教学评价时要注意教学评价的严肃性、客观性、科学性、准确性、一律性。

②教学评价要与学生的个体实际相结合，不能搞“一刀切”，要将相对评价（为了对每个体在群体中所处的相对位置做出区分而进行的评价）和绝对评价（是以教育目标为基准，对每一个评价对象达成目标的程度做出的判断）相结合；客观评价与主观评价相结合；终结性评价与过程性评价相结合；强调个体评价依据每个学生的实际进步情况进行考评的思想，而不是以统一的标准要求所有的学生。

③评价内容注意多元性，不仅要注意学生体质、体育技能的提高，而且要注意其道德、心理意志品质的发展，要有重点、有体育特色，在实际体育教学中学生学习评价，应包含如下内容：学生的生长发育情况，如身高、体重、肺活量等与标准值的对照；体能测试侧重于对学生与健康有关的体能进行测试，例如利用体能测试的专门手段来测试学生的心肺耐力、肌肉力量、肌肉耐力、柔韧性等；体育与健康知识与运动技能，如各项运动的基本知识和技能的掌握程度，这有助于学生获得和提高自主锻炼的能力；学生的学习态度、积极参与运动的行为、运动习惯等；意志品质、情绪状态、自信心等；交往能力、合作精神等。

④多元化的评价时，要渗透到教学过程的每一环节、一学年、一学期、一单元、一节课等等。

五、终极关怀与现实关切的融合

人文精神与现实之间总保持必要的距离，正是这种距离美，使人文精神能在终极关怀（对人类命运和人类意义的深层思考）、终极价值（如真善美）的层面上高瞻远瞩。同时，人文精神又总是具体的关注人的意义、价值取向、情感健康和个性发展等问题。

终极关怀是站在一定的高度，超越个体的、民族的、意识形态等方面局限性。用整体性、批判性的观点关注人类的未来，形成人文理想、人文预警、人文总体性视野等。

人类的这种终极关怀，是对人类及其文明的终极命运的关注。在数字化时代的今天，人在全面征服自然的同时也全面地失去了自然的保护和制衡作用，人在创造的同时也存在着自我的毁灭，终极关怀已变得触手可及。

“终极关怀与现实关切是相互关照的，终极目标是现实生活的指向，现实关切是终极关怀的基础，缺乏终极关怀视野的现实关切是急功近利的，短视的，往往利弊相抵，不植根于现实关切的终极关怀是空洞无力、无意义的。当代，终极关怀与现实关切两相背离的现象被两极融通所替代。”

现实关切产生的问题意识使人文关怀产生诸如危机意识、忧患意识等，对现实状况予以关注；而以终极关怀为宗旨的现实关切，也通过实践环节而影响着人类文明发展的方向。

六、理想状态与现实层面的交织

简而言之，人文精神的理想状态是对自己精神世界的把握，最大程度地发挥人的潜力和发展人的理想状态，属上限；现实层面是人的基础生存理念，属下限。而这两者都是随时代和人类文明发展程度而改变、提高的。

现实的社会人在自然人和理想人这两个永远不可能恢复和永远不可能到达的极地间跋涉，人总是极力将自己从自然界、动物界提升出来，以能够以人的方式生存而自豪，当遭受非人的待遇时则感到悲哀，这就是最起码的人性、人权的问题。而人的升华是有限度的。当宗教的提升否定人、藐视人的进步，当道德的提升到了灭绝情欲排斥幸福的地步，当艺术的提升到了不为人理解的悖谬荒诞的地步，必然招致人本能的反对。

人类的世界在日新月异的变化，人类也在这种发展中重塑着内心世界，开拓人类文明的新境界。

大学既是知识的田野，也是精神的圣殿。它具有传播知识，大学才能实现自己的理想；只有回归大学，人文精神才能获得自己的家园和传承文化的双重使命。对精神家园的关注和守护，构成了大学人文精神的灵魂。只有接纳人文精神，大学才能实现本真理想。

第六章　人文精神视阈下高校体育教学内容的丰富

第一节　体育教学内容基本理论

一、体育教学内容的概念和含义

（一）体育教学内容的概念

体育教学内容是为了达到体育教学目标而选用的体育知识和技能的体系。它是在体育教学实践中教师教与学生学的实践材料，是教育者按照育人的要求，在总结前人体育和教育实践经验的基础上，遵循一定的原则和程序，从丰富的体育知识和技能中认真精选出来的。其又是联结教师与学生的“中介和媒体”，是师生进行信息交流的重要“纽带”。体育教学内容往往制约体育教学方法和教学手段，也是直接关系到体育教学目标和课程目标是否能够实现的关键要素。

（二）体育教学内容的含义

体育教学内容的概念包含以下两层含义：

1. 体育教学内容有别于一般的教学内容

首先，它是依据体育教学的目标选择、根据学生身心发展需要和教学条件精选和加工出来的体育内容；其次，它是以大肌肉群的活动状态进行教育的内容，主要包括体育练习、运动技术学习和教学比赛等形式；最后，它是在一定体育教学条件下进行传授的。

2. 体育教学内容有别于竞技运动的内容

首先，体育教学内容是以教育为目的，而竞技运动内容则不是以教育为目的，而是以娱乐和竞技等为目的；其次，体育教学内容必须根据教育的需要进行必要的改造、组织和加工，而竞技运动内容则不必进行这种改造。

体育教学内容在形式上与其他学科的教育内容相去甚远，体育教学内容来源于娱乐、竞技等内容，却在体系上大不相同。这就形成了体育教学内容独特的性质和在教育内容中的独特位置，使得体育教学内容的选择、加工以及教学过程都更加复杂。

（三）体育教学内容的意义

体育教学内容对于实现体育教学目标有十分重要的意义，它是构成教学活动的基本要素．是实现体育教学目标的重要条件，每一项体育教学内容的完成都使得整个体育教学工作更接近于最终体育教学目标的实现。

体育教学内容是体育教师教学的直接依据，体育教师必须深刻理解和熟练掌握它们，达不到此项要求就不能算是合格的教师。同时，由于社会对体育教学的要求不断提高，体育教学内容处在动态发展中，而特定时期内人的认识能力总有局限性，因此，体育教师对教学内容的学习和钻研也不能一劳永逸，而必须坚持不懈地进行。体育教师对教学内容不断学习和钻研的过程，就是教师经常性达到合格标准和不断提高自身业务水平的进步过程。

体育教学内容应该是在充分研究学生的身心发展特点和已有体育水平的基础上选择和确定的，因此它应当能对学生身心的进一步发展起到积极的促进作用。但是，这种积极作用的发挥要从理论上的可能性变为现实性，还必须经过在教师有效组织和指导下的学生对教学内容的努力学习和训练。这就要求体育教师必须善于教育学生，善于把国家规定和教师选定的教学内容变成学生实际感知的自我发展需要的学习内容，从而使教师负责地教和学生能动地学统一于完整的教学活动之中，使教师教有所进，使学生学有所得。因此，科学而合理地选定体育教学内容，有利于学生顺利获得体育知识和技能，锻炼身体，增强体质，形成正确的体育意识和养成良好的行为习惯，并有利于培养学生良好的思想品德，发展学生的个性。

三、体育教学内容的共性与个性

（一）体育教学内容与教育内容的共性

由于体育教学内容是教育内容的一个有机部分，因此，它具有与教育内容共有的特点，这些特点是：

1. 教育性

由于体育教学内容是对受教育者进行教育的媒体，所以为人们把这些身体活动选为体育教育的内容时，首先想到的是它的教育性。体育教学内容的教育性体现在：①对学生的身心发展有好处；②摒弃了落后的东西（如赌博、伤害性搏斗等）；③既有冒险性又比较安全；④适合于大多数学生；⑤避免过于功利性。

2. 科学性

由于体育教学内容是在学校进行的有目的有计划的系统的教学内容因此，体育教学内容必须同其他教育内容一样，具有很强的科学性。体育教学内容的科学性主要体现在：①具有丰富内涵，是人类文化和科学的结晶，如身体科学原理、锻炼科学原理、训练科学原理以及相关的社会科学原理等；②科学和文化含量高；③内容的编制和教学遵循有关教学内容编制和教学的科学规律与原则。

3. 系统性

体育教学内容的系统性表现在：①体育教学内容本身的系统性，即体育运动内在的规律使内容与内容之间、项目与项目之间、技术与技术之间有着某种相关的联系和制约因素，形成体育教学内容的内在结构，而这一内在的结构是我们编制体育教学内容的依据。②根据教育的目标、学生不同年龄阶段的生长发育特点、教学环境和教学条件，认识体育教学内容的内在规律性特点，系统地、逻辑地安排各个学校、各个年级的教学内容，并处理好它们之间的相互关系。

（二）体育教学内容的特性

体育教学内容除了在上述三点与其他教育内容具有共性外，还有它的特性，对这些特性的理解对于从事体育教学的人来说也是非常重要的。体育教学内容的特性有：

1. 运动实践性

运动实践性是体育教学内容最突出的一个特点。这里的运动实践性是指体育教学内容的绝大部分都是以身体练习形式进行的，体育教学内容与体育实践活动密切相连，受教育者本人必须在从事这种以大肌肉群运动为特点的运动时才可能真正学好这些内容，通俗地说，就是只用语言的传递，只靠看、想、听是无法学好体育教学内容的。当然体育教学内容中也有知识和道德培养的内容，但是体育内容中的知识学习和道德培养，也必须是通过运动学习和实践体验，通过运动中的本体肌肉感觉和记忆才能准确获得的，这一点与其他学科的教育内容形成鲜明的对比。

2. 娱乐性

如前所述，体育教学内容来自于各种身体活动，而这些身体活动的绝大部分又是来自于人的娱乐性运动，所以体育教学内容自然内含着运动的乐趣和娱乐性。这些运动的乐趣体现在运动学习和运动竞赛过程中的竞争、协同、克服、表现等心理过程中，体现受教育者对新的运动的体验和对学习进步的成就感，体现在运动的环境、场地、比赛规则、比赛形式等变化和加工方面，当受教育者在从事体育教学内容时，必然存在对这些运动乐趣的追求动机，体育教学的效果也受到体育教学内容娱乐性的影响，这也是体育教学内容与其他文化课内容的重要区别。

3. 健身性

由于体育教学内容中的很大一部分是以大肌肉群的运动为形式的技能学习与练习，体育教学内容的学习就必然会对身体形成一定的运动负荷，因此在运动量合理的情况下，参加体育教学内容的学习和练习时，都会对身体产生锻炼的作用，虽然这种锻炼作用由于教学时间的安排、量的多少和学习的目标的优先等各种因素，经常处于非组织性的状态（即对健身作用的难以控制性），或者说只是一种副产品的状态。针对这样的情况，在教学实践中有很多追求体育教学内容健身性的努力，如在编制体育教学内容时根据受教育者不同的身心特点将这些健身作用进行科学化的设计和控制、在体育教学中将以身体不同部分为主的内容进行搭配、在教学过程中对运动负荷大小进行合理安排、对每个教育内容的健身效果进行评价等，可以说，体育教学内容的健身性特点是其他教育内容所不具备的。

4. 人际交流的开放性

由于体育教学内容多是以集体活动的形式来进行的运动的学习和竞赛，而运动是以位置的变动方式来进行的，在运动学习、练习和比赛中人的交往和交流又是极其频繁的，因此体育教学内容与其他教育内容相比具有更明显的人际交流的开放性，体育教学内容以这种人际交流的开放性为基础，构成对集体精神、竞争、协同培养的独特功能，使得体育教育内容的学习过程中的师生、生生之间的关系更加密切、开放，一些以小组进行的内容使得组内的分工明确，体育学习中的各种角色变化远远多于其他学科的学习。

5. 空间的约定性

体育教学内容还有一个“空间约定性”的特点。这是因为有很多运动是在固定的场地上进行的，甚至是以场地来命名的，如“田径”“沙滩排球”“郊游”等。换句话说，如果这些内容离开了特定空间的制约，其内容就会产生质的变化，甚至内容本身就不存在了。由于体育教学内容的空间制约性，使得体育教学内容对场地器材具有很大的依赖性，而且使得场地、器材、规则本身也成为体育教学内容的重要组成部分。

四、体育教学内容的层次和分类

（一）体育教学内容的层次

关于体育教学内容的层次，我们可以从宏观和微观两个层面进行分析。从宏观层面来讲，体育教学内容包括三个层次，即上位层次——国家课程和教学内容，中位层次——地方课程和教学内容，下位层次——学校课程和教学内容；从微观层面来讲，体育教学内容有四个层次，即第一层次——课程标准所规定的学习领域，第二层次——课程标准所示的水平目标，第三层次——教学硬件与软件，第四层次——具体练习方法与手段。以下分别从宏观和微观两个层面进行分析。

1. 宏观层面

1999 年 6 月，中共中央国务院召开全国教育工作会议时明确提出：调整和改革课程体系、结构、内容，建立新的基础教育课程体系，试行国家课程、地方课程与学校课程。这表明中国基础教育课程模式正在从原来单一的国家课程模式走向国家、地方、学校三级课程模式。根据这一基本思想，体育教学内容从宏观层面来看，可以分为三个层次：

上位层次——国家课程和教学内容。国家课程和教学内容是体育教学内容的上位层次。它是国家教育行政部门规定的统一课程和教学内容，它体现国家意志，是专门为未来公民接受基础教育之后应该达到的共同体育素质而开发的体育课程和教学内容。国家体育课程和教学内容的开发主要是根据按不同教育阶段的性质与培养目标来制定的体育课程标准或教学大纲以及编写的教学内容。它是一个国家基础教育体育课程框架的主体部分，它所涵盖的内容和所占的课时比例与地方课程和学校课程的内容和课时比例相比是最多的。因此，它在决定一个国家基础教育的体育教学质量方面起着举足轻重的作用。

中位层次——地方课程和教学内容。地方课程和教学内容是体育教学内容的中位层次。它是在国家规定的各个教育阶段的体育课程内，由省一级的教育行政部门或授权的教育部门根据当地的政治、经济、文化、民族等发展的需要而开发的体育课程和教学内容。地方课程和教学内容在充分利用地方体育教育资源、体育基础教育的地域特点，增强体育课程和教学内容的地方适应性方面，具有重要的价值。

下位层次——学校课程和教学内容。学校课程和教学内容是体育教学内容的下位层次。它是以学校教师为主体，在具体实施国家课程和教学内容、地方课程与教学内容的前提下，通过对本校学生的特点和需求进行科学评估，充分利用当地社区和学校的体育教育资源，依据学校的办学思想而开发的多样性的、可供学生选择的体育课程和教学内容。学校课程和教学内容的开发主要依据国家教育方针、国家或地方体育课程和教学内容、学校办学理念、学校评估需要以及学校课程资源，强调以学校为主体和基地，充分尊重和满足学校师生的独特性和差异性，特别是使学生在国家课程与地方课程的教学内容中难以满足的那部分发展需要得到更好的补充。

国家基础教育体育课程和教学内容体系的建设，包括国家课程和教学内容、地方课程和教学内容以及学校课程和教学内容三个部分（层次）的建设，是由国家、地方、学校共同完成的，它们各自承担的职责有所侧重，范围和比重也有所不同。

2. 微观层面

教学内容是课程的载体，从教学内容论的角度来看，教学内容具有多义性，从微观层面，按照具体化的程度，体育教学内容可以分为四个层次：

第一层次相当于体育课程标准所示的学习内容，如体育与健康课程标准规定的“运动参与、运动技能、身体健康、心理健康、社会适应”五个学习领域。这是通过分析活动领域来表述的，它不是通常意义上的体育教学内容。

第二层次是第一层的具体化形式。从某种角度说这是能力目标分析，不是通常意义上的体育教学内容，如体育与健康课程标准明示的水平目标：获得运动的基础知识，说出所做简单运动动作的术语（转体、侧平举、体前屈、踢腿等）。

第三层次是教学中具体运用的硬件与软件，也就是通常所说的“教学内容教具”，如篮球、足球、体操、武术等，以及有关的场地器材。这是通常意义上所说的体育教学内容。

第四层次是具体的练习方法手段，即某项教学内容（如足球）的下位教学内容，如练习教学内容（足球运动中的各种练习方法），游戏教学内容（与足球运动关系密切的游戏），认知教学内容（与足球运动关系密切的知识）等。

（二）体育教学内容的分类

1. 体育教学内容分类的基本要求

体育教学内容有别于其他的教学内容，体育教学内容具有多种属性与功能，要对丰富多彩的体育运动项目与身体练习进行合理的分类，需要遵循下列基本要求。

（1）符合教育价值取向

体育教学内容的分类应随着社会发展和国家教育方针的要求而不断变化，一成不变的体育教学内容的分类是不存在的。因此，进行体育教学内容的分类应有与时俱进的观念。

（2）服务于体育课程目标

体育教学内容是实现体育课程目标的手段，体育教学内容的分类要为实现体育教学目标服务。由于体育教学内容具有多功能的特点，在进行体育教学内容分类时要考虑每一个体育运动项目或身体练习的主要特点与功能。

（3）符合学生的身心发展规律

不同年龄的学生无论是在生理上还是在心理上，都具有鲜明的阶段性特点。体育教学内容的分类必须充分考虑学生的特点，如在小学低年级体育教学的运动技能的维度目标主要是发展基本活动能力。这一阶段采用基本活动能力与游戏的分类比较适宜，这样分类有利于发展小学生的基本活动能力和培养他们对体育的兴趣，为以后的体育教育打下坚实的基础。

（4）有利于体育教学实践

体育教学内容的分类要有为体育教学实践服务的理念。在具体的体育教学内容分类中，还要有利于体育教学实践中体育教师对体育课程内容的选择与安排。体育教学内容的分类既要合理又要科学，分类的正确与否将在实践中不断地被验证。

（5）应与体育教学方法和体育教学评价方法相联系

体育教学内容的分类应与体育教学方法和评价方法相互贯通，成为有机的整体，便于对体育教学进行有效的评价，即进行体育教学内容的分类要有系统的观念。

2. 常见的体育教学内容分类方法

体育运动项目成百上千，体育教学内容丰富多彩。在对体育教学内容进行分类安排时，常面临以什么样的逻辑进行分类的问题。正确地对体育教学内容进行分类，有利于更深刻地认识体育教学内容，并使之与体育教学目标协调一致。由于体育教学内容之间大多是平行关系，缺少纵向的逻辑关系，以及体育教学内容的可替代性等特点，体育教学内容的分类尚存在较大的争议。目前，体育教学内容的分类方法主要有以下几种：

（1）根据人体基本活动能力分类

根据人体基本活动能力进行分类，即按人类具有的走、跑、跳、投、攀登、爬越、钻、负重等基本活动能力，将各种各样的运动项目、身体练习等重新进行分类组合。

这种分类对于有目的、有针对性地培养学生基本活动能力是比较有利的，且不受现有正规的体育运动项目的局限。因此，这种方法不仅有利于组合教学内容，而且也有利于协调学生的各种身体动作和发展基本活动能力，比较适合低年级。但这种分类对于学习掌握体育运动技能、发展体能具有一定的局限性，不容易满足高年级学生学习体育运动项目的要求，易使其缺乏学习体育的动机。

（2）根据身体素质分类

提高学生身体素质是体育教学的目标之一。根据身体素质进行分类，即按速度、力量、耐力、灵敏、柔韧，或按与动作技能相关的体能，如速度、力量、灵敏、协调、平衡、反应等，或按与健康相关的体能，如心肺耐力、柔韧性、肌肉力量、肌肉耐力、身体成分等，将各种各样的运动项目与身体练习重新分类组合。

这种分类方法在提高学生身体素质方面分类明确，有利于帮助学生正确认识各种体育运动项目与身体练习和发展体能的关系，并利于有目的、有针对性地发展学生的体能。但是，由于许多项目并不是单纯提高某一方面身体素质的，所以这种分类显得不够准确，而且这种分类往往容易带来对体育教学内容的文化特性的认识不足，从而导致学生忽视对体育运动的文化学习。

（3）根据运动项目分类

根据运动项目进行分类是体育教学中最常见的教学内容分类方法，它是按照运动项目的名称和内容分类的，如球类、体操、田径、武术、体育舞蹈、冰雪运动、水上运动等，将各种各样的运动项目重新分类。

这种分类有利于根据体育运动项目的特点进行教学，因为这种分类与社会上进行的竞技运动相一致，在名称和内容上容易理解，有利于学生对竞技运动文化的理解和掌握。但是，这种分类方法容易将一些很有价值的但没有列入正规体育比赛的项目排除在选择的范围之外；即使是正式比赛的项目，也由于其在规则、技能等方面具有高水平特点，往往不符合学校教育的条件和学生的身心特征，需要对其做必要的改造，而改造后的教学内容也容易与原来的运动项目产生较大差异，成为一种似是而非的内容，从而影响学生对运动项目的理解和掌握。

（4）综合交叉分类

综合交叉分类就是把基本部分与选用部分、理论与实践教学内容、各项运动的基本教学内容与提高身体素质练习教学内容等相互交叉的综合分类方法。

这种分类方法能够反映学生不同年龄阶段身心发展特点和学生学习的基本要求，有利于达到体育教学的综合效果．既有助于保持运动项目的固有特点和系统性，又有助于加强身体锻炼的实效性，使运动项目的技术和发展学生身体素质的练习相互配合。但是，这种分类方法不是用同一标准进行的，违背了事物分类的基本原则。

（5）根据体育教学目标分类

这种分类也是体育教学中一种比较常见的教学内容分类方法。它是以人们赋予的体育教学要达到的目的为依据进行分类的。例如掌握体育运动技能的练习、发展体能的练习、掌握科学锻炼方法的练习、提高基本活动能力的练习、提高安全意识与能力的练习、发展学生心理素质的练习、提高学生社会交往能力的练习等。

根据体育教学目标分类可以对达到多种目的的身体练习进行人为的规定，使教学内容的目的性和教学方法更加明确，还有利于打破以竞赛为目的的教学内容编排体系，也使得竞技运动知识和技能的学习得到保障。

（6）根据体育的功能分类

我国教育部2001年颁发的《体育与健康课程标准》和2003年颁发的《普通高中体育与健康课程标准》，依据三维健康观、体育的本质特征、体育与健康课程领域的目标重新构建体育课程内容体系，将体育课程学习内容划分为运动参与、运动技能、身体健康、心理健康和社会适应五个方面。

第二节 体育教学内容的现状及影响因素

普通高校体育教学内容的设置与选择，在很大程度上影响着普通高校体育教学目标的顺利实现，也影响着教学方法、组织模式、教学评价等内容的实施。目前，我国高校的发展正处于积极快速的变革当中，高校体育教学内容的选择与设置是高校体育教学改革的重要任务之一。因此，只有设置合理的体育教学内容，才能贯彻国家“以人为本”“健康第一”的体育教学指导思想，才能培养出合格的素质全面的现代社会建设人才，真正做到“以人为本”“全面发展”，才能对学生进行有效的体育与健康教育，使学生养成终身体育锻炼的意识与习惯，提高身体健康水平与生活幸福程度，最终实现高校体育的目标。

一、普通高校体育教学内容设置中存在的主要问题

（一）关于现代体育的本质及理念的内容不够

现代体育作为西方文化传入我国的时候，便以其规则严谨、提倡公平竞争、团队精神等科学理念被国人接受，并在我国逐渐发展起来。但由于我国的历史及传统文化原因，仍然有不少人不能正确认识作为西方文化事物的现代体育的基本精神。在我国，长期以来人们对现代体育的认识存在着偏见。这主要表现为对现代体育的本质以及功能了解太少，人们对体育的理解和阅读仍然停留在旧有的观念上。多数人对体育的理解也仅限于把体育看成是竞技体育训练与比赛，认为竞技体育赛事是体育的全部内容，把“胜负”看成是现代体育的代名词。人们对大众体育以及学校体育的了解很少，竞技体育即体育的错误观点也被学生潜移默化地接受了。加之社会上很多人对于体育学科的发展知之甚少，进而也导致了体育学科与群体活动在多数学校得不到重视，体育行业在社会上的地位不被看好等现象产生。对于高校体育教学来说，目前，最迫切的任务是让社会大众真正地了解体育，向社会普及体育知识与理念。

同时，进入高校后，由于学生在对体育的认识与了解上的错误，会使学生对体育课堂教学效果的理想化（学生想在短时间内学到优秀运动员的技术）与实际教学效果形成反差，学生通

过传媒得到的关于体育的概况跟课堂上的教学内容形成反差，进而使学生对体育课失去兴趣。出现这种问题的主要原因在于很多高校学生对体育缺乏客观全面的认识，因此高校体育教学在内容的选择上要多一些体育的基本理论、体育概念与本质的知识，要让学生真正理解体育是什么，真正理解体育的功能与价值。

（二）运动项目设置休闲化倾向严重

由于社会发展以及人们休闲手段的不断开发与创新，近年来新兴的体育项目不断出现，很多高校片面强调学生兴趣，项目设置盲目求新、求异，在设置体育教学项目内容上迎合学生的追时髦、避重就轻等心理，盲目开设了许多新兴时尚体育项目，从而摒弃了一些传统的、有很高锻炼价值的项目，像器械体操、投掷、体育游戏、跑跳等运动项目。

传统的体育教学内容是体育文化宝库中的一块瑰宝，传统的不一定都是糟粕。其中有许多竞技体育的运动项目既有它的竞技性，也有它的健身性和娱乐性，对于培养学生体育兴趣、提高体育文化素养及掌握运动技能，对学生的人格塑造、创造力和意志品质的培养等具有多方面的作用。这类传统的体育项目经过了长时间的实践被证明是有价值的，在新的历史阶段与新的条件下可以做一些修改与变通以便在体育教学中运用，即使是一些竞技性较强的运动项目，也可以经过改革、创新变成学生喜闻乐见的教学内容。

（三）为避免伤病事故而使身体练习内容过于简化

随着“以人为本”教育思想的提出，国家法制化进程的加快，以及高校体育教学内容中项目设置数量过多造成体育师资跨项目教学胜任能力不够的现象，给体育教学实施造成了负面的心理影响，使学校和体育教师两方面都过于担心发生教学事故，从而造成高校体育教学的内容与手段过于简化，身体练习量与练习强度达不到应有要求。在当前高校体育教学中，普遍存在的问题是淡化运动技术学习，使体育课变成了简单的项目介绍。再加上体育课班级人数过多，以及体育场地设施的限制，学生课堂练习的密度与强度便很难达到所需水平。

体育的本质是对人自身的改造，决定了学校体育的活动性质是一种直接的实践活动。因此，体育一个最重要的方面便是以身体练习为手段。学校体育要从实践的体育教学本性出发，使学生真正成为体育实践活动的主体，拓展学生的实践空间，丰富学生的实践内容。如果没有适当的身体练习，高校体育教学的一系列目标便不能实现。科学合理地选择与设置教学内容，才是解决运动损伤、班级人数多、场地器材不足等问题的关键，一味淡化技术教学、降低学生课堂练习量与练习密度会使高校体育教学失去其应有的功能与意义。

（四）对体育基础理论知识的重视程度不够

体育理论知识是对体育实践活动的理性总结与概括，对体育实践活动进行指导，是体育的重要内容。只有充分了解体育理论知识，才能正确地理解体育，才能科学地进行个人体育实践活动。

目前在我国高校的体育教学中，对体育理论知识的重视程度不够，体育理论课的教学时数普遍偏少，一般都是在每学期体育课中集中安排 2 到 4 个学时的时间进行体育基本理论教学。在体育理论知识内容的选择上，也多半是以项目技战术理论及规则与裁判法为主，缺乏体育锻炼基本常识与身体安全教育，没有达到体育理论教学的目的，也不能达到《全国普通高等学校体育课程教学指导纲要》提出的提高体育文化素养的目标。

对于体育理论知识教学，应该选择体育的基本概念、原理、方法作为体育理论知识的主要内容，即教学内容的选择应以教育及体育知识本身固有的标准为依据，而不是以预设的学生行为结果为准绳。并且，体育理论知识的内容庞大而复杂，要想让学生对其有系统的认识，必须要花费一定的时间去认真学习。对于高校体育教学中的理论教学，应该系统化进行，而不是每学期第一周或者最后一周进行一两次象征性的理论教学，在很少的教学时间内很难对大学生进行全面的体育基础知识教育。

二、影响高校体育教学内容设置的主要因素

（一）体育思想对高校体育教学内容设置的影响

新中国成立以来，在高校体育教学领域出现了多种不同的体育教学指导思想。在新中国成立初期，由于政治上的原因，处处事事以阶级斗争为纲，学校体育也被蒙上了政治面纱。这一时期，在强国强种的军事体育思想影响下，我国体育发展借鉴苏联的经验，前国家体委于1954年颁布了《准备劳动与卫国体育制度暂行条例和项目标准》，在全国掀起了群众体育的热潮。这一时期的学校体育教学内容以跑跳、投弹、武术、军事体操等军事化训练内容为主，学校体育成了社会阶级斗争的工具。

在改革开放以后，受“竞技体育为先导”“体育强国”“体育产业化”等体育思想的影响，学校体育提出了“增强体质”“健康第一”等教学指导思想。进入21世纪，在“健康第一”思想的指导下，我国高校体育教学内容进行了大的改革与调整，改变了20世纪八九十年代的以发展学生的基础知识、基本技术和基本技能（简称“三基”）为目的的教学内容设置，取而代之的是能够有效提高学生综合健康水平和全面体育文化素养的教学内容。“健康第一”“以人为本”的高校体育课程教学指导思想，是高校体育为了适应快速发展的社会对高校人才的要求而提出的。在这一思想的影响下，高校体育教学内容也发生了很大的变化，很多高校体育项目的设置更丰富了，一改过去只有田径、武术、三大球等传统项目，还设置了形形色色的或传统、或时尚、或民族的各类体育项目，如健美操、跆拳道、轮滑、街舞、体育舞蹈、攀岩甚至高尔夫等流行和时尚的体育运动项目。自20世纪80年代中期以来，我国学校体育领域引进了“终身体育”和“快乐体育”的思想，越来越多的人对体育教学内容提出质疑，主张取消或减少竞技体育项目。这些不同的体育教学思想对高校体育教学的影响也是非常大的，于是在1990年末到新世纪初的一段时间里，结合国家的《高等院校体育教学指导纲要》精神，全国高校掀起了一股改传统体育教学模式为俱乐部制教学的教改热潮。

（二）课程目标对高校体育教学内容设置的影响

体育教学内容的设置的最重要的依据之一是课程教学目标。科学地选择教学内容是顺利实现教学目标的重要保证。教学内容具有很强的时代性，社会发展不同时期的体育教学目标会有很大的差别。比如，我国在开始改革开放后，国家教委在修订《高等学校普通体育课教学大纲》时不再以增强学生体质为主要目的，而是改为以提高学生健康水平为主要目的，也对教学内容作了大量的改进，把原来复杂的、脱离社会需要和不能满足学生体育需要的教学内容进行调整。为了适应新的社会变化及发展的需要，2002年教育部印发《全国普通高等学校体育课程教学指导纲要》（以下简称《纲要》），其中规定了高校体育课程的五个领域：运动参与目标、运动技

能目标、身体健康目标、心理健康目标和社会适应目标。该《纲要》不仅是课程管理和评价的基础，而且是体育教材编写、体育教学内容选择的重要依据。

（三）学生身心特点、体质及健康状况对高校体育教学内容设置的影响

高校体育教学内容设置的又一重要影响因素是学生的身心特点、体质及健康状况。学生在不同的年龄阶段有不同的生理及心理发展特点，进入大学阶段后，其身体素质发展逐渐接近成年人的水平，心理能力发展稍滞后于机体素质的发展。所以在高校体育教学中，不仅要促进学生的身体健康，发展学生运动技能，还要提高学生社会适应能力和心理健康水平，只有科学地设置体育教学内容，才能实现高校体育教学的目标。在改革开放前的很长一段时间里，我国体育教学过分强调工具性质，教学过程过于注重强迫性的生物训练，教学内容机械、呆板、枯燥和整齐划一，压抑了学生的个性，背离了学生的身心特点。

学生作为高校体育教育的对象和自我教育的主体，很长时期内没有被重视起来。高校体育教学质量的高低，教育效果的好坏，必然要通过学生才能体现出来，所以体育教学内容的设置必须考虑学生的身心发展特点与状况。根据不同身体条件的学生，选择不同的教学内容，开设不同的体育课程，是贯彻《全国普通高等学校体育课程教学指导纲要》指导思想、满足不同学生体育需要的唯一途径。比如对身体素质较差的学生开设综合素质提高班，以循序渐进来提高这些学生的身体机能与素质水平；对身体素质较好的学生可开展竞技提高班，以满足他们进一步提高身体素质与进一步学习项目技术的需要；而对身体有残疾或体质特别弱的学生可开设体育保健班，以促进他们的体质水平不断提高。

（四）地域环境与社会文化环境对高校体育教学内容设置的影响

体育作为一种社会文化事物，其地域文化特点鲜明，不同的地域环境会形成不同的社会文化环境，不同的社会文化环境会滋生不同的体育文化。不同的学校，都可根据所处的不同的地理与文化环境，在体育教学中选择开设一些具有学校自身文化特点的体育运动项目。

在不同地域环境与社会文化环境中，合理开发体育教学内容资源，对高校体育教学内容设置具有重大意义。除了众所周知的中华武术以外，各地、各民族也有许多体育活动内容值得挖掘和开发，例如摔跤、叼羊、划龙舟、抢花炮、扔沙袋等等。当然，我们提倡的并不是原汁原味地照搬，而是经过挑选，加工改造整理，使其教材化，具有教育性、科学性、主体性、探究性、应用性和发展性，适合学生参加锻炼，能增进学生身心健康。传承优秀的传统文化也是体育教学的重要功能。体育教学内容的设置无疑是要吸收我国历史悠久的传统体育内容，使这些宝贵的文化遗产得以继承，这也就是体育教学内容的继承性特点。可见，地域环境与社会文化环境对高校体育教学内容的设置有深刻的影响。

（五）体育商业化等社会因素对高校体育教学内容设置的影响

现代社会经济的高度发展，使各类体育活动的商业化程度日益提高，从而使体育消费与时尚体育活动影响到在校的大学生对体育的解读。同时，媒体对体育的大肆宣传影响了高校学生对体育的认知、态度与行为。

媒体对各类或时尚的、或刺激的、或新异的体育运动项目的大力推介，增加了社会对这些流行体育项目的热衷，高校学生更是体育迷中的主力军。所以在很多高校的体育教学内容中都设置了现今比较流行的时尚体育项目，比如足球、体育舞蹈、网球、跆拳道、保龄球、攀岩、定向越野甚至高尔夫球等等。

商业化在加快体育文化传播的同时，也影响到高校体育教学的诸多方面，容易使高校体育教学目标变得模糊或功利化，也易使高校体育教学内容的设置偏离正确的方向。

第三节　人文精神视阈下高校体育教学的内容构建

一、体育教学内容的来源

（一）采纳上级课程文本的建议

上级课程文本是国家教育行政部门规定的统一课程和教学内容，它体现国家的意志，是专门为未来公民接受基础教育之后应该达到的共同体育素质而开发的体育课程和教学内容。上级课程文本开发主要是根据不同教育阶段的性质与培养目标而制定的体育课程标准或教学大纲以及编写的教学内容。它是一个国家基础教育体育课程框架的主体部分，具有一定的政策性和方向性，因此，在决定一个国家基础教育的体育教学质量方面起着举足轻重的作用。所以，地方、学校在选择教学内容时应采纳上级课程文本的必要建议，但是一定要结合地方和学校的具体情况，而不能盲目照搬。

（二）修改上级课程文本的规定

上级课程文本的制定都是从全国或全省的整体情况考虑，对全国或全省进行整体规划。所以不可能考虑到每个地区和每个学校的具体情况，所以上级文本必定有不符合地方和学校的具体情况的部分，对此部分应进行必要的修改。另外，上级课程文本毕竟概括性很强，地方和学校应进行相应的条文细化，在细化过程中也要进行必要的补充与修改。但是在修改上级课程文本时一定不可违背上级的意图、重要的规定与要求，不可曲解上级文本的精神。修改时主要是对上级文本规定的具体教学内容、教学方法、资源配备、场地和人员情况进行改动。如南方不适合开展冰雪运动可多开展水上运动，而北方恰恰相反。一些体育传统院校完全可以根据本校学生的技术水平提高教学的具体要求。

（三）参考上级课程文本的建议

上级课程文本除了一些指令性的东西外，也考虑到各地的不同情况，希望给地方、学校、体育教师一些自由的空间、自由发挥的余地，所以在某些内容上也没有限制得过死，而是给地方和学校一些建议。对这些建议，各地方和学校可以适当的参考。《体育与健康课程标准》在教学内容上实行“开放”和“放开”的政策，目的就是给地方和学校以最大的自由度安排适合地方特色和学校特点的教学内容。《体育与健康课程标准》给出的教学内容也只是给地方和学校以参考和建议。参考时应考虑到上级课程文本选定此教学内容的目的和意义，本学校是否有条件开展此项教学内容，是否和其他教学内容的选择产生冲突等。

（四）延续传统的体育教学内容

传统的体育教学内容在我国的学校体育中延续多年，学校也有丰富的场地、器材等课程资源。教师也已习惯了传统的体育教学内容，并有许多丰富、宝贵的教学经验可以借鉴。另外，传统体育教学内容大多是奥运会及在社会上流行多年、已被社会接受、学生喜欢的体育健身项目，在群众中有深厚的基础，其健身性及技术完整性的优势不容忽视。所以我们在选择体育教学内容时仍应以传统体育教学内容为主。但选择时应注意其教育性、健身性、科学性、社会性、趣味性。

（五）改造传统的体育教学内容

传统体育教学内容有其不可替代的优势，但是某些传统体育教学内容已不适合或者说在某些地方（如规则、技术难度）上不适合现代体育教学的要求。为了更好地发挥传统体育教学内容的优势，使其更好地为体育教学服务，我们应对其进行适当改造，以适应现代教学的需要。我们改造传统体育教学内容应从规则、技术难度、趣味性等方面进行改造。改造的主要方式有简化规则、降低难度、游戏化、生活化、实用化等。例如，正规篮球中篮筐的高度对中小学生来说过高，也难以让他们体验到篮球的真正乐趣，我们可以将篮筐的高度适当降低，让学生体验到飞跃扣篮的乐趣。再如，我们可以将棒垒球中的棒换成弹性不高的网球拍，排球比赛中可以让队员击四次，等等。

（六）引进新兴的体育教学内容

近年来新兴运动项目层出不穷，它们以其特有的趣味性和休闲性为广大人民群众所喜爱。现代新兴运动项目进入体育课堂，必将给体育课堂教学注入新的活力。但由于许多现代新兴运动项目需要特殊的运动设施或场地条件及安全保护，所以引进现代新兴项目要根据现有的场地器材条件、规则、原理及方法，设计相近似的教学内容，使其在体育教学中具有广泛的适用性和实效性。

以休闲、娱乐或交往为活动目的的现代休闲体育项目，如保龄球、壁球、轮滑、沙滩排球等，它们的共同特点是对运动器械的要求较高。较理想的改造方法是借鉴它们的运动方法，简化场地器材，改进运动规则，便于课堂教学。如用实心球与饮料瓶作为器械，模仿保龄球的规则进行活动。

登山、攀岩、滑板、越野等现代极限运动项目，它们集健身、娱乐、竞赛于一体，要将这些项目引进体育课堂，需要进行必要的改造。如果利用自然地形，就需要对原有的环境进行必要的安全防范，如设计难度高低不等的人造攀岩墙等。

二、高校体育教学内容的选择

体育教学内容作为体育教学中的一个重要因素，它影响着整个体育教学活动过程。体育教学内容又是联结教师与学生的纽带，是师生进行信息交流的载体。体育教学内容往往制约体育教学方法和教学手段，也是直接关系到体育教学目标和课程目标实现的关键要素。过去的体育教学大纲中有明确的教学内容的安排，现在只给出了体育课程标准，因此，在教学中必须对具体教学内容进行选择和组织。

（一）体育教学内容选择的依据

1. 体育课程目标

体育课程内容是实现体育课程目标的手段而不是目的。体育课程目标的多元性以及体育运动项目和身体练习的可替代性，增加了体育课程内容选择与组织的多样性。因此，在选择体育课程内容时就应该依据一定的标准。体育课程目标是选择组织课程内容的主要依据，这是因为体育课程目标作为体育课程编制各个阶段内容的先导和方向，作为对学习者的理想期望，是专家、学者、教师等经过周密的思考以及认真研究了社会、学科、学生等不同方面的特点与需求的结晶。体育教学内容的选择必须依照目标，即有什么体育课程目标，便有什么体育教学内容。

2. 学生的需要及身心发展规律

在体育教学内容选择时应该考虑学生的需要。体育教学的目的是要促进学生的身心健康发展，因此在选择体育教学内容时，要充分考虑学生的体育需要和兴趣，这对于有效的学习是非常重要的。学习是一个主动的过程，这个过程需要学习者自身积极的努力。一般来说，当学习者遇到感兴趣的事情，学习者就会主动参与其事，从而有效地学习。正如教育学家杜威所说，当学习是被迫的而不是从学习者真正的兴趣出发时，这种学习相对来讲是无效的。据目前的许多调查结果表明，现在大多数学生喜欢课外体育活动却不喜欢上体育课，其中一个重要的原因就是对教学内容不感兴趣。

学生的身心发展规律与特点决定了其对教学内容的接受程度，体育教学内容必须是学生经过努力可能接受的。因此在体育教学内容的选择过程中，就需要根据学尘的特点确定教学内容的深度、广度和难度。那种儿童中心论的观点是不可取的，但也决不能忽略教学对象的实际。

3. 社会发展的需要

学生个体的发展总是与社会的发展交织在一起。体育教学是为学生的未来健康打基础的，因此，在选择体育教学内容时，就必须考虑现实社会与未来社会的需求。体育内容的选择不可忽视未来公民适应社会发展所必需的体育素质，因此，体育教学内容要满足学生在身体、心理和社会适应能力等方面发展的需要。另外体育教学内容只有与社会生活、学生生活紧密联系，才能真正成为趣之所在、志之所在，才能实现它的功能，所以课程内容的选择必须要回归现实生活。

4. 体育教学素材的特性

体育教学素材的最大特性就是其内在的逻辑关系不强，这使我们在安排教学内容时无法完全按难易程度和学生的准备条件来排列素材的顺序。体育教学内容的划分通常只是以运动项目来进行，划分后的教材之间又都是平行和并列的关系，如篮球和排球、体操和武术。它们看似有某种联系，但又看不清是什么样的联系，更说不清这些教材应谁先谁后，谁是基础谁是提高。我们还无法从学科内容本身找到其内在规定性和顺序性。

体育教学素材的第二个特性是“一项多能”和“多项一能”。“一项多能”是说一个运动项目可以达到许多体育目的，也就是经常说的“目标多指向性”，如有人用健美操锻炼身体，有人用健美操进行娱乐，也有人用健美操来表演。其实很多时候做健美操把几个功能都同时实现了，一个人掌握了一项运动就可以为自己的多种目的服务。“多项一能”是指体育内容的相互替代性。想练投掷，投手榴弹可以，投小垒球也可以，推实心球可以，推铅球也凑合；想与同伴一起娱乐，踢足球可以，打排球也可以，玩篮球可以，棒球也没问题。一个人不必拘泥在某一个项目上，进行不同项目也可以达到一种目的。这个特性使得体育教学内容中没有什么非学不可和无法替代的运动，也就是说体育教学内容没有很强的规定性。

体育教学素材的第三个特性就是数量极大，内容庞杂，而且很难归类。人类几千年来创造出的体育运动项目多得让人无法数清，而且它们多姿多彩，各个运动技能对身体素质的要求也多种多样。这就是体育教师难以精通全部体育项目的原因，也是只有体育师资培养才提出“一专多能”要求的缘故；是体育课程家难以找出最权威的运动项目组合，难以编出适合一切地区和教学条件的教材的缘由所在。

体育教学素材的第四个特性是每个运动都有各自独特的乐趣。如篮球和足球的乐趣是在激烈的直接对抗中运用自己的技术和队友之间的配合将球攻入对方的篮（门）中；隔网类运动在于双方队员在各自的场地中进行巧妙的配合，通过多次网上往返和争夺后，对方无法将球击回而取胜；体操运动则在于控制自己的身体达到一种难以完成的非正常体位，以体验其中的乐趣；目标类运动（保龄球、飞标、高尔夫球、台球等）的乐趣在于通过长时间锻炼达到操作的稳定性，并在实践中用精确结果来验证自己的预想能力，并从中获得快感和自信；户外型运动的乐趣在于获得征服自然后的超越感，在优美或险恶的环境中检验自己的能力。体育运动的这个特性使我们在体育教学中无法忽略运动的乐趣，这也是为什么会有“快乐体育”的理论和实践存在，并能在很大程度上指导体育教学改革的原因所在。

（二）体育教学内容选择的原则

1. 教育性原则

我们在面对体育素材的时候，首先应从教育的基本观点去审视它们，看它们是否符合教育性原则，与国家、社会的价值观念是否冲突：看它是否对学生的身心发展有利，包括是否有利于学生的身体锻炼．体育课程内容的选择应该紧扣体育课程的主要目标，把“健康第一”的指导思想作为确定体育课程内容的基本出发点，同时重视教学内容的体育文化含量．以增进学生的体育文化修养。学校体育应以培养学生在品德、智力、体质等方面的全面发展为目标，坚持理论和实际相结合的原则，既要讲述人体科学知识，又要取得锻炼身体的实际效果，还要使学生增进体育文化修养，接受思想品德教育，促进身心双方面的健康发展。体育教学内容的选择要符合不同学段学生的身心发展的特点和规律，充分考虑学生的个体差异与不同需求．确保每一位学生受益。体育教学内容的选择还要符合不同地区、不同学校的实际．确保较大的选择空间和灵活性。

2. 科学性原则

选择教学内容要注意健身性和兴趣性，但这并不意味着未来的体育课程就不关注教学内容的科学性。这里讲的科学性有三层含义：一是教学内容要有利于学生身心的协调发展。有些内容有利于学生身体健康，但不一定有利于学生的心理健康，反之亦然。教学内容要努力使学生在愉快的活动中促进身体的发展。二是教学内容要有利于学生了解科学锻炼的原理和方法，从而增强学生锻炼的自觉性和积极性。三是教学内容本身的科学性。由于今后国家对教学内容的选择不作具体的规定，要注意防止一些不科学的活动内容进入体育课堂。

3. 实效性原则

未来的体育课程是一门以身体活动为主要手段、以增进学生健康为主要目的的课程。可以这样认为，一切对学生健康有利的教学内容都可以被纳入选择的范围之内，这可使未来体育教学内容更加丰富多彩。

所谓实效性，简单地讲就是某一活动是否实用、是否简便易行、是否有助于学生的身心健康。《基础教育课程改革纲要（试行）》在教学内容的改革方面强调：改变教学内容“难、繁、偏、旧”和偏重书本知识的现状，加强教学内容与学生生活以及现代社会和科技发展的联系，关注学生的学习兴趣和经验，精选终身学习必备的基础知识和技能。因此，在选择体育课程内容时一定要注意既要选择与学生自身的体育学习兴趣和经验相接近的，又要选择大众喜欢的、社会上比较普及的，并有很好的健身娱乐效果的运动项目，为终身体育奠定基础。

4. 趣味性原则

兴趣是最好的老师，在选择体育教学内容时一定要根据学生的年龄和性别特点，选择那些学生感兴趣的、娱乐性比较强的、社会上广泛流行的体育素材。毋庸置疑，许多竞技运动项目具有健身价值和教育价值，但是，由于我们长期以来只是关注竞技运动项目教学的系统性和完整性，并把培养运动员的教学方法带进了体育课堂，结果使许多学生对体育课的教学内容失去兴趣，并厌恶体育课。

5. 民族性与世界性相结合的原则

体育课程内容的选择既要汲取我国民族传统体育素材的精华，也要借鉴和吸收国外体育课程内容设置的经验和合理内核；既要打破故步自封的局限性，也要防止崇洋媚外和囫囵吞枣的做法。体育课程内容的选择还应做到与时俱进，体现时代性、发展性、民族性和中国特色。

三、体育教学内容的人文性改革

（一）对竞技体育运动项目进行改革

体育教学是学校体育的重要组成部分，体育教学得以实施的基础是教学内容。教学内容体现体育教学效果，又是领域目标得以实现、体育功能得以发挥的载体。因此，体育教学的内容在教学中显得尤其重要。于是新课程改革中教学内容的选择出现了空前丰富和繁荣的景象。因此，有必要对教学内容进行科学合理的选择。

1. 改造竞技运动项目作为教学内容的必要性

竞技运动项目有着几十年甚至上百年的历史，它源于社会文化和民族文化，有深刻的体育功能意义和广泛的群众基础，是体育教学训练的重要内容，在体育教学中一度发挥了积极作用。但是，竞技体育的发展规律与大众体育特别是学校体育发展之间有着固有的矛盾。竞技体育中的运动项目是体育文化的精粹，有不可替代性，不能取缔，也不能全盘照搬，只能对其进行改造。

（1）竞技运动项目的高难度与学生发展之间的矛盾

由于竞技运动的迅速发展，高新技术的运用成为衡量竞技运动发展的标准。传统体育教学的理念是传授给学生最先进的知识和技能，而这些技术的形成是靠有天分的运动员、高尖端的科技和长期的训练周期总结实践出来的。要使一般的学生可以较好掌握，无论从能力、时间还是客观条件上都是不可能实现的。

（2）竞技运动项目规则的复杂性是教学的难题

许多有利于发挥体育教学功能、学生可接受的项目中存在着烦琐的规则，束缚了学生参与的积极性，扼杀学生的学习兴趣。因此，导致因规则而使学生对这些项目望而止步，远离了自己喜爱的运动项目，也使教学处于被动。如学生喜欢篮球运动而不喜欢上篮球课，喜欢健美操而不愿从事健美操的学习等。

(3) 竞技体育的训练规律不适合体育课堂

竞技体育带有强烈的功利性。为拿金牌取得好名次，力争更好的成绩对人类极限发出挑战，不惜超负荷训练，过大负荷是以牺牲健康为代价的，而我们体育教学是以健康为目的的，二者存在尖锐矛盾。竞技运动项目的训练另一特点是周期性长。一些技术的掌握往往需要3～5年甚至更长的时间，而在有限的体育课堂上是很难实现的。

(4) 竞技运动训练条件的标准化不适合体育教学的开展

首先，南于我国教育特别是体育教育起点低，大多数学校没有建设标准化场地的能力。教育发展的不平衡导致体育设备建设的不平衡，很难实施竞技运动标准化的要求。其次，标准化的体育器材给学生的可接受性造成了障碍。如篮圈的高度、球网的高度、器材的重量、栏架的高度与栏间距等成了学生学习不可逾越的障碍，使学生不愿接受这些项目的学习。

2. 对竞技运动项目改造的几点建议

(1) 不能违背体育健身功能的本质

体育课应有适宜负荷。没有负荷就没有对机体的刺激，机体就不会向着更健康的方向发展。刺激—适应—再刺激—再适应是人体机能发展的规律，不可违背。没有适宜的负荷就不会有机能的改善。适宜负荷应根据不同学生的年龄特点具体安排，不可机械行事，不可违背健康的宗旨。

(2) 还原项目原型

每一竞技运动项目都来源于社会文化、民族文化，且服务于人类的发展，其积极的意义和功能不能在改造中丢失。要透过种种外在现象分析出项目的本质，在其本源上挖掘其功能并很好地利用学习，不可完全由简单的游戏代替，以致失去其深刻的意义。

(3) 相同项目的综合改造

系统大于各部分之和。把相同类群、技术、规则、技战术相似的项目重新组合应用。会起到提高兴趣、广泛发展的良好效果。诸如重新组合应用篮球、橄榄球、足网球等。这样改造后形式新颖、内容丰富，既有技能知识的学习又能促进健康发展，提高学生欣赏体育的能力。这里需要注意综合项目的各自特点，要自然结合，并合理科学地制定规则，不可生硬强合。

3. 开展项目改造的问题

对场地器材要求高的项目，要从规则入手改造成为简单易行、容易操作、便于接受、利于开展的项目。自制器材、改造场地、把项目简单化，是近几年课程改革积累下的宝贵经验。球类运动、游泳、健美操等项目是体育课的精华部分，一定要坚决保留和发扬，并提炼出特色。这些项目有终身体育的指向，而且是重要的体育活动内容。把这部分教学内容和学生可接受技术结合起来，把课堂教学和课外活动结合起来。采用俱乐部和联赛的形式都是很好的组织方法，对学生身心发展起积极作用但又枯燥乏味的项目，如耐久跑。这些项目无论从体育课的健身功能还是终身体育来说都有其重要意义和不可代替性。特别对完成心理健康领域目标更是有积极作用。但这类运动负荷大、兴趣性低，在学习过程中学生畏难情绪较大，所以在此类项目的学习中要特别注意提高学生的积极性，必要时还要加上约束和强制机制，处理好兴趣与锻炼意志的关系。

4. 运动技能在新课程学习中的变化

运动技能的学习在各个不同的学龄阶段的教学要求亦有所不同。改造运动项目要有利于学生的的发展、学习，有利于教学活动的开展，有利于终身体育的指向，体现体育的功能和意义。

在传统或实施的新课程标准教学中，掌握运动技能是体育教学的根本，教不好、教不会运动技能，体育教学就将失去提高运动技能和身体能力的意义，变成了一种单纯的身体活动，失去了体育教学的价值和地位。因此，在进行运动技能教学时，要善于激发学生的学习兴趣，培养良好的学习情绪，消除压抑沉闷的课堂氛围，变“厌学”为“乐学”，变“要我学”为“我要学”，充分发挥每个学生的主动性和能动性，让学生在运动技能学习过程中都能体验到体育学习的乐趣，寓乐于掌握运动技能和增强体质的教育过程之中。同时，明确运动技能在中学各个阶段的地位和作用，有效地提高全体学生的身心素质，让学生掌握运动的“一技之长”，树立“健康第一”的思想，养成终身体育的良好习惯。竞技运动项目是体育教学活动得以开展的主题，是体育教学的主要内容，更是五大领域目标实现的重要途径和载体。我们体育工作者要大胆尝试，认真总结，积极探索，力争对其进行最科学合理的改造，使我们的体育教学达到最优化。

（二）延续民族民间体育运动项目

1. 毽球

（1）我国踢毽子活动的历史

踢毽子流传民间已有两千年之久。毽子起源于汉代，盛于隋唐。第一次对踢毽子的文字记载出现在《帝京景物略·唐释道宣僧传二帙卷十九佛陀禅师传》，书中记述：“入洛将度有缘门慧光年立十二，在天街井栏反踢碟，一连五百，众人惊异而观之。”意思是说：5 世纪末，北魏有个佛陀禅师，路过洛阳天街时，见 12 岁少年慧光在井栏上一连踢毽子 500 个，很多人看后表示吃惊。

唐宋时，踢毽子在我国民间已很盛行，踢毽子的方法也很多。据宋代高承著《事物纪原》一书记载：“今日小儿以铅踢为钱，装以鸡羽，呼为鞯子，三五成群走踢，有里外廉、拖抢、耸膝、腆肚、佛顶珠、剪刀、拐子、各色……”在南宋的都城临安（今日的杭州）踢毽子曾风靡一时。在《武林旧事》一书中有记载：“以经营毽子为食者，则有数十家之多……”可见当时踢毽子是何等普及。“杨柳儿青放空钟，杨柳儿死踢毽子”，这是流传明代甚广的一首民谣，反映了儿童多在冬季开展这项活动。

到了清代，踢毽子的水平已相当高。毽子有大有小，踢大者市井人，踢小者豪贵子。小踢又叫小式，或称文式和盘踢，技巧难度要求低一些，适宜少女和老年人；大踢叫大式，或称武式和交踢，踢的花样很多，成套数解，但不能前后调换或漏一种，规格很严格。

近代京津两地踢毽子也很盛行，被誉为毽子谭的谭俊山，从小喜爱踢毽子，简直入了迷，终于练就一套绝技。他 78 岁时，还能一口气平踢六千多下，并可踢出二三套动作，譬如串蔓儿、三条腿钓鱼、飞葫芦、脚底踢、反踢、前踢、后踢，并能用头顶、侧脸，把各种踢法交织起来，编成一套套动作，真是毽飞人舞、矫健多姿。

我国有正式毽子比赛的记载是在 1928 年 12 月，比赛是在上海中华国货展览会举行的。主持评判者为褚民谊，冠军由陈鸿泰获得，交踢了 120 个。1933 年 10 月 11 日举行了全国踢毽子运动会，普通赛由上海的周柱国获冠军，共踢 2493 对；特别赛由上海队陈鸿泰获冠军，交踢 57 个。

（2）毽球运动的诞生与发展

毽球运动是从我国古老的踢毽子游戏发展起来的。因为这项活动不受场地限制，用鹅毛制作的毽子耐用易带，每次比赛，每边二三人对踢，落地为败。这样使踢毽子活动逐渐发展成为对抗性比赛，提高了踢毽子的竞技性和趣味性，深受广大三轮车工人的欢迎，他们把这项运动叫“网毽”。以后这项运动逐步推广到了广州市的许多工厂、学校和其他行业中，并随着华侨的往来逐渐传入东南亚几个国家。

（3）国际毽球运动的发展

毽球这项运动在国内发展很快，通过各项宣传渠道，如比赛、广播、电视，逐渐引起了国外的注意，我国也积极向国外推广毽球运动。20世纪70年代后期，德国游人在中国的武汉第一次看到这种简便易行、老少兼宜的新游戏，随即带回欧洲，并在德国、匈牙利、芬兰等国推广开来。发展到20世纪90年代，东南亚一些国家和地区也相继开展了这项运动。

2. 跳绳

跳绳是在中同民间广为流行的传统娱乐项目，已有1000多年的历史。唐代称跳绳为“透索”。明清时代称跳绳为“跳百索”。明人刘侗、于栾子所著《帝京景物略》卷二，春场中就有记载：“二童子引索略地，如白光轮，一童跳光中，日跳百索（即跳绳）。”清代潘容陛的《帝京岁世纪盛》中叙述：“清代北京元宵节民间娱乐时，称跳绳为跳百索。”《济南府志》中有说：“每年孟春正月元旦，儿女子以跳绳为戏，名日跳百索。”《松风阁诗抄》亦有诗载：“白光如轮舞索童，一童舞索一童唱，一童跳入光轮中。”非常形象地描述了儿童跳绳的快乐情景。可见当时这种跳绳加伴唱的游戏，娱乐性很强，深受青少年儿童的喜欢。

跳绳是一项简单易行、效果极佳的健身方法，在中国流传非常广泛。跳绳作为娱乐性项目在一些厂矿、部队、学校都非常普及，一些跳绳比赛也经常举行。比赛的形式主要是单人跳比赛、长绳跳比人数和次数等，中国举行的规模最大的跳绳比赛是2002年在山西省阳泉市举办的“中国人寿保险杯阳泉十万人跳绳比赛”，历时四个半月，其参赛人数之众，赛程之长、规模之大，堪称世界之最。

近年来，随着社会的发展，全民健身计划的实施，中国的跳绳运动有了可喜的进展。一些省市和地区出现了跳绳运动特色学校，如西安的跳绳学校、北京的三路居小学、济南的花园路第三小学等就是当地教育局指定的跳绳特色学校，为跳绳运动的发展起到了很好的推动作用。更令人欣慰的是在中国秦皇岛市出现了一种集技术性、艺术性、挑战性和观赏性为一体的“竞技跳绳”，受到各地人们的喜欢，并得到国际专家的认可。国家体育总局的一位官员称其为“高层次的跳绳”。西方跳绳专家称“竞技跳绳”是“一种罕见的优秀的中国跳绳技术”。

3. 剑术

“剑术”指使用剑的方法和技巧。《吴越春秋》卷九和《庄子·说剑篇》都记述了古代击剑的技术和战术。中华人民共和国成立以后，剑术成了剑的演练套路的代称，被列为全国武术比赛项目。增加了各种花法、平衡、翻腾、造型等动作，使剑术有了很大发展。剑的击法有；劈、刺、点、撩、崩、截、抹、穿、挑、提、绞、扫等。剑术的特点是：轻快敏捷、潇洒、飘逸，有“剑走美式”“剑如飞风”之说。

（1）历史发展

剑术在春秋后期开始出现，史籍中也开始出现关于剑术家的记载。中国历史上有名的卧薪尝胆、报仇复国的越王勾践，曾请了一个埋名隐姓、生活在山林中的剑术家越女给他的士兵传授剑术。《吴越春秋》卷九和《庄子·说剑篇》都记述了古代击剑的技术和战术。《汉书·艺文志》载有《剑道》三十八篇，是论述汉以前击剑技术的专著。

汉朝发展起了以骑兵为主力的军队。骑兵交战中以砍斫为主，很少有刺的动作。于是，环柄刀代替了剑，使得剑在战场上的使用价值大大下降。到了东汉末年，环柄刀几乎完全取代了剑，成为军中主要的短兵器。剑在战场上地位的下降反而使击剑的风气在社会上风行开来，人人喜欢击剑，喜欢佩带宝剑，剑术有了很大的提高。

唐代，持剑舞蹈成为一种社会风气，友人宴饮时也舞剑助兴。杜甫《舞剑器行》描述公孙大娘舞剑绝技："昔有佳人公孙氏，一舞剑器动四方。观者如山色沮丧，天地为之久低昂。霍如羿射九日落，矫如群帝骖龙翔；来如雷霆收震怒，罢如江海凝清光。"公孙大娘的剑舞因为是舞蹈，需要高度的艺术化加工，与武艺完全不同，剑术也与实际的作战技术有较大的差距，这与后来紧紧扣住攻防格斗为主题发展起来的剑术套路有明显的区别，但是剑舞的高度发达，为后来剑术的发展也提供了重要的前提条件。

明代戚继光《武备志》中记载的剑的用法有：跨左击、跨右击，翼左击、逆鳞刺、坦腹刺、双明刺、旋风格、御车格、风头洗等。

清代又有宋仔凤《剑法真传》一书传世。

中华人民共和国成立以后，剑术成了剑的演练套路的代称，被列为中国武术比赛项目。增加了各种花法、平衡、翻腾、造型等动作，使剑术有了很大发展。

（2）主要剑法

①刺剑。立剑或平剑向前直出为刺，力达剑尖，臂与剑成一直线。剑刃朝上下为立剑，剑刃朝左右为平剑。

②劈剑。立剑，由上向下为劈，力达剑身，臂与剑成一直线。抡劈剑沿身体右或左侧绕一立圆；后抡劈剑要与身体后转协调一致。

③挂剑。立剑，剑尖由前向上、向后或向下、向后为挂，力达剑身前部。上挂向上、向后贴身挂出；下挂向下、向后贴身挂出；抡挂贴身立圆挂一周。

④撩剑。立剑，由下向前上方为撩，力达剑身前部。正撩剑前臂外旋，手心朝上，贴身弧形撩出；反撩剑前臂内旋，余同正撩。

⑤云剑。平剑，在头顶或头前上方平圆绕环为云。上云剑在头顶由前向左后绕环，要仰头；左（右）云剑在头前上方向左后（右后）绕环，头向左肩侧倒。

⑥架剑。立剑，横向上为架，剑高过头，力达剑身，手心朝里或朝外。

⑦点剑。立剑，提腕，使剑尖猛向前下为点，力达剑尖，臂伸直。

⑧崩剑。立剑，沉腕使剑尖猛向前上为崩，力达剑尖，臂伸直，剑尖高不过头。

⑨截剑。剑身斜向上或斜向下为截，力达剑身前部。上截剑斜向上，下截剑斜向下，后截剑斜向右后下方，臂与剑成一直线。

⑩抱剑。右手抱剑于胸前，剑尖朝右为横抱剑；剑尖朝上为立抱剑；剑尖朝前为平抱剑。

⑪穿剑。平剑，剑尖经胸腹间弧形向前为平穿剑，力达剑尖，剑身不得触及身体；前臂内旋，立剑剑尖由前向后转动而出为后穿剑，力达剑尖，高不过膝，低不触地；抡穿剑剑尖向后、向左随转体贴身立圆绕环一周。

⑫斩剑。平剑向左（右）横出，高度在头与肩之间为斩，力达剑身，臂伸直。

⑬剪腕花。以腕为轴，立剑在臂两侧向前下贴身立圆绕环，力达剑尖。

⑭撩腕花。以腕为轴，立剑在臂两侧向前上贴身立圆绕环，力达剑尖。

（3）主要门派

武当、少林是中华武术的两大门宗，武当剑是武当功夫的代表。武当剑为轻兵器之类，其法以钩、挂、点、挑、刺、撩、劈、为主，练习时要求剑随身走，以身带剑，应用时要做到剑与身合，身与气合，气与神合。

武当剑派剑法种类甚多，主要以太极剑、太乙玄门剑、九宫八卦剑、八仙剑、玄功剑、龙华剑等为主。

太乙玄门剑是武当太乙门剑法，其剑法特点是快慢相兼，刚柔相含，练习时要求剑随身走，以身带剑，神形之中要做到形与意合，意与气合，气与神合。六合之中亦需要手、眼、身、法、步神形俱妙。此剑法，行如蛟龙出水，静若灵猫捕鼠，运动之中，手分阴阳，身藏八卦，步踏九宫，内合其气，外合其形，是武当剑中的佼佼者，自古为武当山的镇山之宝，秘传之法。

随着时光的推移，科学技术的发展，冷兵器已退出历史舞台。作为冷兵器的一员，剑在军事上的实用价值业已不复存在。今天，除了在特定的条件下，剑仍可以用于防身自卫之外，剑的基本功能和作用已不再表现为一种军事战斗力的载体，而是演化成为一种用于健身的体育活动，用于观赏的表现形式，适合于竞技比赛的运动项目。健体强身、观赏娱乐、竞技比赛，正是今天剑术的基本功能和作用。其中，健身自然处于首要与中心地位。

（三）融入新兴的体育运动项目

1. 跆拳道

跆拳道是一种使用拳脚击打的实用技击方法。它简单、实用，以踢法为主，约占技法的百分之七十左右；它的套路有 24 种之多。它的内容还包括擒拿、格斗、自卫术、基本功能技艺等。跆（TAE），意思是脚踢、撞、摔；拳（KWON），意指用拳头击打：道（DO），是指方法、技艺和道理。道的本身还蕴藏着一种精神追求和道理，其首要的一条是强烈的爱国热情和为正义而献身的崇高精神。道，作为民族精神的体现，习练者须具备勇猛善战、敢打敢拼的素质，通过练习而培养坚忍向上的作风，讲究礼仪修养以及完善人格。因此练习跆拳道可内修精神、性情，外修技术、身体，培养出常人难以达到的意志品质和忍让谦恭的美德。跆拳道“迅速、有力、准确”的目标也正是现代人应具备的素质。通过功法与技术的练习，使每个乐于此道的修炼者既可掌握防身自卫的本领，又能培养勇武爱国的热忱和情操。所以，这项运动宜于在我国开展，现已受到越来越多青少年的喜爱。

1966 年第一个国际组织——国际跆拳道联盟成立。1973 年 5 月在首尔成立了世界跆拳道联合会（简称世界跆联）。1975 年世界跆拳道联合会被国际体育联合会接纳为正式会员。1980 年国际奥委会正式承认世界跆联。迄今为止，世界跆联已有 144 个会员国，6500 多万爱好者参加练习。我国的跆拳道起步较晚，但发展迅速，中国国家跆拳道队在历届亚运会中都取得了较好的成绩。在 2000 年悉尼奥运会上，中国女运动员陈中为中国夺得了第一枚奥运会跆拳道金牌。

（1）跆拳道的内容

其一，跆拳道基本技术。跆拳道基本技术包括手型、手法、步型、步法、踢法等。其中手型有拳型、掌型和指型的区别；手法包括拳的攻击法、掌的攻击法和指的攻击法；步型指步的基本架势，有并步势、自然体、马步站、竖半月立、前屈立、后屈立、高前屈立、猫足立等；步法包括进步、退步、垫步、换步、侧移步、跳步等。

其二，跆拳道实战技术。跆拳道的实战技术包括攻击技术和防守技术。攻击技术中又包含手与脚的攻击技术；防守技术中上肢的防守动作多于下肢。

其三，防身自卫术。防身自卫术包括徒手自卫方法和对付手持不同利器者的目卫方法。

(2) 跆拳道的特点

①以腿为主，手足并用。跆拳道以腿击为主，仅踢出动作就有的踢、侧踢、后踢、勾踢、旋踢、推踢等。因为腿的攻击力远远高于手的力量，而且攻击时放长击远，威慑力大，是得分的主要方法，规则中有明确规定：在得分相同时"一次脚技优于一吹手技"。规则的导向作用促使跆拳道以腿功见长，向着腿法独特、灵活多变方向发展。手法中有拳、掌、肘多种使用方法，既不失为攻击得分的方法，又是防守阻击的招式，一般偏重于防护阻挡拦截。

②方法简练，刚直硬打。跆拳道不论是腿法还是手法都比较简单实用，实战中多用拳、掌、手、臂格挡防守，以连续快速的蹚法组合连击，或直接击打，或接触防守，很少使用闪躲避让法，强强调刚对刚，强攻硬打。攻击的路线为直线，尽可能缩短两点间距离．以增加击中的有效性。

③内外兼修，功法独特。跆拳道以赤手空拳在专心致志情况下进行训练和比赛。长期训练手快脚疾，产生常人难以达到的打击力，这就是内功与外力综合作用的效应。为了检验运动员的功力程度，一般采用木板、砖瓦等无生命物体作参照物，而不是以人体作为目标。功力测验是跆拳道训练、晋级考试、表演、比赛的一个重要内容，并以此显现其独特的功力和训练方法。

2. 街舞

街舞最早起源于美国纽约，是美国黑人由一种发泄情绪的运动演绎成为街边的文化，人们称之为嘻哈（HIP－HOP）。20 世纪 80 年代中期街舞传入中国，并逐渐作为健身活动传播开来。街舞经过多年的发展，已经成为一种全世界流行的生活方式，甚至是精神象征，代表了表达自由、张扬个性、享受生活、勇于挑战的生活观。

长期坚持街舞练习，有益于肌肉、骨骼、关节的和谐发展，有效消除体内多余脂肪，改善体型，提高身体各部分的协调性和灵活性，缓解心理压力，增强自信，陶冶情操。

(1) 街舞动作技术

其一，缓冲弹动技术。街舞的弹动主要表现在膝关节的弹动、踝关节的缓冲以及髋关节的屈伸上。整个身体的感觉是膝关节始终保持着微屈或弹动状态，很少伸直。该技术不仅可以使练习者把握住街舞的独特动作韵味，还对整个身体的各个关节都起到缓冲和保护作用。

其二，控制性技术。街舞动作中需要频繁地使用肌肉的爆发力，持续的用力会使动作变得僵硬，影响动作的幅度，失去了随意性，而放松过度会使动作失去节奏和力度。因此，肌肉的紧张协调与松弛必须协调控制。控制技术主要表现在肌肉的用力方式和用力顺序上。

其三，重心的移动和转换技术。重心的移动技术方面主要表现在动作方向的变化上，通过前、后、左、右的移动，使身体的路线发生丰富的变化。重心转换技术主要靠左右脚支撑的转换来完成。这一技术占了相当大的比重。

(2) 街舞练习指南

第一，手部练习的方法。

①把两只手摆成一个很像骑马的姿势，手指往下放，要感觉到很轻松的感觉。

②然后手腕往下压，可是手指头部分要往上，手腕向下压的时候可以看到小手臂有一个凹洞，也就是轴那里有个小洞（反复练习）。

③练习中，注意手上半部分的肌肉有没有爆破出来，要是有，再看看胸部与手臂相连的那部分有没有跳动，还有背部的肌肉有没有跳动。手腕向下压时，可以感觉到胸前的肌肉稍微有点跳动。但是要注意的是：不是胸部往前，而是胸肌向上跳动。做到了这几点，动作就正确了。刚开始练的时候背肌部分的跳动可能还出不来，因而需要强加练习。要注意的是练手的时候肩部不要用力，用力地都在手腕上，且这个手部练习要配合脚部练习才好、才自然。

第二，脚步练习的方法。脚步的 POP 其实也就是大家所说的胯下的 POP，很多人都把它想的复杂而难练，其实胯下的练习比手部练习更加容易，只要大家别把它想得太复杂就可以了，越简单越好，注意利用膝盖。

①先站起来，然后膝盖向前稍微弯曲，有点像要坐下的感觉。

②慢慢从①中所述动作站起来，记得慢慢地把脚打直，但别用力。

③慢慢地站起来，快要站直的时候，突然用力快速把脚打直（也就是膝盖往后），这样反复练习就可以达到胯下的 POP。记得屁股千万别用力或者往里收，那是不正确的练习方法，想得越简单越好。脚部的练习要配合手部的练习才好、才自然。

第三，头部练习的方法。我们在路上碰见熟人的时候都会叫一声“喂”，头部的 POP 就有点像“喂”的一声。当你在叫别人“喂”的时候，头部是不是有点稍微向上点了一下，那一“点”其实就是 POP 了，只是你要用力而且要短时间内完成而已。注意先保持原来轻松的表情，突然叫别人“喂”的一声，反复练习就会学会头部的 POP。要注意的是下颚别用力，用力是在后脑勺。

第四，胸部练习的方法。胸部不用刻意练习，练会以上所述的三点以后，胸部自然就会 POP 了。但是真正单一的胸震是需要练习的，首先把腰挺直，会感觉到腰有点酸；其次注意提胸，然后慢慢放松的时候突然来个 POP，但是这个 POP 不是腰出力，腰挺直只是为了 POP 的时候更漂亮。

中国青少年最早接触街舞，始于 20 世纪 80 年代的美国电影《霹雳舞》，当时的霹雳舞（Break Dance）就是现在 Breaking 的前身。随着中国青少年对街舞理解的深入，他们逐步回归街舞的本源，以自己的眼光和特点来实践街舞。

除了早期的霹雳舞，自 20 世纪 90 年代中开始，全国各地的青少年就已经开始练习街舞了。北京、上海、广州因为资讯发达，街舞开展比较早；河南郑州由于中原武术文化与街舞关系密切，Breaking 舞蹈也起步较早。现在，全国各地都有练习街舞的青少年，在各个城市的街头广场都可以看到他们扎堆训练的身影。他们还经常组织小型的比赛（Battle），功夫最好的舞者能够赢得众多青少年的推崇。

随着全民健身活动的兴起，街舞作为健身运动的一种也进入了各大城市的健身中心。许多舞蹈、戏曲、杂技的专业从业者也开始练习街舞，街舞在各个艺术院校中广为传播。在大学校园中，许多舞蹈社团也组织起来练习街舞。中学生利用课余时间从事街舞活动则更为普遍，他们在各大城市的居民社区中形成了青少年所特有的社区文化。中央电视台5套体育频道在几年前就开设了街舞相关的教学节目，中央电视台3套《舞蹈世界》在2003年春节前也播出了特邀北舞堂拍摄的街舞专题节目。作为一种为青少年所喜爱的文化体育活动，街舞在全国各地已经广泛传播开来。

3. 定向运动

定向运动，又称“定向越野”“识图越野”“野外定向”“定向跑”等。它是一种参加者借助地形图和指北针，按规定的顺序独立地完成寻找若干个标绘在地图上的地面检查点，并以最短的时间跑完全赛程的运动。这种运动最具亲近自然的特点，参与者在学习定向越野运动项目的同时便掌握了一项生活技能、生存技能。

（1）定向运动的种类

第一，定向越野。这是各种定向运动比赛中组织方法比较简便，开展最为广泛的一种。由于其比赛的成败全在于个人的识图、用图、野外定向和奔跑能力的强弱，因此适于各种年龄、不同性别的人参加。据国外有关资料记载，运动员最小的只有8岁，而最长者有80岁，可谓是老少皆宜。为增加比赛的乐趣，也可以在判定比赛成绩的方法上有所区别，如个人跑计个人成绩、个人跑计团体成绩或个人跑计个人与团体成绩等。

定向越野比赛是国际定向运动联合会（以下简称国际定联）正式承认的比赛项目之一。

第二，接力定向。接力定向是团体之间的定向越野比赛项目之一，其成绩好坏有赖于每个队员个人能力的发挥。在接力比赛中，比赛的路线分成若干段（国际比赛通常为四段），每名选手完成其中的一段，各段参赛选手的成绩相加为该队团体总成绩。为便于观众欣赏各选手之间的激烈竞争，接力定向的场地必须设置一个“中心”站，各段选手的交接（即“换段”）均在这里以触手方式进行（不使用接力棒），因此，接力定向的观赏性较好，被国际定联纳入了正式比赛项目。

第三，滑雪定向。滑雪定向也可以按个人、团体或接力比赛等形式进行。它与个人徒步定向越野赛的区别是选手需要使用滑雪装具（非机动的）。供比赛用的滑道，则需要使用摩托雪橇来开辟。同一比赛路线上的滑道通常不止一条，以便于选手自行选择。

滑雪定向也是国际定联的正式比赛项目之一。滑雪定向在东欧国家十分流行，许多世界高山、越野和速度滑雪选手同时又是滑雪定向的高手。

第四，夜间定向。这是定向运动的一种高难度的比赛形式。由于是在视度不良的夜间进行，不仅增加了比赛的难度，同时对观众和选手自己增加了吸引力和刺激性。夜间定向已被列入国际定联的正式比赛项目之中。

第五，记分定向。记分定向通常以个人方式进行。它是在比赛区域内预先设置好许多检查点，并根据地形的难易程度、距离远近、点的位置的相互关系不同而赋予每个检查点以不同分值。选手必须在规定时间内自行寻找若干或全部检查点，以积分最高者为优胜。

第六，专线定向。这种比赛与其他比赛的最大区别是在地图上明确地标出了比赛的路线，运动员必须按这些规定的路线行进，并将途中遇到的检查点位置标绘到图上去。成绩以检查点位置标绘的准确程度和所用时间的长短确定。

第七，五日定向。这是瑞典独有的一项特别吸引人的比赛项目。比赛共进行五日，比赛路线由若干段组成，每次都单独记录下个人的成绩，最后再算出总成绩。在几十千米或者一百余千米的多条比赛路线中，除设置许多检查点之外，还设有若干营地，供运动员与观众休息或参加丰富多彩的文化娱乐活动。近年来，瑞典的五日定向比赛组织得十分频繁，每次参加比赛的来自世界各地的选手都超过 15 000 人，大大超过了任何一届奥林匹克运动会的选手人数。

此外，为推动群众性定向运动的开展，作为参加上述比赛活动的预备，目前国际上还流行着一些其他的定向运动形式。如校园定向：在学校的操场上或教室、体育馆内为学生设计的一种游戏；特里拇定向：在一定的区域内设置许多永久性的检查点，不规定完成时间，以寻到点数的多少给予纪念品以资鼓励。在有些国家，人们还常常以家庭为单位进行比赛，并尝试了使用不同交通工具的定向运动比赛，例如乘坐摩托车、自行车、独水舟或骑马等。

（2）基本定向技术

①地图正置及拇指辅行定向法。先将地图正置，把拇指放在地图上自己的位置。这样要前进的方向便在地图前面，使自己清楚观察四周的环境及地理特征。当前进时，拇指随着移动，当改变前进方向时，地图也要随着转移，即保持地图指向正北方。那样可以在任何时候都能立即指出自己在图中的位置，可以节省时间和精力。

②利用指北针定向法。利用指北针，准确地找出目标的方向，每次前往目标前，可先观察目标周围的地势，加深印象，务求快速及准确地到达目的地。

③扶手定向法。利用明显地理或人做特殊引导，使之前进时更具信心，如小径、围栅、小溪涧、山丘等，皆是有用的扶手。

④搜集途中所遇特征定向法。辨别前往控制点途中所遇到的地理特征，确保前进方向及路线正确。切勿将相似的特征误认。

⑤利用攻击点定向法。先找出控制点附近特别明显的特征，然后利用指北针，从攻击点准确及迅速地前往控制点。攻击点必须是容易辨认的，如电塔架、小路交点等。

⑥数步测距定向法。先在地图上量度两点间的距离，然后利用我们的步幅准确的测量要走的路程。方法：先量度 100 米我们所需步行的步数（设 120 步），当我们在地图上发觉由 A 点到 B 点的距离是 150 米便可算出应走 180 步。为了减少数步的数目，我们利用“双步数”，只数右脚落地的一步，便可把步数减半。上例双步数为 90 步。

⑦目标偏测定向法。利用指北针前进，把目标偏移，当到达目标的上面或下面，才沿扶手进入目标。

第七章　人文精神视阈下高校体育教学方法的创新

第一节　体育教学方法的基本理论阐述

一、体育教学方法的定义与特点

（一）体育教学方法的定义

形式逻辑中有两种定义方法，即真实定义和语词定义。真实定义就是揭示事物的特有属性（固有属性或本质属性）的定义，即属加种差的定义。而语词定义就是规定或说明语词的意义的定义。我们主张采用真实定义，即属加种差的定义方法来分析体育教学方法的内涵。体育教学方法是教学方法系统中的一个子系统，它的属概念和种差的规定必然与教学方法密切相关，所以通过对教学方法的分析研究来探寻体育教学方法的属概念和种差。

纵观现代教育发展的历史，几乎每一种成功的教育教学思想都是以其特定的教学方法作为外化形式并在实践中发挥作用的。但令人遗憾的是，迄今为止，学术界对于教学方法概念的定义仍然是仁者见仁、智者见智，未形成一种共识。通过对现有的各种教学方法定义的归纳总结，我们认为，当前国内外具有代表性的教学方法的定义主要有以下几种：①方法说。“教学方法是教师为达到教学目的而组织和使用教学技术、教材、教具和教学辅助材料以促成学生按要求进行学习的方法。”②方式说。“所谓教学方法，指的就是为了解决教养、教育和发展学生的一定任务，教师和学生相互联系活动的种种方式。”③活动说。“可以把教学方法定义为：为达到教学目的，实现教学内容，运用教学手段而进行的，由教学原则指导的，一整套方式组成的，师生相互作用的活动。”④手段说。“教学方法是为完成教学任务而采用的手段。”

综上可见，虽然各种教学方法定义分别着眼于不同的侧面和角度，并且尚存在一些分歧，但是我们仍然能从中分析概括出教学方法的本质特征。经过分析总结，我们认为这些本质特征主要表现在两个方面：①教学方法与教学目的密切相连，是为教学目的服务的。对于这一点，学者们的认识是相当一致的。因为在教学过程中，教学目的对教学方法具有非常重要的导向作用，如果离开教学目的的引导和要求，那么教学方法就成了没有任何意义、没有任何价值的虚幻体。②教学方法反映了教学活动，是由教师的教和与学生的学所组成的密切联系、相互作用的双边活动，离开了任何一方或任何一方的活动都不能构成完整的教学方法。③教学方法的功能是多方面的，既可凭借教学方法使学生掌握知识、技能和技巧，又可凭借教学方法发展他们的创造能力。这些共识的取得，为我们进一步深入探讨教学方法的本质属性奠定了基础。

根据众位学者对教学方法概念的定义，我们认为教学方法本质特征还需要从两个方面加以明确。一方面是教学方法与教学方式的关系。关于教学方法与教学方式的关系，不同的学者有不同的认识。有的认为教学方法等同于教学方式，两者可以相互指称和诠释，甚至可以相互取代和替换；有的认为教学方式是教学方法的上位概念，它包含着教学方法；有的则认为教学方式是教学方法的下位概念，具体教学方式的总称和组合就是教学方法。我们认为教学方法不同于教学方式，但与教学方式有着密切的联系。教学方式只是构成教学方法的细节，是运用各种教学方法的技术。任何一种教学方法都由一系列的教学方式组成，可以分解为多种教学方式。教学方法能独立完成某项教学任务，而教学方式只被运用于教学方法中，并为促成教学方法所要完成的教学任务服务，其本身不能完成一项教学任务。另一方面是教与学及其方法的相互联系。对于这一问题，有的学者把它们的相互联系说成是“教师和学生相互联系活动”，有的说成是“师生相互作用的活动”。这种强调虽然很有必要，但是其说法未免过于笼统和模糊，尚欠具体和明确。我们认为教与学的相互联系应该确切地表述为“教师指导学生学习”，因此教学方法就是“教师指导学生学习的方法”，而不是教师教的方法和学生学的方法的简单相加。

至此，我们对教学方法的本质特征已有了比较明确的认识，但是要充分揭示教学方法的真实内涵还必须确定它的属概念。关于教学方法的属概念，有的学者认为是“方法”，有的认为是“方式”，有的认为是“手段”，有的认为是“活动”。我们认为这些观点都尚欠妥当。把教学方法的属概念确定为“方法”，犯了“循环定义”的逻辑错误；把教学方法的属概念确定为“方式”、“手段”等，犯了“定义过窄”的逻辑错误；把教学方法的属概念确定为“活动”，则犯了“定义过宽”的逻辑错误。所以，将这几个概念作为教学方法的属概念都是不合逻辑的。经过对各种教学方法本质特征的分析，我们认为教学方法最邻近的属应该是“操作策略”。

基于上述认识，教学方法的定义可以表述为：教学方法是在教学过程中，教师指导学生学习教学内容以达到教学目的的、由一整套教学方式组成的操作策略。在教学方法明确定义的基础上，关于体育教学方法的定义也就有规可循、顺理成章了。其定义为：体育教学方法是在体育教学过程中，教师指导学生学习体育教学内容以达到体育教学目的的、由一整套体育教学方式组成的操作策略。

揭示体育教学方法概念的内涵，只是明确体育教学方法概念的必要条件。要具备明确体育教学方法概念的充分必要条件，还必须对体育教学方法的外延予以明确。这就需要对其进行分类研究。

（二）体育教学方法的特点

1. 实践性

体育教学方法与体育教学实践是紧密相连的。作为一种动作策略，它具有很强的操作性，教师的教学思想和综合能力要通过各种活动方式在体育教学实践中表现出来，教学方法成功与否，都要得到实践的检验。

2. 双边性

体育教学方法都是教师指导学生学习和锻炼的双边活动，都是教师和学生相互联系、按一定的活动方式动作的结合体。教学过程中时刻发生着各种信息的双向交流. 并不断地进行着反馈调节来提高这种双边活动的效果。

3. 多变性

体育教学方法多种多样，供选择的余地很大，且体育教学过程中许多因素都有很大的变数，学生的基础、场地条件、器械数量和质量、气候等任何一个因素的改变，都会导致教学方法的改变，因此一成不变的体育教学方法几乎是不存在的。不同的场合有不同的教学方法。同一种方法在不同的条件下，它的组织方法、活动方式、动作程序都有可能发生改变。

4. 系统性

体育教学方法不是孤立地存在的，各种不同的体育教学方法相互联系、互为补充，共同构成一个完整的方法体系，在体育教学过程中发挥出综合效能，来完整地达成体育教学目标。不管哪一种方法，它的效果都是有限的，不管何种有效的方法，它都会存在缺陷，体育教学目标的实现，必须依赖于整个体育教学方法系统作用的充分发挥。

5. 继承性

一些在长期教学实践中总结出来的、行之有效的教学方法，能够准确地反映体育教学的客观规律，具有强大的生命力，是我们的宝贵财富，具有历史的继承性。此外，还有一些传统的体育教学方法，可能本身存在缺陷，或者由于时代的进步产生了不适应社会发展的内容，但其中有价值的部分我们应该吸收和借鉴，并有选择地继承和改造，成为新的体育教学方法。

6. 发展性

时代的发展、社会的进步要求体育教学方法也必须积极开拓、推陈出新，适应新的教学要求。体育教学方法的发展要根据新的形势创造新的方法以外，还需要对传统的教学方法进行调整和改造，赋予它新的内涵，发展成为满足新的教学要求的新方法。

二、体育教学方法的地位与分类

（一）体育教学方法的地位

体育教学方法是体育教学活动的重要因素，它不但在教学活动过程中发挥着重要的作用，而且在教学活动结束以后也会产生深远的影响，它在体育教学过程中有着不可替代的地位。

1. 教学方法是实现体育教学任务的必要条件

教学方法是教学过程中教师与学生双边活动的连接点。通过有效的教学方法把教师的教和学生的学紧密联系起来，成为完成教学任务的有效途径。没有有效的教学方法. 实现教学任务就无从谈起。

2. 教学方法是提高教学质量的重要保证

好的教学方法能充分利用各种有利的因素来调动学生的学习积极性，发挥他们的主观能动作用，从而提高学习效率，收到事半功倍的效果，提高教学质量。

3. 教学方法与良好的教学氛围密切相关

良好的教学方法能引起学生的学习兴趣，激发他们积极的学习动机，营造出一种奋发向上的学习氛围。良好的氛围能使学生受到感染，又反过来影响学习过程，从而形成一种良性循环。经常运用良好的教学方法，有助于教师在学生心目中树立威望，进而促进学生自觉、主动地学习，使教学过程中的气氛更加融洽，教学方法的实施更加协调自如。

4. 教学方法对学生身心的发展具有重要影响

良好的教学方法蕴含着科学性，良好的教学方法的运用过程就是受到科学思想熏陶的过程，无疑是有利于学生心智的发展。反之，不良的教学方法会产生不良的影响，对学生心智的发展是不利的。在体育教学过程中，教学方法的实施过程往往也是学生体验运动技术技能，进行锻炼方法教育的过程。因此，学生既要受到体育方法论的教育，又要得到身体的锻炼，使身心都能得到发展。由于体育活动的特殊作用，良好的教育方法还能促进学生的情感、意志等非智力因素的发展，由此可见，体育教学方法对学生的身心发展具有广泛的重要影响。

（二）体育教学方法的分类

1. 体育教学方法分类研究的现实意义

分类就是根据事物的共同点和差异点，将事物区分为不同的种类。体育教学方法的分类，具体地讲，就是把众多的体育教学方法按照一定的标准归属到一起，又按照某些不同特点把它们区分开来，建立体育教学方法的次序和系统。目前对体育教学方法进行分类研究，不仅是明确体育教学方法概念的必要前提，而且具有非常重要的现实意义，这是因为：

首先，体育教学方法的分类有助于体育教学方法科学体系的建立。体育教学方法的分类，是以对每种具体的体育教学方法进行详细分析为前提的。在明确某种方法的实质、作用和特点的基础上，根据某一标准，将若干相同或相近的体育教学方法归为一类。由于分类有一个依据的标准，各种体育教学方法不仅可以彼此区别，而且可以看出在这个标准上各种体育教学方法之间的关联和层次。由此，可以把原来繁杂、散乱的体育教学方法置于一个参照系中，使其井然有序，形成一个教学方法的有机体系。

其次，体育教学方法的科学分类有助于教师准确、有效地选择和运用体育教学方法，从而提高教学效率。理论研究的最终目的是为实践服务，关于分类体育教学方法的研究自然也不例外。体育教学方法一经恰当分类，建立起一定的体系，各种具体教学方法的特点、功能及其在整个体育教学方法体系中的地位便会一目了然。这样，不仅有利于教师从整体上把握各类体育教学方法，而且可以使教师根据教学目标的需要以及其自身的实际情况，选择能够有效地提高体育教学质量的体育教学方法。

因此，科学的分类体系能够使教师明确某种体育教学方法适用于什么样的教学情境，有利于我们分清一般与特殊、本质与非本质的东西，加深对体育教学方法基本原理的理解，提高运用体育教学方法的针对性和自觉性。

2. 体育教学方法分类的逻辑基础

鉴于体育教学方法分类研究的现状，我们认为，体育教学方法分类体系的建立，必须要考虑分类的逻辑基础的问题，因为它直接关系到研究结果的科学性水平和实用价值的大小。主要从两个方面来分析体育教学方法分类的逻辑基础，即分类标准的确定和分类框架的构建。

（1）分类标准的确定

体育教学方法经过不断的发展演变，已经逐渐形成了一个庞大而复杂的系统。系统是有层次的，层次是系统科学的基本概念之一。“最简单的系统由元素层次和系统整体层次组成，元素之间的相互作用直接涌现出整体性，无须经过中间层次的整合；复杂系统不可能一次完成从元素性质到系统整体性质的涌现，需要通过一系列中间等级的整合而逐步涌现出来，每个涌现等级代表一个层次，每经过一次涌现形成一个新的层次，从元素开始，由低层次到高层次逐步整合、发展，最终形成系统的整体层次。”根据系统的层次观点，体育教学方法系统内部各要素的组成是按一定的联系方式和作用方式分层次组织而成的有机的整体，而不是各要素的杂乱堆集。因此，我们不能用一一列举体育教学方法概念所表示的各要素的办法来明确体育教学方法的外延，而要根据这一系统内各要素属性的不同，将其分成不同的种类。在体育教学方法系统内，每个元素都可以按不同的分类标准，从属于不同的逻辑联系和序列，每一个序列都各自构成一种体系。这个体系是否科学，体系中的各种体育教学方法是否能真正彼此区别开来，在很大程度上取决于分类标准的科学与否。所以，确定统一的分类标准是分类得以进行的首要前提。

（2）分类框架的构建

分类体育教学方法，一方面是体育教学方法理论科学化的需要，另一方面是为了更好地服务于体育教学实践，方便教师对体育教学方法的选择与运用。但是，体育教学方法来自于体育教学实践，众多的体育教学方法之间的联系不会自动地呈现出来。为了揭示这些个别存在的体育教学方法之间的联系，就需要提出某种分类框架作为假设，然后在实践中检验其是否适宜。可以肯定地说，没有分类框架，也就没有体育教学方法分类的研究。

就目前体育教学方法分类研究的情况来看，主要有三种类型框架：第一种是实用性分类框架，例如，根据教学任务的要求，将体育教学方法分为体育教学中的教育方法，传授知识、技巧和技能的教学方法，体育教学中的锻炼方法等。第二种是现象性分类框架，例如，把体育教学方法分为教师的指导法和学生的学习法等。第三种是实质性分类框架，例如，把体育教学方法系统分为体育教学思维方法系统、体育一般教学方法系统、体育各项目教学方法系统、各技术动作教学方法系统、各技术细节教学方法系统等。就通过分类研究揭示事物的本质和特点而言，以上三种分类框架中，现象性分类框架要优于实用性分类框架，实质性分类框架又优于现象性分类框架。从什么角度选择和构造体育教学方法的分类框架，取决于分类研究的目的。我们希望通过对体育教学方法的分类，不仅能揭示体育教学方法的本质特点，而且能对体育教学方法的实际运用起指导作用。因此，作者主张在构建体育教学方法的分类体系时，将实质性分类框架与实用性分类框架结合起来使用。为了使体育教学方法分类体系尽可能的科学化，我们在构造分类框架时，还要充分地考虑该框架的逻辑清晰性和包容性问题。

3. 体育教学方法分类体系的建立

在明确了体育教学方法概念的内涵及分类的逻辑基础的前提下，我们根据体育教学方法系统内部各要素本质属性的不同将其分类。

首先，根据各种体育教学方法本身是否具有一定的指导思想，将其从抽象到具体分为两大类：即原理性体育教学方法和操作性体育教学方法。

所谓原理性体育教学方法，是指 20 世纪以来在新的教学思想指导下创造的一系列综合教学方法，具体包括程序教学法、发现学习法、掌握学习法、合作学习法等。这类教学方法解决的是新的教学理论观念运用于体育教学实践的连接问题，是教学意识在教学实践中方法化的结果，其最大的特点就是具有原理指导性。我们可以从下面的一段话中更好地理解原理性体育教学方法："原理是可以转化为方法的，无论哲学原理、科学原理或其他知识领域的原理，都可以在一定的条件下向方法转化。原理本身是关于事物本质和规律性的观点与知识体系。它本身只说明'是什么'、'为什么'，并不直接解决'怎么样'、'如何做'的问题。因此，原理本身还不是方法，只为方法的形成提供理论与科学的依据，属于方法的理性原则。"纵观教育的发展史，每一个时代都会产生新的教育思想和理念，这些新的思想、新的理念一经产生，便要运用于教学实践，指导实践。但是它们只是一些观念的东西，要将这些思想、理念切实贯彻到实践中，就必须借助一系列的操作程序和步骤，这样就产生了反映该时代主要精神的一些方法。它们与具体的教学方法不同，因为它们虽具有一定的指导思想和操作程序，但并不能直接运用于体育教学过程中，而要通过影响体育教学主体的思想、观念，渗透到体育教学的设计和实施中，通过具体的体育教学方法来实现其目的。

所谓操作性体育教学方法，是指课堂教学的具体方法，例如讲解法、示范法、练习法等等。这类方法并不是教学原理和思想的直接转化，自身不具有原理指导性。由于它们是最普通而且具有通用性的体育教学方法，所以，任何体育教学内容都将选用这类方法作为基础性教学方法，教师只要根据具体的教学情境就可以直接选择运用到体育教学过程当中。操作性体育教学方法是体育教学过程中使用最多的一类方法，目前对教学方法的分类研究，大多是针对这一层次的方法进行的。

将体育教学方法分为原理性体育教学方法和操作性体育教学方法，有利于我们从整体上把握体育教学方法的功能和作用。但是，要使教师更好地选择运用它们，还需要分别对其作进一步的划分。

其次，根据所完成体育教学目标的不同，原理性体育教学方法可分为知识型体育教学方法和能力型体育教学方法。教学目标是教学过程的出发点和归宿，具有导向作用。以体育教学目标作为原理性体育教学方法的分类标准，有利于体育教师有针对性地选择运用各种体育教学方法，提高教学质量。知识型体育教学方法以掌握体育知识、技术，提高运动技能为主要目标，包括系统学习法、程序教学法及掌握学习法等。能力型体育教学方法以发展学生身心素质、提高学生综合能力为主要目标，包括发现学习法、问题学习法及合作学习法等。

根据教学语言在每种教学方法中的作用，将操作性的体育教学方法进一步分为以语言为主的体育教学方法和以语言为辅的体育教学方法。我们都知道，任何一种体育教学方法要在教学过程中发挥作用，必须借助于教学语言。这里的教学语言是指运用于教学中的语言，具体指教学中教师和学生经常地、广泛地使用的语言，它既与一般语言相类似相关联，又与一般语言有区别、有差异，它是一般语言在教学领域的特殊使用。教学语言是使教学方法有效实施的必要条件和根本保证，是使教学目标、内容得以完成的最基本的手段和最重要的工具。教学过程是语言的流动过程，离开教学语言，任何一种教学方法都将失去存在的意义。所以教学语言在任何一种教学方法的使用过程中都起着直接（主要）或间接（辅助）的作用。以语言为主的体育教学方法，主要包括讲解、谈话、口令和指示、口头评定成绩等。这类教学方法主要借助于语言来完成教学内容，实现教学目标。

以语言为辅的体育教学方法是体育教学方法区别于其他学科教学方法的重要方面。在这类体育教学方法中，教学语言并不起主要的作用，它只不过是为其他教学方法的正常使用服务的。根据学生获取知识的方式的不同，将以语言为辅的体育教学方法分为直观法和练习法。在直观法中，学生主要是借助视觉、听觉等感觉器官来感知动作，形成动作表象的。通常采用的直观形式主要有：动作示范、教具和模型的演示、电影和电视录像等。在练习法中，他们主要是借助肌肉的本体感觉来感知动作，获取运动技能，包括完整练习法、分解练习法、重复练习法、变换练习法、集中练习法、分段练习法、游戏法练习法、比赛练习法等。

练习法是体育教学中特有的教学方法。其特点是在身体练习中，学生要承受一定的运动负荷，并消耗一定的体力，引起一定的疲劳。进行反复练习，是掌握、改正运动技术，形成运动技能的最基本的方法。在体育教学中，练习法的种类颇多，很难找到同一的分类标准将它们归为一类。为了使体育教师能够方便灵活地选择和使用各种不同的练习法，我们决定从不同的维度将其归类。首先，从动作技术结构特点的维度，练习法可以被分为完整练习法和分解练习法；其次，从练习中休息时间长短的维度，练习法可以被分为集中练习法和分段练习法；再次，从练习条件有无变换的维度，练习法可以被分为变换练习法和重复练习法；第四，从组织方式的维度，练习法可以被分为游戏练习法和比赛练习法等。

至此，我们对体育教学方法这一概念的外延有了比较明确的认识，虽然明确体育教学方法的概念是体育教学方法优化研究的基础，但并不是我们研究的最终目的。我们的目的是根据体育教学方法的分类体系，为不同的学习阶段选择合理有效的方法组合，从而更好地提高体育教学效能。但是，要将理论运用到实践，更好地指导实践，必须运用系统的整体观点，综合考虑其诸多的影响因素，否则就很难达到理想的效果。

三、体育教学方法的结构及其优化原则

（一）体育教学方法的结构

体育教学方法是在体育教学中，教师与学生为实现体育教学目标和完成体育教学任务而有计划地采用的、可以产生教与学相互作用的、具有技术性的教学活动。

说到体育教学方法时，有时是指教师教会学生的方略（如发现式教学法），有时是指教师在教学中使用的手法（如提问法、口令法、限制法），有时则指教师在教学中使用的技术手段（如录像演示法）。因此，很难确定它具体所指。

其实，体育教学方法也是有层次性的，主要包括教学策略、教学方法和教学手段三个主要的层面。

1. 第一层面：过程的设计与变化

第一层面指的是“教学方略”的层次，是教学方法的“上位”的层次，也可以说是广义的教学方法的概念，是我们过去说的传统定义中的教学方法的组合，也是我们原来理解的教学方法的组合设计的层面，是教师运用多种手法和手段的组合进行教学的行为方式，也可称教学方式或教学模式（教学方式的说法更强调与其他教学法的区别，而教学模式则更强调它已是以一种成熟的教学法）。教学方略主要体现在对单元和课的设计与变化上。例如发现式教学法就是一种广义的教学方法，但它是由许多我们过去所说的中层次的教学方法组合起来的，如其中的提问法、组织讨论法、总结归纳法等多种教学手法，其中也包括模型演示、实地测量等多种教学手段。

过程或程序应该属于方法，因为同样几个行为在不同的顺序之中，也会产生不同的效果，如先提出问题后进行讨论再回答问题，与提出问题后先解答再进行讨论，教学的技术完全一致，只是过程或程序上有所不同就会产生不同的教学效果，有经验的老师可能在技术上与新教师没有多大的差别，而在教学的程序上，有时甚至只是在节奏上处理得好，就会产生截然不同的教学效果，因此说，对教学过程的组织和组织的方略也是教学方法的重要组成部分。

2. 第二层面：技术的选用与变化

教学技术是教学方法的“中位”的层次，也即第二层面，它基本等同于传统定义上的教学方法。教学方法是教师运用一种主要的手法进行教学的行为方式。如提问法，就是为了实现某

个教学方式而采用的具体的教法，是运用提问和解答的方法来实现一个教学方式，这个层次的教学方法主要体现在课中某一教学步骤上。教学技术的选用与变化主要根据教师的条件而不同。

狭义的“体育教学方法（技术）”是广义的体育教学方法中的最核心的部分，也是体育教学方法分类问题中最重要的部分。

按照体育教学方法的外部形态（信息传递途径）和这种形态下的学生认识活动对体育教学方法进行分类．可以把中国学校体育教学中比较常用的教学方法分为：以语言传递信息为主的体育教学方法：以直接感知为主的体育教学方法；以身体练习为主的体育教学方法：以比赛活动为主的体育教学方法；以探究性活动为主的体育教学方法等五类。

3. 第三层面：工具的辅助与变化

第三层面是教学方法的“下位”的层次，也称为教学工具，是传统定义上教学方法的组成部分，它是教师运用一种主要的手段进行教学的行为方式。如提问法中的挂图使用（或称挂图法），就是主要运用挂图来实现某个教学方法的完成的手法。这种教学方法主要体现在课中的某一个教学步骤中更为具体的教学环节（场景）上。

对体育教学手段的分类应根据“辅助学生进行运动学习的功用”来进行划分，可分成“帮助学生进行认知的教学手段”“帮助学生加强本体感受的教学手段”“帮助学生进行思考和交流的教学手段”等三大类。

分类只是为了帮助我们更好地领会各种教学手段的特征和目的，帮助教师们更好地了解各种教学手段的用法，分类是相对的，而综合运用是绝对的。教学手段也即工具的辅助与变化主要根据时代和教学条件而不同。

（二）体育教学方法的优化原则

体育教学方法的选择不仅要考虑一系列的影响因素，还要遵循一定的原则。根据体育教学方法系统的特点和功能，结合体育教学方法在实践中的运用情况，我们提出了体育教学方法设计必须遵循的三大原则，即：系统整体原则、综合复用原则、简便优化原则。它们是科学地选择与运用体育教学方法、提高体育教学效果的根本保证。

1. 系统整体原则

瓦·尼·萨多夫斯基认为：一般说来，可以肯定，对任何所研究的系统起码都要求有对它进行三种不同水平的描述：①从它所具有的外在整体属性的角度；②从其内在结构和把其成分“包括到”形成系统的整体属性的角度；③从把这一系统理解为更大系统的子系统的角度。萨多夫斯基的这段话给予我们这样一个启示：选择体育教学方法要遵循系统整体原则。系统整体原则反映的是方法的存在、运动和发展的客观规律，揭示了方法存在的普遍形式和一般特点。它要求我们从系统联系的角度考察体育教学方法，用系统的、整体的观点来对待体育教学方法的选择问题。

首先，从体育教学方法系统本身来看，它既然以系统的形式存在，就必然具有系统整体性。这种系统整体性表现在以下几个方面：①构成体育教学方法系统的各要素或子系统融合为一个有机联系的整体，这个整体具有组成它的各要素、各子系统所不具有的整体质，即系统质，也就是我们前面提及的整体涌现性。②体育教学方法系统内部各要素、各子系统具有相互联系的有序性、层次性、不可分割性及各自功能的不可替代性。③体育教学方法系统的各要素、各子系统虽然各具功能和作用，但是它们都有助于达到一个共同的系统目标，即整体目标。它们相互联系、相互作用后产生一个总的整体结果。④体育教学方法系统内部分与部分、部分与整体之间具有相互依赖、相互制约的关系。

其次，从体育教学方法系统与环境的关系来看，它与环境有物质、能量、信息的交换，是一个开放系统。作为一个开放系统，它只有对环境开放，同环境相互作用，才能生存和发展，并且开放得越充分有效，越有利于其自身的生存发展。所以，我们只有遵循系统整体原则，一方面认真研究体育教学方法内部各组成成分之间的各种联系，另一方面认真深入探讨体育教学方法与体育教学过程其他结构成分及其整体结构之间的本质联系，才能真正认识体育教学方法这一特别复杂的多方面的教育现象的本质及其在体育教学过程中的职能，才能保证所选择的体育教学方法科学有效。

2. 综合复用原则

根据体育教学方法系统内各元素或子系统功能上的差异性和互补性，我们提出了优选体育教学方法必须遵循的第二条原则，即综合复用原则。综合复用原则的基本内容是：为达到某一或某些目的，必须把若干个方法或方法系统组合起来加以运用，发挥方法的综合功能，而不能把方法孤立起来单独运用。综合复用原则从人类如何运用方法以及该方法采取什么方式发挥其作用的方面，反映了方法存在和发展的客观规律，揭示了人类运用方法的辩证法。

各种体育教学方法在功能上存在的差异性，主要取决于每种方法的方法域。所谓方法域，就是制约和限定方法有效性的方法的适用领域和适用范围的相对界限。它是标示方法适用领域和适用范围大小、宽窄的概念，是制约方法有效性的诸因素对方法的适用领域和适用范围的总体规定，也是测定方法的适用性大小的尺度。方法域的存在是一个普遍现象，它说明了任何方法都有其局限性。体育教学方法当然也不例外。但是，正是这种局限性促进了体育教学方法的不断发展与变革。纵观体育教学方法的发展史，可以看出，任何一种新方法的出现都是基于这样一个实际情况，即原有的诸多体育教学方法由于其自身的局限性，已经不能很好地适应体育教学的发展。体育教学过程非常复杂，教学内容很丰富，所要完成的任务又是多方面的，这就必然要求有多种多样的体育教学方法与之相适应。但是，由于种种原因，人们往往对体育教学的这种复杂性认识不足，经常固守于某一种体育教学方法或模式，其结果如何可想而知。体育教学方法的单一性不仅容易抹杀体育教学过程的复杂性，不能反映体育教学的本质规律，而且也不能取得很好的教学效果。

近些年来，国内外不少教育学者提出了教学方法互补融合的问题，并对此进行了有益的探索。他们认为，在众多的教学方法中，一种方法的优点可能恰恰是另一种方法的不足所在，反之亦然。倘若能利用各种方法之间的互补性，并将具有互补性的方法结合使用，一定能取得好的效果。著名教育家布卢姆曾经指出，在现有的教学策略上加上另一种新策略，其效果虽不会因此而倍增，但确能增加效果。苏联学者巴班斯基也说过："各种方法的结合能最佳地顾及教材内容的特点，而让学生最佳地了解自己的学习认知的可能性和能力，给自己选定最合理地掌握知识的方式。在多样化方法的基础上，可以为学生学习认识的可能性的全面发展创造条件。"

总之，遵循综合复用原则选择体育教学方法，是体育教学方法发展的必然趋势。在选择体育教学方法的过程中，只有对各种体育教学方法的优点和缺点都了如指掌，注意比较各种体育教学方法在功能上的差异性，寻找它们之间的互补关系，才能更好地发挥体育教学方法的整体功能。

3. 简便优化原则

人们在运用方法时并不仅仅满足于方法的合目的性、有效性，还要追求方法的简便易行、高效率、高效益、多功能等等。因此，从这一方面，我们提出了优选体育教学方法必须遵循的第三条原则——简便优化原则。简便优化原则从方法的价值标准的角度反映了方法存在和发展的客观规律，不仅揭示了主体对方法的一般要求，而且还揭示了方法进步的发展方向和基本趋势。为了更好地理解该原则，我们从简便性原则和优化原则两个方面对其进行分析。

（1）简便性原则

人们在选择和使用方法时所遵循的简便易行的思想，称为简便性原则。贯彻简便性原则的一个突出表现是舍弃方法中不必要的多余的动作和操作，简化方法的步骤和程序，使方法在结构上变得更紧密、更连贯、更精简、更协调。一般说来，人们对于每一种方法都是如此对待的。比如说，一种方法在刚刚产生的时候，最初被运用，人们对它总是不熟练，它本身也是不完善的。这时方法在结构上往往呈现出离散性和烦琐性，各要素的结合松散，各步骤、各程序间彼此不够连贯，许多重复的动作和操作夹杂其间。这样不仅给操作者加重了负担，而且方法的效率和效益往往也是不高的。虽然按这种方法办事最终也可以达到目的，符合方法的合目的性和有效性的要求，但它却浪费了人们的体力和精力，浪费了时间、物力和财力。谁都不会否认，体育教学中衡量教学的质量还要看单位时间内学生对知识的掌握程度。给定教学内容的掌握，耗费时间越长，教学效率越低；耗费时间越短，教学效率越高。所以，教师在选择体育教学方法时，在不影响体育教学效果的前提下，还要注意简化各种方法的操作程序和步骤。总之，在保证体育教学方法的功能和保证实现教学目标的情况下，方法总是越简便越好，越省事越好。这可以说是评价方法的一个标准，即简便标准。

但是，简便性原则并不是人们选择运用方法的唯一原则，简便标准也不是人们评价方法的唯一标准。如果我们在选择运用体育教学方法时，仅仅固守这一原则和标准，那将是十分片面的，有时甚至是错误的，行不通的。例如，生产一种产品的方法有两种：一种虽然简便易行，但经济效益不高；另一种则较为复杂，但却能创造出十分高的经济效益。两种方法相比，我们宁愿选择后一种方法，也不选择前一种方法。所以，简便性原则并不能孤立地运用，而要受其他原则的制约，甚至以其他原则为前提。这就涉及方法的优化原则问题。

（2）优化原则

所谓优化原则，就是人们在创造方法时，总是追求方法的优化结构；在选择方法时，总是挑选优化方法；在运用方法时，总是期望方法的优化结果。人们在创造、选择和运用方法时的这种追求方法优化的观念，就叫作优化原则。遵循优化原则选择体育教学方法，并不是简单地将各种体育教学方法组合起来，而是对具体的教学情境具体分析，比较各种体育教学方法的优点和缺点，寻求某一情境下的最佳组合方案。所以，优化原则并不是对方法提出的某个单方面的要求，而是多方面要求的综合。正如巴班斯基所说："所有这一切都要求教师不是简单地使用多样化方法本身，而是要在每个具体场合选择其最优的结合。为此，首先必须认清选择方法的情境本身，这就是说，要对情境多加了解和思索，提出选择的根据，而不是自发地和偶然地来进行的。"

综上所述，我们对优化体育教学方法的基础、影响因素及原则分别进行了探讨，其目的就是要将体育教学方法的理论研究运用到体育教学实践，指导实践。因此，下面我们要探讨的就是如何根据体育教学方法分类体系，为学生在运动技术学习的不同阶段选择最佳的方法组合。

四、高校体育教学方法存在的问题

（一）教育方法单一

当前，很多高校体育教师由于受到过去传统落后的教育思想观念的影响和制约，在开展高校体育教学活动中，往往存在教育教学方法比较单一的问题。在教学活动过程中，一些高校体育教师仍然停留在以传授体育技术为主要教育目的的方法上，一般都表现为继承讲解、示范、练习等传统落后的教学方法。这样，教学效果我们可想而知。而且传统落后的的体育教学方法的确存在这样那样的问题与不足，依然有许多值得改进的空间。但是，我们必须清醒地认识到，高校体育教学活动作为一种以学生自身身体为主要媒介，并通过相应的运动场地、设施设备及练习而达到一定教育目的的学习方法，运动场地、设施设备和练习起到重要的媒介作用。面对新的形势，高校教育的目标任务已经发生了重大的改变，传统的体育教学方法已经不能很好地适应高校教学任务的要求。因此，我们必须进一步转变教育思想观念，继承和发扬传统体育教育的长处，不断创新高校体育教学的方式方法，更好地为开展好高校体育教学服务，促进学生身心的全面健康发展。

（二）实际效果不明显

我们知道，高校体育课程教学大纲要主要是在原有体育课程教学的基础上所进行的深化、拓展与改革。可见，创新必然成为高校体育课程教学改革的重点内容和任务之一。在开展高校体育教学活动过程中，有很多体育教师立足于创新，狠下工夫、狠抓落实，采取了很多新的有效的教学方式与教学手段。这样，就对高校体育教学改革产生了极为重要的推动和促进作用。但我们也必须清醒地认识到，仍然有相当一部分高校体育教师在开展体育教学过程中，过分强调开展课程的形式，往往不去注重开展课程的实际效果。甚至有的体育教师为了展现全新的教学理念，都会把一些高、尖、精的体育教学设施设备运用到高校体育课堂中，虽然给学生耳目一新的感觉，但由于操作不便，实际效果大打折扣。此外，由于传统落后的体育教学把规范化体育技能教学作为了唯一的目标任务，因而一些体育教师在具体教学方法的选择上，往往主要根据学生在最短的时间里领会掌握的体育技能展开体育教学活动。在许多高校体育教学方法中，一些教师片面追求体育运动技能的系统、完整传授，要求学生学习领会体育动作的详细环节，忽视了学生对体育运动基本知识和基本技能的学习领会与掌握，也不去注重培养学生创新、观察、信息、分析、自学等能力素质，这就必然使得高校体育教育成为为技术而教，也必然使得学生的学习效果不尽理想。

（三）学生主体意识不强

长期以来，很多高校体育教师在开展体育教学的具体过程中，往往习惯于以教为主、以学为辅或者教师教学生学等传统的教学模式。这样，虽然在某些具体教学内容和环节上，取得了一定的成效。但是，这些传统落后的教学方法在如何把教师所传授的内容真正转化为学生主动、积极、创新地学等问题上，依然存在着很大的缺点与不足。实际上，这种注重教师、忽视学生的高校体育教学方法随处可见。此外，一些高校体育教师比较倾向学生的共性特征，从而忽视了不同学生的个体差异。我们清楚，学生健康的个性特征，不仅是他们心理全面健康发展的客观需要，而且也是现代经济社会发展对人才能力素质的根本要求。这就要求高校体育教师应当针对不同学生的具体实际，认真给予鼓励、支持和发展。但在高校体育教学过程中，由于存在这样那样的困难与问题，在具体落实因人而异等问题时的确存在很大的难度，往往出现教师以学生的共性特征为出发点。特别是当教师面对班级人多、场地和设备器材比较少等教学实际时，要充分发挥学生个体的个性特征难度就更大。因此，许多高校体育教师在开展体育教学时，所选择的教学方式方法通常是更多地把教学的中心放在对大多数学生的指导帮助上，而对那些具有特殊需求的学生一般很少采取具体有效的教学方法进行指导与帮助，这就必然使得这些学生在体育教学活动中难以真正得到充分的发展。

第二节　体育教学方法的设计理念及选用

一、体育教学方法的设计理念

（一）体育教学方法设计的原则

1. 讲究健身性

体育的本质就是增强体质，体育课更是以增强学生体质健康为最主要目标，这是永恒的主题，离开这个最主要的目标，体育教学方法设计就偏离了主题。

2. 提倡多样性

教学内容丰富多彩，教学方法形式多样，组织方式千变万化，这些都需要体育教师在设计体育教学方法时，增加选修课程、挖掘乡土教材，组织教学方法、手段多样性，为提高学生的练习效果服务。

3. 注重选择性

设计体育教学方法离不开教学内容的选择、难度的安排、实现目标的多途径性，体育教学方法多种多样，选择适合自身教学能力、学生基础、现实设备条件的教学方法才能起到好的教学效果。

4. 增加趣味性

体育课的枯燥由来已久，再加上体育教学方法老套、单调，学生对体育课反感有加，增加体育教学方法的趣味性，不但对教学效果起到促进作用，而且对学生对待体育课的态度也至关重要。

（二）体育教学方法设计的要求

体育教学方法设计有哪些要求，不同教师有不同的看法。体育教师对体育教学方法设计的要求主要包括六项内容：①从教法和学法的有机结合出发，综合运用教学方法，谋求教学整体效益；②突出相应的教材特点，与教学模式相协调，多角度实施教学方法；③引导学生发现运动的原理，使其掌握创造性解决问题的方法；④针对学生的体育需求，通过一系列教学策略，激发其体育学习的内发性动机；⑤增强体育学习的自信心，培养善于与人交往合作的能力；⑥培养学生的集体意识、团队精神、公正、乐于助人等良好的社会行为规范。这六项要求强调的重点差别不大，基本上都从培养学生的角度出发，针对教学原理、教学模式、学生需求等方面进行考虑。这充分体现了体育教师对待体育教学方法设计的理念符合以人为本理念的主导思想，认识层面达到新时期体育课程改革的要求。

（三）体育教学方法设计的理念

1. 牢记创新教育思想的理念

现代倡导的素质教育、创新教育不再是以传授知识为主要目标，相比较而言，提高学生的能力更为重要。无论是素质教育还是新课程都对创新教育宠爱有加，不但对传统教学模式、教学内容进行创新，更要设计出创新的教学方法以此激励学生锻炼的兴趣、推动素质教育的落实、实施有针对性的教学方法改革。

2. 明确教师角色转变的意图

体育教学方法的设计带有主观性，体育教师自身角色的定位、转变是引导学生学习方式改革的主导。不断扮演新型角色，从一个“教书匠”“传授者”“师道尊严的长者”转变为学生学习的“促进者”“合作者”“引导者”。

3. 升华教学技能的艺术品位

教学方法本身具有艺术性，不同教师使用同样的方法会出现不同的效果，这正是教学技能的艺术性。体育教师不能对传统教学方法守缺抱残，更不能对现代教学方法画蛇添足，我们需要的是把这两者结合起来，不断提高教学技能的艺术品位，引导学生喜欢练习、自觉锻炼、心甘情愿的跟老师学。

4. 搭建学生展示自我的平台

体育教学方法的实施需要学生作为主体，主体性发挥得好，教学方法就能实施得好。体育教师应该多给学生提供展示的机会和平台，培养创新意识，锻炼创新能力，让每个学生体验成功，感受愉悦的快感，以此来帮助学生树立自信、激发斗志，形成自主学习的动力。

二、体育教学方法的选用

体育教学中教学内容的主体始终都是运动技术的学习，这一点是毋庸置疑的。但是，素质教育的全面实施，不仅要求学生掌握运动技术，还要求发展学生的个性能力。这就涉及如何协调学生的知识掌握与能力培养两者关系的问题。我们认为，学生知识的掌握和能力的培养是同一个教学过程的两个不同的方面。在体育教学中，强调素质教育并不是要忽略甚至于不要运动技术的传授与掌握，而应该使学生在运动技术的学习过程中加强自身体育能力的培养，提高综合素质。然而，体育教学方法自身所具有的辩证本性，决定了我们要同时兼顾知识的掌握和能力的培养，就必须考虑运动技能形成的特点和规律，并以此为基础选择合理的组合方法，达到各种体育教学方法在功能上的互补融合。

行为主义心理学和认知心理学有关运动技能的学习理论为体育教学方法的选择提供了心理学依据。运动心理学的研究表明，运动技能的形成过程可以划分为三个阶段，即运动技能形成的认知阶段、联系阶段和自动化阶段，并且在不同阶段的学习具有不同的心理特征。为了提高体育教学的质量和效果，适应学生主体的全面发展，我们从体育教学方法的角度出发，根据体育教学方法的分类体系，以运动技能形成的不同阶段所具有的不同心理特征为基础，选择既有利于技术掌握，又有利于个性能力培养的体育教学方法。

（一）运动技能形成的认知阶段体育教学方法的选择

认知阶段是运动技术学习的初期，此时练习者的主要心理特征表现为：神经过程处于泛化阶段，内抑制过程尚未精确地建立起来；注意范围比较狭窄，知觉的准确性较低；精神和全身肌肉紧张，动作忙乱、呆板而不协调，多余动作较多；虽然能初步利用结果的反馈信息，但不能察觉自己动作的全部情况，难以发现错误和缺点。在此阶段，练习者主要是通过视觉观察示范动作并进行模仿练习，较多地利用视觉来控制动作。

鉴于以上心理特征，我们认为该阶段的体育教学应以运动技术的学习与掌握为主。因为掌握一定的运动技术是学生其他能力发展的基础，只有具备了一定的运动技能，学生才能够更好地融入丰富多彩的体育活动中去，才能在不同的活动中提高自身的综合素养。由于运动技能一经学会之后，便不易遗忘，学生在运动技术的学习中一旦形成了错误的动力定型就很难纠正。因此在运动技术学习的关键时期，让学生掌握正确的运动技术，是体育教学最基本的目标。根据体育教学方法的分类体系，我们认为该阶段选择知识型体育教学方法最有利于学生运动技术的学习与掌握。知识型体育教学方法是教育学者们经过长期的研究与探索而创造出来的，它们是经实践检验过的、能有效地促进学生掌握知识的一类教学方法。经过比较分析，掌握学习法比其他知识型体育教学方法更能有效地促进体育教学目标的完成。掌握学习法是针对传统教育只注意培养少数尖子学生而忽视大多数学生的现象而提出的一种新的教学方法，其核心思想是：在所有学生都能学好的思想指导下，以集体教学为基础，辅以经常及时的反馈，为学生提供所需要的个别帮助，从而使大多数学生达到课程目标所规定的掌握标准。所以，在运动技能形成的认知阶段选择掌握学习法，不仅可以大面积提高体育教学的质量，提高大多数学生的学习效率，而且能培养学生的体育能力和自信心，激发其学习的兴趣，还能培养学生之间相互关心、相互支持的合作精神。

原理性体育教学方法并不能直接完成某一具体的教学任务，它的具体实施必须依靠操作性体育教学方法。运动技能形成的认知阶段是学生形成正确的运动表象、理解动作概念的关键时期。在这一阶段，学生学习的主要途径为：以视觉、听觉接受信息和指示，以肌肉的本体感觉感知动作，对所要学习的运动技术的动作方式进行了解，并在头脑中形成运动表象。所以，这一阶段应选择直观法和以语言为主的体育教学方法作为主要的方法，选择练习法作为辅助的方法。运用直观法可以使学生对所学运动技术的结构、技术细节、运动轨迹等建立正确的视觉表象；运用以语言为主的体育教学方法可以使学生明确所学运动技术的要领、做法及要求，同时使学生理解运动技术的原理、原则等；运用练习法可以使学生在练习的过程中获得适当的反馈信息，有效地提高练习效果。这种方法组合不仅可以加强两种信号系统的协同活动，而且能够加深学生对动作概念的理解程度。需要明确指出的是，练习法在这一阶段虽然相对于其他两种方法是辅助方法，但是它的作用却是不容置疑的。

由于练习法种类颇多，如果教师对其选择运用不恰当，即使进行大量的练习，也不会取得良好的教学效果。所以，在此有必要分析一下练习法的选择。首先，如果所学习的运动技术的结构比较简单，或者结构虽然较为复杂但是把该运动技术从结构上分成几个部分后会破坏它们之间的联系，这时选择完整练习法最为合适。如果所学习的运动技术的结构比较复杂，并且将其分为几个部分后不至于破坏动作之间的联系，这时选择分解练习法最为合适。其次，由于在运动技术学习的初级阶段，学生在练习时不能感觉、发现自己的错误动作，所以此时不宜采取集中练习法，而应该选择分段练习法。因为集中练习容易出现反应定型化，甚至把学习过程中的错误定型化，而分段练习则能消除和调整不正确的反应，并且可以防止抑制性反应。再次，在运动技术学习的初期，选择重复练习法比变换练习法更有助于学生运动技术的改进和提高。

（二）运动技能形成的联系阶段体育教学方法的选择

经过一段时间的练习后，练习者已经逐步掌握了一系列局部动作，并开始把这些动作联系起来。这时练习者的神经过程逐渐形成了分化性抑制，兴奋与抑制过程在时间和空间上趋于准确，内抑制过程逐步加强，分化、延缓及消退抑制都得到了一定程度的发展；注意的范围有所扩大；动作之间的相互干扰减少，紧张程度有所减弱，多余动作趋于消失；动作的准确性提高，识别错误动作的能力亦有所加强，初步形成了一定的技能，但在动作之间的衔接处常常出现间断、停顿和不协调的现象。在此阶段，练习者的注意力主要指向动作技术的细节，越来越全面地意识到动作的整体，并开始通过思维对动作的本质特征进行分析与概括。这时视知觉虽然起一定作用，但已不起主要作用，肌肉运动感觉的自控作用逐步提高，可以根据肌肉运动感觉来分析判断。

根据上述特点，我们认为该阶段在促进学生运动技术掌握的同时，尤其要加强对学生能力的培养。因此，能力型体育教学方法应成为该阶段最主要的教学方法。经过认知阶段的学习，学生对所学习的运动技术已经有了一定的知识储备，并且具备了识别错误动作的能力。他们能够在教师的引导下独立地寻找动作之间的联系，分析运动技术的细节，完成对运动技术的整合。所以，选择能力型体育教学方法作为主要的方法，不仅可以培养他们分析问题、解决问题的能力，而且可以培养他们的学习兴趣和团结合作的精神，同时能够激发他们的求知欲。经过对能力型体育教学方法的比较分析，我们认为合作学习法比其他教学方法更适合运动技能形成的联系阶段的学习。因为合作学习法不仅能够大面积地提高教学质量，更为关键的是，它更注重对学生个性能力的培养。合作学习法有五个必不可少的要素，即积极互赖、面对面地促进性相互作用、个人责任、社会技能和小组加工。这五个要素的相互联系与作用体现了一种多边活动观。处于这种多边活动中的教师能够充分发挥其主导作用，而学生则能够成为体育教学中的真正主体。合作学习法以小组活动作为主要的教学组织形式，强调同伴之间的合作互助，小组内的成员可以各得其所，共同提高。

经过认知阶段的学习，学生对所学习的运动技术已有了基本的认识，虽然初步掌握了一些局部动作，但是对动作之间的衔接仍然不协调。我们认为在运动技能形成的联系阶段，还需要不断地改进运动技术。因此，这一阶段要选择练习法作为主要的操作性体育教学方法，而以语言为主的体育教学方法和直观法只作为辅助性方法，其中以语言为主的体育教学方法又相对重要些。

在运动技能形成的联系阶段，练习法的选择运用与认知阶段有着明显的不同。由于这一阶段学生运动技术的学习主要应着眼于动作的连贯性和协调性，所以，要以完整练习法为主；又因为经过前一阶段的学习，学生的错误动作明显减少，为了更快地形成动力定型，应以集中练习法为主；为了让学生对不同条件下的运动技术有更深的认识，这一阶段最好采用变换练习法。

（三）运动技能形成的自动化阶段体育教学方法的选择

经过前两个阶段的学习，练习者的动作已经在大脑中建立起巩固的动力定型，神经过程的兴奋与抑制更加趋于集中与精确，掌握的一系列动作已经形成了完整的有机系统，并且稳定和巩固下来。各动作能够依照顺序按连锁的反应方式表现出来，自动化程度扩大，意识只对个别动作起调节作用；练习者的注意范围扩大了，主要用在对环境变化信息的加工上，对动作本身注意较少；肌肉运动表象更加清晰与稳定，动觉控制的作用加强，视觉控制的作用减弱，练习者能借助准确而分化了的动觉及时地发现并纠正错误。

根据这一阶段运动技能形成的特点，我们认为该阶段的体育教学不能一味地强调提高运动技术水平，而应着重发展学生的运动实践能力。经过前两个阶段的学习，虽然学生对所学习的运动技术的结构、原理等都有了深刻的理解和体会，能够比较精确地完成完整的运动技术，所以在这一阶段，但是，他们仍不能灵活机动地将所习得的运动技能运用到实践中去。学生运动实践能力的培养和个性的发展是主要的教学目标，地就要选择能力型体育教学方法作为主要的方法。经过比较分析，我们认为，与此相应在自动化阶段发现学习法比其他能力型体育教学方法更有利于学生能力的培养。发现学习法最本质的特征是强调探究过程而不是现成的知识。它的指导思想是以学生为主体，独立实现认识过程，即在教师指导的启发下，使学生自觉地、主动地探索，科学地认识解决问题的方法和步骤。发现学习法要求教师首先要创设问题情境，向学生提出要解决的问题，因此，运用这种方法可以促使学生在不同的学习情境中学会独立地分析问题、解决问题的能力，同时也能激发学生的内在学习动机。

要培养学生的运动实践能力，就必须让他们都投入到具体的运动情境中去，在诸多的操作性体育教学方法中练习法最为合适。所以，在运动技能形成的自动化阶段要选择练习法作为主要的操作性体育教学方法，而以语言为主的体育教学方法和直观法则起辅助的作用。

由于在运动技能形成的自动化阶段，学生个性能力的培养是最主要的教学目标，所以，教师要为学生提供良好的练习情境。我们认为在自动化阶段，游戏练习法和比赛练习法是最合理有效的练习法。其原因如下：其一，在这一阶段，学生动作的自动化程度较高，他们在练习的过程中不必把过多的精力放在运动技术本身，从而有足够的精力分析外界条件的变化，寻找解决问题的对策，还能更好地理解战略战术及游戏、比赛的规则和要求。其二，游戏练习法和比赛练习法不仅能有效地调动学生从事练习的积极性，使其获得体力和智力的发展，而且可以培养他们团结合作、勇于竞争的精神。

以上我们根据体育教学方法的分类体系，仅对运动技能形成的不同阶段选择了比较合理的方法组合。但是，随着体育教学方法的不断发展进步，其方法组合会逐步完善，发展到一定阶段，必然会出现与之相适应的新的方法组合。这就要求我们对已有的体育教学方法体系不断地进行研究与探索，才能不断地提高体育教学的质量和效果。

第三节　体育人文教学法的设计形式与内容

把人文思想与体质教法有机地结合在一起的形式，为实现教学的目的和要求起到了较好的辅助作用，在此选取几种有一定代表性的教法阐述如下。

一、学科渗透教学法

现今的高等教育正处于知识爆炸的时代，各学科的相互穿插融入和渗透越来越普遍且成为一种发展趋势和必然，并由此发展和派生出许多新的学科，仅从体育专业的基础理论方面来看，就创新出现了运动生物力学、生物化学、运动心理学、运动美学、人文体育等相关学科不胜枚举；而隶属于社会科学的领域中也融进了自然科学的成分。所以，有些学科的范畴只凭单纯的学科概念是很难界定的，正是这种学科的相互融合与渗透，拓展了学科的深度和广度并赋予了其更加广泛和深邃的内涵。

人文思想融入高校体育教学之中的意义就在于，它打破了旧的传统的体质教学模式，引进了体育教育与教学以人为本并为人的发展服务的现代思想理念，将有限的、阶段性的、形式上的传统体育教学，改变并拓展为无限的、长远的和本质上的飞跃，使体育教学的质量从外在到内在，由形式到实质都发生了根本的变化，提升到一个新的境界，较好地做到了与时俱进，使高校体育教学适应并与高速发展的社会需求接轨。由于人文思想地融入，涉及的知识面宽广而深厚，这就给体育教师提出了新的更高的要求，这对提高体育教师队伍的整体素质会起到一个极好的推动和促进作用。由于人文思想教法的运用，使体育教学的内容更加丰富充实，学生对体育教学中的知识、技术和技能理解的渠道和思路更加畅通。由于诸学科知识的相互渗透和联系，其中涉及的高深奥妙的知识和原理，能较好地激发学生的好奇心和求知欲，而对体育教学产生兴趣和爱好，对高师院校的学生而言，通过体育教学对自己本专业水平以及职业技能和素质的提高都会起到良好的促进作用。

二、微笑教学法

微笑是快乐自信和成功的象征，同时也是一种最祥和的语言。从心理学的角度来说，快乐是对自己的爱，也是对他人的一种宽容，而且微笑和其他情绪一样也是可以传染的，所以，教师带着发自内心而自然流露的微笑去教学，就会对学生产生鼓励信任和尊重的感觉，带给学生一个快乐，一片温馨，一种信念，一种成功……试想，一个连自己都不热爱的人，它会去热爱和自己非亲非故的学生吗？显然是不可能的，在此借用一句我们经常说的：要想向学生的心里播撒阳光，首先教师自己的心里要充满阳光。教师的微笑可能会给学生带去一个快乐，但更重要的是快乐会造就一种心态，而这种心态会产生一种力量，它一旦生成就会作用于教学之中，使教师向着所期待的教学目的和目标迈进一大步。斯宾诺莎说得好："快乐不是美德的报酬，而是美的本身。"从某种意义上说，快乐本身就是一种道德，一种对自己的道德，也是对他人的一种道德。我们也许有不善待自己的自由，但我们却没有影响别人心情的权利，从本质上说，微笑是一种自然表象，快乐是一种心理习惯，是一种无条件的心理感受，因此，作为一名体育教师首先要培养自己的高尚情操，提高自身的思想修养和文化底蕴，通过教师的微笑把快乐带给学生，如果能做到这一点我们的教学就会收到事半功倍的效果，这是一个简捷无声且最佳的教学方法之一，同时它也是一种思想境界。

三、幽默教学法

幽默是一种才华和睿智的体现，它能直接反映出一个教师的知识层面、思想修养、文化素质、专业水平及思维反应速度的能力等方面的一个综合素质，它也是一种笑的艺术。教学中教师幽默风趣诙谐的语言能较好地活跃调节课堂气氛，化解尴尬的局面，反应迅捷恰到好处的幽默能给学生带来一个好心情，营造一个快乐活泼的教学情境和氛围，使学生在笑声中理解体育理解运动并掌握技术，反映出教师高超的教学水平和艺术性，如在短跑练习中，对学生脚跟和全脚着地的错误动作，教师将其形象地比喻为犹如年逾六旬的老人在练 100 米跑，或像一台压路机开过来的沉重感，能使学生立刻意识到正确的技术应是快速和轻松的感觉；随即教师再指出其危害性：这种动作易对踝、膝等关节造成损伤，尤其对脊柱和脑部的危害最大；紧接其后进行正确的技术讲解。这种融幽默和情感教学于一体的教学方法，能较好地强化学生对短跑技术的理解和掌握，其教学效果较之传统的单纯的技术教法是非常显著的，由此可见人文体育教法的意义和实效性之一斑。笔者认为，所谓幽默教法在其诸人文教法中应属上乘教法之一，要加大研究力度提高运用的普及性，让学生在笑声中感知体育、理解体育、享受体育给其带来的快乐，达到我们体育教学所追求的“累，并快乐着”的教学情境和目标。

四、危机感教学法

随着我国改革开放的深入和发展，我们的国民经济实力和综合国力都得到了很大的提高，广大人民群众的物质生活水平也有了大幅度的提高和改善，但是，同时伴随而来的市场经济的激烈竞争，人才的竞争、就业岗位的竞争、工作的快节奏等，给人们带来的生理和心理上巨大的压力负荷是很难承受的。针对这种状况，教师通过教学向学生进行危机感的意识教育，即：要想在竞争日益激烈的市场经济中迎接挑战并取得成功，不仅需要具有深厚扎实广博的专业知识技术和技能，而且拥有一个健康的体魄和较高应激水平的心理状态，也是一个不可缺少的重要竞争条件之一。前者可由自己的专业学习中得到，而后者则可通过体育教学实践得到锻炼发展和提高。因为体育本身的一个重要任务和特征，就是教师通过运用各种方法手段对学生的身体进行教育，使其得到锻炼和提高进而铸造一个健康的体魄；而在学习的过程中，面对各种运动项目所带来的艰难困苦，譬如短跑时缺氧的窒息感；长跑时疲劳极限的挑战；素质练习时的枯燥难受感等等，学生首先需要战胜的就是自我，只有战胜了自我才能提高，才能胜利。成功自然会享受其带来的喜悦，而失败带来的阴影也会给我们造成不同程度的心理负担，正是在与这些心魔的较量中才使得学生的心理应激能力和水平得到不断的提高。

在教学过程中，教师充分抓住和利用各种时机、偶然的突发事件和发现的问题，有意识的随机地插入教学之中对学生进行有针对性的说教，灌输一种危机感的意识，让学生为了提高自己的能力而学习，为了将来的需要与需求而锻炼，从而促使学生积极主动自觉地认真对待并参与到体育教学中来。这种危机感的意识教育，能较好地实现“教师让学生学”转变为“我要学”的教学目标，从教学实践来看，效果较佳。

五、师生互动教学法

我们经常说，学生是主体，教师是主导，体育教学是一个师生双边互动的教学过程，但对一些不同类型和不同层次的高校体育教学的实际观察和分析情况来看，教师的主导有余而学生的被动现象是比较严重的，不能较好地实现我们所倡导的师生互动的教学情境和目标，仍是传统的以教师讲解示范后学生按教师的要求去进行练习的模式为主的情况居多，这显然是不能充分调动和激发学生学习的积极性和自主性。对此，针对这种现象我们在教学中尝试利用在课的开始部分，根据教学的内容对安排指定的学生布置任务，提出要求写出教案并由教师对其进行指导，在充分准备的基础上由其带领大家进行相关活动内容的练习，如队列指挥，准备活动中的游戏和领操等，教师及时小结，肯定成绩指出不足；在课的结束部分中，教师根据对学生掌握的情况和了解，随机指定那些身怀才艺和技能的学生带领同学们进行各种形式的放松及游戏练习，如：富含河北地方色彩的民间传统体育项目秧歌、滑旱船和跑驴及各种舞蹈练习等，这些以学生为主导的自编自练的活动形式和内容充分调动了学生的参与意识，激发了练习的热情和积极性，同时也较好地弥补了教师教学中某些方面能力上的缺陷和不足；而在教学的过程中，教师利用提问、讨论、正误对比等形式引发学生的思考，运用其掌握的相关知识分析问题、解决问题，提高对体育教学内容项目技术的更深层次理解和认识。

教师通过这些教法手段的运用，在增加教学过程中师生互动程度的同时也对培养学生的组织领导能力、参与意识起到较好的作用，尤其对高师院校学生提高自己的职业技能能力方面均能起到良好的促进作用。

六、情感交流教学法

情感作为一种教法运用于教学之中，它可以直接具体的显现出体育教学的人性化特征，同时也是对教师事业心责任感和爱心的展示，教师发自内心炙热无私而自然的情感流露并融入教学之中，就会使以体质教学内容为主枯燥单调且乏味的体育教学产生一个新的情境和氛围。因为情感就像空气一样无处不在，我们需要它也同需要空气一样，丰富而细腻的情感是一个人内心境界的反映，它可以折射出思想的高尚与否，正如我们常说的“要想往别人的心里播撒阳光，自己的心里要充满阳光”，它能反映教师的思想境界和水平，通过纯真情感的流露并渗透进教学中，使教师与学生之间从相互了解、相互理解、相互尊重、相互信任进而生成一种友谊，通过与他们交流自己的思想情感，分享体育教学带来的成功的快乐和挫折的悲伤，提高对体育教学意义作用和内涵的理解程度。为了达到这个目标，我们在教学中应注重于细微之处见真情：随手捡走运动场上的石块玻璃等杂物填平坑洼，消除可能造成伤害事故的隐患；从爱护学生的角度出发，对着装提出要求；每逢节假日以及下课时对学生的几句温馨的问候和感谢，见面时首先向学生打招呼；利用本专业所学的知识为学生治疗运动损伤等做法，虽然无形却效果极佳。教师通过这种形式感人、教人、育人的同时也给自己带来了快乐，实现了学生“累，并快乐着”，教师“只有教学之乐而无教学之苦”的双赢教学目标，较好地提升体育教学的境界和水平。

七、心理诱导教学法

由体育教学实践可知，学生的心理状态直接影响着学习态度和制约着学习效果。所以教师在教学中要努力调动和激发学生心理中的积极因素，尽量减少和消除不良心理因素对教学的影响，在运用各种形式的体质教法进行教学的同时辅之以心理诱导教法，最大限度地激发学生内在的非体能素质的潜力，即将学生的体质素质的能力和非体能素质两个因素有机地结合起来，这样才会收到最好的教学效果，同时这也是衡量体育教学水平的一个重要方面。

针对这一要求，我们在教学中尝试了心理诱导教法的运用，例如在短跑教学中，我们经常看见这种情景：学生在跑道上练习，教师在旁边或终点处大声为学生加油呐喊，鼓励学生快跑但效果却不甚显著。对此，可采用短跑和长跑的性质对比区别的教法进行简捷的理论阐述，即长跑是以有氧供能的形式为主，短跑则是以无氧代谢的形式为主，两个项目有着本质的不同，因此，短跑练习只有竭尽全力才会达到提高跑速的目的，否则跑得再多也是做的无用功，传导给学生心理一个信息：只有竭尽全力快跑才能提高速度。所以，练习时没有了教师的大声喊叫学生仍能全力练习。再如铅球投掷教学中，无论教师怎样强调和要求运用自下而上地正确用力技术去推球，学生只要持拿器械练习就会出现依旧单凭投掷臂推球的现象，这是投掷教学中很难克服的一个通病。针对这个现象我们采用了控制论的原理对教学进行调控，即以学生的最好成绩的80%为上限，规定其练习时投出距离不能超过这个距离标准，并放置明显的标志物加以限制。这样，学生就会在不用全力推球的情况下达到标准而将注意力转移到对投掷技术的学习上去，进而形成巩固的技术定型，达到纠正错误掌握技术完成教学任务的目的。这种通过调控和诱导学生心理以达到教学目的的教法，较之传统单纯的体质教法其效果和作用是不可比拟的，它体现了体育教学一种质的飞跃，由此可见人文思想融入体育教学中的效果和作用之一斑。

八、率先垂范教学法

我们经常说“榜样的力量是无穷的”这在体育教学中也能充分体现出它的作用和力量。我们所面对的教育对象是一群头脑发达、思想活跃，思维敏捷、知识丰富、充满活力与朝气求知欲极强的青年人，他们对接触到的任何事物都有着自己独特的见解和思考，在教学中教师的一切言谈举止都可能对他们产生正面或负面的影响，他们不仅在听教师的说教而且也在看着教师的举动，因此，教师言行一致、说做相符的程度会对学生产生直接的影响和作用，也就是常说的身教重于言教。针对这种状况，教师首先要树立坚定的信念，以及高度的事业心和责任感，努力提高自己的文化素质底蕴和修养，提升正面说教水平；以由于多年体育锻炼而造就的健康强壮的体魄、充满活力的精神面貌对学生起到直接的表象感召作用；教学中教师不畏严寒不怕酷热，不插手避寒也不遮阳避热，严格遵循课堂常规要求，并和学生一起拿送器材布置场地等，事情虽小却能起到润物细无声的效果。尤其在体育考核中，由于受体育考核缺乏科学性、教师具有随意性以及社会不良风气的影响，因此稍有差错就会对学生造成极不良的影响；而教师在这些方面，应该对学生一视同仁，坚持原则，坚决抵制社会不良风气对体育考核的渗透，从中体现出教师人格力量的魅力，这样才会调动和激发学生的学习积极性和自觉性，提高体育教学的效果的同时也对学生良好思想意识的形成起到积极的教育作用。

九、聊天教学法

所谓聊天教学法顾名思义就是利用课前或课下的余暇时间，不拘场合不拘形式不拘内容以零距离的方式和学生全方位深层次的接触，从某种意义上来说它也是教学的延续和延伸。通过聊天这种无拘无束的教学形式，它能较好甚至完全消除师生之间的界限，犹如同事朋友之间的闲谈，不设主题，内容广泛海阔天空，你说我谈情真意切无所顾忌，而在聊天的过程中，“说者无意而听者有心”，教师通过这种聊天的方式，可以从中得到关于学生的大量真实信息，为教师的教学提供参考素材，使教学更具有针对性。此外，彼此之间以这种形式的交往，更容易加深教师与学生的相互了解和理解，有利于消除由于地位、年龄不同等因素造成的代沟差异，缩短距离拉近思想实现沟通；在“寓教于聊”中，将正面的传统说教转变为双向互动式的聊天，教师了解学生的同时也让学生了解教师，感觉教师为了学生成才的良苦用心和殷切希望，从而改变对体育教学的不正确认识，端正态度，并将其转化为对体育教学的热爱。俗话说：“台上三分钟，台下十年功”，体育教学的备课要求中也有备学生这一内容，因此以聊天的方式来备学生，较之坐在办公室里冥思苦想备学生的做法效果更好，对学生的情况摸得会更清楚、全面、细致和准确，同时也使得备学生这一内容的形式更加广泛活泼具体，针对性强并富有人性化特点，通过在教学实践中的尝试和运用，效果良好，值得推介并完善。

十、阶梯人性化教学法

阶梯人性化教学亦即分层教学，就是教师根据学生现有的知识、能力水平和潜力倾向把学生科学地分成几组各自水平相近的群体并区别对待，这些群体在教师恰当的分层策略和相互作用中得到最好的发展和提高。阶梯人性化教学又称分组教学、能力分组，它是将学生按照智力测验分数和学业成绩分成不同水平的班组，教师根据不同班组的实际水平进行教学。

（一）分层教学法能够针对不同层次的学生选择适宜的教学方法

传统教学方法是通过一系列教学手段，从最基础技术开始逐步进入到完整技术的教学，所有学生都要经过这样一个过程。实践中有一定基础的学生在基础技术学习阶段，表现出无所事事；基础较差的学生则感觉该阶段时间有限，还没有完全掌握技术动作就进入下一个阶段的学习，由于基础没打好，完成下一个阶段的学习就非常吃力。运用分层教学就可以解决这些问题。

（二）分层教学法可以使不同层次的学生更有效地提高身体素质

体育运动属于身体素质项目，身体素质不仅决定着运动成绩，还直接影响着技术的掌握。传统的体育课教学只注重技术动作的掌握．不注重身体素质的提高，忽视了提高身体素质与掌握技术的关系，影响教学效果。近几年来，随着体育课教学改革的深入和教师认识水平的提高，教学中开始进行一些身体素质练习。一般采取适合中等水平学生的练习方法，这样出现的问题是身体素质较好的学生练习强度小，提高身体素质的作用也小；身体素质较差的学生感觉强度大，不能按要求完成练习，也达不到提高身体素质的预期效果。分层教法能够解决这个问题，不同层次的学生采用不同的练习手段，提出不同的目标要求。

（三）分层教学可以激发学生学习的积极性和主动性

在教学实践中发现，越是基础好的学生，练习时越积极主动，进步也越快；基础差的同学则相反，从而出现“好的越来越好、差的越来越差”的两极分化。这种现象主要源于学生的心理问题，传统教学方法以一个班为单位进行学习和练习，由于学生基础水平存在差异，在学习过程中，差生容易产生自卑心理，特别是看到其他同学技术动作漂亮时，自己更感到难为情，怕被笑话，逃避练习，学习失去了积极性和主动性。分层教学法以不同层次的学生为单位，同一群体中学生基础水平相差无几，谁学习努力都有可能超过对方，从而构成一个利于自我展示和相互竞争的平台，最大限度地激发学生的积极性和主动性。

十一、个性化教学法

“以人为本”，重在参与为核心，区分学生间个体差异性和学习过程的努力程度，随时调整教学方法，才能及时适应学生的活跃思维方式的改变。传统观念认为专项基础的好坏很重要，被动上课也不会影响教学进度。而现代观念认为兴趣是坚持下去的动力，个性化教学就显得尤其重要。开始阶段并不要求动作规范，主要调动参与积极性，以分解动作为主。第二阶段有意识地安排具备一定专项基础的同学，分别重点辅导基础较差的同学，旨在提高正确的专项健身方法的能力和素质，排解学习的难点及疑虑技术，并反复强调现代健身宗旨是培养参与兴趣，大家同乐，以半场、小范围基础练习为主。技术好的同学还会安排他们积极充当得力助手，参与辅导，积极做好每一次示范动作，耐心地与同学交流，手把手地进行规范教练，以全场简单基础配合为主。这样的课堂教学生气勃勃、印象深刻，大大鼓舞了刚起步的同学，坚定他们继续专项课学习的决心，形成尽快跟上教学进度的不甘落后的顽强拼搏精神，同时还能使他们摆正位置，平和心态，学习更有动力。

在体育教学中的个性化教育中，第一应重视个性的整体性，即个性心理中智力、情感、意志和性格等要素的相互渗透、相互制约和相互作用，它们之间构成了一个有机的整体。在体育教学中如果不顾及学生的情感和兴趣，要发展其个性是很难奏效的。另外，对学生个性的整体性教育，还要充分考虑到学校体育教育的阶段性、连续性和统一性的特点，考虑到学生处在不同时期的实际情况，有针对性地采取相应的措施。

第二是独特性，个性的独特性是指“心理面貌”的相对差异性，这种个性差异可分为外部差异与内部差异。外部差异是指某一个体与其他个体之间的差异，包括智力、情感、意志和性格上的差异。内部差异是指个性心理内部各要素发展的不平衡性，特别是兴趣、爱好和才能发展不平衡。从小学起就可以明显看出每个学生的形象思维能力与抽象思维能力发展的不平衡。随着年龄和知识的增长，不同学生对不同体育运动项目表现出不同的兴趣、爱好和能力。对此，体育教师应有充分的认识，采取区别对待的原则，不失时机地培养和发展学生不同的运动才能。

第三是自主性，个性的自主性是指个性要求独立自主的愿望、需要和能力。包括学习能力、活动能力和劳动能力以及生活能力，这些是个性的核心内容，又是个性赖以形成和发展的内驱力。个性如果失去了自主性，就失去了自我教育和自我形成的内在动力，其结果只能是个性的扭曲，形成“消极个性”。因此，体育教育要在培养学生独立自主性上下功夫，教师应善于发现和鼓励学生独立思考和独立练习的点滴表现，给学生一定的自主权，为学生提供更多相互交往的机会，从而依靠自我意识的调节来实现课堂的任务。

第四是倾向性，个性是在特定的社会关系中存在和发展的，因而具有一定的社会倾向性。像特殊的心理需要、兴趣、爱好、气质、才能个性格都是如此。通过调查表明，学生自身条件与家庭影响、教师的个人特长、学校的传统项目等因素，影响着学生选择体育运动项目的倾向。因此，在体育教育教学中发展学生的个性，应重视学生心理倾向性的积极作用，充分利用各种社会因素来影响和引导学生，使他们深入了解参加各种体育运动的意义。自觉地、有目的地选择自己所需要从事的运动项目，并从中扮演一个“角色”以利于身心的全面发展，适应未来社会的需要。

第五是动力性，个性的动力性是由个性的稳定性和可变性派生出来的人体内在动力因素，既可以使人的心理、行为稳定成型，也可使相对稳定的心理、行为在一定条件下发生变化。这与学生的心理、生理特点有直接关系。一般来说，学生正处于长身体、长知识的关键时期，兴趣比较广泛，稳定性比较差，容易变动，教师应及时抓住学生在体育教育教学中的成功或不足，有针对性地加以鼓励或限制，使学生个性的动力性向着良性方向转移，尽量缩小不必要的变动，以提高学习兴趣与教学质量。

十二、探究式教学法

探究式教学法是把教学作为学生以自己的已有经验、心理结构和信念为基础，进行探究并构建自己的知识结构和能力结构的过程。这一方面意味着教师不能再以知识权威的面目出现，允许学生对知识的合理性提出疑问和探究，真正摆正教师的主导位置；另一方面学生则要成为学习的真正主人，在主动合作、交流探究的学习过程中获得新知，求得发展，充分发挥学生的主导作用。

（一）探究式教学的理论研究

所谓探究式教学，就是以探究为基本特征的教学活动形式。具体地说就是在教师的启发引导下，最大限度地开放课堂，学生根据教材、自身原有的知识和实践能力，通过独立自主学习或合作讨论进行多种解难释疑的尝试活动，它是一种引导学生将自己所学的知识应用于解决实际问题的一种教学形式。一般的探究过程包括设置情境，设问质疑，做出预测、猜测或假设，设计研究方案并开展工作和搜集数据，对获得的数据进行处理分析与解释（解读数据）以验证假设，得出初步结论，考虑其他可能的解释及提出有待进一步探究的问题，将上述探究过程与结果以一定的方式陈述或表达出来，以及在这一过程中与他人合作交流（分享）及开展评价。一般包括质疑、探究、交流、反思四个环节。体育探究式教学改变了过去以教师传授为主的被动模式，通过学生的探究，学生能够学到更多的知识和技能，充分发挥了学生的主体性和创新性。探究式教学使大学体育课堂教学更加灵活、多变，同时也赋予了探究式教学强大的生命力。

（二）高校体育探究式教学的操作与实践

1. 营造良好的探究氛围，激发学生对体育课程的学习兴趣

兴趣是最好的老师，探究式教学要以学生的兴趣为条件。在开展体育探究式教学中，还要根据学生的身心发展，以“学生主体性”和“终身体育”为指导思想，选择一些学生感兴趣的内容。另外，在高校体育探究式教学的过程中，教师要极力营造良好的探究氛围。俗话说，好学不如乐学，如果体育教师枯燥、平淡地授课，学生就会产生冷漠的态度，缺乏学习热情，学习也就成了学生的包袱。因此，体育教师要会利用各种教学手段激发学生的学习兴趣、探究欲望，使学生乐于学习和探究。在探究的过程中，体育教师可以分组进行实战演练，让学生亲身经历、感受，并从中掌握技术要领。在实战练习时，可以一组练习，一组观看、思考、评价，然后适时交换。因此巧妙地利用多媒体，创设教学情景，可激发学生自主探究欲望，有效地实现教学目标。

2. 给学生自主学习的空间，提高探究能力

以往的高校体育传统教学主要是以教师为核心，采取“跟着做”的授课方式，大学生成为接受知识的容器，严重限制了他们的思维，剥夺了他们主动学习的权利，阻碍了他们的全面发展，不利于素质的全面提高。今天在素质教育的不断深入下，探究式教学充分发挥了学生的主体性和创新性，彻底改变了以往传统教学模式。根据探究式教学的理论，教师不仅要准备富有开放性的问题情境，还要给学生提供尝试的机会。因此，田径教学模式要从“讲到练”变成“先尝试后点拨”。在高校体育教学中，要深入探究体育活动的奥妙，不再仅让学生记和背，而是让其动手“做”，动脑“想”。教师把学习的主动权交还给学生，有利于学生探究和创造的发展。这种教学方法需要体育教师转变教学观念，让学生自己实践，解决疑问，以达到培养学生探究问题的能力。另外，在实施探究教学的过程中，体育教师在开放课堂的同时，还要以自己的亲和力和威信教导学生遵守课堂常规纪律，积极主动地参与探究式教学过程。

3. 教师的引导和激励

教师在教学中的地位和作用问题一直是教育理论研究的热点和重点。在传统教育中，以教师为本位，教师本位的表现之一，就是以教为中心，以教代学，学围绕教转；其二是先教后学，这种教与学的关系势必导致学生囫囵吞枣，泯灭学生学习的主动性和创造性。然而在探究式教学中，以学生为中心，教师只是引导者，基本任务是启发诱导，学生是探究者，其主要任务是通过自己的探究，发现新事物，解决大问题，因此，体育教师要做到既不过分限制学生，又不让学生漫无边际地探究。体育教师要以培养学生的问题探究意识和创新精神为目标，当学生在探究的过程中遇到难题的时候，要多加鼓励学生，给予他们信心；当经过努力还是无法解决的时候，教师要给予适当的点拨，开启学生的思路，化解困惑；在探究过程中，学生若标新立异，胡思乱想，要大度地去欣赏和鼓励学生。在学生自主探究的过程中，体育教师应积极鼓励学生探究，经过一段训练后，适当减少对学生的帮助。

总之，在体育探究活动中，体育教师要不断地巡视、了解学情，并及时地给予指导和启发。体育教师也可以参加到学生的探究行列中，对学生的分工、探究提出合理建议。在探究过程中，体育教师的引导对学生探究活动有着重要的促进作用，只有在这样的条件下，学生才能学有所得，自主探究能力和创新能力也才能得到大幅度的提高。

4. 成果分享、多元评价

成果分享、多元评价是高校体育探究式教学的必要组成部分。教师和学生通过交流，分享快乐、分享成果。分享成果的方式是多样的，比如通过小组汇报、辩论会、图片展览、动作等。在交流的过程中，学生对本课的知识和技能有了更深刻的理解。在这个过程中，教师要学会耐心倾听，欣赏学生的探究成果。另外，体育教师还要运用恰当的语言进行辅导，进而提高探究水平。这种和谐的民主教学环境更能激起学生的学习兴趣，提高他们学习体育的热情。

关于对学生学习的评价，长期以来都采用形成性评价。这种方法忽略了学生的身心差异和兴趣爱好的不同，更忽略了学生的个体发展。随着教育模式的改革，体育教学的评价逐步转变成多元化、发展性评价，体现一切为了学生的教育理念。多元性评价才是检测学生学习成果的有效办法，体育教师在探究式教学过程中，要实行多元化评价。这种多元化评价可以采用学生自评、同学互评、教师评价等多种评价方式。每一个体育探究活动结束后，学生可以填写“综合实践活动记录与评价表”，或用描述性语言的方法对以上内容进行一次自评，完成后经指导教师审阅后收入档案袋中。

体育教师评价时，可以不以分数来衡量学生的表现，可以将评价结果分五个星级：五星表示优秀，四星表示较好，三星表示一般，两星表示尚可，一星表示仍需努力。总之，多元化的评价才能体现公平，激励学生发展。

第八章　人文精神视阈下高校体育教学环境的优化

第一节　高校体育教学环境的基本理论

一、体育教学环境的概念界定

给一个事物下定义，就是对该事物求本质的过程，这是一个科学研究的过程，也是人们认识不断加深的过程。我们的认识来源于实践，而不是主观臆断。我们的判断根据是实践和理论的现状与需求，而不是做术语的文字游戏。定义就是以简短的形式揭示语词、概念、命题的内涵和外延，使人们明确它们的意义及其使用的范围的逻辑方法。定义的方法有内涵定义、外延定义和语词定义三种。作者认为运用内涵定义的形式来对体育教学环境定义是恰当的方法，而内涵定义最常见的就是属加种差定义法。要想给体育教学环境下定义，就需要找出它的临近“属概念”，然后再从体育教学环境的具体研究对象和研究内容出发，找出其“种差”。

（一）教学环境

20 世纪 30 年代中期，心理学家勒温和托马斯·魏德的有关研究拉开了教学环境研究的序幕。在这以后的长达半个多世纪的时间里，西方学者们从不同的角度和层次对教学环境问题进行了广泛研究，并取得了大量研究成果。但到目前为止，关于“教学环境”的定义、分类在国内外的学术界仍未能形成较为一致的意见，甚至关于这一概念的提法也是五花八门。例如：有人将之称为“班级环境”，有人称之为“学校环境”，有人称之为“学习环境”，有人称之为“教育环境”，还有人称之为“感知觉环境”和教育的“微观生态环境”等。

在关于教学环境概念的诸多定义中，比较有影响的主要有以下几种：①教学环境主要是由学校和家庭的各种物质因素构成的学习场所。这种观点以美国教育技术学家诺克为代表，他曾明确提出，教学环境是由“学校建筑、课堂、图书馆、实验室、操场以及家庭中的学习区域所组成的学习场所”。②教学环境是课堂内各种因素的集合。著名的教学环境问题专家、澳大利亚学者弗雷泽是这种观点的代表人物。他认为，教学环境是由课堂空间、课堂师生人际关系、课堂生活质量和课堂社会气氛等因素构成的课堂生活情境。③教学环境就是学校气氛或班级气氛这一观点由心理学家霍利提出的，他认为教学环境“就是一种能够激发学生的创造性思维的温暖而安全的班级气氛”。④教学环境是由学校环境、家庭环境和社会环境共同构成的学习场所。这一观点是由国际教育成就评价协会（IEA）在一项大规模的国际性教学研究项目中提出的，该项目在非常广义的层次上运用了“教学环境”这一概念，使教学环境涉及的各种变量达 15 类之多。⑤教学环境主要指学校教育环境。这一观点最早由美国学者 R. L. 辛克莱提出，他认为，教学环境“就是那些能够促进学生身心发展的条件、力量和各种外部刺激因素”。

从对以上各种定义的陈述中不难看出，由于研究者们所持的学科立场和研究角度不同，因而对教学环境所下的定义也不尽相同。所有这些定义都在不同程度上触及和揭示了教学环境的基本含义，但同时又都不够全面、完整和准确。例如，第一种观点只强调教学环境的物质因素，忽略了心理环境因素的存在。第二种观点将教学环境等同于课堂环境，理解过于狭隘。第三种观点又走向了另外一个极端，即只强调环境的心理因素而忽略了物质因素。第四种观点较后一种观点相对而言较为全面，但不够准确和具体。

（二）体育教学环境

我国对体育教学环境问题的研究刚刚起步，查询各类体育学术期刊和著作，关于体育教学环境的研究不过十余篇。有代表性的解释和分类有：一是指在以学校教育为主的环境中，影响体育教学活动开展的各种主客观因素的总和，它是以增进学生身心健康为主要目标的一种育人环境，认为体育教学环境有广义与狭义之分；二是指学校体育教学活动所必需的客观条件和力量的综合，它包括物质环境（如：教学设备、场馆设施）和社会心理环境（如体育学习气氛、各种关系、社会信息等）；三是学校实现体育教学活动所必需的多种客观条件的综合是按照体育教学活动中人的身心发展的特殊需要而组织起来的环境；四是贯穿于教学过程中的影响教和学的物质因素与人文因素的总和；五则提出体育教学环境是一种特殊的人类生存环境，是作为按照发展人的身心教育要求组织的体育教育的活动空间领域，是为了人们更好地进行体育教学、体育锻炼、体育竞赛而主动利用环境、适应环境、改造环境的产物，包括物质环境因素和社会人文环境因素。

在科学研究过程中，概念表达的准确性是一个基本的要求，由于国内外学术界对体育教学环境的概念界定与分类观点不一，而且许多研究是从教育社会学、社会心理学、教育技术学和教育评价学等角度展开的。因此，研究者所取的角度不同，对教学环境的理解也就很难一致。按“亚氏”形式逻辑关于定义的规定，一个概念的形式应该是：被定义项＝属＋种差。并从教学论的角度、依据《国际教学与师范教育百科全书》的观点，对体育教学环境的定义予以界定。可见，体育教学环境是一种特殊的人类生存与教育环境，是作为按照发展人的身心这种特殊需要而组织起来的体育教学的空间领域，是为了人们更好地进行体育教学、运动锻炼、体育竞赛而主动的利用环境、适应环境、改造环境的产物，它是学校体育教学活动所必需的主客观条件和力量的整合。

二、体育教学环境的分类

体育教学环境是一个复杂的系统，它是由多种因素构成的。毛振明、张志勇、姚蕾等都对体育教学环境进行了分类。尽管他们对这些要素的子分类不同，但主分思想是一致的，即把体育教学环境分为物理（物质）环境和心理环境。它们既相互独立，又相互联系；既相互制约，又相互补充。体育教学环境对体育教学质量有着重大的影响，因而要正确地认识体育教学环境，并不断改进和完善。

（一）体育教学的物质环境

体育教学的物质环境是体育教学环境的一个重要组成部分，是学校进行体育教学活动的物质载体或物质基础，没有这个物质基础，体育教学活动只能是空中楼阁，根本无法进行。体育教学的物质环境是体育教学中各种有形的、静态的硬环境部分，主要包括体育教学场所、体育教学设备、体育教学的自然环境。

1. 体育教学场所

教学场所是学校的自然地理位置，也是学校建筑物所在位置，它从整体上规定了学校宏观的环境面貌，是能否进行教学的前提条件，包括校址的选择，占地面积的大小等。体育教学场所除了包括各种不同功能的教室外，还包括体育馆和各种体育场地如田径场、篮球场、排球场以及这些场地的周围环境如树木、草坪等。体育场、体育馆的布置与建设除要考虑学校整体的布局外，其位置、方向、采光、通风、颜色、声音、温度以及建筑材料等都必须符合运动和学生身心的特点以及安全、卫生与审美的要求。

2. 体育教学设施

教学设施是构成学校物质环境的主要因素，是体育教学活动顺利进行的重要基础。教学设施是否完善、良好，直接关系到体育教学质量的好坏。体育教学设施主要有两类：一类是常规性设施，如课桌椅、实验仪器、图书馆、多媒体教室等；另一类是体育器材设备，如体操垫、篮球、足球、羽毛球、健身器材等。这些都是体育教学活动必需的基本设施，是开展体育教学活动的必备条件，对完成体育教学活动的任务起着重要的作用。

3. 体育教学的自然环境

自然环境是指人类生存和发展所依赖的各种自然条件的总和，是人类难以改变的自然因素。如地理位置、气候特征等，它从总体上规定了学校的环境面貌。与其他教学不一样，体育教学大都在室外进行，且学生要从事一定的身体活动，因此自然环境对体育教学的影响很大。体育教学的自然环境主要包括校园内和学校周边的地形、森林、湖泊、草地、沙漠以及阳光、空气、雨雪、温度、声音等。体育教学的自然环境复杂多变，因此在教学中我们只能因地制宜、扬长避短，从实际出发，合理充分地开发利用体育自然环境。

（二）体育教学的心理环境

体育教学的心理环境是由学校内部许多社会、心理因素构成的，它是体育教学中无形的、动态的软环境部分，对师生的心理活动和社会行为乃至整个学校的教育、教学活动都有着不容忽视的潜在影响力。体育教学的心理环境和物质环境共同构成了学校体育教学环境的整体。体育教学的心理环境一般包括校风与班风、学校体育传统与风气、体育课堂教学氛围、体育教学中的人际关系。

1. 校风与班风

校风即一个学校内部所形成的社会风气，它是学校的一种集体行为风尚。校风是学校全体师生经过长期的努力形成的，是一种无形的环境因素，具有一种巨大的教育力量。它与学校的教风、学风、班风及领导作风等都有着密切的关系。校风是构成一所学校心理环境的核心，它的教育力量表现在：它决定着学校的现状以及将来可能发生的变化。积极的校风能催人奋发向上，激励师生员工的积极性和自觉性，使师生齐心协力地完成教学任务，达到预期的教学目标；消极的校风则使学校缺乏凝聚力，教学活动秩序混乱，师生员工情绪低落，难以形成工作与学习上集体的合力，导致教师不能顺利地完成教学任务。

班风是一个班级所有成员在交往中形成的一种共同心理倾向，是校风形成的基础。班风塑造了学生的态度和价值观，又影响班级活动的开展。良好的班风可以形成一种约束力，激励班级的每个成员。良好的班风主要是指尊师爱友、勤奋学习、关心集体、讲究卫生等风气，这些良好的风气使学生在良好的氛围中与他人交往，并能激发学生学习的热情，使人积极向上。

2. 学校体育的传统与风气

学校体育的传统与风气是指一个学校在体育方面养成并流行的带有普遍性、重复出现和相对稳定的一种集体行为风尚，它是校风的有机组成部分。良好的学校体育传统与风气对学生起着非常积极的作用，对学生产生潜移默化的影响. 使学生能够形成正确的体育态度、兴趣、爱好并养成锻炼身体的良好习惯，对提高学生的体育文化修养等方面都起着非常重要的作用。要建设好一个学校的体育传统与风气，这是一项长期并艰巨的任务，不仅需要学校的正确指导方针和方法，还需要教师精心的设计和管理。

要形成良好的学校体育传统与风气，一般要经过下面几个阶段：孕育、整合、内化和成熟。整个过程的形成是师生共同努力的结果。刚开始时，多数师生是被动或者半被动接受体育的行为规范，后来逐渐变成学校全体师生自觉的体育意识和行为规范，这样学校的体育传统与风气就慢慢形成了。学校传统与风气一旦形成，便会成为约束师生体育行为规范的无形力量，在体育教学活动中起着积极的心理控制作用。

3. 体育课堂教学氛围

体育课堂教学氛围是指班集体在体育课堂教学过程中形成的一种情绪、情感状态，它包括师生的心境、态度、师生之间的关系等。体育课堂教学过程实际上是一个师生情感交流的过程。在体育教学活动中，教学氛围对能否顺利完成教学任务，达到体育教学目标具有十分重要的意义。积极的课堂教学氛围有利于促进师生之间的情感交流和信息传递，有利于教师及时掌握学生的学习情况，在教学反馈信息的基础上不断调整教学策略，最大限度地引发和调动学生学习的积极性和自觉性，帮助学生树立克服困难的勇气和信心，使教师在教学中取得理想的教学效果。

4. 体育教学中的人际关系

人际关系是指人们在社会交往中所形成的人与人之间的心理关系。体育教学中的人际关系就是学校师生之间为了达成各种预定的体育教学目标，在体育教学活动中通过语言、思想、感情和行为而形成的各种心理关系。这种人际关系包括两方面：一是体育教师与学生之间的关系，二是学生与学生之间的关系。这些人际关系从不同方面影响着体育教学活动的开展，因此，人际关系可以说是体育教学中的人际环境。

与一般教学不同的是，体育教学中的人际关系显得更复杂、更直接，实践性也更强。由于体育教学的特殊性，师生之间的交往更加自由、更加无拘无束，体育教学更注重团队精神，强调师生之间的互助和合作，这使得体育教学中的人际关系更加融洽，使得学生能更好地提高自己的社交能力。

三、高校体育教学环境的功能与特性

（一）高校体育教学环境的功能

普通高校体育教学环境通过自身功能不断地对体育教学活动、个体发展等所产生影响。因此，我们认为良好的普通高校体育教学环境具有以下功能：

1. 导向功能

普通高校体育教学环境通过自身作用，引导学生接受一定的价值观、行为准则，以保证他们向着社会所期望的方向发展，即体育教学环境的导向功能。普通高校体育教学环境依据国家的教育方针、学校的培养目标设计的专门的育人场所，它从一定程度上体现了社会主流文化的精神、价值取向以及国家对年轻一代成长发展的期望。学校内部的各种环境因素也体现着这些要求和期望，导引着学生的思想，规范着学生的行为，塑造着学生的个性。普通高校体育教学环境的导向功能在学生的社会化中发挥着重大的作用。

2. 凝聚功能

普通高校体育教学环境以自身特有的影响力，将不同地理区域、社会阶层、家庭背景的青年学生聚合在一起，在环境中他们不断实现自我，并产生归属感和认同感。体育教学硬件环境为学生的聚集提供了物质条件，而体育教师、学生作为体育教学软件环境的主体，能够通过体育教师的行为及教学表现、学生的行为表现等使学生产生归属感，以逐步实现体育教学环境的凝聚功能。

3. 陶冶功能

良好的普通高校体育教学环境可以陶冶学生的情操，净化他们的心灵，使他们养成高尚的道德品质、行为习惯等。个体的思想信念、道德情操和行为习惯总在一定的社会环境中形成。普通高校体育教学环境作为青年学生生活于其中的、可知可感、具体生动的一种微观社会环境，在他们道德情感和道德行为的形成中有着其他环境不可替代的重要作用。实践证明，优雅美观、整洁文明的校园，窗明几净、生机盎然的学习环境，积极向上的班风校风，和谐良好的人际关系等，都是实现其陶冶功能的环境条件。普通高校体育教学环境对人的教育作用不是强行灌输的，而是寓教于生动形象和美好的环境中，通过有形的、无形的或物质的、精神的多种环境因素的综合作用，在耳濡目染、潜移默化中熏陶、感化学生，从而产生一种“随风潜入夜，润物细无声”的教育效应。因此，我们应该利用普通高校体育教学环境的陶冶功能进行品德教育，必将使高校的德育质量有一个大的提升。

4. 激励功能

普通高校良好的体育教学环境可以对师生员工的工作热情、动机起到激励作用，能有效地提高其工作的积极性，能有力地推进学校教育、教学工作的开展，进而提高体育教学工作的质量。

5. 健康功能

普通高校体育教学环境能对师生的身心健康产生重大的影响。良好的体育教学环境能调动学生参与体育锻炼的积极性，进而提高身体健康水平；良好的体育教学环境可以培养学生良好的心理，因此，对学生来说，体育教学环境是他们身心健康发展的必要保障。普通高校体育教学软件环境中良好的人际关系等，也会对学生的心理健康产生明显的影响。

6. 美育功能

审美是人的一种高级心理活动，人与环境之间有着直接的审美联系。实践表明，在和谐良好的教学环境中，处处隐藏着丰富的审美内涵，校园中的自然美、体育场馆的装饰美、教学中的创造美，以及师生的仪表美、情感美、语言美等等，都对学生正确审美观的形成产生重要影响。因此，良好的普通高校体育教学环境有利于培养学生正确的审美观、审美情趣，并提高他们感受、鉴赏、创造美的能力。

7. 诠释功能

所谓“诠释”，是指体育教学环境中的主体不仅对体育教学环境中的种种现象及关系进行澄清和评估，而且赋予它们种种富有体育教学环境的文化内涵，为实现体育教学环境的塑造和建设提供多种文化模式。在体育教学环境中，存在着人与人之间、人与物之间、人与文本之间的理解，需要“诠释”。伽达默尔认为，应在理解过程中将两种视界：“原始的视界”“现今的视界”交融在一起达到“视界融合”，从而达到一个全新的“视界”——这个新视界既包含了这两个视界，又超越了这两个视界，给新的经验和新的理解提供了可能性。体育教学环境的本性决定了它能够对历史和现实等做出诠释，从而在社会的变化中汲取营养，并实现对历史和自身的超越。

8. 化育功能

人生天地间，因而有了“天地人”三极。中国传统文化中，无论是儒家还是道家，谈得最多的都是“天地人”。据说，天的作用在化，地的作用在育，人的作用在赞。天能给出条件，使得一切东西产生变化，从无到有；地会提供各种物质资源来养育万物；人的作用是赞，赞就是帮助。所谓“参赞化育”。“化育”功能表达的是，体育教学环境的化育功能是以物质环境为条件，制度环境为资源，精神环境为导向，以潜移默化的方式塑造人的素质。这是由体育教学环境的特点决定的，是体育教学环境最富有个性、最基本的功能。各级各类高校体育教学环境建设、塑造的宗旨，就是以提高体育教学环境中主体——体育教师、学生的素质，实现体育教学环境为体育教学服务的功能，以实现体育教学的目标。

（二）高校体育教学环境的特性

1. 规范性

普通高校体育教学环境是依据国家的教育方针、学校的培养目标，是根据以促进人的身心全面发展需要而设计、建设和组织起来的育人场所。因此，教学环境建设的各个方面都应该符合标准。普通高校体育教学环境具有易于调节、控制的特点即人们可以根据体育教学活动的需要，调节控制体育教学环境以及各个构成要素。

2. 纯化性

体育教学环境是一个由多种因素组成的有机系统，狭义的体育教学环境是本文研究的重点。普通高校体育教学环境是为学生的学习创建的，是体育教学活动的主客体为追求真理、掌握知识、发展身心等为目的而组织起来的环境，为了达到以上目的，必然对各种环境因素进行选择、净化、加工等纯化处理，使其更加符合体育教学的需要。

3. 教育性

教育性是普通高校体育教学环境最根本的特征，体育教学环境是一个特殊的育人环境，当然得体现出它的教育特性。体育教学硬件环境是体育教学活动赖以进行的物质依托的同时，构成体育教学硬件环境的各种环境因素也具有教育意义。体育教学软件环境对体育教学产生着潜移默化的影响，而这种影响对学生的影响是深远的。因此，正是因为普通高校体育教学环境是一个育人的场所，所以人们在发掘它物质功能的同时，更加关注教学环境的教育意义。

4. 可塑性

体育教学环境受多种复杂因素的影响，特别是容易受体育教学主体——体育教师、学生及行为方式的影响和制约。学校体育教学环境是根据国家的教育目的，完成国家教学任务而营造的教学、育人环境。这一根本要求，决定了体育教学环境必须具有较强和较大的可塑性。从某种体育教育意义上说，体育教师和学生是体育教学环境可塑性及其建设性的关键，体育教师、学生、体育管理者的价值观念、精神素养、道德风貌等决定了体育教学环境的性质、水平和风格。在这里，体育教学环境作为教育教学的背景条件的同时，也被看成是体育教学主体性活动并成为教学环境的一部分。因此，无论何时何地，任何一所学校，只有从自身实际出发，充分强调体育教学环境主体尤其是体育教师、体育管理者、学生的积极性，倡导积极的价值观念和行为规范，塑造出新质态的体育教学环境。体育教学环境的可塑性不是随心所欲的，而是要受学校物质条件的制约，也受体育教师、学生思想、行为等的制约，受青少年身心发展规律的制约，也受教育规律等多方面因素的制约。

5. 系统性

学校的教学环境是根据学校的既定目的，按照与之相适应的系统，精心设计和严密组织安排起来的，从而构成了一个具有独立性并且十分严密的系统。体育教学环境也不例外。独立性为体育教学环境影响的系统性提供了前提。正是这种独立性使得体育教学环境自成系统，有自己独特的形式、演化和继承的规律，以及自身的存在方式。体育教学环境一经创设，便具有了自己独有的性格，在其演进过程中凝结为一个独特的结构系统。考察表明，体育教学环境一般情况下是充分反映时代精神并与之相一致的。体育教学环境在其演变发展过程中，在形式上表现出与整个社会或同步或稍微超前或稍微落后，而超前和落后的情况较之于同步要多，尤其是以超前的情况为多，体现出一定的“超前性”。

6. 时代性

体育教学环境不是存在于真空中，它的塑造和建设等，不可避免地要受到社会环境大气候的影响，必然要打上它所处时代的烙印。体育教学环境中的主体——体育教师的教学行为水平、教学方式；体育教师、学生主体性发挥的程度、体育教师、学生之间的互动行为等决定了体育教学环境充分反映时代的精神，带有鲜明的时代特征。体育教学环境总是伴随着社会和时代的政治、经济、文化等发展的主题演化、塑造、建设自己的主题和形态。体育教学环境的时代性主要体现在创新和发展两个方面。

就其创新来说，不仅因为创新契合人类本性和时代的呼唤，更因为体育教学环境具有自己独特的主体：师生。体育教师具有良好的师德、扎实的专业知识和技能等，学生具有主体性活动较强、独立学习的能力等，体育教学环境中有了具有不断思考、创新等精神的活动主体，才能凸显体育教学环境的特质。

7. 主导性

体育教学环境是一个由多种因素构成的整体，整体中的各个要素对体育教学环境产生的作用是不均衡的，因此会存在着一个或者几个要素对教学环境产生的作用较大，即总会有一个或几个因素决定、支配着体育教学环境的发展。所以这里说的主导性反映的是体育教学环境中一个或几个因素的主导作用。

8. 差异性

体育教学环境的差异性表现为地域差异性、不同性质高校和不同层次高校间的差异。由于构成体育教学环境的环境因素在各个地区、各类、性质、层次高校中不相同，互相作用的结果更不相同，因而表现出差异。

9. 动态性

体育教学环境的动态性主要表现在以下几个方面：首先，体育教学环境是一个动态的开放系统，不断地实现与外界物质、能量、信息的交换；其次，体育教学环境中的各因素也发生着变化，有些向优的方向转化，有些因素会有主要因素向次要因素转变，有些因素会成为影响体育教学环境的主要因素；最后，随着时间的推移，衡量体育教学环境的价值尺度也在不断调整。因此教学环境的建设是需要不断进行的。

10. 客观性

体育教学环境有其自身的客观性，一定程度地表现为不以人的意志为转移的客观存在。这个客观性指的是相对稳定因素的客观性。体育教学环境的客观性要求对体育教学环境的各种存在的相对稳定或不可变因素有充分的分析，看看哪些是优势条件、哪些是劣势条件，努力把优势条件用足用好。

四、高校体育教学环境的现状

（一）高校体育教学物质环境现状

学校教学的物质环境是指体育教学所依附的一定主客观条件，它是进行体育教学活动的重要物质载体，是人们立足于客观条件为了满足体育教学需要人为创建的环境。它主要包括教学设施现状、体育场馆现状、师资构成现状及教学组织现状，它对教学及人的生存和发展都有深刻影响，具体表现在影响师生的切身情感体验、健康生活态度的形成、教学活动的顺利开展。为了充分认识物质环境对体育教学的影响，在此从这四个方面进行分析。

1. 高校体育教学设施现状

教学设施是学校硬性条件的重要组成部分，它是反映学校综合实力的重要评价指标。先进教学设备的使用与普及是体育教学活动得以正常开展的必备条件之一，同时，它还能通过自身的外部特征给教学对象一种深刻的视觉的刺激和情感上的满足感。如学校建筑风格独特、运动场所体育器材的放置合理，都能给人在学习过程中带来轻松愉快的感觉和对所处在这种较好的物质背景下的一种自豪感，从而能够调动学生参与技能学习的热情和形成良好的学生态度，完成预期的教学目标。在体育教学设施中，主要从这三方面进行划分：一是基础性设施，如书桌、教学楼、图书资料、学校绿化等；二是电教化设备，如 LED 显示屏、电脑、背投等；三是体育器材设备，如标枪、铁饼、栏架、各种球类等等，这些都是完成正常教学活动的必备条件。目前在高校的体育教学过程中，体育器材很难满足正常教学和学习的需要，是教学正常有序开展的最大困难。

2. 高校体育体育场馆现状

体育教学活动的开展需要学校提供一定的硬性条件作为支撑，而学校的硬性条件的好坏主要表现在场馆的建设和条件方面。在日常教学和学习过程中，我们能够感受得到，安静舒适的环境能够使我们保持一种良好的精神状态，延长我们学习和工作的时间，而繁杂吵闹的环境很难使人集中注意力去学习与工作。同时，我们还发现颜色能影响人的情绪体验，冷色调如浅绿色可以使人平静，易消除机体疲劳，使大脑处于一个良好的工作状态，提高学习效率。体育场地、场馆是开展体育教学活动、课外体育休闲、课余体育训练和竞赛的重要保证。然而，由于受到多种主客观条件的制约，我国高校体育院系的场馆现状不容乐观，特别是进入21世纪以后，随着高校的迅速的扩招，体育场馆明显不够，人多场地少的矛盾越来越明显。同时，场馆布局杂乱、器材更新缓慢这些原因都使正常的体育教学受到了影响。

通过对比国家颁布的《普通高等学校体育场馆设施、器材配备目录》发现，各高校之间场馆配置差别很大，有些学校的运动场地虽然单位面积较少，但是建设种类却很齐全，设施相对完善，基本能满足教学的需求，但对课后体育休闲及课外训练来说还是明显不够。有的学院设施较为简陋且不够完善，甚至不能开展如游泳这些最基本的体育运动项目的教学。其次，室内场地缺乏、布局紊乱，遇到恶劣天气室内场地器材无法容纳几个班级的同时教学，导致教学任务无法完成，影响课程的教学质量。

3. 高校体育教学师资现状

师资力量高低是衡量一个学校综合水平强弱的重要指标，它决定着受教者能学习多少专业技能和理论基础，影响着学校的发展和长远规划，对整个教育事业来说都有着不可忽视的影响。总体上讲，我国高校体育师资水平较高，能够达到正常教学的要求。

4. 高校体育教学组织环境现状

教学的组织形式是指学校对开展正常教学选择什么样的教学内容及教学手段，对教学的时间和空间进行合理的有序安排和对师生关系合理调配的宏观调控计划。下面对教学组织情况从体育课堂练习形式、班级教学规模和课堂分组形式三方面具体阐述。

（1）体育课堂练习形式

体育教学过程中，体育课堂的练习形式直接影响着学生对运动技能的正确把握和最终技能的习得。我国高校大部分体育教师对技能的教学有自己的心得体会，能在传统教学模式的基础上针对不同运动项目的差异对练习手段进行及时灵活的调整。如跳远中分解练习中能借助一定的辅助器材让学生获得充分的腾空时间而完成挺身和手臂动作，而跳远运动中，对弹跳相对弱的学生来说，这样就有利于他们对腾空完整技术的把握和提高。对体育课堂练习情况不难发现，运动技能的获得必须在建立正确技术概念的基础上进行大量的重复练习，所以课堂的组织模式就显得更加重要，而体育高校的课堂练习模式基本为理论与练习相结合、老师针对个体差异进行单独指导，学生的学习效果较好。

（2）体育教学班级规模

体育课班级人数的多少是影响教学质量的一大问题，人数过多会增加教师上课的负担，减弱教师对学生的了解和指导，缩短学生在技能练习的单位时间，导致教学过程混乱的概率增加。因此，笔者认为对体育专业的学生来说，每班人数控制在25左右是较为合理的。目前我国高等体育院系班级规模呈不均衡状，不同的学校及同一学校的不同班级人数不一，那么这就需要体育教师不断地根据上课的实际人数进行科学合理的教学设计。

（3）体育课堂分组形式

作为体育专业的学生来说，体育课堂的分组形式，对其技能的学习，人际关系的培养和老师的交流都是极为重要的。课堂分组形式百分比从高到低依次为专项分班、专业分班、男女分班、班级模式及其他。根据本人来看这是有理可寻的，而且在不同的科目中有着不同的课堂分组形式，但是无论什么样的分组形式，都应以符合先进教学理论的普及、科学教学手段的推广、体育教学发展的规律、学生个人能力发展的需求和培养社会合格体育人才为出发点。

（二）高校体育教学心理环境现状

体育教学社会心理环境，也就是通常所说的体育教学软环境。它是由学校内部许多无形的体育社会、心理环境构成的一个复杂的环境系统，它主要由人际关系构成、课堂教学氛围和校风、班风三部分构成。在传统的体育教学活动中，我们通常是以教师为主导进行教学活动，缺乏对教学手段的科学选择及学生的关注度，因此往往不能很好地去调动学生在学习过程中的积极性与主动参与性。因此，为了去探讨如何营造一个良好的体育教学心理环境，充分认识心理环境对体育教学的影响，故从体育教学心理环境的人际关系构成、课堂教学氛围和校风、班风三方面展开论述。

1. 高校体育教学人际关系现状

人际关系是指人与人在交往过程中所形成的心理关系。在体育教学过程中良好的人际关系能够使师生处在一种到轻松和谐的教学氛围中，最终能保障教学任务的顺利有序完成。由于在教学过程中，教师的教和学生的学是一种双边的交流互动，故从老师与学生关系和学生与学生关系两方面进行调查。

（1）教师与学生之间的人际关系现状

教师与学生之间的关系是学校基本也最特殊的一种社会关系，良好的师生关系，会使学生更加的尊重老师，积极主动的配合老师的教学活动，同时老师也能活动真挚的情感回报，提高教师的教学效果，使在教学实践中形成良性循环。高校师生之间的相处较为融洽，教师能客观公正的对待每一个学生，学生也基本上能积极配合教师完成课程教学，并能视教师为知己朋友，这对现代教育中开放式的教学是极为有利的，我们应该大力提倡。

（2）学生与学生之间的人际关系现状

学生和学生间人际关系状况是体育教学过程中最常见交往状态，它是学生人际交往中最基本的构成要素之一。学生与学生之间，一般存在合作和竞争两大形态。在学习过程中，教师需积极引导，促使学生之间人际关系以合作为主体，适当地渗入竞争性交往，使学生互相之间能够互帮互助，共同进步。

在我国高校中，绝大部分同学都能做到互帮互助，说明关系相处融洽，班级的凝聚力和集体荣誉感较强。

2. 高校体育课堂教学氛围现状

课堂氛围现状一直是我国学校教育研究所忽视的重要领域。随着我国教育事业的发展和教育理论的丰富，什么是课堂教学氛围及如何营造和谐的课堂氛围已是我国众多学者专家研究的重要课题。课堂氛围是指在课堂教学形成的一种抽象情境。同样，课堂氛围也有好坏之分，教学过程中的氛围与学习效率成正相关。在标准的课题教学氛围中，教师能够客观站在学生的立场上去思考问题，师生课堂交流较多，学生在老师的诱导下学习积极性高、学习态度明确、学习计划能够很好地执行，有利于教学活动的正常进行。因此可以得出，积极的活跃的课堂氛围有利于各种人际关系之间的信息交流与传递，能最大限度地激发学生的学习热情，有利于帮助学生树立克服困难的勇气和决心。

目前我国大部分教师和学生能够在课堂上与老师形成良好的互动交流，表现出老师乐意教学，学生在课堂上表现出极大的求知欲，这也是教育中最可望的结果。

3. 高校体育院系校风班风现状

学校风气及班级风气以一种什么样的方式和价值取向存在对学校教学的开展都有着很大的影响，从两者关系来说，班级风气受学校风气的影响，但同时众多班级的风气集合构成学校的校风。它们都是学校心理环境的重要构成部分。在对体育知识的宣传和运动会的开展方面，学生还是可以接受的，在体育高校中，差异较大的主要体现在社团的多少方面，因为根据每个学校的实际情况有所差距，每个学生所钟爱的体育运动协会不一定都会实际存在。因此，从总体上来说，学校的校风还是比较良好的。

班风是校风的构成要素，它是学生在以班为单位的集体中学习情况的一种整体反映。各高校学生大都认为本班班风是可以接受的，只有极少数认为不行。

五、影响高校体育教学环境的因素

（一）物质环境影响因素

1. 经济影响因素

经济基础决定上层建筑，经济的发展水平直接影响到教育事业的发展规模和速度，学校的建设和发展在地域范围内都需强大人力、物力作为保证。同时我们还要认识到，教育和经济的关系是既相互影响又相互促进，在良好经济基础作为支撑的条件下，教育事业能够蓬勃发展，可以取得很大科研成果并最终变为生产力，教育事业还作为一种消费手段，有利于拉动内需，促进经济循环发展。

2. 科技发展影响因素

科学技术是第一生产力，同时也是学校深入体制变革的重要动力。首先，科学技术的发展能够强有力地改变教育者的观念，而教育观念在很大的程度上又反映了一定时期科学技术的发展水平。科学技术的发展，能为地区高校体育事业的发展指明方向，对高校的教学内容和方法有很深的影响。具体表现在体育学习的过程中，教学手段更加先进合理，对运动训练的安排更能遵循人体运动发展的规律等等。另外，进入 21 世纪以后，电教化设备的迅速普及与使用，大量的新型成果逐步应用到教育领域，这些新成果的引入，为学校教育改造教学环境、扩展有益的教学内容、节省教学时间、提高教学质量提供了重要的技术保障。由于科学技术的发展，使高校的传统学科内容发生了深刻的变化，学生获取知识的速度加快、渠道更宽，更加注重对先进学习方法和思想的研究。所以，合理地运用科学技术可大大提高教学质量。

3. 自然条件影响因素

在体育技能的学习过程中，我们的教学活动主要是在室外进行的，因此我们需要良好的物质环境为依托，受自然环境因素影响较大。在良好的自然环境下教学，能够使学生心情愉悦，思维更为敏捷，动作技能的习得也较快，这样就大大地提高了学习的效率。但是在恶劣的自然条件中教学结果则截然相反。如在炎热的天气学习容易引发学生的一种惰性心理和疲劳感，在严寒的冬天使学生运动积极性大大下降，韧带和肌肉的伸展性不佳，这也就增加了运动伤害的风险。自然环境有其优点，但是也有不足，例如，遇连续阴雨天气，足球训练课在室内没有足够场地可以展开，严重影响到教学计划的执行，从而影响到学习的进程，特别是在冬季，常会有下雨和冰冻天气，而降雨和刮风天气，也往往是学生最不愿意参与运动训练的客观条件，长此以往将大大影响学生参与的积极性，这对正常的体育教学有较大的不利影响。

4. 学校体育场地器材影响因素

教学活动是由教育者、受教育者及教学资料共同组成。而针对体育院校最重要的教学媒介来说，体育场地与器材又是教学媒介的最重要组成部分。良好恰当的教学媒介是学校体育教学活动有效开展的保障。但是我国一些位于偏远山区的高校，由于受其地理条件和交通情况的限制，因此经济的发展水平相对较差，与其他平原地区相比较还存在一定的差异，在学校的建设方面，具体表现在其办学的规模较小和办学条件稍差，学校硬性条件如场地的建设和维护缓慢。学校场馆数量和质量的配备差异较大，基本表现在为室内场地数量较少，对正常的体育教学就很难满足其实际的需要，如若遇恶劣天气状况，一些体育课将无法开展；再如羽毛球场地，于羽毛球运动的特殊性，受阳光和风速的影响较大，所以对学习训练的条件较为苛刻，这显然是无法满足实际需要的。与此同时，近年来，各大高校迅速扩招，但是场地设施的同步投入却非常少或者说没有，这种人多场地少的矛盾就更加的明显。最后，运动器材少、运动项目场地单一也是一些高校存在的一个主要矛盾，相对于以前来说，现在学生已不是追求某一项运动技能的发展，他们往往更偏向对新事物的接受与学习，如游泳运动是体育专业学生的必修课，但是由于受到各种条件的限制，故也没有能开设游泳课程，使得原本学生想学的运动项目不能开课，课外的体育活动也不能得到保证，这都将严重会打击学生的运动参与积极性。

5. 教师队伍配置影响因素

教育经费是学校得以正常运作的重要保证。同样，体育经费是学校体育教学器材及时添置、运动竞赛训练继续开展的重要保障。教育经费的充足，对改善学校硬件条件，吸纳优秀骨干教师来改善师资力量具有重大的促进作用。不同专项课教师的配置比例不够协调，如：现在小球运动是当下学生专修的热门，但一些体育高校中小球的专业教师在某一项运动中往往只有极少数人，遇到学生专修多的情况无法满足学生学习的需要，往往只能通过增加班级上课人数来解决，但是这将会缩小学生单位练习和老师一对一的指导时间，对学生专业技能的学习产生不利影响。其次，年轻教师、骨干教师都不太愿意去一些偏远地区任教，他们认为，在经济欠发达地区任教，社会地位得不到保障，也很难获得晋升的机会，加上这些地域的工作量也比较繁重，个人价值难以得到实现，最终导致了我国部分高校体育院系和我国其他学校差距加深。

6. 教学组织模式影响因素

进入21世纪，教育“以人为本”“以学生为主体”的教育理念逐步推广开来，目前我国各高校绝大部分教师能较好地运用合理的教学方法进行教学，对教学内容的熟练程度也非常让人满意。但是在教学的实际过程中也存在一些问题，如班级规模较大，这就给教师的上课及学生的学习带来了一系列问题，如增加老师上课的负担，缩短了学生技能练习的单位时间，老师不能很好地与学生互动，对学生的技能学习带来一些不利影响。

（二）心理环境影响因素

1. 传统教学思想束缚的影响因素

我国有着数千年的传授式教学的传统，无论是在私塾还是官学，都一直奉行“师授学承”的讲授法，学生以教师的教学为中心。学生必须听从老师的权威，师生之间缺乏正常的交流与对话，并逐步形成一种“你教我学”的简单职业关系。目前我国高校体育教学过程中，这种现象在普修课中表现得最为明显，大多数学生认为此课堂内容不是自己的专修课程，上课也只是一种过场性质，老师的教学只是为了完成自己的工作任务，自身也只是为了拿学分以顺利毕业，课堂氛围不活跃，在课堂后师生之间的交流就更加少了。因此，造成部分教师教学的积极性不是很高，老师在教学的过程中也缺乏信任和尊重，课堂教学效果不理想等。

2. 校园体育文化影响因素

校园文化是学生为了达到学校的培养目标，在学校环境基础上创造的一切物质、制度和精神文化的总和，其特点主要表现在以学校为主要空间，以学生为主要对象，以课外活动为主要活动方法，以校园精神为主要标志。体育文化是校园文化中的重要构成要素，我国大部分高校体育院系都有着丰富的历史文化底蕴，高校学生对各自学校关于体育知识宣传的途径较为广泛，具体表现在会有一些运动型雕塑，校园新闻滚动屏会播放一些实时体育比赛，同时也能听到校园广播对热点体育新闻的播报；学校不仅在现代运动项目中有竞赛队伍，同时还有一些特有的少数民族传统运动队；还会举办一年一届的体育运动会，表明在校师生获得体育信息渠道较多，师生能够及时获得自己感兴趣的信息。但是在组建社团这方面还存在一定的不足，具体表现在创建社团流程复杂、社团物质保障不稳定、社团种类不够齐全等等，导致部分学生运动兴趣无法实现。

3. 政策影响因素

政策因素是促进教育深化改革和学校发展的重要动力源泉。首先，它决定着学校发展变革的方向和内容，具体表现在建立学校的教育制度，选拔安排学校的行政人员，在宏观上对学校的工作进行调控；其次，它对学校的创设和取消、教育经费的投入和使用都有绝对的权力；最后，通过选拔和任免学校领导和教职员工，进而影响学校的发展和变革。由此可知，学校的发展必须获得一定的政策支持，学校重大的事务选择与抉择必须有政治权力的介入和推动。

4. 民族传统运动项目开设的影响因素

我国很多高校至少有一个具有代表性的少数民族传统体育运动项目，但是运动种类仍然不是很多，其原因在于：首先，高校学生主要来自于外地，对少数民族传统运动项目不够了解，缺乏少数民族传统运动项目知识；其次，少数民族传统运动项目不像现代体育运动那么规范化，学生不够了解少数民族传统体育项目技术方法以及没有系统的理论教科书；最后，专门的少数民族传统体育专业老师缺乏，在学校体育教师中比例低。这些因素都限制了少数民族传统体育运动项目的普及和发展。

第二节　高校体育教学环境的人文蕴涵

一、体育教学环境中的人道主义

（一）教育中的人道主义

我国的教育人道主义是社会主义人道主义在教育领域的具体体现。在我国，教育人道主义不仅仅是处理教育中人与人、人与社会之间关系的伦理原则，而且是教育整体及其各个方面（价值观、内容、活动过程等等）都应当遵守的伦理原则。社会主义教育人道主义规定社会要从物质和制度层面保障每个成员受教育的权利，在教育过程中教育者与受教育者都应当从人道主义原则出发，尊重对方作为人的价值与尊严。教育人道主义要求教育者在进行教育活动时要把学生当成人格上的主体，平等对待每学生，尊重其作为人的尊严，而不是把他们作为塑造的对象，灌输知识的容器。教育者还要关心、爱护每一个学生，理解每一个学生的需要和感受，为每一位学生的自主全面发展创造良好的条件。

（二）体育教学中人道主义的体现

体育教学作为学校教育的组成部分，是以培养人为目的的教育活动。体育教学中坚持人道主义道德原则是社会主义人道主义在体育教学中的具体体现和运用。体育教学中的人道主义强调提高人的价值，尊重人的需要和发展，教学过程要合乎人性，维护人的权利等等。简言之，体育教学要坚持尊重学生的人权，坚持学生全面发展的价值取向。

1. 尊重学生的人权

体育教学中，尊重学生的人权首先表现在尊重学生整体作为人的尊严。体育教学是以身体活动为主要手段的教育活动，使得体育教学中尊重学生人格尊严具有特殊的要求。体育教学中，学生既具有理性又具有生物性，是生活在现实社会关系之中的完整的人。这就是说体育教学中的学生不是抽象的纯粹理性的人，更不是纯生物性的人。体育教学中尊重学生人格尊严就要求教师要把学生当作目的，尊重学生作为人的价值。体育教学中既要尊重学生的自然生命，又要尊重学生的自主意识，还要尊重学生在教学交往中的情感体验。体育教学要做到尊重学生的人格尊严，就要反对两种错误的认识：第一种错误的认识认为，学生是纯粹理性的人，教师把学生当成认知的对象，这时学生就成了掌握体育知识、学习运动技能的工具。教师在选择教学内容时不考虑学生的需要，完全按照教学大纲的要求，严格地制定教学进度。在教学中，教师严格按照运动技能形成的规律，采用机械的灌输与训练等教学手段。对学生的评价限于体育知识和运动技术的掌握情况。另一种错误认识认为，学生是纯粹生物性的人，教师又会把学生当成改造的对象，体育教学的目的就变成了挖掘学生的生物潜能的手段，体育教学就成了对学生进行生物改造的工具。在教学中，教师完全按照运动学的规律，对学生进行枯燥的训练。这两种错误观念指导下的体育教学，师生之间不能建立起平等的关系，师生之间也就没有平等交流和对话的平台。这样的教学严重地脱离学生的生活，学生认识不到体育教学对他们成长的价值和意义。在教学中学生的个性受到压抑，导致学生对体育教学缺乏兴趣。

体育教学尊重学生的人权还表现在尊重学生个体的一般人权。要做到体育教学中尊重学生个体的一般人权，首先要求教师要把每一个学生看成具有独立人格的个体，平等地对待每一位学生，不能侮辱学生的人格。教师在与学生交往时，要一视同仁，对学生的评价要公平合理，不能厚此薄彼。其次，教师要保障每一位学生具有平等的参与权，这就要求在安排教学内容、选择教学方法时，要考虑到全体学生的身体能力和技术水平，使每一位同学都有能力参与到教学活动中来。最后，在教学中要保护学生的人身权，学生有在课堂纪律允许的范围自由活动的权利，禁止体罚和变相体罚学生。

2. 学生全面发展的价值取向

促进人的全面发展是整个教育领域乃至整个社会共同的目标，靠某一门学科的教学是不可能实现的，没有哪门学科的教学能够承担起教育人的全部责任。但是每一门学科教学都应当选择促进学生全面发展作为自己的价值取向。要明确体育教学促进学生个人全面发展的价值取向，就要明晰两种观点：

（1）体育教学要发展学生的整体性

近代科学早已证明，人的身体与意识是统一的，人的心理反应都有其生理基础。马克思主义哲学认为，意识是物质发展的最高产物，物质基础决定人的意识。毛泽东早就指出："体者，载知识之车而寓道德之舍也。"根据身心一元论的观点，身体是人生存和发展的基础，是道德和智力的载体，离开了身体也就没有了德智。体育是以身体活动之形，而达到促进人身心全面发展之本。首先，增进身体健康，促进学生身体发育是体育教学最主要的价值体现。通过体育活动，学生的整个身体的生理机能得到锻炼，促进身体潜能的发展。通过运动技术的学习，能够增强学生的运动能力，达到身体各器官协调工作的能力，有助于日常生活能力的提高。掌握各种健身方法、体育知识和运动技术，能够为学生走出学校从事终身体育活动打下坚实的基础。其次，体育教学还能够促进学生智力的发育。以往人们对体育多有偏见，认为体育只是身体的活动无需聪明的头脑，这也就是人们常说的"运动员四肢发达，大脑简单"。现代科学研究证明，体育锻炼可以促进大脑的发育，而大脑是人思维的物质基础，因此体育锻炼能够提高人的理解、分析和判断能力。体育教学中除了向学生传授体育知识和健身知识以外，还是学生各种科学知识的试验场，能够加深学生对其他学科知识的理解。各种运动技术包含着丰富的物理知识，比如，速度、加速度、旋转、重力、浮力等等。运动成绩的计算包括丰富的数学知识，比如时间、距离、命中率等数学常识。如果指导得当，学生在体育课中对这些知识的体验比在教室里通过书本学习要深刻得多。最后，体育教学能够培养学生的道德品质。各种运动、游戏都有一定的规则，学生通过运动游戏能够养成遵守规则的意识。各种体育运动都具有共同的道德规范，强调尊重队友、尊重对手，学生在激烈的对抗当中学会关心他人、尊重别人，学会与人交往的技巧。体育活动中，学生通过克服各种困难，战胜自己，能够形成勇敢顽强的道德品质。

（2）体育教学要发展学生的个性

全面发展不等于让每个学生都获得同样的发展，不等于抹杀学生的个性，不考虑学生的个体差异，使每一个学生都按照同一个模式发展。体育教学中要承认每个人由于遗传因素形成的先天差异性，这些差异包括身体形态与运动能力方面，比如身高、体重、力量、速度等身体条件。还要承认由于社会和家庭成长环境不同造成的性格、气质等心理因素的差异性。体育教学中学生的个性体现在以下几个方面：首先，掌握运动技术存在个性特征。运动技术是体育教学的主要学习内容，学习运动技术的过程能够达到锻炼身体、促进身体健康的目的，同时又能为学生从事终身体育活动打下良好的基础。运动技术具有相对的规范性，每一种运动技术都要符合特定的运动原理，但绝不是每一个人掌握完全相同的技术。每个人的运动能力不同，理解能力存在差异，运动基础也不完全一样，所以在体育教学中，每个学生都会形成有区别于其他人的技术风格。教师在进行技术教学时要考虑到学生的个体差异因材施教，帮助每个学生掌握适合他们自身特点的运动技术。其次，每个人对体育的兴趣爱好不同，需要也就不同。体育教学内容要多样化，教师要在保证正常教学进度的前提下满足不同学生的需要。要培养学生参加体育活动的兴趣，就要让他们在体育教学中找到适合自己的运动项目，让学生在运动中体会到成功和快乐，并且在课上学会进行该项运动的方法，这样有助于学生在课下积极地参加体育运动，并且为终身体育打下良好的基础。最后，要注意发展学生特长，开发每一位学生的运动潜能。

教师要善于发现每一位学生的特长，在教学中做到因材施教，使每个同学获得符合自己特点的发展。

二、体育教学环境中的自由

自由是人类不断追求的精神。自由本身具有内在价值和外在价值：一方面自由是人类的基本需要、基本欲望和基本目的；另一方面，自由是达成自我实现和社会进步的根本条件。自由是一切动物生存的最基本需要，如果动物不能自由地活动，它就不能获取生存所需要的物质，不能维持基本的生命活动。人是动物的最高级形态，因此，人的生存同样需要自由。但是人不仅仅满足于生存，人是有意识的动物，意识使人区别于其他的动物，意识使人的活动具有自觉性和目的性。正如马克思所说："一个种的全部特性、种的类特性就在于生命活动的性质，而人的类特性恰恰就是自由的自觉的活动。"按照马斯洛的理论，人的最高层次的需要是自我实现。而每个人的自我实现乃是实现自己的创造潜能，个人的个性越强他的创造力越高。一个人个性的发挥程度和实现程度，与个人所获得自由成正比。社会是由人类个体构成的关系世界，每一个人的自我实现程度越高，社会也就越进步。

（一）体育教学环境中学生的自由

自由是人的本质，是人的基本权利之一。作为社会成员一分子的学生自然也应该享有自由。马克思主义伦理学认为，伦理的最高境界是人的"自由而全面的发展"。其中，人的"自由发展"指人作为主体的自觉、自愿、自主的发展，是为了自身而发展。具体地讲，人的自由发展包括两方面的含义：第一，每一个人的发展都是以自身为内在目的，不是屈从于外在的目的；第二，个人的发展是能被个人驾驭的，个人可以按照自己的兴趣和爱好自由地参加各种活动，发展自己多方面的能力。

1. 体育教学环境中学生自由的价值

首先，自由是学生发展的基本条件。人的发展是个人潜能的充分发展，而这显然离不开这些潜能的充分利用。体育教学主要是通过身体活动发展学生的运动能力，只有在教学中让学生充分利用自己的身体潜能才可能促进他们的发展。所以教学中，教师要为学生创造条件，通过选择不同的教学内容，选择适合的教学方法，给每个学生发挥他们潜能的机会，也就是从外部消除阻碍学生发挥潜能的障碍，为学生自由发展潜能创造机会。

其次，自由是培养学生创造力的根本。培养学生的创新能力是素质教育的核心，新世纪需要创新型人才。要培养学生的创造力，就要尊重学生的自由理智，尊重学生的判断力。很难想象，一个人整天生活在别人给他安排好一切的环境下能具有创造力。运动知识和运动技术具有开放性特征，总是不断地发展变化的。因此，在体育教学中，教师要尊重学生对体育知识和技术的理解，要尊重学生的技术特性，让他们能够形成适合自己的技术风格。

最后，自由是学生主动参与体育教学的重要保证。一方面，体育教学是在教师的组织和指导下进行的，离了教师的指导，教学活动也就无从谈起。但是，体育教学要取得好的效果必然需要学生的亲身参与，学生只有亲身感知、体验才可能掌握各种运动技术。在这里，学生的自由指学生的自主性。另一方面，体育教学的顺利进行离不开学生的积极性。在这里，学生的自由指学生的积极性。学生参与体育教学应该是自由的活动，既要凭学生的兴趣，又要凭学生的意志控制。如果学生对教学活动没有兴趣，完全靠意志控制，时间长了就会失去兴趣；如果学生对教学活动有兴趣，他们就能自发地并且充满兴趣地参与学习。

2. 体育教学环境中学生享有的自由

自由是人类普遍追求的理想，自由具有普遍性，但是在不同社会和不同场域下自由的表现形式是不一样。在体育教学场域下，学生享有的自由既具有普遍性，又具有特殊性。归纳起来体育教学中学生享有的自由主要有以下几个方面：

（1）理智的自由

学生在教学中的思想是自由的，是不受教师控制的。学生在教学中有按照他自己的理智理解教师讲解运动知识和运动技术的权利。学生有按照自己的理解进行提问和质疑的自由。学生的自主理解是他们形成体育态度、体育价值观的根本源泉，任何外在的讲解和教育只有内化为学生自己认知结构才能真正地对他们起作用。因此，教师在教学中不能采用强制的灌输式的教学方式，要尊重学生自主理解的权利和能力，要认识到只有通过学生自主理解而实现的学习效果才能内化到学生的生命中去，才会对学生产生更持久的影响。

（2）活动的自由

在体育教学中学生有在课堂纪律允许下活动的自由。按照柏林对自由的划分，学生免于外在的课堂纪律和道德规范约束的自由属于消极的自由。消极自由的实现依赖于学生良好品质的形成。学生只有认识到课堂纪律和道德要求是为了更好地开展教学活动，把外在的规范要求内化为自己的主观需要，才能自由地活动。学生克服自己的情感和欲望（比如，在长跑中逃避身体的痛苦），主动坚持锻炼而获得的自由是积极的自由。积极的自由使学生成为自己的主宰，做自己的主人，在学习和锻炼过程中主动地参与，因而是根本的自由。具体来讲，就是学生在教学分组时有自己选择参加或不参加某一组的自由，学生有进行某项体育活动的空间和时间的自由，学生有进行探索某项运动技术和战术的自由。

（3）人格的自由

学生长时间参加体育教学活动形成的身体、情感和道德体验会促使学生对体育教学形成稳定的态度和价值观。学生在体育教学中形成的这些观点、态度和价值观会成为学生人格当中的一部分，从而在体育教学活动中形成稳定的行为模式。正如杜威所说："给儿童以自由，使他们在力所能及的和别人允许的范围内，去发现什么事他们能做，什么事他们不能做，这样他就不至于枉费时间去做那些不可能去做的事情，而把精力集中于可能的事情了。儿童的体力和好奇心能够引导他们走到积极的道路上去。教师将发现，学生的自发性、活泼性和创造性，有助于教学，而不是像在强迫制度下那样成为要被抑制的讨厌的东西。"

（4）人身自由

培养学生终身参加体育锻炼的意识和能力是体育教学的重要目标之一。另外，学生在体育教学中形成的良好道德品质，也是为了学生终身幸福生活做准备。学生在体育教学中形成的对体育的稳定的价值观只有融入学生的生活，使体育活动成为他生活的一部分，才能产生终身的影响，从而实现终身体育的目的。要想使体育教学达到的效果能使学生终身受益，就要让学生在自由的空间下进行自由的选择和判断，让他们自己掌控的理智、情感和意志力，在自由的学习和锻炼中体验体育给他们带来的幸福生活。正如密尔所说："将自己的人生交由世界去安排或者任其随意发展的人，仅需具备猿人般的模仿能力；为自己抉择人生的人，则需竭尽所能。他必须用观察力去观察，用推理和判断力去预见未来，通过活动去积极收集作决定的信息，靠毅力和自制力去践履经过深思熟虑的决定。”体育教学作为教育的组成部分，它的最高理想是帮助学生实现终身幸福，所以教学中要让学生充分享有自由，让学生学会对自己的人生幸福负责。学生在体育教学中形成稳定的兴趣爱好，是他终身从事体育运动的基础。学生只有自由地选择喜欢哪项运动，不喜欢选择哪项运动，他所形成的兴趣和爱好才能够得到保持。

3. 体育教学环境中学生自由的限度

世界上没有绝对的自由，任何自由都是在一定限制下的自由。在体育教学活动中学生应该是自由的，但是这种自由也应该是有限度的。蒙台梭利就曾说：“孩子的自由，就其限度而言，应在维护集体利益范围之内；就其行为方式而言，应具有我们一般所认为的良好教养。因此，只要孩子冒犯或干扰他人，有不礼貌或粗野行为，就应加以制止。”

（1）学生的自由必须有教师的指导

少年儿童学生进入体育课堂时，他们对运动知识和运动技术的了解有限，并且他们的身体和心理尚未成熟，对自己所做事情的结果缺乏准确判断的能力，因而他们需要教师的指导。教师的指导是为了学生更好地实现学习自由。首先教师利用自己已有的经验和专业判断，按照学生身心发展规律，按照国家规定的范围选择教学内容，比学生自己选择学习内容更能促进学生的发展。其次，教师的指导意味着限制学生滥用自己的自由，防止学生做出伤害自己或是伤害他人的行为。再次，教师的指导可以帮助学生理智地处理在学习过程中发生的矛盾和冲突，从而培养学生与他人交往的能力。最后，学生的学习不能违背特定社会的文化传统和教学伦理规范，教师应该指导学生将自己的自由建立在这些传统和教学伦理规范之上。

（2）课堂纪律和游戏规则的约束

要想使体育教学顺利地进行，必须具有良好的课堂秩序。虽然体育教学强调学生的主体性和自由，但是并不意味着学生在课堂上可以随心所欲。学生的自由要以不违反课堂纪律为限度，课堂纪律是为了保障大多数学生的学习自由。正如涂尔干所说，“正因为规范可以教会我们约束和控制我们自己，所以规范也是解放和自由的工具”。课堂纪律可以培养学生的规则意识，培养学生的责任感。教师要避免制定强迫性课堂纪律，强迫性的课堂纪律无视学生的理解与需要，是对学生自由的破坏。因此，课堂纪律必须受到全体学生的认可，使课堂纪律成为学生共同遵守的契约。这样，学生就把遵守课堂纪律建立在自愿的基础之上，他们感受到的就不是约束，而是自由。另外，各种体育游戏都有特定的规则，学生在参加这些游戏时必须遵守这些规则。游戏规则是所有参与者共同的约定，对参与者具有同样的约束力。

（二）体育教学环境中教师的自由

体育教学以学生为主体，以学生的发展为主要目的，保障学生的学习自由是体育教学自由的主要方面，但是保障教师的教学自由同样是不容忽视的。首先，教师的教学自由是发挥教师主体性的必要条件。教师作为教学活动的主导者，教师的教学积极性直接关系到教学的效果。因此，只有教师享有必要的自由，教师才能充分发挥他的主体作用。其次，教师的教学自由是教学创新的基础。教学要培养学生的创造力是时代的要求，同样教师的教学工作同样需要创新，只有不断突破旧有的教学模式和教学方法，教学才可能不断地适应社会发展的需要。最后，教师的教学自由是提升教师责任的基础。自由是责任的基础，如果一个人不自由，他所做的事情是被别人强迫的，那么他就不应该为自己的行为负责。体育教学中的教师也一样，教师要为自己的教学行为负责，那么他就必须享有教学自由。因此，要想提升教师在教学中的责任，就必须给予教师教学自由。

1. 体育教师的自由

（1）学术自由

体育教师的学术自由包括：第一，体育教师具有按照自己的理智理解体育教学中的体育知识和运动技术的自由。第二，体育教师有按照自己的理解传授学生知识和技术的自由。第三，体育教师有参加或不参加任何学术团体的自由。

（2）实施教学活动的自由

在体育教学的实施过程中，教师的自由体现在教师具有选择教学内容的自由；选择教学组织形式的自由；选择教学方法的自由；进行教学评价的自由。任何他人或组织都不能强迫教师按照他们的意志实施教学。

2. 体育教师教学自由的限度

教师的教学自由同样是有条件的，是在一定限制下的自由。教师的教学自由受到以下几个方面的限制。

（1）体育教师的教学自由受国家教育制度的限制

任何国家的教育都是按照国家发展的需要或是按照公共目的需要培养社会所需要的人才。体育教学必然要符合国家的教育目的，必须在国家的教育制度下展开，所以体育教师必须要遵循国家制定的教育制度。体育教师要学习和了解有关的教育制度，使他的教学行为在允许的范围内进行。

（2）体育教师的教学自由受到法律和道德规范的限制

体育教师的教学行为不能违反国家的各项法律法规，教师不能利用体育教学进行违法犯罪活动，这也是每个公民都必须遵守的底线。另外，体育教师在与学生交往的过程中，要遵守特定社会的教学伦理规范，尊重文化传统，并且教师不能宣扬违背社会道德的思想观念。所以，教师要加强法律意识，提升自己的道德水平，了解特定社会的文化传统。教师只有自觉自愿地遵守法律和道德规范，才能自由地实施教学活动。

（3）体育教师要遵循教学规律

体育教学是一种复杂的活动，体育教学本身具有区别于其他科目教学的内在规律。体育教学的内在规律就是体育教学的内在必然性，体育教学中的自由与其他社会活动一样，是通过克服其必然性实现的。因此，体育教师要想实现教学自由，就必须要掌握教学规律。体育教师只有在教学规律的指导下教学活动才能真正实现教学自由。

三、体育教学环境中的尊重

尊重是我们司空见惯的日常用语，经常被用于指称各种对象，比如尊重人权，尊重老人、尊重事实等。“尊重”一词在现代社会中频繁地被使用，这一现象足以说明这个词语蕴含着某种合理的、在实践中具有重要意义的东西，同时也表明它作为辞令性使用的背后必然蕴含着某种深刻的实质性内涵。因此，有必要对尊重的确切含义进行学理分析。

（一）尊重的一般概念及特性

从词源上考察，尊重一词是由“尊”字衍生出来的，“尊”的本义是指一种酒器，亦作“䟫”。许慎在《说文解字》中说：“‘尊’有置酒之义，其祭当与此有关。‘尊’之本义是置酒以祭，所祭必为尊者，故引申为敬重、推崇、尊奉、拥戴、尊贵、高贵、高出等义。置酒以祭必用诸酒器……故‘尊’有引申为酒器之总名”。从中我们可以看出，我国古代的尊重具有尊卑的意义，表明卑者对待尊者的态度，古时人们以神灵为尊，祭祀时怀着虔诚、谦卑的态度。尊重转化到日常生活中，表示地位低的人对地位高的人敬仰和赞许，具有以礼相待的意思。

在《现代汉语词典》（第 5 版）中把“尊重”分为动词和形容词两类，作为动词的“尊重”有两种解释，第一种是“尊敬”或“敬重”，例如尊重老人，互相尊重；第二种是“重视并严肃地对待”，如尊重历史，尊重事实。作为形容词的“尊重”意思是“庄重”，例如口语中说的“放尊重一些”。在这里可以看到，要想表达尊重的意义，人们用接近尊重意思的其他方式表达，比如尊重老人用尊敬，尊重事实用严肃地对待等等。我们可以看出，现代的尊重比古代的含义更加丰富，所指称的对象也更加广泛。现代日常用语中的尊重几乎是不言自明的，比如说到尊重老人，在公交车上给老人让座，对老人尊称“您”。所以，尊重在生活中可以理解为遵循社会的风俗习惯，从语言和行动上礼貌地对待他人，向他人表示出敬重和较高的评价。

（二）体育教学中的尊重

体育教学过程是教师与学生共同交往的过程，体育教学中的尊重是师生之间的相互尊重，单独强调对教师的尊重和对学生的尊重都不符合现代伦理的要求。在现实生活中，受传统观念的影响，尊重教师被广泛地认同和践行，而对学生的尊重很容易被忽视。

1. 尊重学生

（1）把学生当成体育教学的目的对待

对学生的尊重源于伦理学中“尊重人”的原则。人是世界上最值得尊重的，人的价值是其他任何存在物都无法比拟的。尊重学生的人格暗含着把学生作为词类存在，尊重学生作为人的尊严。这种类型的尊重可以称作“承认性尊重”。康德总结了以往伦理学尊重人的道德原则，把人提高到至高无上的地位，提出人是最终的目的，而不是手段。在《道德形而上学的奠基》中他说：“你要如此行动，即无论是你的人格中的人性，还是其他任何一个人的人格中的人性，你在任何时候都同时当作目的，绝不仅仅当作手段来使用”。新课程改革以前，在应试教育思想指导下的体育教学过分强调对学生进行体育知识和运动技能的传授，学生沦为掌握知识和技术的机器。学生的主体性得不到保障，丧失了作为人的尊严，学生的人格得不到应有的尊重。当前我国教育界已经认识到应试教育带来的种种弊端，大力提倡素质教育。素质教育的核心是促进学生身心和谐发展，提高学生的综合素质。素质教育思想契合了尊重人的伦理原则，强调人的发展是教育的目的，教育就是要促进人的全面发展。素质教育背景下的体育教学，学生的发展成为教学的目的，掌握体育知识和运动技能成为促进学生发展的手段。新课程坚持“健康第一”的指导思想，注重培养学生的终身体育意识，重视学生的主体地位。新课程的这些基本理念都是建立在尊重学生发展的基础之上的，要求教师改变以往以知识和技术传授为主的教学方式，充分发挥学生的主体性，充分体现了把学生当成体育教学目的对待的伦理原则。

（2）给予每个学生应得的赞许

学生身心各个方面还不成熟，他们生活在属于他们年龄所特有的精神世界里，他们对体育知识、技术具有自己的认识，有些看法在教师看来可能有些幼稚甚至可笑，但是这也正是学生作为儿童的特征所在。教师要尊重学生的“当下性”也就是尊重儿童的天性。正如卢梭所说：“在万物的秩序中，人类有它的地位；在人生的秩序中，童年有它的地位；应当把成人看作成人，把孩子看作孩子。”学生所具有的区别于成人的天性并不妨碍他们作为具有独立人格的人参与教学活动。每个学生都是一个具有独特特征的人，因此，每一个学生都会表现出区别于其他人的个性特征。教师根据每个学生不同方面的良好表现而给予相应的赞许可以称为“评价性尊重”。体育教学过程中学生的运动能力、学习能力和道德品质都会表现出差异，比如有的学生耐力好，有的学生喜欢帮助别人等等，教师要善于发现学生在某一方面的良好表现，及时地给予肯定性评价，让每一个学生都能体验到来自教师的尊重。教师尊重学生作为儿童对体育的理解，可以激发他们的创造性，培养他们独立思考的能力。当然尊重学生的天性和差异不等于对学生放任自流，教师要把握哪些对学生发展有利，哪些对学生的发展不利。教师要尊重学生的自尊心，给予适当的引导，而不是粗暴的干涉和野蛮地控制学生的思想和行动。

2. 尊重教师

尊重教师是不言自明的伦理规范，也是我国的传统美德之一。但是，尊重教师作为伦理规范也具有像其他伦理规范一样的历史局限性。传统社会的尊重教师具有很强的等级观念，容易造成对教师的盲从和对学生个性的压抑。素质教育强调学生的主体地位，师生之间人格平等，所以尊重教师作为教学的伦理规范，具有时代特征。

（1）对教师角色的尊重

尊重教师是教学得以顺利进行的前提，如果学生不尊重教师教学活动就会陷入混乱。学生在与教师交往的过程中要怀着尊敬的心情，学生首先是尊重教师这一角色，这种尊重是“承认性尊重”。教师作为角色受到的尊严是由社会赋予的，是社会发展过程中形成的。学生应该对教师作为社会角色所承担的责任和付出的劳动表示尊重。学生在教学活动中对教师角色的尊重不应该影响他们对知识、技术的接受，否则就会压抑学生的个性和创造力。

（2）把教师当作榜样来尊重

从人格上说，师生的人格是平等的，但是从知识、技术和道德品质上，师生之间必然会存在差距。学生对教师丰富的体育知识、高超的运动技术、和优秀的道德品质表现出来的尊重是“评价性尊重”。体育教师是学生体育知识和运动技术的传授者和指导者，还是道德教化的楷模。当然，这种“评价性尊重”是以教师自身具备的各种优秀品质决定的，只有作为个体的体育教师具备了那些值得学生尊重的品质，才会受到学生的尊重。所以，教师的素质起着至关重要的作用。作为一名受学生尊重的体育教师，首先要具备扎实的体育专业知识，高超的运动技术水平，并且在教学工作中不断地更新和提高这些必备的素质。其次，体育教师还要具备丰富的教育、教学的知识和经验，懂得如何按照教学规律施教，帮助学生掌握体育知识和运动技术，提高体育学习能力。最后，体育教师要不断地完善自己的道德品质，做到为人师表，用自己的道德人格感化学生。

四、体育教学环境中的关爱

（一）关爱的基本含义

关爱是人类社会赖以生存的基础，如果没有人与人间之间的相互关心和爱护人类的命运将难以想象。从词源学来看，关爱是个复合词，来源于关心和爱护。《新华汉语词典》中对关爱的解释是“关心爱护。”关心指“对人或事物表示重视和爱护”。对爱的解释为：“①对人或事物的感情深挚；②喜欢，喜好；③爱护；爱惜。④容易发生某种变化或行；⑤特指男女之间的恋情”。关爱综合起来理解就是一个人在对人或事物重视的基础上产生的，发自内心的情感和行为。生命来源于爱，爱又是生命发展的动力，所以关爱的核心应该是爱。关爱高于关心，关爱是比关心更为真挚、深厚的感情。

（二）教育中的关爱

教育的目的在于培养人的知识、技能和塑造良好的道德品质。在实现这一目标的过程中，教师和学生之间形成了教育关系。这种教育关系是教师与学生的道德关系，是教育过程中人与人之间最基本的也是最重要的关系。教师与学生的道德关系应该是建立在相互关爱基础上的，但教师不管是在知识技能还是品德上都要高于学生，教师在教育活动中应该处于主导地位，所以，教师对学生的关爱也是教育活动中关爱的主导方面。教师对学生的关爱是无私奉献，是教师做好教育、教学工作的前提和基础。著名教育家陶行知先生说过“捧着一颗心来，不带半根草去”，这就是教师对学生的无私奉献。教育中的关爱实际上是教师对学生所承担的责任，是教师把握学生的现实性，尽可能地满足学生发展的需要，并且通过教师的关爱行动来实现学生的发展。同时，学生对教师的关爱做出回应，从而主动地发展自己包括道德品质在内的各方面潜能。

1. 教育中关爱蕴含着尊重

尊重是教师对待学生的基本道德要求，是教师在教育活动中对待学生所应持的最起码的态度。首先，教师要尊重学生的人格，把学生当作教育的目的；其次，尊重学生的当下性，尊重学生自己的经验，从学生的角度去看待问题。关爱以尊重为基础，关爱又高于尊重，是更高层次的道德情感和规范。教师对学生的关爱超出了对学生的尊重，教师的关爱意味着无私的付出，意味着责任。

2. 教育中的关爱蕴含着公正

关爱学生意味着面向全体学生，公正对待每一位学生。教师不能顾此失彼，为了某一个学生而忽视了别的学生。正如境遇伦理学家弗莱彻所说：“爱与公正是一回事，因为公正就是被分配的爱”。从学生集体来讲，教师对学生的关爱应该具有普遍性，让每一位学生都能感受到来自教师的爱。对学生个体来讲，只有教师既能看到学生的不足和差距，对学生进行帮助和教育，又能看到学生的优点和长处，对他们进行表扬和激励，才能让学生个体感受到教师的关爱。

3. 教育中关爱的作用

教育中的关爱有助于建立和谐的师生关系，从而有助于顺利实现教育目的。教师对学生的关爱表现在教师通过各种适宜的途径方法使学生掌握各种知识和技能，提高学生的认知水平，使学生在学习中体验到自尊、自信、责任、荣誉等与生活息息相关的积极情感，锻炼学生的意志，培养学生的健康人格，从而促进学生的全面发展。

教育活动中，教师对学生的关爱，是一种无声的语言，潜移默化地影响学生的关爱品质的形成。德育理论认为，人的道德品质是在交往中形成的，所以，关爱品质作为个人的道德情感，同样应该在充满关爱的情景中形成的。首先，教师对学生的关爱是一种榜样作用，让学生产生对关爱的认知。其次，教师对学生的关爱会使学生体验到关爱的道德力量，激发学生关爱别人的道德情感。最后，学生在教师关爱的鼓舞下，养成关爱别人的行为习惯，最终形成关爱的道德品质。

（三）体育教学中关爱的表现

体育教学具有身体性、开放性和生动性等特点，所以体育教学中关爱的要求和表现具有其他学科教学活动不具备的特点。

1. 促进学生身体健康

人的身体是人存在的物质基础，是人精神生命的载体，是最值得珍惜和关爱的。身体活动是体育教学的主要形式，体育教学的主要目的也是为了学生身心的健康。要实现关爱学生的身体，体育教师在教学过程中必须能够熟练掌握和运用体育专业理论。首先，体育教师要选择适合学生健康发展的教学内容。其次，在教学过程中要随时关注学生的生理反应，随时调整运动量，要既能达到锻炼身体的目的，又不能使学生超过适宜的负荷。再次，教师要采取周密的安全措施，体育教学容易发生意外伤害事故。具有关爱品质的体育教师会充分考虑到可能出现的意外，做好防范措施，尽量避免伤害事故的发生。最后，避免体罚和变相体罚。对学生进行身体惩罚是教育历史遗留下来的错误行为，体罚学生不仅可能对学生的身体健康造成伤害，而且会对学生的心理造成恶劣的影响。所以说，对学生进行体罚是严重违背关爱原则的，应该坚决避免。

2. 关注学生个体的需求

关爱学生就要关注学生个体的需求。人本主义心理学家马斯洛把人的需要分为生理需要、生理需求、安全需求、归属与爱的需求、尊重需求和自我实现需求五类，并且这些需求依次由较低层次到较高层次排列。体育教学中学生的需求主要表现在归属与爱的需求、尊重需求和自我实现需求这三个层次。要满足学生这三个层次的需要，首先，体育教师要营造民主的课堂气氛，确立学生的主体地位，让每一位学生感受到自己是集体中的一员。在与学生的交往过程中，教师要满怀热情，用充满感情的语言感染学生，让他们体验到教师的关爱。其次，教师要尊重学生的自尊心，培养学生的自信心，让学生在体育教学中体验到成功的快乐。最后，教师要充分挖掘学生的潜力，培养学生的创造力，帮助学生实现自己的学习目标。

3. 尊重学生的个体差异

关爱学生要以尊重学生为基础，尤其是尊重学生的个体差异。由于先天遗传因素、家庭环境和个体经验等方面存在差异，会导致学生之间运动能力和运动兴趣存在差异。在体育教学中，教师要在不影响大多数同学利益的情况下，多关心运动能力差的学生，越是身体条件差的学生越需要鼓励，让他们在运动中找到快乐和信心。教师还要考虑到不同学生的兴趣爱好，理解不同学生的情感体验。教师在选择教学内容时，要考虑不同层次学生的需要，尽量满足他们的兴趣爱好。教师要关注学生在体育课上的表现，细心观察他们的反应，从细微处让学生感受到教师的关爱。比如有的学生胆子比较小，遇到学习危险动作会畏缩，教师就应该采用鼓励性的语言，而不是采取鄙视甚至是侮辱的语言。

第三节　高校体育教学环境的人文化建设

一、人文视野下体育教学环境优化的理论依据

（一）马克思关于人与环境关系的理论

马克思从人与自然、人与社会的关系出发，对人与环境的关系进行了充分的论证。这是我们研究体育教学环境的理论基础。

1. 环境决定人的生存与发展状态

自然先于人类存在，人类是自然界长期发展的产物。自然环境构成了人类存在和发展的第一空间。但是，人类产生以后，自然就已经分为自在自然和人化自然。人通过自己的实践不断把自在自然转化为人化自然。离开人的实践活动，就无法理解人产生以后的自然。在自然面前，人首先要生存，为此，人们就必须认识自然、改造自然，使自然的特性与人的需要结合起来。“需要形成了人与自然的关系。”人的需要越丰富，人的主观能动性就表现得越充分，人化自然转化幅度就越大。人的需要主要包括生存需要、发展需要和享受需要。其一，环境为人的发展提供物质资源。其二，环境为人的发展提供文化资源。其三，环境为人的发展提供心理条件。

2. 人在认识与改造环境过程中发展

人类社会进步和个体自我发展都离不开环境，人在认识和改造环境的过程中提高自己的认识能力和实践能力，人的发展与环境的变化是同步的。

第一，人通过对环境的认识形成理性、提升理性、不断增强认识世界的能力。

第二，人通过对环境的改造，发展生产力，增强人的本质力量。

第三，人通过对社会关系的变革，促进社会的进步，丰富人的社会本质。

3. 人与环境的关系

马克思认为环境决定人，人反作用于环境。人与环境的关系主要表现为统一（人与环境的依赖关系）、矛盾（人的需要的多样性与环境的统一性之间、人的主观世界的多变性与环境的相对稳定性、人的理想的超越性与客观世界的现实性）与转化（客观世界向人的主观世界和人的主观世界向客观世界转化的双向互动过程）三种状态。

4. 从微观角度说明环境与人的发展

从微观角度看，环境在人的发展过程中是不可替代的，人是环境中的人，环境会对人的一切行为产生影响。

环境影响人身体的发育成长。环境指的是人生活在其中并给人以影响的客观世界。“人是一切社会关系的总和”。人所生存的社会环境就包括在社会关系中，它也会对人的生理产生一定的影响。在运动人体科学中，环境对人的影响是最有说服力的，例如，在《高原低氧环境对人的影响与适应性因素的探讨》中，作者对人神经系统、工作能力、学习、食欲、睡眠等进行试验，从而证明了人的生存环境对人生理的影响作用。

环境影响人的智力。智力本身是一个人适应和作用于环境的能力，即人对周围环境认识、

处理的能力。人的智力发展离不开人生存的社会环境。因此，良好的社会环境可以使人形成良好的智力。学校环境是一种特殊的社会环境，好的学校环境能对学生的智力塑造起到影响作用，因此，我们要重视教学环境对人的影响。

环境影响人的行为。人与环境相互作用的学问—环境行为研究（包括理论的和应用的）是我们深刻了解环境与人行为关系的基础。一是，环境对人的影响，古有“孟母三迁”、墨子的“染于苍则苍，染于黄则黄，所入者变，其色亦变。”等；后有，马克思的“人生存环境的改变与人活动具有一致性”。他认为，人的遗传素质给人的身心发展提供了物质基础，为人提供发展的可能性。但后天生存的环境从很大程度上决定了人的身心发展水平，马克思告诉我们人生存环境的重要性，同时也说明人接受环境的影响是一个积极的、能动的过程。二是，人对环境的影响。人作为独立的个体，必须不断对维系自己生存和发展的自然环境、社会环境进行认识。人作为认知的主体，通过不断学习能动地认识、利用、改变、创造环境。所以，环境影响中的人也能够影响环境。

人类与其他动物的区别就在于人的能动性，即人能通过“学习”不断提高自身认识自然环境、适应社会环境的能力。人类在“学习”过程中不断与外部环境相互交流，两者相互影响、相互作用。学校作为一种特殊的社会环境，教育是人类学习、获得知识技能最有效的途径，教育的存在环境必然会对其产生影响，因此，为人类的教育学习活动提供良好教学环境是极其重要的。认识到这些，对于我们正确认识普通高校体育教学环境在普通高校体育教学活动中的地位是非常重要的。

教学环境是一个由多种要素构成的复杂的整体系统，它对于学习过程的认知、情感和行为产生潜在的影响，对教学活动的进程和效果施加系统的干预和影响。即体育教学环境的优劣在一定程度上影响体育教学活动的成效，因此，为了最大限度地发掘体育教学环境的正向功能，减小体育教学环境的负向功能，我们就必须对体育教学环境进行优化。

在《中华大词典》中，优化有四种意思：一是为了更加优秀而“去其糟粕，取其精华”，二是为了在某一方面更加出色而去其糟粕，三是为了在某方面更优秀而放弃其他不太重要的方面，四是使某人或某物变得更优秀的方法或技术等。那么，优化体育教学环境，是指为了创造或改善体育教学条件，对教学环境进行的整体或局部的规划、组织、协调和安排，撷取环境中各种有利因素，实现体育教学环境的最佳状态，使体育教学环境有利于学生的身心健康发展和教学活动的顺利进行。

体育教学环境要素的多样性决定了体育教学环境的优化涉及的范围很广，它既包括体育教学硬件环境的优化，也包括体育教学软件环境的优化等；既涉及一些宏观的优化工作，也涉及一些微观的优化工作。美国的教育家杜威认为：学校是一种特殊的环境，其特殊性就在于它是一个简化、净化、平衡性、精神化和以人为中心的环境。体育教学环境是体育教学硬件环境、体育教学软件环境构成的。因此，我们应该从体育教学硬件环境、体育教学软件环境两个层面提出对体育教学环境进行优化的途径，以使体育教学环境更好地为体育教学服务，进而提高体育教学的质量。

（二）人类活动论

从马克思主义的人类活动论观点来看，人的发展的实现一定要通过个体的活动，强调了人的作用。即一方面人将环境的对象化，即为了满足自己的需要，人不断从生存环境中获取的对象；另一方面人通过改造旧的环境，把自己的目的、意愿物质化。在教学活动中，同时存在着两种形式的活动是密切联系的，并通过这两种形式的活动，实现自身、环境间的物质和精神的变换，因此，人自己的发展呈现出一种动态图式：在原有行为、认知结构—新的行为结构与认知结构的不断往复，即人不断将环境由同化—顺应的过程中达到的相对的适应性平衡。

（三）人的主体性的发挥

主体性是人类的主要特征之一。人类只有具备以下三个方面的条件，才能说人具有主体性：第一，人类具有自觉性，能够进行认识自身及生存的环境，能支配自身活动的能力；第二，人类、环境世界的对立，能自觉得形成与环境世界的分立、对抗关系，并能自觉的通过自己的活动与环境斗争；第三，人类自觉的改造环境，用自己的活动与环境产生的压力抗争。以上三点表明，能动改造性是自觉性、对立性充分发展的形式，也是主体能否成立的根本。

人的主体性主要体现在人的自觉性、对立性、能动改造性等方面。人的主体意识或自主活动意识的唤起即人的主体性觉醒，而主体意识的唤起过程正是主体性的生成之路。人作为历史的主人，其认识到自己是历史的创造者的过程就是主体性觉醒的过程。“个体存在的巨大意义将随着时代的发展而愈易突出和重要。个人作为血肉之躯的存在，随着社会物质文明的发展，在精神上将越来越突出地感到自己存在的独特性和无可重复性。”用宏大的历史观分析，人是历史的主导，历史是人创造的。唯物史观认为，人（主要是指人民群众）以及人的需要是社会发展的创造力量。因此，从微观的细节观之，个体是自己历史的创造者，正是无数个体的相似及不同的创造，成就了人的历史。在学校内，人的概念就是教师、学生以及管理者，他们是自己历史的创造者，也是学校发展变革的参与者。他们的主动参与、实践以及他们为生活需要得到满足而进行的努力，他们的创造发明，推动着学校的发展和变革。

（四）高等教育区域均衡发展理论

高等教育区域均衡发展的实质是在公平理念和平等原则的指引下，高等教育机构和教育对象在高等教育活动中拥有平等待遇的一种理想状态，是为保证他们享有机会均等及其保障的一种运行机制，是高等教育的应然状态。高等教育区域均衡发展的实质则是追求教育公平，实现教育公正的实然过程。高等教育区域均衡发展内涵主要体现以下几个方面：

①高等教育区域均衡发展是政府发展高等教育，特别是实施高等教育公平的指导思想；是政府应变或者调整已施行多年的高等教育非均衡发展教育政策，以符合构建均衡高等教育和和谐社会的基本理念。

②高等教育区域均衡发展是一种发展目标，更是一种高等教育改革和发展过程；高等教育区域均衡发展是高等教育发展的目的，更是一种促进高等教育发展的途径。均衡发展本身不是目的，其本质的目标是追求一种理想、公平、高效、优质的高等教育状态。高等教育权利的公平和机会均等是一切高等教育公平的基础，也是高等教育区域均衡发展的核心前提。

③高等教育区域均衡是人们相对于目前现实存在的教育需求与供给不均衡而提出的高等教育发展的美好理想；高等教育区域均衡首先是高等教育资源配置的均衡，高等教育资源配置的不均衡，是导致高等教育发展不均衡的主要原因。高等教育区域均衡的目标是高等教育需求与供给的相对均衡，高等教育资源配置的均衡是高等教育区域均衡的基础。

④高等教育区域均衡是社会均衡和经济均衡互动发展的基础。高等教育区域均衡是一种相对的均衡，一个动态的行为过程，每一个时期和阶段由于社会经济发展等多方面因素的影响有着不同的内涵和表现。

⑤高等教育区域均衡发展是一个长期的、动态的、辨证的历史发展过程。高等教育区域均衡作为社会进步的重要标志，是相对的、具体的、发展的，绝对的高等教育区域均衡发展是不可能也是不现实的。均衡发展是一种理想的状态，是相对的均衡发展。唯物辨证法关于事物运动发展的普遍规律揭示，任何事物都是在矛盾运动中寻求暂时的相对的均衡发展，总是处于非均衡—均衡螺旋发展状态，高等教育也不例外。

⑥高等教育区域均衡发展是一个“均衡—非均衡—均衡”不断的螺旋式上升的循环发展的动态过程。非均衡是绝对的，均衡是相对的，在非均衡与均衡两级之间我们只能达到相对的均衡状态，这就是为政策调控和人们主观努力留下了足够的空间，即我们可以通过政策和投资变化将高等教育各个方面的发展调控到均衡与非均衡之间的一个优化状态。

⑦高等教育区域均衡发展必须树立全面、协调、可持续发展的科学发展观，促进各级各类教育持续健康协调发展。教育是一个完整的生态的系统，高等教育是这个可持续发展系统的重要组成部分，因此不仅它内部各要素要求均衡发展，同时它与教育系统的其他组成部分也要均衡发展。

⑧高等教育区域均衡发展，提高整个教育的水平，就是要为所有公民提供平等而高质量的高等教育条件。高等教育区域均衡的实质是政府作为控制社会运行的中枢和公共资源分配的主体，应该对全区域内的高等教育资源进行合理的配置，以保证受教育群体和个体的权利和机会均等。在高等教育阶段，受教育机会均等应该体现在公民就学平等和受教育条件的平等。政府应办好每一所学校，为每一位学生提供相对均等的高等教育条件，如同高质量的课程、教育、管理和硬件资源的公平、公正、公开的分享。

高等教育的发展，包括学生规模的扩大、系科结构的优化、大学类型的多样化、投资主体的多元化、办学形式的灵活化等，最直接的因素是高等教育供与需相互作用的结果，只有这些因素良性运行才能真正地实现高等教育的均衡发展。而高等教育区域均衡发展最基本的要求就是在不同民族之间、不同区域之间、不同群体和阶层之间、在不同高等教育机构之间和不同性别之间，相对公平的分配高等教育资源和份额，达到高等教育需求与供给的相对均衡，并最终落实在政府和高等教育机构对高等教育资源与机会的相对公平分配和使用上。

高等教育区域均衡发展，是一个与高等教育非均衡发展（高等教育不均衡、失衡的普遍状态）相对的概念，属于高等教育和谐发展的一个阶段，就“均衡”作为高等教育区域均衡发展观的价值内核，贯穿在高等教育发展的方方面面。均衡发展实质的一个方面就是各自都获得发展的动力，相互间优势互补，实现资源平等共享，使各自都得到相应的发展，达到“多赢”的效果。体育教育的均衡发展也是一个动态的，逐步实现相对均衡发展的过程。

（五）教育公平理论

教育公平是社会公平的一个子系统，根据公平理念所适用的社会领域，广义的社会公平可以分为经济公平、政治公平、教育公平、文化和机会公平等等，可以看出，教育公平不仅是社会公平重要的一部分，也是其他公平的前提和基础，是保障人的发展的起点公平，因此，教育公平是重要的社会公平，是体现社会公平的一面旗帜，没有教育公平，就谈不上社会公平。对社会而言，教育公平是推进社会公平的基础；对于个人来讲，教育公平是社会公平的起点和基础。

教育公平是一个有丰富内涵的重要概念。既有公平又有公道和正义的内涵，教育公平指的是每个社会成员享有同等的教育机会和权利，享受同等的公共教育资源服务，享有同等的教育对待，享有同等的取得就业成就和就业前景的机会。它包括受教育权利和机会的公平、教育过程公平和教育结果公平。

从本质上看，受教育权利和机会均等属于“起点公平”，教育过程平等强调的是整个教育过程中教育制度和安排要平等的对待每一位社会成员，以消除外部经济障碍对社会成员学业的影响。教育结果公平则是通过向社会成员提供使个人在入学时天赋得以发展的各种机会，使不同社会出身的社会成员获得进步，进而获得平等的教育效果，也可视为教育质量公平。起点公平（受教育权利和机会公平）是实现教育公平的基本前提；过程公平（教育对待和公共教育资源享有公平）是实现教育公平的重要保证；结果公平（教育效果和教育质量公平）是实现教育公平的最终目标，三者相辅相成，不可或缺。

不同学者对教育公平的理解也不尽相同，主要表现在以下几个方面：

①美国的哲学家罗纳德·德沃金、罗尔斯等提出两项基本原理作为平等理论的支柱：一是同等重要原理，二是特殊责任原理。是指相对于公民所处的物质文化教育环境，致使公民对其人生做出不同的选择，即资源平等，而“资源平等”近于意义上的“比例平等”，但意在根据人的相对差异来分配资源，使人人在其基本资源上得到平均分配。被环境制约的平等与不平等，它又可以分为条件制约和机会制约两种类型。所谓“机会平等”是所有人都有相同的机会和出发点参与某项活动，所谓“条件平等”指的是不受机会平等影响的结果平等。

②罗纳德·德沃金等则是倾向于对处于不利地位的人群的关注，通过更多的“补偿进行差异对待”，“以不平等对待不平等”进行资源的合理分配，使得整个社会能够更多的体现正义、公平。即公平机会的优先意味着我们必须给那些具有较少机遇的人以机会；主张对处于社会不利地位的群体在资源分配方面进行补偿，通过先天性不利者和有利者使用不同的尺度，使两者最终得到相同的生活，这就是后来广泛运用于经济学、教育学等各个领域的“补偿原则”的理论基础。所以“公平或不公平、均等或不均等”通常都是比较之下的产物，是相对而言的，不是绝对的。

（六）底线公平理论

底线公平，首先要对“底线”界定，是指全社会除去个人差异之外、共同认可的一条线，这条线以下是每一个公民的生活和发展中共有的、起码必备的部分，是其基本权利中不可缺少的一部分。因此“底线”并不是最低线，而是表明基本、必不可少的特性，也表明人们在底线要求面前的权利一致性，同时强调一种迫切的重要性。所有公民在这条底线面前具有权利的一致性就是“底线公平”。底线公平是社会公平的基础层次；底线公平理论从提出的那天起就带有明显的价值取向，即为了实现最广泛意义上的社会公平，倡导弱者优先、政府首责。因为底线公平存在于社会的各个领域，在教育领域也不例外，因此，可以作为体育教学领域中的一个重要理论思想，为建立良好的高校体育教学环境提供理论参考。

二、人文视野下体育教学环境优化的基本原则

体育教学环境是一个由多种要素构成的复杂的整体系统，体育教学环境与体育教学活动息息相关，环境的优劣直接影响着体育教学活动的进程。然而，体育教学环境能否有效地发挥其良好的功能，绝不是随意的或自发的，而是取决于我们是否对其进行科学的创设。因此，我们要根据一定的科学原则对体育教学环境进行合理的安排和控制，引导其发挥积极的功能，防止消极影响。体育教学环境创设是为了创造和改善教学条件对学校体育教学环境进行的整体或局部的规划、组织、协调和安排。它既包括学校体育教学物质环境的设计，又包括体育教学心理环境的设计。体育教学环境创设的基本原则，就是指在设计教学环境时必须遵循的基本要求。根据体育教学环境的特点和功能，结合体育教学实践的运用情况，我们提出了创建体育教学环境必须遵循的五大原则，即：整体协调性原则、个性化原则、简便优化的原则、因地制宜原则、主体性原则。它们是科学构建体育教学环境、提高体育教学效果的根本保证。

（一）整体协调性原则

瓦·尼·萨多夫斯基认为："一般说来，可以肯定，对任何所研究的系统起码都要求有对它进行三种不同水平的描述：①从它所具有的外在整体属性的角度；②从其内在结构把其成分'包括到'形成系统的整体属性的角度；③从把这一系统理解为更大系统的子系统的角度。"这段话给予我们这样一个启示：创建教学环境要遵循整体协调原则。它要求我们从整体联系的角度考察体育教学环境，用系统的、整体的观点来对待体育教学环境的创设问题。

体育教学环境系统是各要素之间、要素与整体之间相互联系、相互作用的矛盾统一体，具有从要素的组合达到系统整体质的飞跃的总效应。从这个意义上说，体育教学环境系统就是由相互联系、相互制约的诸要素组成的具有特定功能的综合整体。它在功能上具有新质，这种新质绝不是单个体育教学环境要素的机械相加，而是由各种体育教学环境要素按照一定规律组织起来的系统所具有的综合整体功能。因此，为确保体育教学环境整体功能的发挥，运用系统整体的观点分析研究体育教学环境各要素是十分必要的。

（二）个性化原则

我国实施的以民族创新为灵魂的素质教育的本质就是个性化教育，就是要把培养学生的主体意识、发展学生的主体能力、塑造学生的主体人格等始终作为各种教育和各科教学活动的目的。以学生为主体，通过主动学习促进主体性发展，促进教学思想和教学方式的改革。旨在尊重学生的主体地位和主体人格，培养学生的自主性、主动性和创造性。

发展人的创新能力是体育教育的重要方面，体育教育是通过自身的身心活动，发展人的"个性"，培养坚强意志和健全人格以及良好的社会适应能力，正确认识和参与人际关系的一种良好方式。体育教育通过自身身体性认知过程中，"是人把自己身体的健康、强壮和优美作为文化目的的结果"。体育就是人对自己身心的自我培养。在步入 21 世纪的历史进程中，一个强有力的旋律是人文教育思想下的"'育人'非'制器'"。个体化人格是一种具有主动性、独立性、责任心和合作精神的人的类型特征。

（三）简便优化原则

人们在创建体育教学环境时并不仅仅满足于其系统的目的性、有效性，还要追求其简便易

行、高效率、多功能等等。因此，从这一方面，我们概括出了优化体育教学环境必须遵循的第三个原则——简便优化原则。简便优化原则从系统的价值标准的角度反映了系统的存在和发展的客观规律，这不仅揭示了主体对系统的一般要求，而且还揭示了系统进一步发展的方向和基本趋势。

（四）因地制宜原则

复杂的自然地理现象与人文意识的草根性，其差异必然会给体育运动带来一定的影响。气象、气候条件不仅时刻制约着开展体育运动的形式和内容，而且对其发展速度产生不同程度的影响。我国传统体育运动的起源和发展也与其气象、气候条件、民族文化有着密不可分的关系。在这种特定的体育教学环境中，以“乡土性”原则为出发点，在教学中要体现课程资源的独特性和丰富性，把本地有而其他地方所没有的体育课程资源和当地所优于其他地方的课程资源挖掘出来；同时，要引导学生尊重不同地区、不同民族所特有的文化，引导学生认识本土文化，能够体验和比较不同地区、不同民族文化差异所形成的独特项目。比如：少数民族的骑射、摔跤、各民族舞蹈，东北地区的溜冰、滑雪，水资源丰富地区所进行的游泳、划船等等。这样有利于学生对不同体育文化的体验，增加其进行体育锻炼的兴趣，在文化的熏陶中掌握技能，能更加有效地发展学生的身体、心理健康和社会适应性。

（五）主体性原则

这一原则要求我们在创设体育教学环境的过程中要充分重视学生主体的作用，培养他们自控自然地理环境的能力，使学生自己学会控制与管理教学环境。体育教师是体育教学环境的主人，同时学生也是体育教学环境的主人。教学环境的改善和建设离不开学生的主体参与、支持和合作。如：良好的体育传统与风气的建设、体育场馆环境卫生的打扫和保持、良好师生与生生人际关系的建立都与学生紧密联系在一起。正因如此，在创设体育教学环境的过程中，体育教师应充分调动学生的主动性与积极性，培养他们对体育教学环境的责任感，提高他们控制和管理环境的能力。唯有如此，良好的体育教学环境的创设才能得到最广泛的支持。已经形成的良好体育教学环境才能得到长久的维持，体育教学环境将会在学生自觉自愿的不懈努力中更加和谐美好。

三、人文关怀视阈下体育教学环境的优化设计

体育教学环境对体育教学效果、空间范围有十分重要的意义。那么，如何利用体育教学环境因素，更好地为体育教学服务，是体育教学论需要解决的一个重要课题。

（一）体育教学与自然环境

1. 自然环境对体育教学的影响

自然环境主要是指日光、空气、水、高山、湖泊、树林、草地、雨雪等等。这些因素都会对体育教学活动产生一定的影响。如烟雾、灰尘、有机气体等物质会对人体的各种器官、喉咙、黏膜等造成刺激效果，甚至造成各种呼吸器官疾病以及肺病。如果我们在炎炎夏季中进行体育活动，同时没有合理的通风环境，那么闷热污浊的环境会造成学生呼吸器官、心脏、学习动力不足等问题。上述各种因素都直接影响到学生的学习效果与教学质量。

自然环境中的气温、气压等因素的变化，对体育教学课堂中的学生的生理、心理等因素都

有一定的影响。学校的体育课程往往是在上午进行，加上外界温度过高，天气闷热，高温中强烈的阳光照射，直接影响到学生的体育学习效果与教学质量，我们往往从学生的外在表现嗅到些微的讯息。比如学生运动乏力、无法集中注意力、心跳加快、学习兴趣与学习动力降低等，而且超过人体的承受能力，就会引起高温中暑、痉挛等不良情况。南方部分地区的梅雨季节也使室外体育教学受到一定的影响。

在上述环境中，机械能运动造成学生学习兴趣下降，无法集中注意力、反应速度变慢、分析思考问题能力降低、身心疲乏，严重影响体育教学效果与教学学习。

2. 改善自然环境，为体育教学所用

一般来说，不同城市与地区的自然环境具有一定的差别，所有的学校都具有自己独特的自然环境与优势资源，最大程度发挥与使用实际的优势资源，不断避免既有自然环境条件的缺点，最大程度促进体育教学的发展与进步，任何学校都最大程度发挥自己的优势，能够找出本校所处自然环境的潜力和优势。如，高原地区学校平原面积比较小，就必须建设多样的运动场，比如进行登山越野等体育活动；在海边地区可以适当进行水上体育活动；在我国北方冰雪城市，适当进行一些冰上体育活动。

重视体育教学自然环境的改善，有计划地建造风雨操场、室内练习馆，以减少风雨、强烈阳光对体育教学的影响。要提高体育场地的自然环境保护意识，可在户外体育场地旁多种植树木和绿草，因为绿色植物不仅能吸收、过滤有害物质、净化空气、改善空气质量、减少体育场所的大气污染，而且还能降低噪音污染，并起到遮挡阳光、散热及挡风的作用，从而为师生创造一个令人心旷神怡的自然环境。

体育老师可以按照自然地理环境的变动，使用合理、灵活的体育教学方式、项目和组织机制。比如在炎热夏季，减少一些难度较大的项目，改变运动方式，在一些高温炎热的环境中，尽量停止训练，注重以人为本，而不是一味要求学生“夏练三伏，冬练三九”。培养学生在体育方面的学习兴趣，将体育学习当作是一种享受与乐趣。

（二）体育教学场地设施环境的营造

体育教学设施是体育教学活动赖以进行的物质基础，也是构成体育教学环境的主要因素。体育教学设施包括体育馆、田径场、教师、体育器材等，它们在体育教学活动中都发挥着特有的功能。作为教学环境的重要组成部分，教学设施不仅通过自身的完善程度制约和影响着体育教学活动的内容和水平。而且还会以自身的外部特征给师生以不同的刺激。如体育馆建筑的不同造型、颜色、采光、照明，馆内外和场地内外的布置等，都会对教学效果和教学质量产生影响。

1. 合理布置体育场地、器材

我们知道，科学布置、合理安排体育教学所需的运动器材，遵循体育教学的一般特点以及学生身心发展的规律，一方面能够提升体育教学效果，引起学生心理与思想的积极变化，另一方面也是培养学生拥有健康的体魄、健全的人格，使他们养成终身体育锻炼习惯的有力支柱。例如，对于学生而言，最直接的感觉来自于视觉信息，运动场地与各种体育器材的布局，比如体育场地干净、整齐、体育器材全面鲜明，运动场地线条清晰合理、各种环境秩序井然，就引起学生的学习视觉兴趣，激励学生主动尝试；但如果运动场地上的排球网、篮球网、羽毛球网破破烂烂，则将大大地降低学生心理上对练习的兴趣。比如在排球课程中，我们为了发挥与调动学生的兴趣，可以合理地降低球网的高度，让学生产生一种心理满足，不断提升学习自信心、产生浓厚的学习兴趣。在女生排球课的教学中，女生在传垫球练习中会感到传垫球时带来的疼痛，有的甚至前臂皮下瘀血、肿胀，指腕关节扭伤，练习时往往产生畏惧心理，如能改善排球充气软硬程度，或者以软式排球、弱气排球替代传统排球，则可减轻、消除女生的惧怕心理。又如在游泳教学中，完善辅助器材、救护器材，不仅能使初学者克服恐惧心理，产生安全感，并较快地掌握游泳技术，而且还可起到保护学生、加强安全防护的作用。除此之外，体育场地与器材经过大量的、长时间频繁使用，可能出现疲劳、损坏、机械部件连接松动，螺丝固定不稳等问题，可能产生一定的安全危险，而且很多体育场地设施长时期使用，没有维修，场地地面高低不平，学生进行体育运动的时候就可能出现各种扭伤，磕碰、跌打、肌肉拉伤等安全事故。所以学校应注重美化校园，加强体育运动场地设施的维修、保养、加强体育运动器材的检查，定时保养检查，确保体育场地设施的安全使用，体育老师在上课之前检查相应的体育设施，场地条件以及布置，及时排除风险隐患，将安全事故消除在萌芽阶段。

2. 完善体育场地设施环境的照明、采光、声音条件

除了保证完善的场地条件外，还应该注意体育场地设施环境的照明、采光、声音条件的完善。大学体育课程，往往一些体育课程是在室内运动场地进行的，部分是在室内教室理论学习。所以，应完善体育场地、教室的光照、采光、音响等条件，比如在光线不足的情况下，学生无法认清体育运动器材（如乒乓球、羽毛球、排球）的运动线路，而且在教室黑板上的字体往往难于辨认，不利于学生的学习效果。如果光线照明过高的话，就会在运动场地产生反光，学生不能正常观看，在视觉上形成强烈的光线刺激，一样不利于学生学习效率的提高。而且，确保体育教学环境的声音条件，保证教学环境的安静，消除各种嘈杂喧闹的影响因素，特别是各种外界噪声的影响。外界噪声过大的话不利于教学活动的正常开展与进行，严重影响到教学质量与学习的学习效果。严重的噪声使得学生浑身乏力、疲惫不堪、无法集中注意力，有时出现心烦气躁、易怒等现象，甚至是恶性的暴力冲突。虽然体育教学往往是在室外进行，就无法避免外界环境的声音因素的影响，然而就我们校园而言，应最大程度地保证教学环境的良好条件，减少噪声带来教学的干扰与影响。

3. 营造体育场地设施环境的色调环境

体育场地设施中的颜色对于体育教学效果而言也存在一定程度的影响与干扰，通常而言，不同的色调环境给人带来不同的心理刺激与情感变化，蓝色与绿色往往给人一种静谧祥和的感觉，能够消除大脑疲劳，深红色以及黄色能够刺激大脑，增加大脑的兴奋程度。比如说：各类不同体育器材的颜色不同，使用率也不尽相同；身着不同色彩运动服饰的运动员其自己内心变化与教学质量也存在差距，统一的班级着装与颜色往往是一种班级集体主义、协作配合与班级凝聚力的表现形式。

（三）体育教学组织环境的创设

1. 组织环境的构成

学校是一个集体性的组织，在学校里面有很多正式以及非正式的二级组织，比如大大小小的班集体，不同的院系、年级等，形成了大学的特色组织结构，每一种组织环境都有自己独一无二的价值理念与文化风貌，就构成了我们所谓的校风、学风、班风等文化，我们在这里全部称为组织环境。组织环境在体育教学活动中占有重要地位。

（1）班级规模

班级规模是体育组织环境的一个组成要素，它对体育教学活动、学生的学业成绩、学习动机和体育情感的培养都起着重要作用。自20世纪50年代以来，主张学校班级小规模的呼声日益高涨，我们往往使用班级中教师数量与学生数量的比值作为评估一个国家教育的发展程度的指标。老师与学生的比值越小，表示国家的教育水平越高，现阶段在西方发达国家一个老师管理的学生数量在不断降低。

（2）队形编排

队形的编排是体育教学组织环境中的一个重要因素。班级队形的组织直接关系到课堂教学质量，关系到师生的课堂活动，一个班级的队形编排直接关系到体育教学信息交流的效率与质量。

（3）校风

校风是学校师生员工共同具有的最具典型意义的思想行为作风，它经常以心理氛围的形式出现，并以隐性的内在激励方式起作用。一个学校内部所形成的社会风气，就是我们通常讲的校风，它是集体行为的方式和风尚，是学生集体在学校环境中与他人、与教师以及与别的组织或集体发生相互作用而产生的。它是一种无形的环境因素，潜移默化地影响着体育教学活动。

（4）班风

一般班级的风气表示班集体内全部成员在共同的学习、生活中建立的心理价值取向。一个良好的班风，就产生大量的班级凝聚力，班集体的建设目标就成为班级内各个成员的奋斗方向，班级内全部成员就自动为了目标而进行奋斗，这样就在健康的班风文化中加强学生之间的合作水平，培养学生积极的社会团队观念与价值观、人生观，有利于教学质量的提升与进步。一个好的班风表示尊敬师长、关心同学、努力学习、热爱集体、服从纪律、艰苦朴素、热爱劳动、讲究卫生等风气。它是校风形成的基础。

（5）教风

良好的教风能够大幅度地推动学生体育思想与身体综合能力的发展，是一个十分重要的影响因素。教风可以通过独特的育人机制，如感染、培养、锻炼、启示等各种形式实现学生的身体与心理的发展，以及培养学生深刻的体育意识。

（6）学风

健康的学风能够形成积极的舆论氛围，能够感染、培养、锻炼、启示学生的学习与生活；不好的学风往往造成班级集体风气涣散，不利于学生学习质量的提高与进步，不利于教学效果的开展，使得学生缺乏体育学习的兴趣，在课后体育锻炼积极性不高，而且也不主动关心、关注学校举办的体育比赛活动。

2. 体育组织环境的创设

（1）科学合理调整班级规模

大量的研究显示，一个班级规模与班级学生学习成绩有着非常重要的联系，班级规模小的学生学习成绩往往好于班级规模大的班级，在一定程度上，班级规模越大，学生的学习成绩就相对较差。分析班级单位人数过多的原因在于：进入21世纪，为了提高我国国民的总体素质及满足人民对知识的追求，高校迅速扩招，但是由于人口基数大，高校的建设和扩张与学生人数的迅速增加不相匹配，人多地少及学生多老师少的矛盾明显，从总体上来看不能满足学校发展的需要。另外，班级规模还会影响到学生的学习兴趣、学习热情以及体育学习的主观能动性。所以，高校适当地调整班级规模能够产生意想不到的学习效果。

在社会生活中，我们每个人往往有自己相应的活动范围与空间，而且人与人之间有一定的距离，在一定区域内，人口密度过大的时候，个人的空间范围就会受到侵占，形成强大的噪音环境，而且也容易引起人类相关行为的变化。根据相关研究表明，在一定的空间范围内，随着人口密度的上升，学生往往比较好动、多动，无法集中注意力，容易出现大量的攻击性行为与趋向。在实际教学活动中，班级规模不大的班级，往往学生的纪律性非常好，老师管理维护课堂纪律所需的时间与精力也更少。所以，为了有效地预防学生冲突域维护课堂教学纪律，合理调整班级规模不失为一种切实可行、行之有效的方法。

总而言之，未来教育发展的趋势就是班级规模的小型化，这能够显著增加学生的学习效率。所以，首先，建议一些条件允许的学校将班级规模严格控制在 30 人以内。至于具体规模，不同国家与地区应当结合国家实际教育水平合理选择，对于众多经济欠发达国家而言，人口数量众多，如果严格按照 20 到 30 人的班级人数，那么很明显是不符合实际情况的，因此，高校体育院系应根据学校客观情况制定招生计划，在学校教学计划的制定过程中，对整个院系实践课和理论课的安排进行合理的调配，比如在雨季时，我们可以选择性地多开展理论课和其他室内技能课的学习，在秋季多安排室外的专业技能课。其次，对学生专业课的选择加以正确的引导，教师可根据学生实际身体素质和学习情况推荐专项技能，如柔韧性和协调性较好的学生可选择健美操或者体育舞蹈；弹跳爆发力较好、身材高瘦的学生显然不太适合篮球，可推荐学排球等等；最后，对同一年级实践课的教学内容进行能动的错开，缩小班级规模，增加课时量，这将大大提高教学效率。

（2）灵活编排组合队形模式

队形的编排是体育教学组织环境中的一个重要因素。班级队形的组织直接关系到课堂教学质量，关系到师生的课堂活动，一个班级的队形编排直接关系到体育教学信息交流的效率与质量。传统队伍编排是横排式的，所有的学生全部面向上课老师，横排式教学队形编排有利于体育教师发送信息，这时学生接受信息是单向信息传递模式。而后来经过特意改进了的双向的信息传递模式，虽然有利于教师和学生传递信息，可是这样的模式却很不利于老师与学生之间的互动交流，而且忽视了学生之间的交流。根据当代心理学上的研究可以知道，整个社会在快速地发展，现阶段很多学生发育较快、身体与心理成熟较早，学生之间的交流互动与互相的作用逐渐加大，这能够有效地促进学生的学习成绩与教学效果，而且随着学生年龄的不断增长，在特殊情况下会超过老师对学生的影响。所以，在这样的情况下，老师可以依据学生交流的实际以及学生的特性，采用灵活的信息交流方式，灵活编排教学队形，提高信息交流的效率，比如在体育课堂理论的讲解课程中，编配学生队伍成“U”形，这样的“U”形队伍更加有利于课堂各类信息的多向交流。这样一来，信息可以得到有效的扩散，信息的传递效率可以大大提高。

（3）形成和谐良好的体育校风、班风、学风、教风

如果一个学校集体的气氛是温暖而相互支持的，其校风就是积极的、催人向上的，对学校成员的发展也将是积极的，能促进勤勉、奋发向上的风气的形成，从而激励师生增强自己行为

的自觉性、不断奋发向上，使集体的行为方式代代相传，相沿成风。和谐良好的校风、班风能够加快体育教学环境的建设与发展，主动培养、锻炼学生的体育学习兴趣、学习动力、体育思维；营造适应现代社会环境，着眼未来发展，实现学生身体与心理的全面、健康发展与提高；学校各种各样的体育竞技比赛；多种多样的体育活动，以及多样化的体育知识的宣传讲解等。总之就是依赖于外界各种因素的影响，不断深入与延伸教育环境与教学活动，构建和谐、良好的学风、班风与校风。

环境对人的影响是一种自觉与不自觉相结合的渗透过程，尤其是组织的思想风貌和心理倾向，是潜移默化的过程。在良好的体育教学氛围中，学生以润物细无声的模式接受体育知识的学习与培养，是一种系统性的体育文化、体育思想与体育思维的积累。组织体育运动的形式同时关系到组织成员的学习效果，能够促进和谐良好的班风、学风与校风的建设与形成。比如不同的学校都拥有传统的体育强项，同时每个学校在传统体育项目上都有很多优秀的种子同学，形成学校的群体性现象。而且，良好的学风、班风能够有利于学生的学习以及体育活动的开展，包括很多竞技性运动以及娱乐性体育项目。体育运动的竞技性以及娱乐性能够激发学生对于体育学习的兴趣，培养他们积极向上、开朗活泼、努力拼搏的精神风貌与正确的人生观和价值观。

（四）体育教学心理环境的优化

体育教学的成功与否，除了与学生的身体素质、体质、技能基础、教师水平、家庭背景等客观因素有关外，还有一个重要的因素就是心理环境。下面我们从校园体育文化、课堂气氛、人际关系等方面来阐述心理环境对体育教学的影响以及对策和建议。

1. 努力创造校园体育文化

校园体育文化的建设与形成往往受到经济发展水平以及人们的经济状况的影响，而且文化心理具有鲜明的民族性与时代性，对于校园体育文化心理而言亦是如此。现阶段我国在经济发展的改革时期，社会主义市场经济不断发展，给我们的价值观与文化心理带来一定的冲击与影响，在一些领域可能出现价值观孤岛的现象，很多不健康的文化价值观念也可能进入校园，学校也在一定程度上受到影响与冲击，比如社会上的拜金思想、极端利益思想、消极避世等低沉的思想，在体育运动中主要是没有集体主义，团队配合观念。所以，学校管理人员必须加强管理，积极营造、建设和谐、良好的校园文化氛围。校园体育文化是开放性的，在一定程度上受到社会环境的干扰与影响。对此在学校实施竞技体育活动，既激发了校园体育文化，同时又能促进体育教学活动的开展。基于群众体育的进步与发展，以及全民健身纲要的实施，学校应建立全面的体育文化理念，努力建设和谐、良好、积极、健康的校园体育文化环境。

2. 不断改善体育课堂气氛

课堂气氛，我们也称之为课堂心理氛围，表示学生在教学课堂上的各种心理、态度、情绪等情感元素的变化。主要是产生于课堂中教师与学生之间、学生与学生之间的交流过程中。良好的课堂气氛能够提升班级整体学习氛围，提高学生的学习成绩，营造积极向上的学习风气。尽管在体育教学环境中，课堂气氛不是必要的组成元素，然而直接影响到学生的课堂组织纪律，维持正常的教学活动。课堂气氛包括众多的影响因素，有人、物、环境等影响因素。因此，创设良好的课堂气氛需要教师与学生的共同努力。体育教师是课堂体育教学活动的管理者与组织者，教师在教学活动中，首先要积极引导学习互动，关注学生反馈意见，采用民主的管理方法，营造积极、活泼的课堂气氛。体育教师的民主作风有利于良好课堂气氛的形成。其次，体育老师可以在体育课程中与学生进行角色换位。按照学生的立场去分析、认识、了解学生的思想与态度变化，调动整个课堂的学习气氛。最后，体育教师应该努力提升自己的威望与魅力，使得学生在体育课堂上保持情绪高昂、积极健康的状态。老师在学生中的威望越高，就越容易获得学生的尊敬与信任，对于学生而言就越容易形成强烈的吸引力，这样一来，学生从心理上就会产生兴趣，学生就会产生愉悦的状态和饱满的精神；反之，当一名让学生产生畏惧、厌烦的老师走进教室的时候，学生基本上就会产生抵触的情绪，随后而产生的就是心理的情绪低落，对该门课程的心理阴影随即产生。由此可见，老师在学生心里的威信、威望、声誉等因素是左右课堂气氛的重要因素，也是调动学生兴趣和积极性的重要因素。

3. 不断融洽人际关系

在体育教学活动中的人际关系主要是老师之间、老师与学生、学生之间的关系总称，上述各种人际关系相互作用，就形成体育教学活动中的人际关系环境。人际关系环境对于体育老师、学生的学习态度、学习情绪、学习方法以及学习成效有着至关重要的影响，也同样决定着体育教学活动的成绩与质量。在学校的体育教学中，体育老师是核心部分，体育老师之间和谐的人际环境，能够加强体育老师在体育学科中的交流与学习，以实现共同进步，从而也才能够保证体育教师体育教学活动顺利、有效地组织与开展。

在现代“以人为本”的教育理念下，学校更加注重学生的个性和自由发展，但这也给老师的体育教学带来了新的挑战。体育教学相对于其他学科来说，它不仅仅是一个体育技能和专业知识的传授过程，它更多的是老师与学生情感交流的一种媒介，老师和学生都能够受到对方的影响。因此，建立良好、和谐的人际关系有利于体育教学的开展。这就要求教师在教学的过程中，需做好教师和朋友的双重角色，在教学内容的安排上做好老师的引导工作，做好对课堂的全局把控；在练习环节，营造轻松的练习氛围，以一种学长和朋友的身份给学生提出建议和指导，使学生更容易接受，给予学生尽可能多的鼓励和正面肯定，如“不错”“没关系”“再来一次”等。

学生与学生之间和谐、良好的人际环境对于学校体育教学活动具有至关重要的影响。以前学校往往把学生之间的人际关系简单化，没有充分意识到学生之间人际关系对于体育教学活动的影响。事实上，因为不同学生的家庭背景、学生道德品质、兴趣爱好、文化知识等存在一定的差异，导致学生之间的人际关系非常复杂。根据有关资料显示，学生中存在非常复杂的人际关系。因此，根据不同学生的实际情况，不断改善学生之间的人际关系，对体育教学效果的提升也会产生非常明显的积极影响。

（五）体育教学人文环境的优化

1. 广泛宣传少数民族传统运动项目

高校学生的组成来自全国各地，而外地学生往往是各高校组成部分的主力军。因此需要各高校充分发挥校园媒体的强大功能，将少数民族传统运动项目的魅力表现出来，使大学生在这种潜移默化的熏陶中受到感染，获得正确的理解和充分的认识，最终形成积极参与的意识。

2. 深化体育教学改革，开设专门的少数民族传统体育课程

一种体育运动项目的普及和快速发展，尤其是少数民族传统体育运动项目，必然要依靠高校体育教学才能发扬光大。在具体的实施过程中，我们可以先开设较易开展和对场地器材要求较低的少数民族传统体育运动项目的选修课或者成立相应的社团，建立专门的训练场地，并且积极参加各类赛事，以形成良好的少数民族传统体育运动氛围，学生也可以通过参加比赛获得一定的自我满足感。一般来说，选择与生活经验相符合，趣味性较强的项目，更容易调动学生的学习热情，使得少数民族传统体育运动项目得以顺利开展。

3. 多开展丰富多彩的少数民族传统运动竞赛，激发学生学习热情

一种运动项目最好的检验和提高方式就是通过竞赛表现出来，因此当地政府和学校需尽量多开展一系列丰富多彩的体育竞赛活动，如湖南省每四年就会举办湖南省少数民族传统运动会，每届运动会基本涵盖高脚、射弩、秋千、陀螺、蹴球、押加、板鞋、毽球 8 个竞赛项目和竞技、技巧、综合三大类表演项目，共 60 多个小项。而对于学校来说，就可以借鉴相关经验，承办一些较为容易施行的竞赛和表演类节目，如蹴球、板鞋、毽球和表演操等，而非单纯地开展跑、跳、投等大众项目，结合当地民族的特色项目，鼓励更多的师生参与其中来，通过竞赛的方式检验其学习的效果，通过合理竞赛的方法激励学生向更高的水平迈进。

第九章　人文精神视阈下高校体育教学主体素质的提升

20世纪以来的科技发展，改变了世界，也改变了人类自身，但人们对物质、功利、享乐的崇拜，意义世界的失落，精神哲思的漠视，却是一个全球性的问题。同时，科学主义教育蓬勃兴起，学校课程设置凸显科学主义教育理念，人们一味地追求科学技术的结果，带来了一系列的社会问题。有识之士、特别是教育界开始反思科学主义教育思想的缺陷，逐渐认识到学校忽视人文教育带来的危害。

人文素质教育是世界各国高等教育为适应现代社会经济、科学文化发展对人才素质的要求，在反思自19世纪中叶以来科学教育和人文教育分离，重视科学教育轻视人文教育，使人们丧失整体文化观，出现诸多社会问题的基础上提出来的，目的是通过对大学生进行人文精神的教育，提高学生的综合素质，培养其创新精神和创新能力，以适应当代世界科学技术综合化、整体化、人与自然和谐发展、科技文化与人文文化融合发展的需要。所谓人文精神，是一种无我无私的态度，一种社会关怀以及对生活目的与生命意义的意识。它是一种区别于职业素质的个体素质，其重要性高于职业素质。它使个体蕴含人的内在精神，具有人的尊严，获得人格的独立与完整。就人类整体而言，个体如果缺乏人格的独立与完整，纵使职业素质再高，也会使人类的进步与发展受到制约。本章以当前我国高校素质教育的改革与发展为背景，研究我国高校体育教学主体人文素质现状，分析存在的问题及原因，提出改革措施与建议。

第一节　人文素质基本理论阐述

一、人文素质的基本内涵

（一）素质

《辞海》中解释素质的含义是："人和事物在某些方面的本来特点和原有基础。"但是"某些素质上的缺陷可以通过实践和学习获得不同程度的补偿。"也就是说，素质既要先天的条件，也需要后天的训练。在教育学中，"素质"一词被理解为：人在先天的生理基础上，受后天环境、教育的影响，通过个体自身的认识与社会实践，养成的比较稳定的身心发展的基本品质或素质。这两种解释都认为"素质"既有天赋条件，又有教育、社会文化和实践等后天教化的影响，逐渐内化于自身，因而是先天固有品质与后天养成相融合的结果。当人们把"素质"与"教育"这二个词组合在一起成为"素质教育"时，这两个定义便为素质教育留下了接口，从而形成素质教育的概念："利用遗传与环境的积极影响，调动学生认识与实践的主观能动性，促进学生生理与心理、智力与非智力、认识与意向等全面和谐发展，促进人类文化向学生个体心理素质的内化，为学生的进一步发展形成良性循环。"

素质与知识、能力不能混为一谈。素质不是知识、能力本身，而是知识、能力有效发展的前提和结果，是因为一种潜在和隐形的文化心理基础。从强调知识传授到强调能力的发展，到目前强调全面素质的培养，是认识上的不断升华。素质教育观更注重人的潜能的培养与提高，更贴近教育的本质，更注重教育的内在价值。素质的重要特征是其后天的习得性和发展性，这正是强调素质培养的理论依据。素质还有整体性、实践性和社会性特征，这提醒我们，实践活动对于人的素质有再塑造的功能。

素质是在人的先天生理基础上经过后天教育和社会环境的影响，由知识内化而形成的相对稳定的心理品质。从大的方面来看，素质可以分为科学素质与人文素质两种。科学素质是指人们在获得和应用科学知识的过程中表现出来的内在品质。大体上可以分为科学观点、科学方法以及基础知识与基本技能三个不同层次。人文素质是指人们在人文方面所具有的综合品质或达到的发展程度。

（二）人文素质

从现代教育学的角度来看，如果生理机制是一个生命体成其为人的物质条件，那么人文素质则是决定这个生命体是人还是非人，或是人才还是非人才的最主要的内在因素之一。不同的人文素质会有不同的个性表现。人的性格、气质一方面取决于与生俱来的生理基因，另一方面取决于其后天形成的人文素质。人文素质一般体现在人的语言、思维、情感、意志、仪态、文艺技能等方面，是构成人的气质、风度和人格的内在因素，是可以通过努力逐步培养和完善的。为了便于把握人文素质不同的表现形态，我们可将其大体分为三个层次来比较，即基本层、发展层和高境界。

基本层的人文素质主要表现为珍惜生命；有同情心、羞耻感、责任感；己所不欲、勿施于人，愿助人；有一定的自制力；做事比较认真，能顺利运用母语；思维顺畅、清楚，有逻辑性和个人见解；言行基本得体；懂得一些文艺基本知识等。发展层的人文素质表现为积极乐观、崇尚仁善、热情助人、热爱生活；有较强的责任感；有明确的奋斗目标和较强的自制力；做事认真，能准确、流畅地运用母语；思维清晰、灵活；逻辑严密，有独到见解，言行得体；有一定文艺特长，会品评高雅艺术等。高境界层次的人文素质则表现为关爱所有生命和自然；有高度的使命感；百折不挠，奋斗不息；能优雅、生动自如地运用母语和熟练应用一门外语；思维敏捷、深刻，善于创新；言行得体且优雅，有魅力；对艺术有较高的悟性等。

人文素质包括的内容很多，还有许多交叉，例如心理素质、创新素质、管理素质都与人文素质水乳交融。可以说人文素质如同人之血液，渗透在人的各个方面。只是有的人人文素质优秀，有的人人文素质低劣。一个人人文素质低劣或缺乏就像患了贫血症，最终会影响人的发展。一般来说少年时代就应具备基本的人文素质，并且保持向高境界发展的状态。但这三个层次并不与年龄、学历成正比。每一个年龄段，任何学历的人都有人文素质培养和修炼的问题。有的人博士毕业可能还未完全具备基本层的人文修养，而有的普通农民在某些方面已达到了高境界。人文修养的几个方面并不一定是绝对均衡发展的（最好是和谐发展），有的方面可能已达到高境界，有的方面则还处在基本层，这主要取决于主观的努力，但任何一项一定是逐层发展的，必须具备基本层，才可能上升到发展层；必须通过发展层，才可能进入高境界。人文素质有一定的稳定性，但又不是一成不变的，如果不注意吸取新的人文知识，不加强自我修炼，人文素质就可能退化，甚至变质。

基于此，概括起来，人文素质主要包括四个方面的内容：①人文知识。人文知识是人类关于人文领域（主要是精神生活领域）的基本知识，如历史知识、文学知识、政治知识、法律知识、艺术知识、哲学知识、宗教知识、道德知识、语言知识等。②人文思想。人文思想是支撑人文知识的基本理论及其内在逻辑。同科学思想相比，人文思想有很强的民族色彩、个性色彩和鲜明的意识形态特征。人文思想的核心是基本的文化理念。③人文方法。人文方法是人文思想中所蕴含的认识方法和实践方法。人文方法表明了人文思想是如何产生和形成的。学会用人文的方法思考和解决问题，是人文素质的一个重要方面。与科学方法强调精确性和普遍适用性不同，人文方法重在定性，强调体验，且与特定的文化相联系。④人文精神。“人文素质”是人们价值观念、理想人格、行为规范、思维方式等各方面素质的综合体现，其核心是贯穿在人们思维与言行中的信仰、理想、价值取向、人格模式、审美情趣，这便是“人文精神”。人文精神是基于人对文化内在价值和意义的自觉，通过行动实现价值取向、人生意义和人的责任，并以和谐互动的态度对待个人状况的关注，对人的尊严和符合人性的生活条件的肯定，对人类解放、自由和发展的追求。它体现了一种人文关怀，是一种建立于对人之为人的哲学反思之上的批判态度和批判精神。简言之，人文精神其实就是一种自由的精神。

二、人文素质的基本特征

（一）整体性

通过对人文素质内涵的分析，我们可以看出人文素质本身是一个综合的整体，它是多种知识能力的综合体现，它不仅是人文知识和各种经验的积累，而且也是自身对知识和经验的整合，通过各种交往实践活动，提高自己对客观世界和主观世界的认识，改造自身知识能力结构，培养良好个性的整体过程。我们不能片面地把它理解为某一种和几种能力和素质，而是多方面的综合，是一个完整的体系。它所包含的几个方面是紧密联系在一起的，文化知识是基础，思想道德素质是准绳，人际交往素质是途径，创新素质是灵魂。没有文化知识的积累，我们不可能去创新，也很难做出良好的沟通，而没有崇高的道德品质，拥有再多的文化知识，也不会给社会和人类带来福音，而随着全球化和社会化的进程，人际交往素质越显得重要。没有创新，我们只能原地踏步不前，正如江泽民所说：创新是一个民族的灵魂，没有创新的民族是落后的民族，是没有希望的民族。人文素质是一个完整的整体，它的几个方面是你中有我，我中有你，水乳交融，不能把它们分割开来。

（二）非实效性

技能性素质可以直接地创造出社会财富，直接推动社会的发展，改善人民生活，给人们带来直接的物质享受，所以一直被人们推崇。而人文素质不能直接创造出社会财富，往往被人们所忽视。人文素质的非实效性是它常常被人忽略的原因，而人文素质的非实效性掩盖了其基础性价值的重要作用，人文素质对社会和个人的作用往往是“润物细无声”的，在潜移默化中改善个人的品质，提高个体的修养，发展个人的能力，促进社会的发展，使社会在和谐中前进。我们不能因为其对社会和个人的间接作用而忽视其社会价值，不能因为它的非实效性而忽略它的存在。它一直伴随着社会前进的脚步，为社会和个人的发展做着默默无闻的贡献。

（三）系统性

人文素质是指人所具有的人文知识和由这些知识所反映的人文精神内化在人身上所表现出来的气质。知识的积累需要系统的学习，对知识的吸收和升华也不是一朝一夕的，而是要通过长年累月的积累、系统的学习，才能获得。由于其内在知识的丰富，高度升华的精神世界决定了必须通过系统的培养才能达到理想的效果。这就要求我们在如何提高学生人文素质的问题上要有系统性的观念，立足于现在，放眼于未来，对学生进行系统的教育和指导。

（四）基础性

人文素质是指人所具有的人文知识和由这些知识所反映的人文精神内化在人身上所表现出来的品德、气质、修养等。它将决定一个社会个体在今后的人生发展方向。文化知识正是一个人取得发展的基础，很难想象一个没有社会文化的人能够推动社会的进步，一个思想道德品质低下的人也不可能为社会的发展做出贡献，而“创新是一个民族之魂”，只有具备创新素质才能推动社会的前进。人文素质是高度和谐发展个性的保证，只有具备优良的人文素质，才能为今后的发展获得无穷的动力。人文素质基础性的地位使得在体育院校的教育中应当得到足够的重视。

三、人文素质的基本构成

所谓人文素质，广义上讲是指内在精神品格在一个人身上的体现，包含民族精神的体现、爱国主义的体现、价值取向的体现等，也包含着狭义上人文知识的内化，主要表现在文化素质和精神品质两方面。人的利益作为根本的现代人文主义强调专注人的生命价值和意义，追求人的精神的价值体现。高尚的理想与积极向上的道德情操构成良好的人文素质，表现在敢于追求真理的勇气和塑造健全完美的人格，用求实的态度对待科学的精神，具有优雅的风度气质等。

（一）人文知识

人类精神文化活动的成果在人文科学范围内转化为基本的知识内容，构成人文知识的主体部分。人文知识包罗万象：文学语言类、历史宗教类、法律道德类等都包含在内。人文知识反映了人对历史、文学艺术、哲学等人文学科的认知，人文知识需要经过学习积累而得到。我国古代的人文思想表现在关于人文学科知识的教育和培养。人文知识在知识类型方面与自然知识相互印证补充，作为一种经验性的概括总结出现在人类认识自身和改造社会的过程中。书本、网络、电视等媒体丰富了人文知识的内容，成为人文知识的主要载体，也构成人的全面发展的重要教育资源，学生可 W 凭借这些资源来获取所需的人文知识。书本上的 A 文知识可 W 通过学习来内化为自己的思想，学习人文知识转变为人文素质，才能体现知识培养精神的真正意义，人文知识的真正价值才得以显示。

（二）人文思想

个性解放的生活方式表达了人文思想对于人的可贵性的理解，向往自由平等，用人性化的生活方式表达对现实生活的追求。同时，人的价值在人受到尊重的过程中体现，人的利益被重视为人文思想的根本出发点。人文思想支撑着科学家的科研信念，作为内在精神支持着科学理论，并且为科学家在科研中提供灵感。在以人为中心的西方社会，对人的价值的看重集中表现在文艺复兴时期，反对宗教教义，提倡思想解放式的学术探究。在东方，儒学里关于哲学、社会等方面的理论也包含一些人文思想，属于一种人生学说。我们知识分子出身的文艺工作者，要让自己的作品为群众所欢迎，就得把自己的思想感情来一个变化，来一番改造。中国现代文学作品也大多以现实为题材，反映新时代的社会关系和社会变迁，其中的人文色彩浓厚。送些作品尊重人性、重视传统，体现出人文关怀。

（三）人文方法

人文方法也可以理解为人文主义方法，简单地说是认识和实践的方法理论在人文思想中的体现，人文方法包含在人文思想之内。人文方法阐明人文思想的产生过程，用人文主义方法排除困难和思考问题成为人文素质的一个重要方面。精确的科学方法展现了科学方法的普遍适用和准确性特点，这和强调具体体验且重定性的人文方法不同，人文方法又同时和特定的文化相联系。人文方法注重的是研究个别案例和个人世界，强调主观性和个别性。人文主义者看重社会中人的主观性方面，人文方法基于个体视角来研究事物，重视人文世界。

（四）人文精神

在知识、思想、方法、精神四位一体的人文素质中，作为核心地位的人文精神表现了人文素质的实质。人文精神紧密联系着人的精神品格以及民族精神的发展，涉及整个精神文化层面。人占据主体地位的原则在处理人与外部自然、社会环境的过程中明显突出，这一原则也是人文精神一直以来所强调的。人在创造所需物质的过程中，基于认识和实践的总结，以满足于人的需求为目的原则。在选择人与物的取舍方面，人文精神更看重精神层面，物质层面则相对弱化，更看重人的价值方面，物的价值也相对弱化，生命优先就是体现了注重人道主义和人本主义的原则。相互尊重对方的人格尊严是维护人和人之间平等的基石，在人与人相处的关系中，对别人的态度和后天社会环境很大程度上影响了人文素质的形成。

对于理想人生的多方位发展的追求成为人文精神独特的文化内涵，珍视人的利益，在各类精神文化现象中关切人的发展。理性和关心人的人类智慧被人文精神所吸收，人道价值和真理价值的尊重突出了人的人性和理性。人类文明的重要创造是人文精神中对人的个性发挥的尊重，这是一个在人类文明中的重要进步尺度。人的精神生命的进步在于人自身文化程度的提升，个性赞美和自我实现是人文精神对人的生命和理想的追求，其中也包含了人对信仰的探索、对尊严的渴望、对生命的尊重。

四、人文素质培养的内容

（一）人文知识的培养

人文学科知识是相对于自然科学来说的，人文学科的知识主干包括哲学、艺术、历史、文学等，人文学科分化出许多社会学科知识，学习人文学科知识的目的之一是认识人类历史的本身。人文知识反映出各地区文明和文化的多样和差异性，联系着各族人民的文化交流。人文学科知识适用性广泛，受具体专业的限制性小，着重于培养长远的眼光和通达的学识，中国古代的教育就能反映出人文学科重视通才的理念。学习人文学科知识的方法之一是阅读人文经典，从人文经典中获取智慧和感悟，更注重智慧的获得而不是单一的知识。自然科学注重知识积累，而人文学科知识更注重能力的培养，更重视创造性的思维方式和多样的表现形式。人文学科知识表达某种价值观念，从而确立价值导向，人文学科知识不断地探寻人的生存意义，从新的方面展示出人不同于任何其他事物的状态。历史上，人文学科知识的理论或思想都表达了相应的价值观念和理想，各门人文学科知识的研究在不断地推动着历史的进步。

（二）文化的培养

文化的培养内容广泛，其中精彩的培养内容包含民族文化的培养、传统文化的培养、民族精神教育等方面，促进本民族共同价值观的形成与认同在文化培养中也得以体现。对大学生文化的培养要关注优秀传统文化、民族文化等具有丰富内容的方面，通过文化的培养，使大学生在思想上重视自身整体文化素质的提升。同时，构建大学生精神家园需要重视传统文化在道德观念、人格内涵等方面的积极作用，在传统文化的积极影响下不断提升大学生人文素质。

文化在简单定义上讲，是在长期约定俗成的风土人情和传统习俗的影响下形成的一种社会现象。文化可以理解为总括的物质以及精神财富，其中精神财富包括道德、宗教、风俗、信仰、习惯、思想、艺术、制度等，物质财富主要指人类的物质生产方式和产品，是物质实体的文化事物。从哲学的角度讲，文化是哲学思想的表现形式，地域和时代的不同决定了文化风格的不同，哲学思想的变革引起新旧文化的更替，伴随着社会制度的变化。复杂和多样的文化包含了多种生存理论和方式、理念和认识，社会意识活动中的价值观念、思维等构成文化的核也。

文化能够协调社会成员的行动，促进社会成员之间的沟通，促使他们共享文化、促成合作。文化可以指导人们的行动，并且提供行动选择的方式，文化是生活经验的积累，是比较被普遍接受的东西。人类世代文化的传承既形成了特定时期的价值观也保留了世代流传的正确价值规范，社会秩序在这种保留和传承中被保存下来，随着人类世代的更替，文化的也在不断丰富和保留。

（三）人类意识的培养

意识随人类的诞生而诞生，是实践的结果，在实践中分为各种形式，并且依附于物质。人类意识的培养包含中华民族价值观和传统道德的培养、人际交往的培养、传统和谐思维的培养等内容。主要目的是让每个学生尽可能地吸收为人处世的传统和谐思想，认同民族价值观并拥有良好的道德修养，把传统道德修养的精髓掌握牢固。通过人类意识的培养创造一种和谐的校园求学环境，进而推广到学生毕业后为和谐社会的维护贡献力量。

中华民族的价值观和传统道德在漫长的历史进程中形成，中国的传统价值理念追求和崇尚秉善而行，与人为善是中国传统道德的要求，善的追求是奉献价值的过程。中国传统价值观重视家庭和社会和谐，传统价值观教育贯穿着奉献、友爱、感恩、责任等基本理念，体现了中国人将和谐植根于每个人的心中。中国是礼仪之邦，传统道德价值观注重人际交往的友好、和平，在价值观的确立上以勤劳、友好为本。传统优良价值观在培养学生正确树立价值取向上作用突出，因此历来就受到重视。塑造良好的道德人格需要树立明确志向，价值观的培育需要树立志向的动力，道德修养是追求崇高的过程。在生活中善于反省和总结自身，才能在树立正确行为规范上提升自我。《礼记》中写道："博学之，审问之，慎思之，明辨之，笃行之。"积极学习中华民族先进的价值观，才能在自身道德修养上体现出和谐友善、诚实敬业、爱国奉献等优秀品质。

（四）精神修养的培养

精神修养的培养是人内在精神世界的完善，人的内心信仰以及信念可以通过精神修养的培养来树立和巩固，精神修养也可拆分成精神境界和个体修养两部分，精神修养包括理想人格的追求等等。修养一般指的是修身养性、陶冶品行，马克思主义中指要进行自我的改造和教育，通过个人在社会实践中的努力，提升自我的精神境界。人文素质教育首先要求学生学会做人，做一个有理想、品德高尚的人，高校教育需要重视人文精神。人的情操可以通过培养良好的道德品行来提升，道德行为的实践是检验精神境界的适当标准，实践的过程也是提升精神境界的过程。人在生活中最有意义的事情是精神修养的培养，精神修养的培养也是一个长期和复杂的过程，完美的精神世界使人的生活变得充实，生命的质量也因此不断提高。

人们在意识上习惯于尊重具有良好精神修养的人，这是一种无形的鼓舞力量，鼓励人们自觉培养自身的精神修养，约束日常生活中的行为。精神修养的内容随着社会发展变得丰富多彩，一个人只中有自觉地遵守道德体系的要求，不断地提升精神境界，才能使个人修养变得高尚。通过自我反省，塑造理想人格，个人的修身养性包含了为人处世的智慧。精神修养的重要环节是道德教育，提高道德判断力，加强道德修养，树立正确的道德信念，才会产生道德义务的责任感。“一个民族、一个国家，如果没有自己的精神支柱，就等于没有灵魂，就会失去凝聚为和生命力。”大学生作为我国优秀传统的继承者，应该树立正确的信仰、培养高尚的精神境界。

第二节　高校体育教学主体人文素质现状

一、高校体育教师人文素质现状

（一）高校体育教师人文知识掌握现状不容乐观

21世纪中国高等教育不但要求教师具有比较丰厚的人文知识，而且要求他们在人文知识的基础上进一步加以提升，使之成为构成人生观、世界观的知识原料和思想资料，以促进综合素质的协调发展。一部分教师是在改革开放后走上高等教育岗位的，他们思想观念先进、眼光开放、思维活跃。但由于受某些腐朽思想侵蚀和市场经济负面因素影响，这部分教师往往功利性强，注重涉猎实用性知识，在计算机、外语等方面表现出很强的能力，但对祖国优秀的传统文化不甚重视，知之甚少。从整体水平来看，高校体育教师专业基础理论扎实，专业水平较高。然而，他们普遍存在一个共同的弱点，就是知识结构比较单一，对文史哲学知识涉猎很少甚至没有涉猎，人文知识贫乏，文化素质较差。

1. 体育教师文学知识贫乏

目前我国多数高校体育教师读书兴趣不高，是由于生活压力大，竞争激烈，许多人愿意读一些调侃、幽默、搞笑的书来调节自己。一些网络作品迎合了这一点，凭借调侃、浅显、甚至有些颓废、文字游戏式的语言影响着人们。导致部分教师面对那些包含了民族感情、民族气韵，凝聚着历史感和使命感的经典名著不屑一顾。他们不能深入地研究自己所教学科，并关注本学科的前沿发展领域。

名著蕴含着深邃的精神和思想，对人的成长有非常大的引导作用。但是，在体育教师而中，阅读过《红楼梦》《西游记》《水浒传》《三国演义》《钢铁是怎样炼成的》《红与黑》《复活》《罗密欧与朱丽叶》等中外名著的仅为少数。阅读中外优秀文学作品，多方位学习人民群众的生动活泼的语言，汲取其中有益的养料，有利于提高语言修养。作为高校教师，不仅应该广泛涉猎社会科学与自然科学有关的读物，丰富自己的知识，增长见识，提高洞悉事物的能力，同时还要加强语言实践，培养对中外名著的浓厚兴趣。通过广泛阅读，大量地猎取这些名著中的知识营养，并对它们进行吸收和理解，从而把知识营养内化到自己的认知结构当中，形成自己对它们的独特的理解和感悟。进而展现在体育教学上，通过谈古论今，广征博引，使自己做到游刃有余。

2. 体育教师历史知识薄弱

高校体育教师历史知识掌握情况不甚乐观。而历史文化是我们的精神家园，学习历史知识有助于进一步提高民族的凝聚力、意志力、创造力和精神力量。中国数千年历史文化的熏陶感染，培养了我们优良的品德、高尚的情操、伟大的风范和遵纪守法、廉洁奉公等品质，能够帮助我们进一步提高人文素质。

3. 体育教师艺术知识较为薄弱

高校体育教师艺术知识较为薄弱。而体育教师的审美品味，应该是和谐而又优雅高尚的。和谐，让学生感受到恬静和陶醉；优雅高尚，让学生崇敬而向往。这种审美品味成了一种氛围，一种力量，一种磁场，体现了体育教师的仪表、言谈、举止，体现在教育教学内容的呈现，教学手段的选用，教学程序的设计上。从而做到以美激情，以美发辞，以美育德，以美立人。要常常用审美的眼光去关照每一个学生的身心发展，去关照周围的世界，学生才会从教师美的胸怀中感受美，并潜移默化地审视美创造美。通过富有美感的体育教育过程，起到“润物细无声”的效果，才能实现对学生的情感以智慧的滋养和润泽。

另外，我国高校体育教师对哲学法律知识的掌握情况也不容乐观。

体育教师在文学、历史、哲学、法律、艺术等学科的知识贫乏，在人文知识方面存在着严重的不足。其原因首先是体育教师重视运动技能和运动专项水平，知识结构单一，缺乏人文知识，文化素质较差。其次是由于受当前市场经济负面因素的影响，部分体育教师往往功利性强、注重涉猎实用性知识，在计算机、外语等方面表现出很强的能力，而对传统文化不甚重视，忽视了人文知识的储备。最后体育教育专业、运动训练专业、民族传统体育专业的主要课程多为技术性、技艺性课程，教学目标多确定在技术层次，偏重运动成绩和结果，在课程的设置上较少考虑人文知识的含量。面对提高学生综合素质教育的需要，提高体育教师的人文素质显得尤为重要。

（二）高校体育教师人文精神缺失

1. 体育教师对人文精神的基本认识

我国高等教育长久以来十分重视技术，人文学科成为科技教育大潮中的一种点缀，人文传统被淡化，人文教育被削弱，以科技教育基本取代人文教育。很多教师都认为有必要提高自身的人文素质，但体育教育专业、运动训练专业、民族传统体育专业的主要课程多为技术性、技艺性课程，教学目标多确定在技术层次，偏重运动成绩和结果。在课程的设置上较少考虑人文知识的含量，教与学过程中接触人文方面教育不多，致使高校体育教师对人文书刊兴趣不大。高校体育教师在教学过程中偏重于对学生技能的训练，片面地对学生进行纯体育科学知识的传授，忽略了将人文社会科学知识融入体育科学知识的传授中去，不能有效地把体育知识中的人文因素挖掘并整合起来，使两方面的知识相互贯通和相互补充。缺少对学生进行人文教育的环节，也就缺少了对学生进行人文教育的整体氛围。

人文素质的缺失成为体育教师成长的最大障碍，缺乏人文精神的教师不可能真正成长起来。体育教师的综合文化素质状况直接影响他们的成长，影响着体育教育教学质量的提高。从事体育教学活动的教师必须具有丰厚的文化底蕴，才能承担起历史重任，完成教书育人的历史使命。一个优秀的体育教师，一定是文化底蕴深厚的教师；一个文化底蕴深厚的教师，一定是具有人文精神的教师。只有提高自己的人文素质，教师才可能从教书匠成长为能师、经师甚至名师。

2. 体育教师的理想信念不够坚定

随着社会经济的飞速发展，人们表现出对经济利益的狂热追求。社会工作和生活表现出明显的功利倾向，将学习兴趣和精力集中投放在实用性很强的学科上，而疏于基础人文学科的学习。“追求功利、淡于修养、实用第一”成为部分体育教师选择知识的价值标准。他们往往过分关注就业能力的培养，却忽略了责任意识的培养和情感因素的陶冶，从而导致人文精神的缺失。

受传统文化的影响，中国人一直把“修身、齐家、治国、平天下”作为自己的人生理想和人生态度，形成了中国人特有的，强调民族凝聚力、民族自豪感以及国家在先、个人在后的人文基因。因而，在当代中国高等教育中，我们必须将这种人文基因与积极向上的人生理想、价值观念相关联，使这种人文精神虽历经沧桑，但始终能够不断流传于一代又一代华夏儿女中。

体育教师不能正确认识和处理人与自然、人与社会以及人与人之间的基本关系，认不清教师的崇高职责，进而不能明晰人生的价值和意义，对本职工作敷衍应付，而把主要精力用于搞“第二职业”，对教学工作不认真，严重影响了教学质量和效果。表现出价值取向功利化的倾向，理想信念不够坚定。

3. 体育教师人格与道德水准有待提高

目前我国部分高校体育教师的人文精神缺失，主要表现为人生价值的扭曲，价值观念金钱化和极端个人化，强调个人奋斗、协作精神差、道德水准下降、功利主义倾向明显等。现行教育忽视或没有重视市场经济条件下人文素质培育的内容是造成当今人文素质偏低的直接原因和主要原因。

一些体育教师对学生缺少责任心，与学生缺少交流，对学生没有感情，只是在课堂上见见面，基本不关心学生的全面发展。尽管这些现象只是发生在少数人身上，尽管教师的主流是好的，但要看到，这些问题还是相当严重的，它与教师所肩负的使命格格不入。事实上，这种状况已对高等教育的发展带来了许多消极影响。

人文精神是教师人文素质的核心内容，人文精神的内涵并不是一成不变的，不同的历史时期有不同的人文精神内涵。高校体育教师的一言一行、一举一动，都会对学生产生深刻的影响，对大学生价值观念、道德观念的形成产生直接的导向作用。实践表明，高等学校的专业教学过程就是体育教师对学生进行人文素质教育的重要途径。市场经济条件下，人们在崇尚科学和理性的同时，比以往更加重视人性回归，更加推崇创造能力、创新精神和个人价值的实现。这就更加需要高校体育教师树立远大的理想和高尚的道德情操，团结其他教师，发挥群体优势，共同打造高校育人的美好明天。

二、高校体育专业大学生人文素质现状

（一）大学生人文素质现状

1. 大学生所具备人文知识情况

人文知识通常是指文学、历史、哲学、艺术等人文学科知识，但本文强调一种广义上的人文教育，还包括自然科学知识和社会学知识。调查结果显示：针对问卷中主要来自中小学课本的人文社科知识考查情况来看，学生知识基础掌握不牢，似是而非，选择随机性大，不能准确答出问卷问题，对我国古诗词的知晓情况颇好，但对中外名著、名曲、名画认知率极低，在哲学方面尤为突出，很是薄弱，不能够灵活运用马克思主义哲学原理来分析现实事件，由于受专业特点和兴趣驱使，学生对体育知识相对熟悉，对近现代社会经济、政治、政策不太关注。

体育专业的大学生对中国名著的阅读情况，不容乐观；对中外名画、中外名曲的认知及创作者知晓率也颇低。这说明体育教育专业学生知识面过窄，专业局限性强，平时没有养成阅读的良好习惯，阅读能力差，对名著、名画、名曲的认知水平不高，这与我国中小学基础教育受应试教育的影响是分不开的，学生对考试以外的知识涉猎较少，对客观世界没有一个全面正确的认识，就会导致学生就业面窄、社会适应能力较差、思维狭隘，修养浅薄，行为方式粗俗等情况的发生，降低了个体生命价值和存在意义。

历史哲学方面，体育教育专业学生尽管认为自己对历史知识最了解，但是模棱两可，基本功不扎实，只是有印象罢了，对中国历史知晓率较强于世界历史；哲学也只是了解皮毛而已，甚为肤浅，缺乏深层思考和融通，远远达不到对个体世界观、人生观等方面产生正确地科学地指导和认识。

自然科学知识方面，学生对自然科学知识认识很初级，对现代社会出现的一些新的科知识与问题，知之甚少，需要普及自然科学知识，不能只是为了应付考试而学习，需要提高体育教育专业学生科学素质，不能只局限在体育科学范围内。

体育知识方面，学生认知率较高，尤其是对奥运基本知识很熟悉，这说明 2008 年奥运知识的普及与宣传非常成功，当然也与体育教育专业学生对体育的爱好与兴趣息息相关，在对学生普及人文知识方面值得借鉴。但对体育知识掌握也不全面，应加强学习体育专业相关人文学科知识，从而全面地深入地了解体育、认识体育、从事体育。

2. 大学生理解人文思想状况

人文思想是学生掌握一定的人文知识后所形成的一种个性认同的文化意识形态。大多数学生对人文社科知识学习是持积极态度的，认识到人文知识有益于提高自身人文素质，希望有一个好的成绩来完成该类课程的学习，体育教育专业学生对体育有浓厚兴趣，大多数却不能领略到体育所给予人类的美的享受，仅停留在技术层面，没有感悟到体育运动中蕴含的人文成分，这需要教师在以后的教学中加强体育文化层面的引导和启发，指导学生感受和领悟，使学生形成相对稳定的文化理念并受益终身。

3. 大学生对人文方法的运用

人文方法重在强调体验，受个体人文思想和人文知识水平高低的影响。高校体育教育专业学生大多数都参加过社会实践活动，但对一些人文实践活动不愿参加，没有兴趣，因缺乏深厚

的人文知识底蕴和良好的综合素质而显得力不从心；在学习中创新意识不强，尽管有想法也很少付之于行动，这与我国的教育体制有关，使得学生缺乏创新意识；但是，由于长期从事体育锻炼，使他们形成一种积极向上、勇于探索、团结友爱的性格，有较强的为人处世能力，这有利于营造和谐的人际关系。因此，在人文方法的运用上需要从实践中多方面来指导和引领，使学生们言行一致，形成稳定的精神理念，用积极的人文思想来科学指导人文方法，让大学生们在今后的生活、学习、工作中能够灵活运用人文方法，正确处理人与社会、人与人、人与自然的关系以及人自身的协调发展，避免只会纸上谈兵。

4. 大学生所遵循的人文精神情况

人文精神是人文素质的高级层次，也体现了人文素质的本质特征。从宏观和微观两方面来探究，宏观方面体现在民族精神上，微观则体现在一个人的人生观、价值观取向和社会公德与基本道德上。网络在学生们生活、学习方面占据很重要的地位，成为他们沟通、交流和学习的主要媒介；同时也反映出体育教育专业学生有爱国热情，只是缺乏理论支撑，学生的实际书写能力不高，仅有极少数的学生会选择投稿给纸质媒体，这与自身人文知识积累匮乏有关。

高校体育教育专业学生人文精神内化于心，表里如一，上升到稳定的精神信仰，还有待于提高。在民族精神方面，仅有一腔民族热情，缺乏民族理论知识支撑，缺乏持久性；学生在人生观、价值观等意识形态上，比较迷茫，功利性强，以自我为中心，至于一些社会公德与基本道德，大学生还是具备较高的修养和素质，这与近年来我国大中小学提倡素质教育是分不开的，与整个国家公民人文素质的提高也有关系。

综上所述，高校体育教育专业学生人文素质不容乐观，人文知识结构片面，专业局限性太强，阅读、写作能力较差，至于哲学、科学、艺术等方面更是知之甚少，不太关心国家政治、经济发展，受兴趣驱使，比较熟识体育知识；人文思想方面，态度积极，有强烈愿望——增强自身的文化修养；在人文方法运用上，能够积极参加一些自己喜欢的社会实践活动，为人处事能力较强，人际关系较为融洽；人文精神方面，有一定的爱国热情，需要坚实的理论支撑，关于深层次的人生观、价值观等方面，认识模糊，观念淡泊，仅停留在一些做人的基本社会道德层面，没有精神信仰，易受各种思潮的侵袭。

（二）影响大学生人文素质缺失的因素

1. 社会转型对传统文化的冲击

社会转型是任何一个国家寻求突破旧模式、寻找新的发展契机的重要阶段。自从孙中山先生掀起辛亥革命以来，中国经历了多次的社会转型，这些转型都为中国的长久发展打下了坚实的基础，在这数次转型的过程中，每一次都对人民的生活产生了重要的影响。而在研究当代中国大学生人文素质状况的背景下我们发现，改革开放所带来的社会转型是影响最为深刻的，它直接影响着大学生人文素质教育的模式，此次社会转型虽然对大学生的人文素质教育在开阔视野、吸取先进经验等方面发挥了积极的作用，但是改革开放所带来的市场经济的不断深入和中西文化的不断碰撞使得我们的高等学校在人文素质教育的过程中也需要面对传统文化冲击的负面影响。改革开放以后，市场经济的影响逐渐深入到生活的方方面面，尤其是对于当代大学生人文素质而言，设置了不可忽视的障碍。首先是利益格局深刻调整的影响。市场经济的法则是资源的优化配置，利益的最大化是人的追求的目标，紧随之后利益这块“蛋糕”也会做调整，当整体利益与个体利益相背离时，个体利益极有可能挣脱整体利益的缰绳，规避法律的制裁，躲闪道德的约束，驶向个体利益发展的快车道。在近年来随着我们相关法律建设的不足，很多企业主开始寻求钻法律的空子来实现自身利益的最大化，在经营期间完全忽视了道德的约束，比如今年来的食品安全问题就是很好的例子，越来越多的企业为了减低成本而铤而走险，寻求非法的、非道德的手段来增加自己的利润，在如此风气的影响下，高校也逐渐开始背离道德的约束，更多的关注自身的利益，尤其是自身经济利益的发展，学生的发展则是被放在了相对次要的位置。比如近年来对学生生活的照顾和学习的关怀的比重越来越小，而对项目的申请和资金的申请则是愈演愈烈，有的高校甚至派专门的老师放弃手头教育学生的工作去拉项目、拉赞助，这些对学校的建设重要，但是老师培养学生的人文素质更为重要，近年来我们人文素质教育的缺失与此密切相关。这对于人文素质教育来说是一大灾难，因为人文素质教育并不能很快的为学校带来可观的利益，学校对人文素质教育程度也就由此下降。其次是社会管理方面的影响。社会是公民自我管理、自我约束的重要场所，在党近年来的重要文件中社会管理已经成为新兴的热门词汇，然而，由于改革开放等一系列社会转型的主体一般是政府，政府掌握着更多的资源和信息，这虽然增加了转型的效率，但大大降低了人们自我管理的机会和主动性，造成社会活力不足，这间接地影响着每一个人文素质的培养和提高。最后是文化方面的影响。伴随着改革开放总闸门的打开，禁锢的思想得以解放，人民纷纷追逐富裕的、丰富多彩的生活，开始和国际接轨，不断地学习西方发达国家有益文化与技术，但拜金主义、GDP崇拜、功利主义等思想潮流也随改革的春风漂洋过海，侵蚀人的心灵，无形之中也影响了人们观察、研判事物的视角，使越来越多的人感觉到生存环境的冷漠，导致部分人对国家、对政府、对社会逐渐失去信心，这种氛围极不易于人文素质的培养。综上可知，社会转型一方面带来了生活水平的快捷和便利以及生活质量的提高，另一方面也对我们当代大学生人文素质的培养设置了障碍，其负面影响是今后改善大学生人文素质教育的主要出发点。

2. 应试教育带来的教育弊端

不可否认，应试教育在中国具有其生存的土壤。党和政府一再强调教育的重要性，如何培养合格人才成为社会主义接班人成为一代又一代领导人所重视的问题，进入新世纪以来，党和政府对高等学校教育的投入不断增加，加快推进教育领域内的改革，实施新的教学课程标准，但是应试教育作为选拔教育，确切说是淘汰教育，始终是不可替代的人才选拔的方法。由于经济发展的强烈需求，我们的高等教育虽然正在走向普及化、大众化，但是精英教育还是现如今高等教育的主要特征。优中选强的现实要求迫使应试教育成为每一个人在成为大学生之前所要经历的竞争学习模式，因此，应试教育所带来的教育弊端是我们必须面对的，它对人文素质教育形成了不小的挑战。首先，应试教育禁锢了学生的思维能力。简洁点说就是统得过多，管得过死，升学率是衡量指标，束缚了学生“隐形能力”的发展，虽然学生在专业课上成绩很好，但爱好、兴趣、特长都被无形之中剥夺了，求知欲、创造欲、好奇心等“细胞”均被不同程度地扼杀，这严重影响了学生的思维能力，甚至影响学生的行动能力。更为严重的是，中学教育在高考指挥棒和家长望子成龙成凤心态的驱使下，很多学校较早地实行文理分科，这就使得我们的学生在中学时代很难接收到全面的教育，尤其是对于理科生而言，必要的人文社会科学的基础教育就此戛然而止。今后在推进人文素质教育的过程中，却要花更大的力气来弥补由此所带来的损失。“而在长期应试教育的侵染下，多数学生已经习惯了在知识结构上过度专注于专业知识，只关注‘对口专业教育’；思维模式上，延续文理分开的狭隘，一想掌握一门技术，即成为‘科技动物’或‘纯工具’”。

应试教育使得学生的思维更多地关注于书本知识，即所学所考的知识，学生的大部分学习时间是为考试而准备，这就导致他们几乎没有时间去参与社会实践，他们的社会生存能力几乎为零，当他们离开父母的时候几乎不能生存，而这一切的理由就是社会生存能力没有作为考试的要求。应试背景下学生在进入高等学校后，也是更多地关注于证书的获得，凡是他们认为没有用的东西就不好好学甚至不学，而对于人文素质的课程他们则一般认为是没有用的课程，这就阻碍了人文素质教育在高校的推进。其次，应试教育使学生缺少责任感和使命感。中国近代的许多思想、革新主张都是源于大学，那时的学生内心充满着使命感和责任感，而现如今，在应试教育的背景下，越来越多的学生把考试作为他们的终极任务和目标，在完成考试后就认为万事大吉了，没有什么可做了，这就导致学生缺少社会责任感和使命感，对于自己成为什么样的人缺少明确的目标，这是影响人文素质的重要因素。即便有的学生认识到了人文素质的重要性，但是当他们权衡人文素质教育和应试教育时，总是认为升学的机会是眼前最为重要的事情，人文素质教育便因此耽搁了下来。最后，人文素质教育导致了学生学习激情的退却。人文素质教育老师的教导是重要的，社会环境的熏陶也是重要的，但是最重要的还是学生的主动学习。然而在应试教育的背景下，很多学生开始慢慢地厌倦读书，尤其是那些与他们现实利益没有什么直接关系的书，更不用说他们去观察社会、仔细回味了。

人文素质教育的方式应该是多元的，既包括理论的教导又应该包括实践的锻炼，但是由于学生在长期应试教育的影响下，不愿意主动学习，缺少了积极学习的精神，学生对人文素质的学习很难有足够的兴趣。为此，很多高校为了尽快开展人文素质教育，往往以课堂灌输法或者是填鸭式教学来教导学生人文素质教育，这种在缺少学生互动和积极性过程的学习很难想象它的效果有多好。在个别情况下，有的学生甚至因为学校的强制性学习而抵制人文素质的培养，抵触心理不断加强，这使得本来就起步艰难的人文素质教育面临更大的困难。应试教育无论是对学生的心理还是学生的行为都产生了诸多负面影响，严重制约了人文素质教育的良好发展。

3. 家庭教育发展相对迟缓

父母在子女的成长过程中有重要的模范作用和指导作用，父母的做法、想法和说法都对子女有较深的影响，尤其是在年幼时期，父母的一举一行都会潜移默化地影响孩子人生观、世界观和价值观的形成，家庭教育在一个人接受教育中起到重要的作用。家庭作用不同于学校教育，它能够和孩子更加亲密的接触，更加深入孩子的想法，甚至可以说家庭教育是孩子人文素质教育的基础，是孩子健康成长的关键。然而，现如今，随着市场竞争的不断加剧，很多家庭忽视了家庭教育的作用，在孩子上学前将孩子送给孩子的祖父母、送幼儿园、交由保姆看管等，这已经成为我国的一个普遍现象。当然，这是市场竞争的间接结果，是很多家长为适应商品经济大趋势之下的社会生存不得不做出的选择。但这种放弃孩子教育而只关注经营活动的做法，却非常不利于孩子的健康成长，特别是不利于孩子心理上的健康成长。越来越多的父母将家庭教育等同于对孩子的看管，缺少对孩子内心的关怀和了解，很多家长甚至不知道子女的爱好，这使得家庭教育在很多大学生的年轻时代是空白，很多人没有接受家庭教育就直接走向了学校教育，这十分不利于人文素质的培养。家长越来越多的将教育的责任交给了学校，寄希望于学校教育能够弥补家庭教育的空白，然而现实却是残酷的。很多孩子由于缺少适当的家庭教育，他们内心的品格和性格出现了或大或小、或多或少的问题，当他们年龄稍长之后就会逐渐演化为严重的问题，甚至会出现违法的现象。自从进入到新时期以来，很多家庭认为时代的发展必然会带来教育上的飞速发展，诚然我们的教师队伍、教育资源、教育机会在近几年获得了较为充足的发展，但是家庭教育作为一个独立的教育组成部分具有其独特的、不可替代的作用。家庭教育在对孩子道德素质的培养、生存技能的训练、社会融入能力的提高等方面发挥着重要的作用，这对于一个孩子能够接受良好的教育十分关键，家长并不能因为工作、事业的原因而忽视了对孩子教育的义务，物质上的关怀始终不能代替精神上的熏陶。

改革开放以来，家庭教育和学校教育作为孩子教育的重要两个方面发展极为不均衡，学校教育随着国家的不断投入取得了丰富的进展，接受高等教育的学生比例逐年上升，学校的规模也不断扩张，在学校教育取得如此之大的进步的同时，我们却发现家庭教育发展的迟缓甚至是倒退。改革开放前，很多子女的教育都是由家长独自完成，学校教育并不是每一个孩子都能够享受得到的，义务教育的推行使得每个孩子都有受教育的机会，而此时父母似乎退出了教育责任，越来越多的孩子一开始就接受了学校教育，家庭教育的严重缺失使得他们的人文素质的培养缺少了关键的一环。人生观、世界观和价值观的塑造是人文素质的重要内容，而他们的塑造是起源于家庭教育，即孩子一出生就在不断接受父母的教育，家庭教育的缺失使得高等学校在人文素质教育的过程中花大力气弥补家庭教育缺失所带来的影响，这严重影响了人文素质教育的效果。

4. 当代大学生入学前自我发展的不均衡

大学生综合素质的提高一方面需要高校人文素质教育的不断深入和扩展，另一方面需要学生自身综合发展的均衡，现如今大学生普遍出现情商不高、社会能力不强等缺陷。情商主要是指情感的智力水平，英文简称EQ，它是相对于智商而提出的新概念，情商的培养主要是在中学时期和大学时期，这两个时期是大学生心理变化最为强烈的时期，他们的生理发育基本完成，而心理的成熟度却因为诸多因素而水平普遍较低，“往往缺少良好的意志品质和克服困难的坚定信心，不善于处理人际关系，不善于与人合作共事，不少学生存在不同程度的心理障碍。”情商较低普遍表现为对社会问题判断能力不强、情绪不稳定、很容易受到外界因素的影响，甚至出现了焦虑和恐惧的情绪，时常压抑着自己内心的想法。还有一部分大学生表现为行为缺乏理性，缺乏换位思考、沟通、理解的能力。社会能力不强主要是指当代大学生的社会适应能力、调节能力、受挫能力等一些基本的社会生存能力同社会需要之间的匹配度不高，当代大学生在面对逆境时的反应所表现出来举措同社会化能力要求存在较大偏差，这些直接影响到了学生的学习和生活的每个角落。学生的社会能力掌握程度对学生的人格完善和学业的完成有着至关重要的作用，当代大学生群体普遍存在不同程度的自我封闭、抗压抗挫折能力弱，使得他们在学习、交流、择业等方面均出现不同程度的问题。

大学生自身的综合发展至关重要，不仅关系到人文素质教育发展的成果，而且更关乎民族复兴人才战略支撑的根基。前面已经论述，在社会转型、应试教育和家庭教育所存在的种种缺陷，使得大学生人文素质教育面临不小的障碍，但是，我们还是要不断进行社会转型、应试教育和家庭教育，还要继续面临它们所带来的缺陷，因为就中国目前的国情来看，找不到更为妥当的方法，我们还要继续执行这些政策直至国家的发展已经不再需要它们。然而，大学生自我发展的不均衡则是要尽快避免和解决的，越来越多的青少年犯罪的事例表明，大学生自我发展的不均衡越来越严重。从小学甚至是幼儿园开始，学生的生活就完全被竞争所取代，受到教学资源有限的约束，家长总是希望自己的孩子能够在考试中占据主动，这就导致学生的生活完全被学习取代，做人、做事的道理家长很少能够系统、耐心地讲解，总是认为这些问题可以等孩子大了再解决，殊不知孩子的人生观、世界观和价值观的形成因得不到有益的能量汲取，早已被所谓的习惯故步自封，已经很难改变了。学生在中学时期和大学时期，由于种种社会因素所带来的弊端，已经很少有大学生主动寻找接触社会的机会，无论是学校还是家庭，也认为孩子接触社会是不稳妥的，还是在学校、在家庭进行学习和生活是最好的选择，错过在社会这个“大熔炉”中历练，就使得最后一个能够均衡大学生发展的时期浪费了。综上我们可以看到，当代大学生发展的不均衡主要是由于家庭、学校对学生教育认识的偏差，以及自我意识薄弱所造成的，而这又主要源于历史和社会形势所导致的，因此，促进大学生的均衡发展任重而道远。

5. 人文素质教育发展缓慢

对人文素质的培养学校要占重用的一部分精力，要承担很大一部分的责任，而人文素质的培养从国情的角度审视，当前一段时期主要需要通过人文素质教育这个“抓手”来加强。一般来讲，人文素质教育主要包括人文素质课程和人文素质实践两个部分组成，而现如今这两部分均有不尽如人意的地方。人文素质教育应该是与时俱进的理念教育，因为时代的不同，社会的道德观、价值观则会有相应的调整，但是我们现如今的人文素质教育课程无论是在内容上还是在方式方法上都没有达到预期的效果。首先是人文学科所占的比例较小。观察当今中国人文素质教育课程后很容易就会发现，“我国目前的高校课程体系中明显存在文化素质教育不足，其中人文素质教育尤其缺乏”，人文素质课程无论是课程、课时还是学分，都占有相当小的比例，和世界上许多发达国家和教育水平相对高的国家来比存在着较大的差距。在有些理工科的院校，人文素质的教学几乎就是点缀之笔，只是将其作为一门选修课来让学生选择，这必然会导致学生和老师对人文素质教育的不重视。

人文素质教育作为和专业教育并齐的教育，理应获得和专业教育同等的重视程度，但是现状表明人文素质教育在当代高等学校，尤其是在理工科院校的生存状况着实令人担忧，有的学校甚至时而出现取消人文素质教育课程的现象。其主要原因在于人文素质课程内容的单调。人文素质课程的内容应该是包含中华文明的博大精深的课程和时代精神的汲取，应该是与学生的现实生活紧密相关的课程，然而，现如今的人文素质课程基本上是文字式的灌输，纯理论上的教导，缺乏理论与现实的统一，有的学校并不是根据学生的需要和发展来设置人文素质课程，而是根据学校教师的配备来有选择性地进行人文素质教育，这难免会折损人文素质教育的效果。人文素质教育需要学生亲身体会，而理论的教学把人文素质教育模式化，缺乏新颖性和实用性，学生与老师之间难以进行有效的沟通，学生对人文素质的理解，老师对学生的理解都存在很大程度上的偏差。与人文素质理论教育相对应的人文实践教育，在当前大多数高等学校中的状况更是令人担忧。人文素质教育终究是一门实践性的课程，它的主要价值在于学生在今后日常生活中的运用，然而很多学校将其作为一门理论性的教学来对待，缺少人文实践课程的设置，这就导致理论的学习终究是理论的，学生对此理论的学习也多是流于形式，无思辨的交锋就没有进行深刻的学习和自我反思，也就不会有化蛹成蝶的效果，当他们将来在社会上遇到挫折时，很难会想到曾经在学校里所学到的课程，而是需要从头开始，自我摸索自我克服，这严重降低了人文素质教育的效果。综上，人文素质教育课程的种种问题使得我们的人文素质教育重形式、轻内容，很难在现实中给予学生更多的实质性帮助，而这种效用不大的教学很难得到学校、老师、家长和学生的重视。

第三节　高校体育教学主体人文素质培养

一、社会层面

人的发展离不开社会，社会的进步为人的发展提供了前提和基础；反之，人的发展又能促进社会的进步与否，人的发展文明水平体现着社会进步发展程度。一个人的身心能否得到发展和发展到什么程度，都与他所处的社会环境分不开，社会环境是人的身心发展的外部的客观的条件，对人的发展起着一定的制约作用。

（一）加强社会主义文化建设，优化人文环境

中国三十多年市场经济的发展取得了令人瞩目的成就，综合国力日渐强大，人民生活水平有了显著改变。但是，市场经济带来丰富物质资源的同时，也随之产生一些自身无法解决的社会问题，如价值迷失、道德滑坡、是非不分、漠视生命、精神颓废等等，拜金主义、利己主义、实用主义思想蔓延，严重危害着人的身心发展，降低了人生存的生命价值和尊严。物质文明发展的同时必须要建立一种与之相适应的精神文明，两者相互促进，相互影响。面对市场经济的挑战，社会需要一种清晰的主流文化意识形态，个体需要填补精神的空白，正确认识社会的发展，重新审视人的价值，摒弃思想中的错误认识，使社会的发展和人的发展协调一致。在中国市场经济不断深化和全球经济日趋一体化的促进下，社会呼唤人文精神的回归，构建和谐社会成为人们理想的社会状态，和谐不仅是一种治国方略、社会规范，更是一种思维方式。在构建和谐社会的过程中，加强社会主义文化建设势在必行，优秀的文化可以引导和规范大众的行为方式，正确处理各种矛盾，消除社会上各种不和谐因素；可以增强全民文化素质，有利于贯彻和落实“以人为本”为核心理念的社会主义价值体系；把绿色文化普及到大众中去，营造健康的人文氛围，优化社会人文环境，促进社会发展和人的全面发展协调一致，巩固人才在学校所接受的良好教育，提高整个社会人文素质的水平和质量。

（二）普及和宣传人文科学知识，推进人文素质教育

人文素质教育不单是学校教育的事，更应该是全社会共同承担的责任。长期受实用主义、技术主义的影响，加之当前严峻的就业形势，许多人更愿意学习一些实用性强、见效快的专业技术，忽视人文社科知识的学习，削弱了人文综合素质的培养。而人文社会科学知识是提高人文素质的基础，离开一定的人文知识，谈提高人文素质，就像无源之水，无本之木。人文教育更多的是对人的生存意义和价值的关注，并以此为出发点，尊重人、理解人、关心人，贯穿于人的一生，都需要丰富的人文社科知识作为积淀。因此，为了提升人的主体价值意义，为了人的身心发展需要，极需要在全社会范围内，重视学习和普及人文社科知识，消除重科技轻人文的偏见，大力推进人文素质教育。把人文教育和科学教育结合起来，在科学技术知识中渗入人文知识，同时把科学思想、科学精神和人文思想、人文精神结合起来。不能片面地认为人文素质教育只是学校教育的事，要提高中国公民素质，需要全社会携手共进，任重道远，从点滴做起，从个人做起，提高文化修养，感悟人文精神，内化自身人文素质，为全面建设小康社会做出更大的贡献。

（三）正确人文舆论引导，大力弘扬人文精神

在我国“以人为本”“科学发展观”和“构建社会主义和谐社会”理念的指导下，人文精神已经成为人们向往的存在于社会生活中的普遍意识和普遍精神。社会舆论对人文素质和人文精神的培养和发展起着重要的促进作用。那么，如何达到“知行合一”，形成人文精神呢？目前，中国公民获取人文信息、接受人文素质教育的主要途径除了学校教育外，就是电视、书刊、与人交流、互联网。借助于这些现代化的传媒手段，努力拓宽传播渠道，以新颖的视觉、听觉来吸引人们的注意，进行科学正确的舆论引导，无疑成为培养人文素质的重要途径之一。

通过创造出具有浓郁人文气息的文艺作品，以大众喜闻乐见的形式来感化人、教育人；或者树立榜样，号召人们学习；使人们认识、了解这些社会人文现象和人文动态并产生反思，得到直接或间接地心灵洗礼。总之，为了提高全民素质，为了人的全面和谐发展，需要建构健康积极的社会主流意识形态，需要大力宣传优秀的人文事迹，发挥舆论正确导向作用，指导和引领大众树立科学的人生观、价值观、世界观，创造和谐的人文环境，在全社会范围内弘扬人文精神。

二、学校层面

（一）转变观念，加强人文素质教育

从单纯的生物体育观向三维体育观转变，学校体育观念不仅在思想上，还要落实在行动上，不是抽象的，而是具体地、形象地通过体育教学来实现，运用合理的教学模式，充实的教学内容，使学生达到生物、心理、社会三方面健康和谐地发展。体育要重视育人一面，不能够只一味地灌输体育运动训练技术技能知识和追求竞技体育的骄人成绩，而忽略学生个体的全面发展。当然，目前锻炼身体，增强体质仍是我国学校体育的根本任务，要求学生全面发展也不是各方面能力的简单组合。在这里，我们要挖掘出体育以身体锻炼方式来培养学生意志、品格、精神等方面深层次的教育内容，体育的教育功能和作用被延伸和扩大，这是体育教育中的一个重要内容，也是人文素质教育的重要内容之一。强健的体魄和娴熟的运动技术固然重要，但要如何为我所用，如何让人活的更有价值和尊严等一系列问题，都需要人具有较高的人文素质，才能正确认识社会，认识自我，更好地服务社会，服务自己。因此，学校体育教育要走出传统误区——重视体育运动知识传授，轻视人文知识的积累；重视教师的主导作用，忽视学生主体地位；重视专业技术，轻视理论学习；重视专业教育，轻视人文教育。在贯彻实施人文素质教育过程中，必须清楚意识到：专业教育只是全面发展教育的内容之一，其主要功能仅是让学生获得专门知识和专门技能，而人文素质教育则对学生其他方面发展起着促进或抑制作用。片面强调专门技能，必然导致过窄的专业教育，只会把学生培养成技术纯良的“工具人”或“机器人”；狭窄的专业教育必然影响学生的知识结构、思维方式，使学生视野狭窄、治学基础不够，将来难有大作为。

（二）创造良好的校园人文环境

校园人文环境是影响学生人文素质的又一个因素。校园里优美的自然环境，标志性的人文建筑，激励性的标语、口号，各种校园文化活动等，都透露着浓厚的人文气息，沉淀多年的校园文化充分发挥着育人的功能，为学生人文素质的培养提供了肥沃的土壤。良好的校园人文环

境，给予学生人文熏陶，理念镌刻，精神滋补，指引着学生徜徉在文明的海洋里，是人才成长的必要条件。人文素质关注反省和体验，美丽的自然环境给予学生显性直观的美，而人文环境则给学生一种隐性的精神熏陶，人文关怀需要学生感受、理解及思考，最终内化成自身的道德、修养、气质等。因此，高校应该在创建美丽校园自然景观的同时，还需建设人文景观、大力举办一些丰富多彩的校园文化活动等，营造和谐的人文氛围，引领学生去感悟、体验，形成一种健康向上的人文环境，鼓舞学生斗志，激励学生进取，使学生达到科学与人文的融合。由此可见，校园环境、人文氛围对大学生是一种教化、一种示范、一种熏陶，起着潜移默化的作用。

（三）科学融合人文教育与教学活动

学校教育是通过完成一系列教学活动来实现教学任务，体育教育专业特点即专业性和师范性，大量的专业课仍以班级授课制的组织形式，同其他课程一样，有一定的教学目标、教学内容、教学方法、教学评价，只是用身体运动的方式，在室外这样一种开放的大环境下，向学生传授体育运动技能技术知识，并且培养学生体育教学能力。体育教育专业由于其未来工作的性质，决定了其课程结构体系、性质均带有师范性，不论是专业课，还是公共课，具有人文色彩是其共同特点。因此，在组织和实施教学活动时，除了借助现代化的教学物资设备，运用灵活多样的教学方法，集中学生注意力，排除外界环境干扰教学的因素，更要注意以人为本，尊重学生个体发展，挖掘出教材中人文精华，启发、诱导学生勤于思考，创造轻松愉悦的人文氛围，给予学生人文关怀，引导学生体味体育中蕴藏的人文真谛。在课程设置上，不仅要扎实地学习专业课，还要有英语、计算机等一般公共基础课和哲学、历史、法律等一些人文社科课程，尤其需要加大人文社科课程的比重，扩充人文社科类课程的种类，协调课程比例，保证课时，使学生开阔视野，启迪智慧，各方面素质得到和谐发展，社会适应能力进一步增强。最后，还需要构建科学合理的体育课程评价体系。体育教育不能片面、简单地运用显性因素（时间、高度、长度等）量化标准，只注重学生运动成绩，而忽略对学生心理、兴趣、品质、情感等方面隐性因素的综合评价，影响教师和学生在推进人文素质教育过程中的积极性、主动性，阻碍学生人文素质的提高。

（四）大力开展课外实践活动

课外实践活动是学校教育的有益补充形式，是课堂教学的延伸，也是引导学生树立正确世界观、人生观和价值观的重要途径。丰富多彩的课外实践活动形式，可以满足学生多样化的个体需求，调动学生参与实践活动的学习兴趣，更能使学生灵活运用课堂上所学知识，达到学以致用，锻炼各方面能力协调发展。目前，黑龙江省大多数高校课外活动都是通过开展一些小型多样化的体育运动竞赛（如系与系、学校与学校、学校与社区之间举行的一些喜爱项目）、学术讲座、校园文化活动等形式，为学生提供了较为真实地接触社会的机会，缩小了与校外现实社会的不适差距，以便毕业后更好地融入社会，提高社会适应能力。通过调查与走访，发现体育教育专业的学生只喜欢参加一些体育课外活动，不太愿意参加人文活动，诸如学术讲座、人文演讲等，缘于体育活动更能使学生得到学以致用的锻炼机会，极大鼓舞了学生参与课外实践的热情，而其他形式的课外实践活动，则无人问津，这主要归咎于人文知识的匮乏。课外实践活动开展的好坏与否，取决于活动所产生的效果，不是活动的形式，会对培养学生人文素质有一定的影响作用。由此可见，为了提高学生社会适应能力，必须结合学生兴趣特点，积极举办相关社会实践活动，鼓励学生踊跃参与，提高实践能力，挖掘出实践活动深层次的教育意义，引导学生不断拓宽知识结构，丰富人文知识，勤于思考，形成相对稳定的人文思想，灵活运用人文方法，培养高层次的人文精神。

（五）构建优秀的教育资源

大学里有大量的图书收藏，设施先进的体育场馆，知识渊博的教师队伍，深厚的文化底蕴，浓厚的学术氛围，思维活跃的同学，优越的学习环境等等，都为学生提高人文素质创造了有利条件。那么，如何充分利用这些教育资源来提高学生人文素质呢？当今，许多高校已经把人文素质教育提到高校各项改革的日程上来，采取了一系列的改革措施。强化办学理念，强调教育的创新属性，鼓励学生科技创新，营造健康的学术氛围，树立严谨的治学态度，组织多样化的学术交流活动，购置现代化的教学设施，开展形式多样的人文活动，加强师生交流，这些丰裕的教育资源都为高校开展人文素质教育提供了有力保障，为培养学生人文素质提供了物质上和精神上的有利条件。

三、教师层面

教师是人类灵魂的工程师，是人类文化知识的传递者，在教育过程中起主导作用，是推动经济发展和社会进步的重要力量。高等教育承担着重大的历史使命，而高等教育的发展水平在很大程度上取决于教师队伍的整体素质。教师的素质直接关系到教育工作的成败。德高望重的老师，无疑对学生在人品、学术等方面起着榜样示范作用——高尚的品德，渊博的科学知识，严谨的治学态度，崇高的精神追求，都对学生进行着潜移默化的教育作用。现代教育不再需要只有某种专业知识的教书匠式的教师，而需要既有专业知识，又有教育理论和教育能力的教育家式的教师。因此，要提高学生的人文素质，教师自身的修养和教学水平非常关键，身教重于言教，只有为学生做出表率，激起学生心灵上认可，思想上共鸣，才能起到教育的作用。

（一）强化以人为本的教育理念

大多数教师对学生人文素质培养过程中，仅局限在“育体”这一方面，只是简单地认为提高学生文化素质就能提高学生人文素质，这是片面的，严重制约了我国高校体育人才培养质量的提高。体育是教育的一个重要组成部分，就要遵循教育“育人”的规律，身心合一，注重人的人格修养和精神培养，任何忽视对人的关怀的教育，都是对教育的异化，体育也不例外。对于大学生来说，身心发育基本成熟，已经具备了一定的科学文化知识，自主性强，有相对独立的思维和创新意识，他们缺乏的是对科学知识所蕴含深层精神文化的正确引导，需要从文化层面上升到精神层面。因此作为一名体育教育工作者，不能只把眼光停留在传授体育运动技术技能方面，而要用理性的眼光挖掘出体育所蕴含的文化知识、文化理念及所体现的人文精神等，融入教学，指引学生领略体育的人文性，给予学生人文关怀，促进学生全面和谐的发展。

（二）建立新型的师生关系，树立为学生服务的意识

教育是由教师的教和学生的学组成的一种双边活动，那么良好的师生关系就是顺利完成教育教学工作的必要保证。随着我国教育体制的不断深化和市场化进程的加速发展，教师和学生都成为教学过程中的主人，在实际教学中，教师必须充分发挥教师的主导作用，积极热情帮助学生，为学生服务，改掉过去“师道尊严”的师生关系，尊重学生个体、肯定学生的价值。体育教育是一种服务，是一种把社会与自我服务融为一体的服务，是一种基于学习者自我选择与主动实践基础上的社会服务。尤其在对学生进行人文教育中，更要尊重一切学生，关爱一切学生，承认学生个体差异性，增加人文关怀，善于从教材中发掘出人文素材，采用一种易于被学生接受的方式，引起学生的兴趣和关注，并科学地引导学生独立思考，带给学生积极的情感体验，从而培养学生自主学习、研究和创新的意识，把传授科学知识与感悟人文精神有机地结合起来。

（三）提高自身人文素质

当前高校体育教师的崇高职责决定了其必须具备良好的人文素质。因为体育教师的人文素质会在教学过程中直接或间接地外化为教学态度、敬业精神和奉献精神等，这一切都会对教学对象的价值观、道德观和人生观的形成起着潜移默化地的影响。如果体育教师没有很好的人文素质，不仅无法“以自己的热情、真诚、正直、高尚去铸造影响学生”，而且在教学上往往会使教学方法缺乏创新，讲授的内容机械枯燥，传递的信息量也不能满足学生的需要。若在专业课各个教学环节中渗透人文素质的教育，可使专业课程的内容更加丰富和具有吸引力，而且有利于使学生形成完备的体育知识基础、优秀的思维品质、健康的身心状态、正确的人生追求和科学的道德观念。可见，良好的人文素质是高校体育教师教书育人的基本保证。在此意义上，要培养和提高学生的综合人文素质，就必须采取相关措施提高高校体育教师教师的人文素质，使教学中渗透更多的人文精神，以培养更多人文素质高的学生。

1. 人文素质是高校体育教师完善自身素质结构的重要组成部分

在强调以人为本和构建和谐社会的教育活动中，体育锻炼是为了放松自己在学习、工作中的压力，调节自身的情绪，提高自己的生活质量和工作效率而进行的。现代心理学研究发现，人虽然是有高度自主意识的有机主体，但还是一切社会关系的总和。人所处的环境决定着其发展的方向、速度、水平和层次。人文精神是人文素质的最高形态，主要通过人的人生观、价值观、世界观、人格特征、审美情趣等方面表现出来。因此，从这个意义上讲，体育教育作为一个新的特殊环境，体育教师就是这一特殊环境的主要负责人，教师对学习者的人生观、价值观、世界观、人格特征、审美情趣等都起着主导作用。所以要成为一个优秀体育教师就必须具有完善的人文素质。

（1）人文素质有助于高校体育教师人际亲和力的形成

人际亲和力又称人际吸引，是人际关系的一种积极心理状态，有助于满足个体的人际需要。影响人际亲和力的因素很多，如外貌亲和、临近亲和、熟悉亲和、相似亲和、互补亲和等。但所有这些亲和都来自外在，是人际亲和的开始。要使这些人际亲和得到发展，就必须要有人文素质来保证。因此，人文素质是高校体育教师的必备条件，这是教师工作的本身性质所决定的。

（2）人文素质是体育教师个性形成的主要条件

个性是指一个人比较稳定而有本质特征的个体倾向性和个体心理特征的总和。其中个体倾向性方面的主要构成因素是个体的需要、动机、兴趣、理想、信念、世界观等，是个体人文素质形成的基本因素。而个体心理特征方面的核心是个体的性格。性格又是个体对现实的稳定态度和习惯化了的行为方式，是个体人文素质的直接外部表现形式。体育教师的主要条件之一就是必须要有良好的个性。因为只有具备良好的个性才能正确处理人与人之间的关系，才能对所从事的体育专业负责，才能满足学习者的好奇心和审美需要。所以，人文素质是体育教师个性形成的重要条件。

(3) 人文素质有助于高校体育教师形成教学风格

教学风格是教师在教学上成熟的标志，是一名优秀高校体育教师必须具备的基本素质。教学风格的形成是教师的个性特征在教学上的全面反映。教师的学识、修养、兴趣、特长等个性化特点，促成了教师教学风格的个别差异性。如前文所言，人文素质是一种在对一定的人文知识拥有和内化的基础上，而形成一定的学识和修养的心理特征。它反映了一个人的情感、人生观、价值观等方面的个性品质，它对体育教师个人的兴趣格调、特长的形成具有很强的导向性。体育教师的情感体验越丰富，人生目标越正确，价值取向越符合时代发展的要求，他们的兴趣必然会广泛而高雅。体育教师就不仅仅只对自己所教学科感兴趣，他们还会对其他学科的知识感兴趣。如喜欢文学、艺术的教师，自然就会从文学、艺术中吸取营养。他们在体育教学上会追求精神的感染和情感的陶冶，在内容组织上注重艺术性效果，体现着艺术辩证法，做到主次分明、详略得当、重点渲染；在教学语言上，会注重它的形象性、鼓动性和感染力。在此基础上，就会形成情感型的教学风格。

2. 人文素质是高校体育教师专业发展的重要条件

教师必须对自己所从事的工作有较高的热情，对自己的职业有较高的理论认识和丰富的实践经验，即应是专业化高度发展的人。体育教师专业化发展是教师体育专业知识、专业技能和专业意识不断提升的过程；同时还是体育教师职业观、学生观、教师观等诸种观念更新和改造的过程。这些过程更需要体育教师发挥其自主性，而人文素质又是个体自主性发挥的决定因素。因为人文素质体现了个体对自身意义的追求和对社会、对他人的态度。同时，具有丰富人文素质的体育教师不会满足于一时一刻的成绩和荣誉，而是把发展和实现生命的意义作为自己生存的目标。可以说，体育教师专业化发展为其提供了发展方向和途径；人文素质为体育教师专业化发展提供了动力。

3. 人文素质有助于高校体育教师树立榜样作用

具有比较深厚人文素质的体育教师，由于学识、修养及对社会的贡献，必然就成了学生关注的对象和效仿的榜样。加强教育的人文性就是以提高学生的人文素质为主要目的。这应当包括较高的文化品位，高雅的审美情趣，健康的心理素质，积极的人生态度，高尚的道德修养，博大的爱国情怀，丰富的精神世界。具体地说教师必须具备爱国主义感情和社会主义道德品质，教师必须深刻地感受到中国文化的深厚博大、不断吸收民族文化智慧。教师必须具备开阔的视野，关心当代文化生活，吸收人类优秀文化的营养。有着丰厚的人文素质积淀的人，性格开朗，乐观向上，感情丰富，多才多艺。对于涉世未深，求知若渴的青少年学生来说，更是学生羡慕、学习、效仿、超越的对象。在这样的教师面前，学生不会死气沉沉，因为教师的幽默风趣可以随时随地给学生带来轻松活跃的气氛；在这样的教师面前，学生不会消沉，因为教师面对生活的态度可以给学生克服困难的勇气和力量；在这样的老师面前，学生不会别无长物，因为教师的多才多艺会引发学生对才艺的爱好与获取。因此，人们对体育教师在专业素质、道德人格、思想品质上提出更高的要求。专业素质体现了体育教师在专业上所具备的学识水平和教学能力；道德人格及思想品质则体现了体育教师个人修养水平。体育教师的专业素质的提高，需要深入研究其所教学科的理论知识以及专业技能；教师道德人格和思想品质的形成则需要具有比较深厚的人文素养。这样才能正确处理个人与社会、个人与他人的关系，才能养成体育教师热爱体育事业，尊重学生，团结同事的道德风范和良好的思想品质。

四、学生层面

教育对人的发展起着主导作用，学生在整个教育过程中，处于主体地位，是教育活动的对象，一切的教育活动都是围绕着学生身心发展规律来展开的，充分挖掘和调动学生的主观能动性，组织和引导学生积极参与到教育教学过程中来才能达到教育育人的目的。

（一）端正学科认识，树立人文意识

目前，我国大学生对体育教育的认识受传统体育思想和实用主义的影响较严重，人文意识欠缺，仍存在着重智轻体、重技术轻理论的误区，只停留在肤浅表面的认识上，更谈不上从体育教育中提高自己人文素质，形成受益终身的人文精神。对体育狭隘地理解，片面地强调了工具性，忽略了体育中所体现出的人文特性，这或许是大多数人很难形成终身体育的症结所在，人们只看到体育的表面，没有发掘出体育的人文性，没有看到体育的魅力。另外一个误区就是认为掌握一定的人文科学知识，就具有了人文素质。广博的人文科学知识为提高人文素质奠定了良好的基础，但是人文素质重在对人文知识中所提炼出的人文思想的理解和对人文方法的灵活运用，以及在反复实践中不断反思和感悟，才能形成个体较为稳定的人格、气质、修养、境界等内在品质。因此，大学生们应该从思想上转变观念，体育不单单是肢体运动，它同其他课程一样，有相对稳定的理论支撑，是一种文化现象。人文素质的培养是对人自身的深层关怀，是一种人之为人的思考。尤其作为体育教育专业学生，更要摒弃以往的观念，从自身做起，不但要熟练掌握体育运动技术、技能，还要能够从体育中汲取充足地人文成分，提高自己人文素质，改变过去人们对体育人“头脑简单、四肢发达”的认识。同时，对于一部分同学将来要从事体育教育工作，提高人文素质也是有必要的，为人师表，其学识、品德、修养等诸多方面对学生都会有潜移默化地影响，这也能够在以后的教学过程中更好地传承体育之于人的人文关怀、人文精神。

（二）均衡知识结构

知识是人文素质提高的前提和基础，没有丰富的人文知识是不可能提高自身人文素质的，没有知识的积累是不可能内化和修炼自身气质和修养的，尤其人文知识是教人如何“做人”的学问，更需要博学的知识为积淀。随着科学化和信息化时代的到来，知识更新速度日益迅速，仅靠学校学习的知识已经远远不能跟上时代发展和工作需要。尽管学校的课程设置为学生掌握知识提供了有力保障，但是也对学生知识结构有一定的束缚，不同的专业有不同的课程设置，这里就突出了专业性特点。体育专业也不例外，专业必修课和选修课占据了大量学时，公共基础课和一些人文课程不被重视，导致学生知识结构面窄，没有扎实地人文底蕴。在当今，高等教育已不再是过去的精英教育或专业教育，转向大众教育，这都需要大学生们不断提高自身自觉学习能力和独立思考能力，激发学习兴趣、热情，培养创新能力，拓宽自己知识结构，不再局限于自己的专业上，博览人文社科类书籍，开阔视野，加强自己对文学、历史、哲学、艺术等知识的了解，提高人文知识品位，提升个体气质、修养等。面对激烈的就业竞争压力，体育专业学生不但要具有宽厚扎实的基础知识，精湛熟练的专业技能和技术，而且还应具备较高的

人文修养，敢为人先的创新意识，不管以后是从事体育教育训练还是社会其他工作，都能胜任工作要求，在社会上有立锥之地，适应社会发展的需要。

（三）充分发挥主观能动性，培养创新能力

体育活动能够形象地展示体育之美，体现体育的人文性，那么如何通过体育活动把体育的人文性渗透到学生日常学习活动中，并培养学生的人文精神呢？其中，最重要的就是培养学生独立思考和创新意识，发挥教育实践中学生主体作用，充分调动其积极性和主观能动性。学生要积极主动地学习科学文化知识，在体育实践过程中，在反复的身体技术技能练习中，勤于思考，勇于探索，结合自己的兴趣，积极主动地投入到社会实践活动中，运用自身专业知识，锻炼自己的组织和管理能力、人际交往能力、创新能力等，体味体育中所蕴含的人文精神，引起精神上的认同和共鸣。

第十章　人文精神视阈下高校体育教学评价体系的完善

教学评价是课程教学的重要环节，体育课程教学也不例外。体育教学评价是一般教学评价在体育学科中的具体运用。要卓有成效地开展体育课程教学工作，真正实现提高学生综合素质的目标，就必须在实际教学中贯彻新的教学理念，利用新的教学方式和丰富的、与实际社会生活相配套的体育课程内容来进行教学，而所有这些都需要教学评价与之相配合。因此，只有对当代体育课程的教学评价有较深入的了解，树立全新的教学评价观，充分发挥其在体育课程教学中的导向作用，才能更好地促进新课程改革下体育课程的教学工作。

第一节　高校体育教学评价基本理论

体育教学评价是对体育学科教学活动的完整过程的评价。体育教学评价是教学评价理论在体育教学中的具体应用，是一般评价活动在体育领域的具体表现。对于一个完整有效的体育教学过程来说，教学评价是体育教学过程中不可缺少的重要环节，它具有对体育教学活动及其效果进行判断，通过信息反馈调控教学过程，保证体育教学活动达成体育教学目标的功能；是以既定的体育教育目标为依据，运用教学评价理论、方法和技术，系统地、科学地收集处理体育教学信息，对体育教学设计、教学过程和教学成果进行客观描述的过程、价值判断的过程、心理同构的过程。体育教学评价对于体育教育发展和改革，对于体育教学管理和决策，都有至关重要的作用。

体育教学评价作为衡量体育教学活动效果的重要工具，不仅可以揭示出体育教学工作中的是与非，合理与不合理，从而加以肯定与否定，而且还具有指导和促进体育教育工作朝着正确的方向发展的作用。它直接关系到教学目标的设计，教学理念的更新，教学方法手段的利用，教学内容的选择等诸多理论与实践过程。

一、体育教学评价的概念

“体育教学评价是依据一定的体育教学目标及其有关标准，对整个体育教学过程进行系统的调查，并评定其价值和优缺点以求改进的过程”。

“体育教学评价是依据体育教学目标和体育教学原则、对体育的教与学的过程及其结果进行的价值判断和量评工作”。

上述体育教学评价的概念中包含以下五个基本含义：

①体育教学评价是依据体育教学目标和体育教学原则来进行的；体育教学目标是对体育教学“是否获得了预先设定的成果”、是否完成任务的评判依据；体育教学原则是对教学“是否做的合理”“是否合乎体育教学基本要求”的评判依据。两个评价依据都具有客观性和规范性。也

都具有体育教学评价的信度和效度。

②体育教学评价的内容是教与学的过程和结果；体育教学评价的对象是作为受教育对象的学生的学习，包括学生的学习水平和品德行为等；体育教学评价也要对教师的教授进行评价，包括教师的教学水平、教学效果和师德行为等。

③体育教学评价的工作内容是“价值判断和量评”工作；价值判断是定性的评价，主要是评价教学方向的正误，教学方法的恰当与否等；量评工作是指定量性评价，主要是评价可以量化的学习效果如身体素质增长和技能掌握的数量等。

④体育教学评价贯穿教学目标确定、内容选择、组织实施的各个环节；目的是及时修正体育教学目标、解决体育教学中出现的问题以及实现体育教学资源的合理配置与组合，追求最佳效果和目标的达成，是一项实践性和操作性很强的工作。

⑤体育教学评价是以体育教育的价值观为标准，以达到体育教学目标的程度来评量体育教学成绩和效果，它要求对体育教育和体育学习的知、情、意各方面全面性的考察。

综上所述可以看出，广义的体育教学评价是以体育教学的全部领域为对象，它涉及体育教学的一切方面：体育教学与社会、家庭，体育教学与美学、心理学，体育教学与美育、德育、智育、体育以及体育教学体系、体育教学目标、体育教学内容、体育教学方法等。狭义的体育教学评价是以学生为评价对象，专指在学生的体育学习领域中在知识与技能、过程与方法、情感态度与价值观等方面给以价值上的判断。现代体育教学评价是依据《体育课程标准》的价值、理念、目标，运用科学可行的方法和手段，对体育教学要素、过程、和效果进行价值判断的活动。通过体育教学评价，促进学生不断进步，促进教师不断提高，促进学校不断发展，促进课程不断完善，以达到体育教学价值增值的目的。

二、体育教学评价的特点

（一）评价目标的发展性

传统的体育课程的评价体系是建立在以运动技能为核心的教育价值观下的，把对运动技能的掌握作为一切教学的出发点和归宿。这不可避免地会导致课堂教学训练化，导致了教师在课堂上只关注运动技能的传授，而忽视了学生的健康，体育兴趣、态度、情感、能力等其他方面的发展。如今，人的全面发展已经成为教育界普遍关注的话题，教学的主流精神已从单纯地关注知识、能力等问题转向对个性发展、个性教育的关注。以人格和谐发展为核心理念的文化价值观正逐渐被确立，成为有前景的，能被全社会普遍关注的文化价值理念。在这种理念的引导下，体育课程的教学评价也转向关注人的全面发展和学生的健康成长上面。体育课程教学评价的标准是多层次的，不仅涉及评价对象的基础知识、基本技能、思想观念以及道德品质，还涉及学生的智力因素、个性发展、情感性格和实践能力等。体育课程教学评价目标坚持以人为本，不仅注重学生的现实表现，更注重他们未来的发展，把促进学生的长远发展，提高学生的综合素质作为教学评价的主要目的。

（二）教学评价的过程性

新课程改革下，体育课程教学评价注重结果，更注重过程。体育课程的教学评价立足于对学生学习过程的全程跟踪和考查。教师对学生在学习过程中所表现出来的优点予以肯定，对表现出来的缺点加以分析指导，帮助他们制订改进计划并督促实施，使学生在学习、成长过程中不断完善自我，发展自我。

注重对学生日常学习和发展的评价，关注学生在体育课程学习过程中的点滴进步和变化，及时给予评价。在学生学习和参与体育锻炼的过程中不断利用口头评价等方式对学生的发展状况给予及时评价，有利于激发学生的学习积极性，有利于加强师生之间的联系，使学生能够及时了解自己的进步和不足，从而有效地促使学生达到相应的体育课程的要求。

利用记录体育课程学习过程的方式使学生看到自己的进步过程，发现自己在学习中的不足，并通过记录增强其自我评价的能力。将平时成绩和期末成绩结合起来，在学生的体育课程评价中各占一定的比例，使学生和家长不再只关注期末考试，体现了新课程改革下体育课程教学评价的精神，达到“以评促教，以评促学，评教结合，教学相长”的教学评价的具体要求。

（三）评价主体的多元性

以往的评价多是以管理者为主的单一评价模式，学生只是消极被动地接受评价，评价给学生造成的心理压力，使其对评价畏惧，甚至产生逃避的心理。缺乏被评价者的积极参与，评价者往往不能准确地发现问题，使评价的发现和改进的功能不能得到很好的发挥。正确的评价应该是包括教师、学生、家长、管理者共同参与的交互过程。被评价者成为评价主体中的一员，这样有利于加强评价者和被评价者之间的互动，提高被评价者的主体地位。除了教师评价学生以外，还增加了学生评价教师、学生评价学生、学生自己评价自己的模式。这样学生始终以主体身份参与评价，让他们了解所要解决的事，了解评价的手段和方法，使其更清楚、更全面、更客观地认识自我，使评价过程成为一次自我认识、自我教育的实践活动。

新课程改革下的体育课程教学评价，教师和学生不再处于过去单纯的被动状态，而是处于一种主动的积极参与状态，充分体现了他们在教学评价中的主体地位。将教学评价变成学生主动参与、自我反思和发展的过程，使教师和学生相互理解、相互支持，形成积极、平等的评价关系，这将有助于被评价者有效地对被评价的过程进行监控，帮助被评价者认同评价结果，促使其不断改进，获得主动发展。评价过程强调参与互动，通过与家长互动的方式让家长也参与到体育课程教学评价中来，将评价变成多主体共同参与的活动，使整体教学评价工作更有成效。在体育课程教学评价中，只有强调评价主体的多元化，才能全面、准确地反映学生的发展状况，更好地促进学生的综合发展。

（四）评价方法的多样性

体育课程的教学评价方法多种多样，由于实际教学中存在各种因素的制约以及评价技术和方法的局限，使任何一种教学评价方法都不可能是万能的，每一种评价方法都有自己的优点和不足，都有特定的适用范围。因此，体育课程的教学评价应该依据评价目的，采用多种有效的评价方法，教师应根据实际评价的需要，合理地使用各种评价方法或采用多种方法同时进行评价，方能达到评价目的。例如通过观察，教师可以记录学生在活动中的各种行为表现，以此对学生进行综合评价；通过访谈，教师可以深入了解学生思想观点的变化；通过成长资料袋（档案袋）教师可以持续性地获得学生成长和发展信息；通过对学生作品的分析，则可以更清楚地了解学生潜在的发展状况。不同的评价方法具有不同的功能和作用，在实施中，要注意综合运用。这样既可以充分发挥各种评价方法的优势，又可以互相弥补相互之间的不足，其目的在于更好地促进学生积极主动发展，从而使体育课程中的教学评价结果更加客观、公正。

三、教学评价的原则

（一）教学评价兼顾体育课程的多重教学目标

体育课程的教学目标可以分成知识、情感和技能三个方面，因此，教学评价也必须兼顾这三个方面的目标，不能只注重知识目标而忽略对情感和技能目标的评价。此外，教学目标不但有不同的种类，亦有不同的层次，应对每一层次的目标加以评价，例如，知识目标可以分为知识、理解、应用、分析、综合和评鉴六个层次，所以在评价知识教学结果时，决不可只偏重知识层次的评价，要做到兼顾其他层次目标的评价。其他目标种类及其所属不同层次目标的评价亦然。

（二）教学评价过程中承认学生个体差异

学生是体育课程教学发展的主体。每个学生由于遗传因素、生存环境及自身努力程度等方面的不同，在发展过程中就会呈现出差异，这是客观存在的。面对这些差异，应持有不同的体育课程教学评价标准，评价标准要根据学生年级的不同而有所变化，对同一年级的不同班级学生和同一班级的不同学生也应持有不同的评价标准，这样才能达到体育课程教学评价的目标，也有利于激励各类学生的进步，挖掘每个学生的潜能，使他们自觉地沿着不同的成长轨迹不断地发展。

（三）进行多次评价

教学评价的目的在于确保达到教学目标、改善教学水平和提高学生的学习效果。因此，获得一个正确的评价结果或提供正确的评价信息，对实现教学目标具有决定性的作用。而要确保所获得的评价结果是正确的，则必须针对同一评价对象的样本行为进行多次的评价，才能得出比较正确的评价结果。单独一次的评价结果必定会存在一定的误差，真实性和准确性都不高。经过多次评价后，误差将逐渐减少，使多次评价结果的平均数更接近真实的结果，最终获得一个接近正确的评价结果。因此，针对同一评价对象的样本行为进行多次的评价，是获得正确评价结果的有效方法。

（四）正确运用评价结果

为了更好地利用教学评价结果来改进教学效果，教师应在教学评价之后，根据教学目标或学习内容分析学生的学习方法以及兴趣，确定学生学习的优缺点，以便有的放矢地制订学习辅导策略，确保学生的学习效果达到预期的教学目标。

体育课程教学中应坚持以鼓励为主，使学生对自己的能力及其成果保持信心，这样有助于学生形成良好的心态。因为鼓励是一种信任，是一种美好的情绪。教师应善于发现学生的可圈可点之处，不吝惜自己的赞语。在实施教学评价时，教师还要做到认真、诚恳。每一个学生都非常在乎老师对他的评价，在实际体育课程教学环境中，只要教师对学生的点滴进步给予充分肯定，就能有效调动起学生的积极性，更好地配合教师完成教学活动，使教学工作达到教学目标的要求。

四、体育教学评价的功能

从体育教学评价的概念我们不难看出，它在体育教学过程中发挥着检测和调控的作用，保证教学活动达到教学目标。因此，它的功能是多方面的，主要表现在以下几个方面。

（一）检验功能

检验并判定教学效果，是体育教学评价中最重要的一项功能。检验功能主要表现在两个方面：第一，对教师的教学水平、学生体育知识、技术技能的掌握、教学目标和教学任务的实现程度、健康水平的提高情况进行客观的检验，并进行科学的评判，从而获得有效的信息；第二，通过检验和评判，对整个教学情况进行全面的了解，以帮助改善和提高教学质量。

（二）诊断功能

通过体育教学评价，教师对自己的教学行为及其结果有一个清楚的了解，从中发现存在的问题和需要改进的地方，从教学目标、教学方法、练习手段、运动负荷和讲解示范、组织教学等内容范围到学生的学习态度、练习积极性、投入程度等，都可以进行分析，看是否合理，是否得当，是否发挥了教师的主导作用和学生的主观能动性，以便找出原因，调整教学策略，改进相关的教学环节，克服教学中存在的各种问题，提高整体教学水平。

（三）反馈功能

通过体育教学评价，不论是为教师衡量教学状况，还是为学生了解学习情况都能提供大量可靠的反馈信息。根据这些信息，教师可以清楚地了解自己教学中存在的优点和不足，从而调整教学行为。学生通过这些信息，能更清楚地发现自己学习情况的优劣，从而明确努力的方向。但要注意的是，教师在将反馈信息提供给学生时，要根据学生的年龄和心理特点，把握适度性原则。一般来说，教师对学生的学习情况应在尊重实际的基础上给予充分的肯定，激发他们的学习积极性和主动性。对于否定的评价，教师要从帮助他们发现问题，找到不足的关键所在，以便学生能有针对性地改进，使学生树立信心。教师要采取措施，避免学生出现过度的焦虑和紧张，失去信心甚至产生逆反心理，否则会给学生身心的发展和以后的教学带来不利的影响。

（四）导向功能

体育教学评价的导向功能表现在教师对教学目标、教学任务、教学重点、考试要求的确定必须与教学评价相联系，学生的学习目标、学习的侧重点也要受到评价内容和评价标准的约束。从某种意义上来说，教学评价的内容和标准是教学工作的方向。因此，教学评价的内容和标准的制订，必须能反映社会的需要和学生个体的需要，符合学校体育的要求，能体现促进学生身心发展的方向。

（五）研究功能

体育教学评价的研究功能是指对体育教学过程按照一定的标准去测量收集到的相关资料。这些资料在一定的范围内，对体育课程的改进、教材或教学方法的衡量、学生身体发展的评价研究等都能提供有效的参考。在促进教学改革方面，其本身就具有研究价值。

（六）调控功能

体育教学评价的调控功能是体育教学评价所追求的基本目的。对体育教学效果的验证、对体育教学过程和结果的诊断、评价信息的反馈等，其主要目的就是更好地对体育教学进行调整和控制，使教学的各个环节得到进一步的改善，使各种教学行为指向教学目标，当然也要使教学目标更加符合教育目的，能够满足学生身心发展的要求。

五、体育教学评价的对象及组织实施

体育教学评价的对象是整个体育教学系统，包括体育教学行为和体育教学结果，即教师的教学、学生的学习及其共同活动所产生的效果。

（一）对教师教学行为的评价

对教师教学行为的评价是课程评价的重要内容。运用恰当的评价理论和方法对教师的体育教学活动和结果进行评价，是提高教学质量的重要手段。评价教师的教学行为的目的，是通过客观、公正、及时、可靠地评定体育教师教学工作质量和效果，发现教学活动中的优点和不足，提供具体准确的反馈信息来帮助教师改进教学工作，促进教师自身的发展和教学水平的不断提高。评价的内容主要是对教师的专业素质和课堂教学两方面的综合评价。

教师的教学行为多种多样，贯穿于整个教学活动之中。从教学过程的角度看有备课、课堂教学组织、练习指导、体育成绩考核等。对不同的行为就有不同的衡量方式和判别标准。例如，对备课的评价主要是看教师是否认真研究了教学内容，是否深入了解了学生的实际，是否充分考虑了场地、器材的合理利用，是否对教学目标、教学方法、运动负荷、学生需求等各个方面的联系进行了科学的分析，在此基础上形成了周密的教学方案；对教学组织的评价主要是看教师的教学目的和任务是否明确，教学内容的安排是否合理，运动负荷是否符合学生身体发展的水平，讲解示范是否有利于学生理解教学内容、调动学生学习的积极性，练习的安排是否让学生加深了对体育方法的领会和领略到了体育的乐趣，整个教学过程是否有利于学生树立科学的体育态度和发展体育能力；对练习的指导行为的评价主要是看教师能否引导学生理解体育方法和运动技术的实质，能否对症下药地帮助学生改正错误，是否能根据学生的心理特点去激励和指导学生积极练习，运用有效的方法改进和提高运动技术技能，逐步养成良好的锻炼习惯；对体育成绩考核行为的评价主要是看考核的内容、方式和指标体系是否合理，也就是说，能否客观地反映出学生的学习态度、对学习内容的掌握程度、技术技能和身体发展水平进步的幅度和调动学生的学习积极性；对学生的评价是否客观公正，是否能合理地利用考核的反馈信息来改进教学等。对教学行为的评价是教学评价的重要方面，全面客观地进行评价对于提高教学评价的效果具有非常重要的意义。

（二）对学生学习行为的评价

在体育教学的评价中，对学生的学习行为的评价同样是非常重要的。学生是教学的主体，教学效果的许多方面都可以通过学生的学习行为直接反映出来。在课堂教学中，学生的学习行为总是处在一个动态的变化过程之中。这些变化与教师的教学行为是密切相关的，教师积极有效的教学行为会引发学生相似的学习行为，而缺乏影响力的教学行为就很难引起学生积极的学习行为。在教学的双边活动中，教与学始终是相互影响的。

体育教学中对学生学习行为的评价主要包括课内和课外两个方面。课内主要是指学生听讲、示范的态度、身体练习的投入程度、是否努力实现自我超越等动态行为，以及对体育与健康的认识、科学锻炼的方法、体育技战术知识与运用能力、有关健康知识的掌握与运用、与不同学习水平相关的运动、技能水平与运用情况、学习中的情意表现与合作精神来进行观察和评价。课外主要是通过学生是否能够运用所学的知识和技能来进行自觉的锻炼等来进行评价。学习成绩的评定标准，应采用绝对标准与相对标准相结合的方法进行，如在体能成绩评定中可参照国家教育部体育总局颁布的“学生体质健康标准”。结合每位学生的基础及提高的幅度进行评定。运动技能评定，除了用定量评定与定性评定相结合的方法进行外，还可在学习成绩评定方法中又根据学生年龄、学段的特点而有所差异。可用等级评定制，也可采用等级评定与评语式评定结合的制度。在评定学习成绩时，不仅要求教师参与，同时也应重视学生的自我评价和相互评价。了解这些信息，有助于调整教学活动、改进学生的学习行为、提高教学质量。

（三）对体育教学结果的评价

对体育教学结果的评价属于总结性的评价。在体育教学评价中，传统的方法一般是从测定学生体育知识、技术技能的掌握和提高程度入手，运用统一的、定量的方法来评判，最终结果取决于学生个人的运动技术和体育锻炼标准达标测评的成绩。一个班的评价则依赖于全班成绩的综合。通过仔细地分析，人们不难发现，这种评价方法显然太片面，它不能反映体育教学目标达成程度的全部。对于学生个体来说，由于体育本身的特点，统一的评价标准也是不公正的。对体育教学结果的评价，要将定量和定性结合在一起，形成正确的体育态度、情意等非智力因素的发展等纳入评价的范围。在对运动技术、体育锻炼标准等定量的测量中，要区别对待，不能用同一标准去衡量。

学生的体育基础参差不齐，评价时要看发展和进步、看自己与自己的纵向比较情况，特别注意学生在学习过程中的反映和学习前后变化的评价。只有这样，才能调动学生的积极性，使学生个体得到更好的发展，从而提高教学质量，也只有这样，才符合体育教学评价的目的。但是要进行定量测量与定性分析相结合的、动态的评价。在评价内容、评价方法及评价指标体系的确定等方面，还有许多的问题要研究、要探讨，甚至还有一些诸如学生体育基础的初始水平的判定等一些难度很大的问题要解决。

（四）评价的形成

教师教学行为的评价主要采用教师自我评价和学生评价的形式进行。同时也可采用同行评价、专家评价和学生成绩分析等多种评价形式。评价可针对专业素质和课堂教学两方面的内容制定适当的量表，做到定量评价与定性评价相结合，这样符合客观评价的要求。

（五）评价的组织实施

教师专业素质的综合评价，主要由领导和教师本人进行，同时采用同时评价的形式，一般每学年进行一次。教师的即时性自我评价，可采用每堂课后在教学日志或教案上做简要评述的方式进行；由学生、同行或专家进行即时评价，可采用随机方式在每学年进行若干次；积极性或课程教学实施的总体评价应在即时性评价的基础上，由学校组织至少每学期进行一次，并将评价结论和整改建议即时反馈给被评教师本人。

六、体育教学评价的类型

教学评价的类型很多，国内外学者从不同的角度划分出了不同的种类。但从教学评价在教学过程中所具有的功能来看，体育教学评价主要有总结性评价、形成性评价和诊断性评价等类型。

（一）总结性评价

总结性评价一般是在一个学期或一个特定教学阶段结束后对学生学习结果的检查与评判。这类评价着眼于学生体育学习成绩的评价，看通过教学后，学生的体育知识、技术技能、身体活动能力取得了哪些进展，是否达到教学目标，最后根据既定的评价标准做一个结论。对于体育教学来说，这类评价方法是必要的，但从现实的执行情况来看，如前所论，它的局限性很大，亟待改进。

（二）形成性评价

形成性评价是一种过程性评价，它是在教学进行的过程中为了改进教学而进行的对学生学习的过程及阶段性结果所实施的检查和评判。它的主要目的是了解情况、获取反馈信息，以便进一步改进教学。因而这种评价的频率远高于总结性评价，它在一个新的教学方法实施后、一个新的教学内容初步完成后或一些新的身体锻炼手段使用后都可进行，它侧重这些实施过程的检查，并通过对检查结果的分析和评定，以这个评价结果为重要依据来改进教学，提高教学质量。形成性评价的积极意义在于教学过程中对教学进行检测和反馈，能及时对教学活动进行修正和改善，因此，形成性评价的侧重点是提供信息，是对过程的考察。在对反馈信息进行分析时，要注意去发现它的内在规律：是个别的问题，还是普遍的问题，是教的问题，还是学的问题；对一些信息产生的根源进行全面的、多角度的分析，以便获得客观的答案、能够切实达到督促鼓励学生学习、合理修正教学方案的目的，使教学过程更好地指向教学目标。

（三）诊断性评价

诊断性评价是教学评价的诊断功能实现的基础，它是指为了解学生学习的基础和查明制约学生学习进步的原因而进行的检测和评判。诊断性评价在体育教学中具有非常重要的意义。学生的形态、体能有很大的差别，发展不同步，体育基础、个体需要、学习动机都是因人而异的，这些在教学进行以前，教师就要通过诊断性评价来获得第一手材料，为教学设计提供参考，以便在教学过程中针对学生的差异，采用多种多样的、具有广泛适应性的教学方案，做到区别对待，满足学生多样化的学习需要。在教学过程中，诊断性评价也是必要的，但这个阶段评价的侧重点则是确定学生在学习中是否存在困难，造成困难的原因是什么，然后根据教学实际有的放矢，采取必要的措施帮助他们克服困难。

第二节　高校体育教学评价的人本缺失与纠正

多年来，高校体育教育在不断地进行改革，教育理念也在不断创新，从增强学生体质到关注学生的健康，最后发展到关注人的全面发展。在新理念的指导下，教学目标、教学内容、教学方法和教学评价也发生了相应的调整和变化。但从长期的实践来看，在体育教学改革中，存在理念与实践脱节，实践跟不上理念的发展，理念的贯彻不到位的情况，导致高校体育课程的改革效果甚微。改革的各个环节相互影响，从而影响体育教学评价的改革，导致体育教学评价改革至今仍然是一个很薄弱的环节。

一、高校体育教学评价的人本缺失

（一）高校体育教学目标的人本缺失

在高等教育目标上，重成才轻成人。即我们的教育只关注学生成名成家、成为某领域的专门之才，而忽视如何做人；关注考试分数，忽视品德、心理等综合素质的培养。长期以来，受高等教育目标“社会适应论”局限性的影响，只注重了在专业知识上对“社会人”的培养，抬高了“社会适应论”积极的一面，忽视了消极的一面，从而影响了学生整体素质的提高，学生的个性常常被抹杀，学生只是教育的工具和手段。培养出来的学生在科学与人文、知识与道德、智能和情感方面得不到全面和协调发展，这样的人走向社会后往往缺乏可持续发展的后劲，长此以往，不但人自身得不到生动活泼的发展，社会的发展和进步也必然失去应有的基础。教育里面少了对人的精神文化的关注，少了对人类可持续发展的思考，使得人与人、人与自然的矛盾和冲突日益尖锐。在体育教学目标上，只关注学生体质的发展和专业技能的传授，忽视了学生专业知识以外方面需要的培养，如情感、能力、价值观等。在这种背景下，培养出来的学生空有满腹经纶，高分低能，缺乏实践操作能力，缺乏处理问题和解决问题的方法。走出校门，感觉很迷茫，无所适从。因此，导致有些学生甚至出现严重的心理问题，自杀或杀人。像云南大学生马加爵、武汉大学生刘启业等这样的例子不胜枚举。

（二）传统体育教学模式的人本缺失

1. 传统体育教学模式僵化

传统体育教学模式在教师们的心中根深蒂固。在传统体育课教学活动中，体育课上体育教师是主体，学生只能围绕着教师转，一切行动听指挥。从课堂的准备部分开始：慢跑、做操；基本部分：某种练习，讲解、示范，学生练习、纠正错误、再讲解、再示范、再练习。结束部分：集合、小结、下课。一堂机械式的体育课就完成了。课堂上死气沉沉，没有朝气；学生缺乏主动、无精打采；教师讲的吐沫横飞，学生听的昏昏入睡；久而久之，教师没有了热情，学生失去了激情。一堂课下来看起来没有什么大的问题，学生的感受就是枯燥无味。学生原本是怀着激动，渴望的心情来上体育课的，希望体育课给他们提供一个发泄的机会、激情展示自我的一个场所，无拘无束地在自我爱好的运动中享受快乐，心理上得到一种极大的满足。然而，这些美好的愿望常常被击得粉碎，使本应活泼可爱的学生心理发生扭曲。为什么体育课让学生们失望，大多数学生对体育运动没有兴趣，甚至反感，究其原因是传统体育课堂教学活动生硬刻板，压抑了学生的个性且使学生的个性得不到健康发展。

2. 以考为本的应试教育根深蒂固

事实一再证明，以考为本的应试教育，极大诱发了“片面追求升学率”且“久治不愈”而成为教育中的一大顽疾，并导致了一系列后果。为了扭转这种“目中无人”的教育思想，虽然提出了要大力实施以培养人、塑造人、完善人为目标的教育思想，在目前看来，在原有的教育评价体制下，素质教育还只是一句美丽的口号和软弱的说教。在现实中，只重视文化知识的教学，轻视德、体、美及劳动教育；只强调知识记忆和积累，忽视创造性、思维能力、创新精神的培养。这些现象严重违背了教育教学规律，扭曲了教育的性质和任务，剥夺了学生学习的兴趣与乐趣，阻碍了学生全面的、主动性的发展。

（三）教学评价内容的人本缺失

我国高校体育教学内容一直以运动技术教学为主，沿用的是竞技运动的教材体系，体育项目竞技成分重、难度大。由于过分强调技术动作的规范性，完成动作质量的要求和标准也过高，学生都难以完成和掌握，渐渐地使学生喜欢体育而不喜欢体育课并出现了厌烦的现象。再者，这些含有竞技成分的体育项目大多趣味性低，不能激发学生锻炼的兴趣和积极性，严重影响了教学质量和健身效果。教材内容难度加大必然导致教学评价内容的难度系数提高。

尽管《全国普通高校体育课程指导纲要》中对教学内容的选择提出了要求和进行了指导，本着“健身性与文化性相结合、选择性与实效性相结合、科学性和可接受性相结合，民族性与世界性相结合”的原则来选择教学内容。但是在实际运用中，重竞技、轻健康；重技术、轻兴趣的短视现象仍然不容忽视。

（四）高校体育教学评价方法的人本缺失

随着“健康第一”指导思想的确立以及素质教育被人们广泛接受，整体、全方位改革高校体育课程的教学内容、教学方法，特别是教学评价体系的呼声日益强烈。而现实中高校体育课程的教学实践与“健康第一”的指导思想、素质教育观念却存在着很大的差距。经过小学、中学、大学体育课程十几年学习的学生，没能形成对这门既强身健体又能培养人文精神的体育课程学习的向往和追求，反而产生了“厌学”及对考核的畏惧、担忧心理。但是在课余时间，在运动场上，在转播高水平竞技比赛的电视屏幕前，大学生们欢声笑语，甚至异常狂热，与体育课程学习中的呆板、严肃形成了明显的反差。产生如此反差并不是体育本身的过错，问题在于当前强制性的体育教学仍然主导着高校体育课程的教学，在于以“终身体育与健康”的体育思想和培养学生兴趣、养成运动习惯的教学目标和具体的教学实践过程严重脱节。教师教学仍然围绕着考核进行，高校学生学习也是为成绩合格而练习，教学评价方法的不合理与不科学导致了学生参加体育运动的激情与欢乐就在“应试”中消失殆尽。

高校体育教学对学生的评价一般包括三项：平时成绩、技术考试成绩、体育理论考试成绩或素质测试成绩。这种评价方式已经沿用了几十年，虽然进行了多轮的体育教学改革，但这种评价方式的地位牢不可摧、一成不变。

高校体育教学评价还是应试教育的一套做法。平时成绩涵盖内容就是考勤，技术考试成绩和体育理论考试成绩用数据说话。评价方法都是采用的定量评价，从表面上看，似乎很公平，但评价方法单一，不能真实地反映学生学习的情况。对学生的心理、情感、学习态度与方法、合作与交流、创新能力等都缺乏判定。

（五）体育教学评价主体的人本缺失

教学评价的主体有两层含义：一是课堂的主体性，就是评价谁的问题。传统的课堂教学评价标准大都偏重对教师教学的评价，对学生的评价常常被有意或无意地忽视了。主体教育应以充分重视学生主体为根本特征。在确立主体性课堂教学评价标准时，必须同时考虑教师与学生两方面的活动，彻底消除传统课堂教学评价只见教师不见学生的偏向。二是评价的主体性。以往对学生的评价就只有教师这单一主体，教师说了算，学生只能被动地接受评价结果，没有参加评价的权力，始终处于被动性地位。

二、高校体育教学评价人本缺失的纠正思路

（一）加强高校体育教学以人为本评价理念的深度贯彻

高校体育教学改革是老生常谈的问题。每次改革在理论上都进行了创新，提出了新的理念。理念毕竟只是一种理论，它和实践存在着很大的差距，如何让新的理念从书本上、从会议上、从口头上走进课堂，需要领导观念的改变和重视。评价内容和评价标准的制定是一个集体行为，取决于领导的意识和组织，教师和学生只是教学大纲的执行者。因此，评价内容和评价标准的设置要符合学生实际，不是拍脑袋的事，领导要认真组织和过问并进行认真研究。在新理念下，教学评价改革不能走过场、流于形式。体育教学改革进行了六、七轮，每一轮的改革只是换汤不换药地改教材，老师做的还是老一套。如果不落到实处，就像当初我们提倡的“素质教育”和贯彻“健康第一”的体育思想一样，到目前为止，改革的效果都是收效甚微。教育主管部门对体育教学改革的方向是对的，思路也是清晰的，问题在于贯彻和执行的过程中走了样，即使在理念上进行了转变，但在行动上只是应付，敷衍了事，对教师督促不力。自从体育走进学校，虽然进行了多次改革，但我们的学校体育和体育教学没有发生根本性的改变，几十年如一日，常常是穿新鞋走老路。

对以人为本的教学评价改革进行研究，只是一种理论上的构想。要把构想付诸实施，还有待于各方面的努力，要为体育教学部门和体育教师创造必备的条件，领导、教师、学生都要从观念进行彻底转变，建立完善的督促监督机制，这样才能把一种先进的理念深度贯彻到教学实践中去。

以人为本视野下的教学评价是一种新思想、新方法，大凡新的东西要得到应用和实施，必须要有一个过程，需要时间，还要计算成本。一个新事物的孕育会遇到层层阻碍，但一旦播下种子，它总会破土而出，在阳光与雨露的滋润下定会茁壮成长。

（二）纠正体育教学评价人本缺失的举措

正因为现在体育教学或体育教学评价存在诸多方面的人本缺失，所以迫切需要改革。在教学目标上，成才与成人并重。追求学生素质即德、智、体、美、劳等各方面的全面健康发展，促进学生在身体、智慧、情感、态度、价值观和社会适应性的全面提高。在教学主体和教学模式上，要尊重学生的主体地位，调动学生的积极性，还学生以学习、创造的主动权，拓展学生自主发展的空间。在教学过程中，要让课堂充满生命的活力。首先必须充分激发学生的主体参与，活跃教学气氛，满足学生的表现欲、发展欲，这是教学富有活力的前提。通过主体参与可以有利于形成和谐的教学人际关系，可以撤除师生关系、生生关系的隔膜，增强师生、生生之间的交流与合作，建立和谐的互动关系，增强学生的责任感、合群性和社交技能。其次，在教学内容上应积极改变几十年一副“老面孔”的“一纲一本”的僵化格局，对教材要适时调整、适时更新。实现学生可以自由选课、自由选择老师、自由选择上课时间。在评价内容上要降低对学生评价的难度，增加评价内容的趣味性。在技能考试上设置多个评价项目，学生可以自主选择考试内容，对学生的整体评价上要扩展评价范围。在教学评价方法上定量评价不能丢，更要强调质性评价，注重对学生学习过程的评价。避免单一评价，让学生参与到评价主体中来，采用多种评价方法相结合的原则对学生学习进行客观、真实、科学的评价。

（三）防止以人为本视阈下高校体育教学评价改革的异化现象

以人为本理念给体育教学评价改革注入了一针活力剂，为大学体育教学评价改革指明了方向。虽然“以人为本”理念对教学评价具有指导意义和不可忽略的价值，但对于新理念的理解、接受和运用存在很多歧义并出现了一些异化现象，有必要加以澄清和正确解读。

1. 为尊重学生而放弃或淡化课堂纪律与教学管理

教学“以人为本”被误解为要充分尊重学生的自由和个性，学生在课堂上无拘无束，甚至可以无视课堂纪律与秩序。如有的学生不打招呼擅自离开课堂、课堂上吃口香糖、吃零食、吃早餐，甚至抽烟；在课堂上对教师提出的问题置若罔闻，随心所欲。这些做法看起来是对学生自由和权益的尊重，实际上违反了课堂纪律和教学管理，会使所有学生在课堂上受教育的权利受到损害。“以人为本”并不是不依规矩，尊重学生的权益并不代表对课堂纪律管理的淡化和放弃。

2. 为满足学生要求而漠视教师权益

教育“以人为本”被误解为要无条件满足学生的愿望。在教学中，不分是非、对错无条件满足学生的各种要求，长而久之，纵容了学生，学生提出的要求会越来越多和更加大胆。教师对学生不合情理的要求如果一味迁就和顺从，那么教师的合法权益、人格尊严将会受到挑战。有的学校借“尊重”的名义，对学生的无理要求还提供相应条件，生怕得罪了学生，使学生变成了“唯生独尊”，甚至对教师提出了近乎“苛刻”的要求，一味强调教师要无私奉献，教师的休息权和获取劳动报酬的合理要求得不到满足。随着人事制度的改革，教师的薪酬与考核挂钩，教师上被学校考核，下被学生考核，高校教师一直在这个夹缝中生存。现在有的学生很现实，不管自己学得怎样，教师教得怎样，只要教师给他高分，他就会在评价表上给教师打“√”，满足不了要求的话，就打“×”。学校实行教学一票否决制，各级领导动辄以“下岗”为要挟。基于此，不少教师为了迎合学生口味、获得学生一个“好的”评价，对学生的错误不得不“视而不见”，在教学管理上“不敢作为”。对于这些，教师们也很无奈，使教师产生了巨大压力感与职业倦怠感，影响了教师教学积极性的正常发挥和教学质量的大幅滑坡，也对现在的教价评价方法与评价制度提出了新的挑战。

“以人为本”，就是要从人的发展出发，一切为了人，了解人、理解人、尊重人、依靠人。学校教育要树立“以人为本”的教育理念，以教师和学生为中心，并将“以人为本”的教育理念贯穿到体育教学工作当中去。教育“以人为本”的基本内涵就是为了师生、尊重师生、依靠师生。

教学是学校生存的根本，教师和学生是完成教学的主体。学校教育不仅要重视教学，更要关注教师和学生的共同成长，把师生的发展和维护师生的根本利益作为学校工作出发点和落脚点。第一，尊重学生，理解、信任每一位学生，保证每个学生受教育的权利都享有均等的机会，为学生的发展空间提供和创造有利条件，使学生的个性得到充分、自由的发展。第二，尊重教师，尊重教师的劳动成果。尊重教师，首先要尊重教师的尊严，保证教师的人格尊严不受到侵害，使体育教师在学校与其他学科教师一样享有同等的地位和待遇，积极提高教师参政、议政的权力，使体育教师的合法权益得到保护，承认的体育教师的劳动成果；其次，要关怀教师。对教师要进行人文关怀，无论是思想上还是业务上，要为教师提供学习的机会和发展的平台，不断提高教师的思想素质和业务水平以及教学能力。第三，体育教学和体育教学评价要以育人为本。体育教学过程中，学生不仅要掌握基础专业知识、基本技术技能，还要在道德修养、身心健康、学习方法、交流合作、创新能力等方面得到提高和全面发展。教师要尊重学生的发展需求，理解、尊重、帮助、关爱学生，严肃课堂纪律和教学管理，对学生不合理的要求，不能一味迎合、顺从和迁就，推卸责任和放弃原则。在评价中，不能就老师说了算，学生应积极参与到评价中来，成为评价的主体，这样才做到了真正的以人为本，才能把体育教学改革推向新的台阶。

3. 以人为本就是不考试了

持这种观点的人是对以人为本理念缺乏正确的解读。以人为本是相对于以“物”为本而言，从过去的关注“物”的发展向关注人的发展的转变。社会的发展以物质作为基础，最终是人的自由发展。这是人类对自身发展认识在理念上的一次飞跃，也是人类进步的标志和转折点。“考试”，从客观上来讲，具有一定的公平性，它能在同等的条件下对结果进行公正评价，显示了它的优越性。我们现在所说的“考试”主要就是对学生进行定量评价，在“量”上占的比重比较大。它的缺陷在于忽视了学生发展中学习过程的评价和学生在德、智、体、美、劳等方面全面发展的衡量。只注重了专业知识的教育，忽视了育人的要素。在教学中，以人为本就是坚持以学生为本，要关注学生全方位的发展，考试是其中的一个方面，不能丢。在搞好“考试”的同时，要关注学生非智力因素的发展和学习过程的评价。关注个体差异，因材施教，扩展评价内容的范围，增加定性评价的份额，使质性评价与定量评价并驾齐驱。“以人为本就是不考试了”就像我们当初理解的“素质教育”一样，总把“素质教育”理解为“放羊”。对一个事物的理解不能走极端，更不能违反事物本身发展的规律。

（四）凸显以人为本体育教学评价内容与方法的完美表述

以人为本的全面发展的教学评价内容包括哪些？框架怎样去搭建？采用什么样的评价方法去客观评价学生学习的真实状况和正常成长等等一系列问题，都是高校体育工作者值得探讨和思考的问题。

以人为本视野下对学生的评价就是要在德智体美劳等方面进行全面评价，促进学生的均衡发展；以人为本视野下对学生体育学习的评价，除了过去重视的技术评价外，还要对学生的学习态度、学习方法、学习反思、体育交流与合作、体育创新、体育情感、体育欣赏与审美、体质健康、心理健康以及学生的品质与修为等等方面进行评价。基于以人为本理念的教学评价内容涉及了学生发展的方方面面，比以往的教学评价内容扩充了不少，如技术考试出现多个项目可供学生选择，增加了学生选择的余地，提高了学生学习的积极性与学习兴趣。评价范围扩展到学生的德智体美劳等方面，能全面客观地反映了学生学习成长的情况。

过去的评价方法以定量评价为主，随着评价内容范围的扩展，只用定量评价是远远不够的。所以，评价方法要求的不再是单一性的评价，与过去的教学评价形成鲜明的对比。采用多种评价方法对学生进行评价，能有效地、科学地、客观地、更加正确地反映学生的真实发展状况，也是贯彻执行以人为本的体育教学评价的重要体现。

（五）以人为本视阈下体育教学评价改革的局限性

过去对学生的评价内容就是技术考试和平时成绩，评价方法主要采用定量评价，重结果，轻过程，教师操作起来方便简单，教师易于接受，而且这种操作方式在教师头脑中已经形成了固有惯性和一种固定思维模式。以人为本视野下的体育教学评价，评价内容丰富、评价方法多元化，强调学生学习过程的评价，强调质性评价，教师必须在平时的教学过程中采取随堂观察、记录、问答、测验等方式对学生进行评价，势必会增加教师的工作量和操作难度，使教师从思想上、实践中不太适应和难以接受。如果没有强烈的责任心和督促制度，教师就会不上心和敷衍对付，以人为本的教学评价理念将得不到彻底贯彻，改革的努力也将付诸东流，这是我们需要思考的问题，也是以人为本体育教学评价的局限性所在。

第三节　高校体育教学评价体系的人文性构建

一、高校体育教学评价理念的更新

要改革就需要有新的理念做支撑。新的理念的提出，为改革的成功奠定了理论基础。以人为本是科学发展观的本质与核心。科学发展观要求以人为本，坚持全面、协调、可持续发展。高校体育教学评价的改革理应坚持这一理念，要改革，就要由原有理念的思维中转变到新的理念上来。

（一）以知识为本、以教材为中心向以人为本转变

长期以来，我国传统的教学都是以“教师为中心、教材为中心、教室为中心和以知识为中心”，而不是以学生为中心，教师根据教材在教室或体育馆向学生灌输书本知识，学生只是被动地接受教师传授知识。教师以教学任务为目的，而不是教会学生学习的方法，忽视了学生整体素质的提高。以知识为本、以教为中心的教学理念，一直存在于我们的教学实践之中，严重地影响了教学质量和学生素质的全面提高。重视了知识的传授，忽视了学生能力的培养；强调了成才，忽视了育人；淡化了心理素质的提高；强调了教师的主导作用，忽视了学生的主体作用。

改革开放 30 多年来，在邓小平理论、“三个代表”和科学发展观的指导下，逐步树立了以育人为本、以学生为中心的教学理念，培养符合邓小平同志提出的“三个面向”要求的“四有”新人，培养有实践能力和创新精神的人才。树立以人为本、以学为中心的教学理念，把学生放在中心地位，教师和学生的关系发生了转变；在教与学的关系上，以学为主，以学生的发展为中心，把教只作为手段，把学作为目的，使学生在学习上更具有积极性、主动性，在获得知识的同时也学会了学习的方法和能力的培养。

所谓以人为本，其基本含义是：它是一种对人在社会历史发展中的主体作用与地位的肯定，强调人在社会历史发展中的主体作用与目的地位；它是一种价值取向，强调尊重人、解放人、依靠人和为了人；它是一种思维方式，就是在分析和解决一切问题时，既要坚持历史的尺度，又要坚持人的尺度。真正的教育是以人为本的教育，让人体验美好、体验崇高、体验快乐、体验成功，培养积极的人生态度、鲜明的价值判断、丰富的思想体系。高校体育教学要以人为本，让学生关注体育知识、技能、方法对自身健康的影响，注重体育的行为规范和科学炼身态度的养成，这才是作为手段而应用的评价体系所追求的效果。体育本身就是人文精神的产物，因此，高校体育课教学评价理应体现“人文性”。

在体育教学过程中，对学生学习的评价，不仅要研究学生学习的表象，还要试图从表象知晓学生内在的变化并分析产生的原因，从而客观地评价每个学生，使学生了解自己、正确认识和评价自己，树立信心，发挥自己的潜能，促进自我的完善与发展。同时，还应兼顾个体的差异性，突出学习主体的人格特征，把过程与结果结合起来评价学生。依据学生的课堂表现、运动技能、体育理论知识、身心健康和社会适应能力等方面，通过自评、师评和互评等方式对学生的成绩进行综合评定。要特别重视个体差异，对体育基础不太好、受身体条件限制、缺乏运动自信的“困难”学生给予特殊的关怀，以帮助他们树立信心，克服挫折和失败感，正确认识体育，使他们真正体会到体育学习的价值，享受健身的乐趣。毕竟，高等学校体育课的教育目的不仅是传授技术技能，还要提供广博的通识基础。

原教育部长陈至立强调，要坚持以人为本的科学发展观，把提高青少年的健康素质纳入各地全面建设小康社会的总体目标，纳入教育工作和体育工作规划，并把青少年的体质健康状况作为评价教育工作和体育工作的重要指标。体育的考核应有利于学生个性的培养和选择的空间。一概而论的绝对评价标准，对待学生有失公正。因此，应尽量多地设置考核项目为学生选择，这样才能调动学生的学习积极性。毕竟学生的学习目标不是当运动员，而是以健身、娱乐提高生活质量为目的。因此，提高学习过程评价的比重，进行对学习过程及综合表现的评价，是在评价工作中必须加强的。

（二）从片面发展向全面发展转变

在2002年教育部印发的《全国普通高等学校体育课程教学指导纲要》明确指出：“体育课程是寓促进身心和谐发展、文化科学教育、生活与体育技能教育于身体活动并有机结合的教育过程；是实施素质教育和培养全面发展的人才的重要途径。”人的全面发展有双重含义：就个人而言，拥有全面素质的人才能体现自身的意义和价值，为社会所需求和接受；从全社会对所需人才的整体布局出发，应全面协调地培养和配置社会所需要的各方面的人才。所以，以人为本视角下的普通高校体育课的教学评价改革的关键是如何落实学生的科学发展、全面发展。体育是以身体练习为主要手段，运用科学的锻炼方法，达到增强体质、增进健康和提高体育能力为主的公共必修课；对高校体育课的教学评价进行改革，是每个学生自由全面发展的需要。在教学评价上，要建立多元的评价模式，评价要重过程、轻结果。以培养学生学习态度、学习方法、学习能力、学习习惯以及整体素质为中心，重视学生在学习过程中的体验、感受。既要重视学生对基本知识与技能的掌握，也要重视学生各方面能力的培养。在市场经济条件下，社会发展对人才的要求是不仅要懂技术，会管理，而且要有敏锐的观察力，善于开拓进取，具有创新的能力。因此，大学生要保持可持续性的发展，成为社会所需的高级人才，必须具有良好的道德修养和健康的心理品格、扎实的基础知识和过硬的专业技能，富有高度的创新精神和创新能力。

传统的体育考核模式不适应现代体育教育评价的客观要求。只有对学生的体育成绩进行全面综合的评价，才有利于学生创造力的培养，才有利于增强终身体育锻炼的意识，提高学生的积极性和兴趣性，更好地推动学校体育有效、健康的发展。因此，高校体育课的评价应从关注学生的身体发展向关注学生身体、心理和社会三个方面的全面发展转变；从注重运动知识、技能的传授到注重学生各方面体育能力的培养和体育锻炼习惯的养成；从以课堂为中心向以学生为中心转变，充分重视了学生的全面发展和个体要求。

（三）从急功近利向可持续发展转变

人类历史的发展是一条川流不息的河流，人类所追求的发展当然不能是澎湃一时就逐渐枯竭的短期行为。随着工业经济的快速发展，使得人们发展观的变化和认识上的不断进步，“可持续发展”的概念就应运而生了。人要幸福生活一辈子、健康工作几十年，必须致力于体育活动，致力于体育锻炼，并养成良好的体育锻炼习惯。学生在校期间，不只是为了修学分而要一个体育课的成绩，教师也不是只教会学生几个技术动作，这是远远不够的。教师和学生必须都具有终身体育意识。

因此，21 世纪高校体育课教学改革必须为大学生的健康可持续发展服务并提供有利条件。教育的可持续发展最终应归结为人的可持续发展，而人的可持续发展靠什么？靠终身学习。我国学校体育受传统教育模式和体育评价体系的制约，时常表现出僵化，学生只是被动地接受知识，忽视了学习方法、习惯、能力、情感的教育，被动的体育教学严重地影响着快乐体育和终身体育的落实，学校体育并不是体育的终结，而是体育的新起点。所以终身体育意识的养成，是大学生保持可持续发展的有力手段和重要保证。

以人为本体育观背景下，体育教学的目的不仅仅是提高学生的运动成绩与运动水平，更重要的是让学生养成锻炼身体的习惯，掌握锻炼身体的方法、技能，培养参与体育的意识。所以，体育成绩的考核应该全面、客观、科学，与体育的目的任务相符合，不仅考核掌握体育的基本知识、技术、技能，还要考核参与体育的态度、体育能力，体育能力包括体能和运动能力、体育锻炼能力、体育娱乐能力、体育欣赏能力等，这些都是大学生步入社会进行自主锻炼的必要条件。以人为本视角下的高校体育课评价应对学生进行学习方法的引导，使学生“得法于课内、自通于课外”，促进学生终身受益。

二、体育教学评价方法的选择与运用

（一）体育教学评价方法的选择

以往，体育教学评价较多运用定量评价的方法，对其他评价方法运用重视不够，运用较少。造成这种局面的原因一方面大家对以往体育教学的认识有偏差，错误地把运动成绩的优劣视为体育教学结果的体现。另一方面是对评价功能认识不清，认为定量评价公平、直观，但忽视了定量评价的局限性。评价方法的选择与运用必须较全面地反映学生的学习过程与整体学习情况及其他能力的培养，客观地、实事求是地对学生进行评价，不是就某一方面进行评价，否则就达不到育人的目的，违背了以人为本、全面发展的原则，培养出来的人至少是残缺地、不完善地。

体育教学评价只是教育评价的一个微观评价。目前使用的体育教学评价综合了教育评价的多种分类。常见的类型主要有 5 种：①诊断性评价、形成性评价和终结性评价；②相对评价、绝对评价和个体内差异评价；③客观评价与主观评价；④单一评价与多元评价；⑤发展性评价。

体育教学评价的方法多种多样，根据以人为本的理念，在教学评价中能客观地、全面地反映学生学习的情况，又能体现评价的人本性的，参考相关文献资料，选取了 8 种评价方法并简单加以介绍，这些评价方法有些是我们经常用到的，有些是我们平常所忽视的。对这些教学评价方法的了解，有助于对以人为本视野下教学评价改革的理解与认同。

1. 即时评价

即时评价是指在教学活动过程中，对教学现象做出的实时评价，对教学活动进行诊断，具有及时性、全面性、公正性、激励性等特点。教师对学生的课堂学习表现进行即时的表扬或批评，成绩肯定或错误纠正，是教师在课堂教学过程中对学生的学习行为表现给予的倾向性意见。即时评价往往与教学活动过程融为一体，一般是教师口头上的语言行为，没有严格意义上的评价方案和评价结论，只是强调对具体行为的评价和指导。即时评价在课堂中运用比较多，使用起来方便、简洁、快速，而且效果比较好。

2. 形成性评价

形成性评价又称过程评价，是相对于终结性评价而言，主要是对学生在课堂学习过程中所表现的行为、态度与情感进行持续观察、记录而做出的发展性评价。其重点在学习过程，通过信息反馈，对学生的学习过程做出诊断，从而改进教学和完善教学活动。其目的是激发学生学习的兴趣，对在学习过程出现的偏差进行有效调控，从而使学生增强学生学习的自信心，对所取得的成就感到自豪。形成性评价使学生从评价的被动者转变成评价的主动者和评价的积极参与者。形成性评价是对每一阶段性目标完成的情况作出判断、使教师根据反馈信息，调整教学活动，起到强化学习行为的作用。在高校体育教学中，形成性评价运用得很少。一般是在一个学期结束时进行一次期末考试，对学生进行终结性评价。形成性评价注重学生的课堂表现和学习过程，时刻了解和关注学生的学习情况。以人为本的教学评价，要极力提倡运用形成性评价。

3. 终结性评价

终结性评价常见于期末考试，一般是在学期结束时对学生学习的效果做出结论性的评价。目的是检查学生达成教学目标程度和完成情况。终结性评价是一种综合性的评价方法，对学生的评价主要来源于即时评价、形成性评价和学期结束时对学生的终结性评价。在实际运用中，我们只对学生所学知识和技术动做出一次性评价，更关注结果，没有反映学生学习的过程，缺乏即时评价和形成性评价的成分。因此，把形成性评价与终结性评价结合起来，才能形成对学生的相对完整全面的评价。在过去的教学评价中，终结性评价最常见，在以人为本的体育教学评价中，终结性评价是一种必不可少的评价方法。

4. 自我评价

自我评价是自我意识的一种形式，是自我意识发展的产物，也就是学生自己成为自己的认识对象。学生对自己的身心状况、能力和自身特点，对自己的思想、愿望、行为、情感、能力、状态和发展趋势做出认识和评价。自我评价是学生对自己的学习进行描绘和判断，对自己的学习过程与学习效果进行评价。在自我评价中，本着实事求是的原则，学生应客观地评价自己，正确的自我评价能不断地完善自我和发展自我。让学生进行自我评价，那就意味着学生要进行自我导向与控制，自我审视与诊断，自我促进与激励，这就是元认知，是对自我评价的功能的一种运用途径。在体育教学评价中，自我评价还比较缺乏，学生一直是评价的被动者，要做到以人为本，自我评价一直是体育教学评价改革努力的目标。

5. 他人评价

在体育教学评价中，他人评价主要是体育任课教师和体育课堂中的同学。通过教师和同学对自己的体育学习成绩做出评价，能够对自己的学习和行为做出正确判断，了解自己的情况，从他人的评价中认识自己，调整自己。从某种程度上说，他人评价比自己的主观认识更具有客观性。如果他人评价与自己的评价相差过大，那么则说明对自己的认识产生了偏差；如果自我评价与他人的评价有较大的相似性，那么则表明对自己比较了解，自我认识符合实际。当然对待他人的评价，不能只关注某一方面的评价，应该进行综合全面的分析，然后再对自己进行评价和校正。在我们的体育教学评价中，评价的主体只有体育教师，没有其他主体参与。在体象教学评价中运用他人评价，如学生的互评，既可以知晓被评价学生的在课堂中的一贯表现，也可以反映评价学生的人格特征，教师可以根据反馈信息调整教学重点，改进教学手段，根据个体差异纠正错误。

6. 定量评价

定量评价是采用数学的方法，通过对收集资料和采录的数据进行处理分析，对评价对象用数值进行描述和价值判断。它具有两大特点：一是具体化，二是客观性。因此，它具有标准性、精确性、简便性和公平性等鲜明的特征。在应用上主要用于甄别和选拔。定量评价一般只关注可测性的品质与行为，要求的是量化，强调共性、稳定性和统一性。在体育教学评价中主要采取对长度、高度和时间进行测验。不完美的地方就是有些难以量化的内容经常被忽视，不能对评价结果做出恰如其分的反映，即使勉强量化，那也只是一个形式。它忽略了那些难以量化的重要品质，忽视了学生的个性发展与评价的多元标准，把学生的个性发展和行为表现只是简单地换算成了数据。

定量评价是体育教学评价中最传统的评价方法，也是运用最多的一种评价方法。在以人为本的体育教学评价中，虽然强调质性评价，但也不能否定定量评价，定量评价是一种最基本的评价方法。

7. 定性评价

定性评价是无法或不适合用数据描述的方法对学生的学习成绩进行评价，而是根据评价者对学生平时的表现、完成技术动作达到目标的程度和质量进行观察和分析，对学生的学习情况做出定性结论的判断，如：写出评语、评出等级等。定性评价是利用已有的经验和知识以及相关标准或规范，通过比较的方法来进行评价。定性评价强调观察、分析、归纳与描述。

重视学生在“质”方面的发展，是定性评价的主要特征。强调学习结果和学习目标之间的一致性；对学生的进步和不足进行系统的考查。定性评价在“质”上面对学生的学习表现从教育学、心理学的意义上进行实质性的解释、分析与推论。重在现场和专业判断，侧重定性描述。因此，定性评价具有现代人本思想的理念。

8. 发展性评价

发展性评价是我国教育界理论家提出的一种新的评价方法。发展性评价是一种综合性的教学评价方法，强调自我评价、形成性评价、过程评价和定性评价；注重个体差异，着力于学生内在情感、意志、态度的激发，注重人的全面发展，是一种新型的评价方法。发展性评价理论的核心思想是促进学生的发展，指导思想是“以人为本”的现代教育理念。强调在评价中一切要有利于学生的发展，无论是评价内容、评价标准、还是评价方式；重视学生的现在和过去，更重视学生的未来，主要评价学生在原有基础上的进步与发展；考虑学生的个体差异，从横向上避免评价的绝对性和统一性，从纵向上体现学生连续、渐进、不断上升的进步过程，从量变到质变，要求评价具有动态性、发展性；强调评价主体的互动性，增进师生之间的沟通，共同商定学习和发展目标，共同评价目标达成情况，构建师生互动的、良好的教学环境。发展性评价是从发展的角度看待学生的成长，强调学生积极参与评价，进行自我评价、自我反思和自我监控，使评价成为促进学生身心全面发展的教育活动，在实践中逐步构建促进学生发展与教师成长的发展性体育教学评价体系。

（二）体育教学评价方法的运用

评价方法的选择与运用其目的就是公正客观地反映学生在学习过程与成长历程中的状态与具体表现，摒弃“一张试卷论英雄，期末一考定乾坤”的传统评价。任何单一的评价方法和对单一内容的评价对学生来说都是不客观的、不公正的。评价内容除了专业知识外，还包括学生的知、情、意、行，从学校育人的角度来讲，每个科目都担当此重任。评价方法应采取多种方法相结合，如过程评价与结果评价相结合；定性评价与定量评价相结合；教师评价、学生自评与学生互评相结合等，总之一句话就是选用的评价方法尽可能地科学合理地反映学生的整体发展状况。

1. 自我评价与他人评价相结合，实现评价主体的多元化

目前，在体育教学评价中，参与教学评价的主体一般是教师和学生，学生参与评价的权力和积极性都有待提高。学生从被动接受评价向主动参与评价转变，改变以往以教师为主的单一性主体的现象，实现主体评价的多元化，是我国高校体育教学评价改革和贯彻以人为本理念的必然要求和发展趋势。目前世界各国在体育教学评价中，评价的主体范围在不断扩大，除了教师外，学生逐渐成为评价主体，管理者、学生家长、专业研究人员、甚至是社会也都参与评价。众多主体参与评价，反映了评价的重要性、民主性、也体现了体育教学评价的人性化。在过去的教学评价中，教师与学生是上下级的关系。教师是管理者，学生是被管理者，学生没有话语权和主动权，评价完全由教师来进行，学生不得不被动接受和承认教师对自己的评价结果。学生参与评价，是对学生自己主体地位的提高，也是对自己人格的正确认识。通过学生自我评价和学生互评，对自己的学习状况和人格进行自我反思、自我教育、自我发展。学生参与评价有助于增进教师与学生之间的交流和沟通，增进双方了解，打破管理者与被管理者的上下级关系，形成民主、友好、平等的评价关系，使学生接纳和认同评价结果。

2. 终结性评价与形成性评价相结合，实现评价中心的转移

终结性评价重在关注结果；形成性评价重在关注过程，从关注结果向关注过程转变，实现评价中心的转移，是体育教学评价改革进步的反映，也是今后努力的方向。只有关注过程，才能体现以人为本，才能知晓学生学习和发展的情况，了解学生的进步。在教学过程中，对学生学习过程的评价要进行精心设计，采取多种形式如提问式，从问题中观察学生的表现：在问题情境中是否明白问题、对问题有没有思考、分析得是否正确、解决的方案有几种等；又如阶段性小测验，对每一个技术动作学习完成后进行考核等等。对学习过程中的评价要做好记录，在期末结合终结性评价对学生做出综合性评价。只有终结性评价与形成性评价相结合，才能发挥评价的真正功效，才能反映学生全面的成长、培养积极的学习态度、激发学习兴趣、树立自信心，养成良好的学习习惯和终身体育思想，才能实现学生可持续性地发展。

3. 定性评价与定量评价相结合，实现评价方法的多元化

从过分注重量化评价逐步向质性评价转移。追求客观性和精确性，使量化一度成为体育教学评价的重要特征。以量化的方式对学生的发展进行描述，时常表现出僵化、简单化和表面化的特点。学生身心发展的丰富性、学生的个性特点、学生的努力和进步都被消灭在一组组数据中。在体育教学中，量化评价把复杂的体育教学现象简单化了。质性评价的方法则以全面、深入、真实再现评价对象的特点和发展趋势的优点。质性评价已经成为世界各国教学评价改革所倡导的评价方法。质性评价从本质上不排斥量化评价，它常常与量化评价整合应用。因此，将定性评价与量化评价相结合，应用多种评价方法，将有利于更清晰、更准确地描述学生全面发展的状况。

4. 注重发展，淡化甄别与选择，实现评价功能的转化

1994 年，联合国教科文组织在《学习——财富蕴藏其中》研究报告中提出，教育的培养目标“学会认知、学会做事、学会共同生活、学会生存”为现代人一生发展的四大支柱，即教育要为学生的终身发展奠定基础，应在培养目标上着眼于人的全面发展。因此，原有学校体育教育目标和评价功能受到极大的挑战，相应地会发生转折性地变化，转而注重学生学习态度、学习能力、交流合作、创新意识和社会实践以及身心健康等方面的综合培养，为终身体育打下基础。在评价中不只是对学生学习的结果进行简单判定，更注重学生学习过程和学习能力的培养，包括学习方法、学习态度、情感意志和价值观等的形成，评价再不只是为了甄别和选拔，而更是为了更好地发挥评价的作用和激励功效，关注学生的健康成长和进步状况。

三、高校体育教学指标体系的构建

（一）高校体育教学评价指标构建的理论基础

1. 评价指标体系是教学目标的分解

体育教学评价的指标体系不同于评价体系，评价体系是较为宏观的，涉及体育教学评价工作的方方面面，而评价的指标体系属于评价体系中的一个环节，且是一个重要的环节。在体育教学评价中，评价指标体系是体育教学目标的具体化，能够起到指导教学的作用，也是评价目标的具体化，能指示评价主体或教师应该去评价什么，重视什么或忽略什么。评价的指标体系不存在或者不完善，会使得整个教学评价活动受到影响。

一般而言，目标总带有某种程度的原则性、抽象性和笼统性。因此，目标很难作为评估的依据。而评价指标正是对教学目标的一个方面的规定，它是具体的、可测量的、行为化和操作化的目标。具体地说，指标规定的内容是可以通过对客体的实际观察得出明确结论的。指标的这一性质是它成为评价的直接依据的重要原因，也是我们判断它能否成为一条特定指标的重要依据。与目标相比，指标往往具有更强的指挥定向作用。事实上，指标与目标的辩证关系决定：“指标并不只消极地被目标所规定，同时它也积极地规定着目标能否成为实际意义上的目标。”从指标与目标的这一关系中可以看出科学地设计评价的指标体系的重要意义。所以评价指标体系是进行体育教学评价的具体化目标和进行教学评价的依据，是构成评价目标的具体因素。尽管评价指标与评价目标的关系十分密切，但两者之间还是有一定区别的。目标反映评价对象的全貌，带有一定程度的原则性、抽象性，并且比较稳定，不容易改变，而评价指标则是反映评价对象的局部，具有较高的具体性和实在性，并且可以在反映目标的前提下，根据不同时期的特点作适当的变动。

2. “权重”确定每一项评价指标在指标体系中的重要程度

“权重”，是指每一项评价指标在评价指标体系中的主次区分和重要程度。是在对评价对象的不同品质的作用进行权衡比较时的一种量上的区分判断，是对对象在活动时间和精力分配的合理性方面作的限定和导向。在现实中，对任何事物的认识，都不会把其不同的品质作等价的判定而不分主次轻重缓急。对同一事物的认识评价，由于不同的目的导向，同一指标也可以有不同的权重。在同一目的同一对象的评价中，对诸评价指标权重的赋定准确与否，则是直接关系到能否客观准确地把握对象，能否实现评价目的、能否给对象发展予正确的导向的大问题，因此，确立体育教学评价指标体系对于各项指标“权重”的分配予以了充分的重视。

3. 建立体育教学评价指标体系的条件与要求

指标体系确立的一般原则应满足下列条件：与目标的一致性，主要体现蕴含在系统内各条具体指标与目标的一致性；直接可测性，指标所规定的内容是可通过实际观察加以直接测量以获得明确结论的；系统内指标的相互独立性，指同级指标必须不相容；指标系统的整体完备性，指标的全面性，它与独立性一起直接关系到指标体系的科学性；可比性，指标必须反映被评价对象的共同属性以便于比较；可接受性，符合教育发展的实际水平，按指标进行评价是可行的。

确立体育教学评价指标体系，应当置于体育教学目标之下，即为了更有效地实现学校体育教育的目的，要尊重不同学段学生的生理和心理特征、还要能够体现学科教育的特点，同时也要满足社会对学校体育教学的期望。

由于教学活动的长周期、有计划，与教学评价活动本身的随机即时性的矛盾，决定了体育教学评价指标应该具备易理解、可接受、非主观、能区别、相制约的可操作性特征。教学的突出特征在于它是一种特殊的教育活动，这就使得体育教学评价指标体系的建立成为一项较为复杂的系统工程，它一方面受制于其指标的特点、参评人员的认知角度和水平，另一方面则受制于方法的应用。从科学方法的角度来看，教学评价应尽可能地揭示和反映体育教学本质、典型的特征。

（二）建立体育教学评价指标体系的原则

根据《全国普通高校体育课程指导纲要》的要求，旨在加强教师及学生之间不断进步的教育评价理念，应用现代社会学、教育学、体育学、数学等理论从体育教学的各个条件及其相关联方面入手。

1. 客观性原则

构建现阶段评价的体系，是以各种评价理论为理论基础，以昆明市普通高校的现实状况为起点，全面客观的分析存在的诸多因素，使评价体系的各个组成要素具有客观性，从而真正体现能够有效促进教学效果的特点，特别是在进行评价过程中，要求客观公正合理，能够对老师的教和学生的学做出公平、公正且实事求是的判定。

2. 可行性原则

普通高校体育教学评价体系中的指标要符合体育学科的特点和学生的身心发育的特点，在制定评价目标和指标体系前，应对其体育教学现状进行系统调查和分析，对其进行深入了解，既要从中找出存在问题与不足，又要肯定其中存在的优势所在，在此基础上构建出该评价体系。

3. 科学性原则

整体的评价指标体系必须完备，使该评价体系能全面反映出评价目标的要求。甄别指标时应该遵循教育规律，让指标处于独立，同一层的指标不能有因果关系，应该是平级的，不能有合集和补集的重叠关系。

4. 可比性原则

评价体系中的各项指标反映的是评价对象的共同属性，应该具有可测性，也就是说指标要用具体的、可操作的语言进行定义，通过评价方法的使用，能够观测与了解从而得出明确结果，评价指标设置应该尽量简益于操作，同时更应该拥有可比性。

5. 向导性原则

提高体育教学质量、促进学生的身心发展，所以需要通过评价，揭示体育教学活动中存在的合理性与不合理性等问题，从而对问题进行改革，对优点继续发扬，为教师改进体育教学工作提供改进建议和意见，最终的目标是使学生从体育中获益。

6. 全面性原则

在指标的选定上，一定要经过多次征询，要具有权威性，能真正代表体育教学各个方面。指标要同时涵盖顶层的开阔性和底层的细微性。评价指标要具有广泛的代表性，能从细微到整体对体育教学进行评价，对评价指标中的各个指标的进行收集并进行全面的分析，最后做出恰当的判定。

（三）学生体育教学评价指标体系的构成分析

新世纪的教育改革的不断深入，教育评价体系的研究也越来越深入。体育教学评价从学生的体育成绩评价向多元化的综合素质评价发展是教学评价的根本已形成共识，体育教学评价不仅要关心学生的体育学习成绩，而且要发挥和发展学生各方面的潜能，了解学生的身心发展的需求，帮助学生认识自我，建立自信。如何科学合理的评价学生的体育学习，使评价成为促进学生更好地进行体育学习和积极参与体育活动的有效手段，是体育课程改革亟待解决的问题。这里我们从社会适应、情感态度、体质健康、知识认知、技术技能五个方面对学生体育学习实施评价。

体育教学与其他课程教学相比较，最重要的特征是从事身体练习，着重强调实践练习。体育的学习是一种技能的学习，其“技艺性”是体育教学的重要特征，技能学习属于身体认知，属于区别于逻辑认知的特殊领域，是实现体育功能的重要载体，它的发展具有特殊的意义。学生体育课学习的过程，体能锻炼必须承受合理的运动负荷，体育学习过程必须遵循人体发展的自然规律，因此其“自然性”是学校体育教学的又一特征；体育学习过程不仅是一个认知过程，它对人的情感、意志、态度、价值观方面的影响更为深刻，在提高学生非智力因素方面具有特殊的功能，因此，“情意性”也是学校体育教学的又一特征；体育和其他任何学科的学习相比较，显示了环境变化多端、学生的角色扮演多样、信息渠道畅通的重要特征，为学生的交往能力和组织能力的提高提供了条件。所以，其“人文性”又是普通学校体育实践类课程的特征之一。综上所述，作为学校体育课程和学科性质应当是技艺性，但是更加完整地表述其学科特征，应当是“技艺性”为主，“自然性”“情意性”“人文性”四性兼备的一门实践为主的学科。

因此，可以将学校体育教学的学科特征进行分解，以确定学生体育教学评价指标的具体项目：其一，体育学习是以身体练习为主要手段；其二，体育学习必须遵循人体发展规律并承受一定的负荷；其三，体育学习在非智力因素的发展方面有其特殊的功能；其四，体育学习在提高学生适应社会的能力方面有特殊的功能。

1. 体育过程人文精神的评价

人文精神的根本目的是唤起人的自由自在的人格境界，强调人的本质是由人自我塑造、培育和发展的，体育教育要以人为本，尊重人的价值，围绕人的全面自由发展这一终极目标而展开。人文精神必须通过大学生的体育行为与能力外显出来，需要循着知识的传授和积累，内化为人的素质，通过素质的修养促进能力的提高。人文精神评价是为了更好地发挥评价对课程的反馈、调控作用，使得课程能真正体现出它的效益和价值。弥补评价标准不尽合理时，给一部分先天条件差的孩子一个调整的余地，体现尊重个性，尊重主体意识的现代教育思想。

2. 对社会适应评价指标的分析

体育运动是指以身体练习为基本手段，以增强体质，促进全面发展，丰富社会文化生活，促进社会文明进步的一种有意识、有组织的社会活动。体育运动参与与社会活动紧密相连，学生在体育运动参与或竞赛当中，既有互相协作配合，又存在相互竞争，又必须遵守一定规则进行比赛活动，这种在体育运动参与中形成合作、竞争、遵守规则、服从裁判的意识和行为将会迁移到日常生活、学习、工作中去。可以说，体育教学是社会的一个小缩影，通过体育教学，在对其健康水平的提高的同时，可以增强同学之间、师生之间的人际关系，保证社会规范与角色定位和锻炼学生的耐挫能力，对培养学生成为社会人具有重要的促进作用，从而也有利于社会适应能力的培养。

3. 对情感态度评价指标的分析

情感态度指兴趣、动机、自信、意志和合作精神等影响学生学习过程和学习效果的相关因素。学生体育学习中的情感态度价值观的培养，是一个由知识与技能的学习过程承载的启发、渗透和感染的过程。体育教师要把情感态度价值观的培养有意识地、自觉地贯穿于体育教学过程之中，使其成为教学的灵魂，使学生逐步形成社会所期盼的健康情感、积极的态度和正确的价值观。

体育教学评价指标体系中的情感态度包括运动参与、学习兴趣、情绪调节合作与交往等具体内容。学生体育学习过程总是伴随着一定的情感体验，学习过程中的情感体验总是影响着学生的态度，从而产生不同的学习效果，而不同的学习效果反过来又会使学生产生不同的情感体验，进而影响学习过程。

4. 对学生体质健康评价指标的分析

体质。它是在遗传性和获得性的基础上表现出来的人体形态结构、生理功能和心理因素的综合的、相对稳定的特征。健康体质是人们正常生活、学习、工作的基础。具体而言，体质是人通过先天遗传和后天获得所表现出来的在身体形态、生理机能、运动能力及适应能力等方面的相对稳定状态。健康是生命支柱，身体是工作的直接承受体，只有健康的身体才能使生命辉煌，而健康的身体来源于多种因素，体育锻炼则是诸多功能因素中最为重要的关键因素。人的体质在其形成和发展过程中，具有明显的个体差异性和阶段性。因此，在人的不同生长发育阶段，体质的状况是不断发展和变化的，既有共同的特征，又有不同年龄阶段的特殊特征。因此对体质健康进行评价时，要充分考虑被评对象自身的特点。在我国《学生体质健康标准》中，也选取了身体素质、身体机能和身体形态这三项指标作为评价学生体质健康的评价指标。

（1）身体素质

身体素质，它是指人在体育活动中表现的机体能力，它是衡量体质的重要指标。通常所称的身体素质有：力量、耐力、速度、灵敏和柔韧等。身体素质是体育活动中反映出的机体能力，是掌握运动技术、提高锻炼效果的基础。作为学生体育学习评价指标之一得到了专家的肯定。

它既成了确定学生体质测定标准的依据，又在体育课的任务中得到表述。

（2）身体机能

身体机能水平，包括心率、血压和肺活量。身体机能是指机体新陈代谢的功能，以及各器官系统的工作效能。通过身体机能评价，可以了解机能的状况和体质水平，并可以反映身体锻炼的效果。教学实践证明，体育教学能够对学生的身体机能产生影响。

（3）身体形态

身体形态指标，包括身高、体重、胸围、腰围，作为身体形态指标，还可以包括身体姿势、皮下脂肪、骨关节形态、身体各部分比例等，对于以上指标的筛选是考虑到各级各类学校体育教学条件和测量工具的简易性问题。在众多形态指标中，学生在身高、体重和胸围方面的发育状况具有代表性。

5. 对于知识认知评价指标的分析

认知是指人们获得知识或应用知识的过程，或信息加工的过程，这是人最基本的心理过程。它包括感觉、知觉、记忆、想象、思维和语言等。人脑接受外界输入的信息，经过头脑的加工处理，转换成内在的心理活动，再进而支配人的行为，这个过程就是信息加工的过程，也就是认知过程。认知理论认为，认知过程决定着情绪和行为的产生，同时情绪和行为的改变，也可以影响认知的改变。美国著名的认知心理学家布鲁姆将认知发展分为动作式、图像式和符号式三个阶段，并指出在知识的获得过程中，一个人首先是依靠动作学习，然后依靠图像学习，最后依靠符号学习。据此布鲁纳提出教学应从具体行动体验开始，逐渐由经验的图像代替物（如图片、电影等）发展，最后学习符号，这一点对所有的学习者均适用。教学如按从直接经验、图像经验到符号经验的顺序展开，就能有效地促进学习。在现行课程编制中对目标领域与学习水平研究影响最大的是布卢姆等人的教育目标分类学。根据布卢姆的思想，完整的教育目标（课程目标）应当包括三个部分：认知领域、情感领域、动作技能领域，并且在每一个领域都进行了更为详细、由低到高地区分。体育课程改革中的课程标准的制定以及对于领域目标及水平目标的设置都或多或少地折射出布鲁姆的目标分类思想。布鲁姆的目标分类方法是将教学目标具体化、操作化的一个有效途径。

体育知识的定义为：体育知识是人们对于体育的现象、事实及其规律的认识，是人们在长期的实践中积累起来的经验的概括和总结。体育知识为人们提供了有关体育的信息，并为他们的体育行动奠定基础。体育教学过程中需要学生进行逻辑认知的内容非常丰富，即使是动作技能学习，也存在着逻辑认知的成分，头脑不清楚，知其然而不知其所以然的学习都会从整体上影响学生体育学习目标的达成，因此，对于认知领域的评价要求学生能够记忆和领会相应的知识群，其中包括体育理论知识、人体科学知识、心理学知识、社会学和美学知识等。随着认知水平的提高和知识的逐渐积累，对于体育知识应该有应用和分析能力，能够用抽象的原理解决体育学习中的问题等，使体育认知水平与实际应用进行有效结合。

6. 对技术技能评价指标的分析

《体育科学词典》把“运动技术”定义为：“能充分发挥人的身体能力，合理有效地完成动作的方法”，从概念中得知，运动技术是长期以来人们在实践中经过多次修正，并在不同阶段具有相对科学性的完成动作的方法，运动技术的另一特点是客观存在性，即它是不随人的意志为转移的，同时也不具备个人特性。

动作技能也叫操作技能或运动技能。关于动作技能，多数心理学家认为：动作技能是一种习得的能力，表现为迅速、精确、流畅和娴熟的身体运动。由于体育学习是一门由身体的直接体验来获得基本知识、基本技术、基本技能的课程，因此，在学生体育学习评价指标体系中，对动作技术技能的评价是一项必不可缺的内容，它体现了体育课的最基本的特征，也是实现其他体育学习目标的载体。

进入基础教育课程改革以来，体育课程标准在规定了课程目标之后，不再规定具体教学内容，给众多一线教师带来了一定的难度，体育课上教什么？让学生学什么和学多少运动技能才能符合课程改革的要求？如何对待运动技能教学的问题已经成为体育教学改革的焦点，由此，技术技能评价指标在学生体育学习评价指标体系构建中也成为人们所格外关注的问题，人们期待着在教学评价环节找到相应的答案。

在体育教学评价的过程中，不同学段和年龄学生在知识认知水平方面存在的差异，在体育知识的教学目标设置上也有不同的标准，因而评价的内容要考虑到学生的身心特点和接受能力。

通过对初步建立的学生体育学习评价指标体系的二级指标分析，明确了学生体育学习评价中各项指标存在的重要意义。

（四）高校体育教师教学评价指标的构成分析

教师教学评价指标体系应能比较全面地反映教师教学的全过程，即评价指标体系要围绕教学活动："教学设计（备课）—实施（上课）—辅导与反馈（反思）—教学设计修改（完善）"来建立。教学是一项十分复杂的工作，评价教师的教学行为和质量必须作细致、全面、系统的分析，其关注点有两个方面。一是教师主观方面：包括设计教学目标、组织教学内容、贯彻教学原则、选择教学方法、辅导学生以及教书育人等是由教师控制的，是教师教学行为和质量评价的主要方面。二是客观方面：包括学生原有的基础、学校教学设备和条件、教材质量和图像资料以及学校的管理和后勤服务等教师无法控制的因素，应当是教学质量评价的参考方面。同时，对学生的学习质量也应作辩证分析：一方面，学生的学习质量直接反映了教师的教学质量，应当是评价教师教学工作的重要指标；另一方面，学生是学习的主体，教师的主导作用需要通过学生的内部状态才起作用，同时又受到各种外在因素的影响，教和学之间未必有绝对的相关性，不宜作为评价教师教学质量的唯一标准。

1. 教学准备指标分析

教学准备主要是指教师在课堂教学前所要处理问题的行为。在体育教学中，教学准备阶段是教师教的过程起始环节，有效的教学准备能为教学成功创造条件。教师教学准备过程，就其表现形式而言，主要是一个学习研究体育课程标准，明确教学目的要求，熟悉教材内容，了解学生情况，设计教学任务，选择教学手段和方法，在此基础上制定出切实可行的教学方案的过程。这个过程既是一个教学工作的准备过程，同时也是一个教学心理准备过程。首先，在制定教学方案的过程中教师要给整个体育教学过程设计具体的教学目标。教学目标一旦确定下来就会以观念的形式存在于教师的头脑中，并成为教师教学中追求的目标。这样，在体育教学过程中要实现什么目标以及如何去实现这个目标，教师一开始就有了充分的心理准备。其次，由于教学方案要预先设计整个教学过程，所以教学中采用哪些手段和方法，如何组织和调控学生的学习活动，教师心中有数，思想有准备。尽管教师的教学年限、业务水平和运动专长等有所不同，但要上好课，都必须认真做好课前的准备工作，这样才能保证教学目标的顺利完成。

2. 教学过程指标分析

教学过程作为一种系统运行工程是师生共同参与的，通过确定目标、激发动机、理解内容、进行操作、反馈调控、评价结果等环节组成。教学实施阶段是教学过程的主体部分，它对整个体育教学过程的效果起着决定性的作用。在这一阶段中，教师根据学生的学习需要系统地提示、讲解教材内容；学生在教师的指导下全面感知、理解教师所讲授的内容，这既是教师教的活动与学生学的活动发生相互作用的阶段，又是新的体育知识同学生原有的认知结构建立实质性联系的阶段。从表面看，在这一阶段只是教师和学生两大要素发生相互作用，实际体育教学过程的其他各构成要素都对该阶段产生制约作用，即各构成要素的安排和运用合理与否直接影响到教学效果和质量。

3. 教学评价指标分析

体育教学评价贯穿教学目标确定、内容选择、组织实施的各个环节，目的是及时修正体育教学目标、解决体育教学中出现的问题、实现体育教学资源的合理配置与组合，以及追求最佳效果和目标的达成。

体育教学评价的实质是从效果和影响两个方面对体育教学活动给予价值上的判定，并引导体育教学活动朝着预定的目标发展。要很好地进行判定，得出科学的结论，评价必须在一定的客观标准下，认真地进行测量，系统地收集体育教学活动各方面的资料或证据。体育教师应充分发挥教学评价的功能，评价调整教学方案，修正教学行为，这既是对学生体育学习能力和学习成绩做出评价的过程，又是对体育教师的教学能力和教学效果进行评价的过程。具体从如下三个方面考察教师应用教学评价的能力：课上即时评价的运用、阶段形成性评价的运用、期末终结性评价的运用。

4. 教学效果指标分析

教师教学效果评价，又称教学质量评价或教师教学水平评价，是教学评价的一个重要组成部分，它既体现在体育教学的全过程，又体现在学生体育知识与技术的掌握、健康水平的提高、锻炼习惯的养成等多个方面，还包括学生对教师教学的满意程度。

体育教学效果具体体现在如下方面：一是要满足国家教育方针的要求，使学生掌握相应的体育知识、体育技能；二是通过体育教学使学生在健康水平和情感、态度、自信心等方面有所提高，社会需求和学生个体需求得到满足；三是通过学教学培养学生体育锻炼的习惯，使终身体育成为可能。

参考文献

[1] 纪明泽．学校人文精神的弘扬［M］．济南：山东教育出版社，2006.

[2] 毛振明．体育教学论［M］．北京：高等教育出版社，2005.

[3] 潘绍伟，于可红．学校体育学［M］．北京：高等教育出版社，2005.

[4] 赵翼虎．人文体育教学概论［M］．北京：化学工业出版社，2014.

[5] 童宇飞．高校体育教学中学生人文精神培养之研究［D］．重庆：西南大学，2013.

[6] 卢欢．高校体育教学中融入人文精神的理论研究［D］．长春：东北师范大学，2010.

[7] 杨潇．高校体育教学中对学生体育人文精神的培养研究［D］．昆明：云南师范大学，2015.

[8] 王佶．在高校体育教学中融合人文精神的理论研究［D］．长春：东北师范大学，2006.

[9] 刘芳．和谐社会条件下的体育人文精神构建［D］．济宁：曲阜师范大学，2006.

[10] 蒋菠．竞技走向健美：大学体育人文精神重塑［D］．重庆：西南大学，2012.

[11] 陈弘．科学与人文相融合的普通高校体育课程教学的研究［D］．大连：辽宁师范大学，2008.

[12] 申少静．濮阳市高中体育教学中人文精神培育研究［D］．吉首：吉首大学，2016.

[13] 谢佳．人文思想理念融入高校体育教学中的路径方法研究［D］．长春：东北师范大学，2011.

[14] 曾玉山．孔子仁学思想与当代体育教学人文精神研究［D］．贵阳：贵州师范大学，2009.

[15] 朱剑娴．生态视野下高校体育教学模式研究［D］．长沙：湖南农业大学，2015.

[16] 徐伟．大学体育人文教育理论与实践研究［D］．北京：北京体育大学，2013.

[17] 于丹．人文体育观在高校体育教学中的构建［D］．长春：长春理工大学，2010.

[18] 王娜．河北省高校体育教育专业学生人文素养的研究［D］．石家庄：河北师范大学，2016.

[19] 许建敏．黑龙江省高校体育教育专业学生人文素质的研究［D］．牡丹江：牡丹江师范学院，2010.

[20] 陈玉清．以人为本视野下高校公共体育教学评价改革与运思［D］．长沙：湖南大学，2011.

[21] 黄丽．大学教师人文素养探析［D］．上海：华东师范大学，2009.

[22] 鲁红．体育课程的人文精神研究［D］．济南：山东师范大学，2007.

[23] 田文林．试论高校体育教学改革中的人文精神［J］．教育与职业，2007（15）.

[24] 闫慧民．论后奥运时代高校体育教学中人文精神的培养途径［J］．当代体育科技，2014（8）.

[25] 鞠明海．高校残疾大学生体育教学中人文关怀的缺失及对策研究［J］．运动，2014（4）.

[26] 马蓉，暴志刚．大学体育教学与大学生人文素质教育探究［J］．大学教育，2014（5）.

[27] 侯义凯．从孔子的仁学思想谈高职院校体育教学人文精神培养［J］．体育世界（下旬刊），2014（2）.

[28] 陈名巧．试论高校体育教师人文素养的提升路径［J］．重庆电力高等专科学校学报，2013（2）．
[29] 叶芳．论大学体育教学中人文的缺失及对策［J］．大众科技，2013（9）．
[30] 马国全．刍议高校体育教师人文素养提高的主途径［J］．成功（教育），2012（24）．
[31] 王祺．论大学体育教学中的人文缺失及对策［J］．改革与开放，2010（18）．
[32] 潘凌云．体育教学人文性的迷失及其重构［J］．浙江体育科学，2004（4）．
[33] 曲正岩．新课程标准下的体育教学内容选择［J］．体育师友，2005（1）．